普通高等教育公共课精品教材

大学生心理健康教育

主　编　宋龙宾　刘照源　单　锐
副主编　李美凤　张佳文　兰玲瑜
李有信　王平风　熊向敏
韩吉秋　井建朝

燕山大学出版社
·秦皇岛·

内容简介

本教材围绕大学生心理健康展开系统论述，从解读心理现象、明晰心理健康教育内涵出发，深入探讨自我意识、学习心理、人际交往、人格发展、恋爱心理、家庭心理、情绪心理等核心议题，剖析各领域常见心理问题，并提供科学调试方法；同时结合互联网时代特征，阐述网络心理健康与障碍矫正策略，讲解压力管理、挫折应对技巧；最后从生命意义角度，引导大学生思考生命价值与幸福追求，旨在帮助大学生提升心理素质，实现身心全面健康发展。

图书在版编目(CIP)数据

大学生心理健康教育 / 宋龙宾，刘照源，单锐主编.
秦皇岛：燕山大学出版社，2025.7. — ISBN 978-7-5761-0910-8

Ⅰ.G444

中国国家版本馆 CIP 数据核字第 2025EN7824 号

大学生心理健康教育

DAXUESHENG XINLI JIANKANG JIAOYU

宋龙宾 刘照源 单 锐 主编

出 版 人：陈 玉
责任编辑：朱红波　　策划编辑：朱红波
责任印制：吴 波　　封面设计：沐图品牌策划设计
出版发行：燕山大学出版社　　电 话：0335-8387555
地 址：河北省秦皇岛市河北大街西段 438 号　　邮政编码：066004
印 刷：涿州汇美亿浓印刷有限公司　　经 销：全国新华书店

开 本：787mm×1092mm 1/16　　印 张：20
版 次：2025 年 7 月第 1 版　　印 次：2025 年 7 月第 1 次印刷
书 号：ISBN 978-7-5761-0910-8　　字 数：512 千字
定 价：49.90 元

FOREWORD

前言

在青春激昂的大学时光里，莘莘学子如振翅高飞的雄鹰，于知识的苍穹中探索，在成长的道路上追寻自我。然而，学业的激烈竞争、人际交往的复杂难题、未来发展的迷茫困惑，如同暗涌的浪潮，时刻冲击着大学生们的心灵之舟。

心理健康是大学生成长成才的核心基石，不仅关系着个体在校期间的学习生活质量，更深远影响着未来社会发展的人才素质。对此，国家教育部门始终高度重视，将大学生心理健康教育纳入高等教育发展的重要战略布局。本教材正是响应国家政策号召、立足教育实践需求的精心之作。全书共设11章，构建起系统且全面的知识框架：既深入剖析大学生自我意识觉醒、性格动态发育、人际交往困境、情感困惑疏导、网络成瘾干预等热点问题，又创新性地融入入学适应指导与自我管理策略。从初入校园的身份转变焦虑，到成长过程中的自我认知偏差；从宿舍关系、师生互动的微妙处理，到恋爱挫折、网络依赖的科学应对，各章节均结合鲜活案例与专业理论，提出切实可行的心理调适方法。在呈现形式上，教材突破传统说教模式，通过心理测试、课堂活动等多元化设计，强化学生心灵的互动与感应；语言风格兼具学术严谨性与通俗趣味性，兼具可读性与实操性，成为大学生实现自我探索与心理成长的实用指南。

本教材由心理健康教育领域的资深研究者与一线实践者共同编撰。由哈尔滨信息工程学院宋龙宾、刘照源、单锐担任主编；哈尔滨信息工程学院李美凤、张佳文、韩吉秋、井建朝，四川卫生康复职业学院兰玲瑜，赣州职业技术学院李有信，东华理工大学王平风，乌海职业技术学院熊向敏担任副主编。主编凭借深厚的理论功底与丰富的实践经验，统筹全书架构并负责内容把关；副主编在各自专长领域深耕细作，确保知识的专业性与前沿性。编写过程中，学校给予全方位支持，从资源调配到学术指导，为教材质量筑牢根基；同时，众多心理健康教育同仁不吝赐教，提供宝贵建议与实践案例；国内外该领域的优秀论著与教材，也为本书的理论建构与案例编写提供了重要参考。在此，谨向所有支持本书出版的专家、同仁与朋友致以最诚挚的感谢！

作为高等院校心理健康教育的专业教材，本书既适用于课堂教学与课程实践，也可为高校心理健康教育工作者、学生管理工作者提供专业参考与实践借鉴。我们诚挚期待广大读者、学界同人不吝指正，提出宝贵意见与建议，助力本教材在修订完善中持续精进，更好地服务于大学生心理健康教育事业。

大学生心理健康教育，宛如明亮温暖的灯塔，在心灵航船迷失方向时指引前路；恰似一双有力的援手，在学子们深陷心灵困境时给予支撑。希望同学们借助这本教材，成为自己心灵世界的守护者，在大学的美好时光中，书写心灵富足、梦想绽放的绚丽篇章。

编者

2025 年 5 月

CONTENTS

目录

第一章

大学生心理健康教育导论

导读

心理健康教育，并非阶段性的短暂关注，而是一场贯穿生命全程的深刻赋能之旅。从呱呱坠地时的懵懂探索，到垂垂老矣时的智慧沉淀，它始终如影随形，在人生的每一个关键节点，以润物细无声的方式塑造着我们的心理韧性与精神内核。当你怀揣着憧憬与期待步入大学校园，一个全新的人生阶段就此开启。在这充满机遇与挑战的旅程中，大学生心理健康教育对你的成长起着关键作用，它是你探索内心世界、实现自我超越的引路人。本章将为你系统介绍大学生心理健康这门学科的内涵、目标和意义。你将了解到心理健康教育如何助力你应对学业压力、处理人际关系、化解成长烦恼，还能学到实用的心理调适方法，为自己的心理健康筑牢防线，以蓬勃的精神状态拥抱大学生活，向着更好的自己大步迈进。

学习目标

1. 知识目标

(1)掌握心理现象的基本构成与分类,理解认知、情感、意志等心理过程的运行机制,以及能力、性格等个性心理特征的形成规律,能够结合生活实例对各类心理现象进行准确分析。

(2)熟悉个体从出生到成年各阶段的心理发展特点,理解不同年龄阶段面临的心理发展任务与挑战,掌握埃里克森人格发展理论等经典生命全程发展理论的核心内容。

(3)系统了解心理健康教育的概念、目标、内容与实施途径,明确心理健康教育在大学生成长成才过程中的重要意义与价值。

2. 能力目标

(1)培养观察与分析心理现象的能力,能够运用所学知识解释自身及他人的心理行为,提升对心理问题的敏感度与辨别能力。

(2)具备依据生命全程发展理论,对不同阶段个体心理状态进行评估的能力,并能针对特定发展阶段的心理问题提出初步的应对策略。

(3)掌握自我心理调适的基本方法与技巧,能够在实际生活中主动运用心理健康教育知识维护自身心理健康,提高心理抗压能力与情绪管理能力。

3. 素质目标

(1)提高对心理学知识的学习兴趣与探索热情,形成科学理性的心理认知观念,摒弃对心理问题的偏见与误解。

(2)培养自主学习与终身学习的意识,树立持续关注自身与他人心理健康发展的理念,为个人终身发展奠定良好的心理基础。

思政目标

1. 价值观引导:通过学习心理健康知识,引导学生树立正确的世界观、人生观与价值观,深刻理解心理健康与社会主义核心价值观的内在联系,培养积极向上、乐观进取的人生态度。

2. 家国情怀培育:结合生命全程发展理论,引导学生将个人成长与国家发展、民族复兴紧密结合,认识到自身肩负的时代使命,增强社会责任感与历史使命感。

3. 道德品质塑造:借助心理健康教育,培养学生诚实守信、团结协作、尊重他人等良好道德品质,促进学生思想道德素质与心理健康水平协同发展,培育德才兼备的社会主义建设者和接班人。

第一节　解读心理现象

心理故事会

小宇的“新生困境”与破茧之路

小宇是一名刚踏入大学校园的新生，来自偏远小镇，家庭经济条件一般。进入大学后，身边同学丰富多彩的生活让他很不适应。室友们课余常相约去看演唱会、聚餐，还熟练参加各种社团活动，而小宇因囊中羞涩，只能默默拒绝邀请。

在学业上，大学课程难度和学习方式的转变也让小宇压力倍增。一次小组作业汇报，小宇因紧张在台上发言结结巴巴，看到台下同学的眼神，他觉得大家都在嘲笑自己，此后愈发自卑，害怕参与课堂讨论和社交活动，总是独来独往。

到期中考试，小宇多门功课成绩不理想，巨大的挫败感袭来，他开始失眠、食欲不振，对未来感到迷茫，甚至产生了退学的念头。

小宇的情况体现了大学生常见的心理健康问题。从环境适应角度看，他从熟悉的小镇来到陌生的大学，面对新社交圈和生活方式，经济差距使他产生社交退缩，这是环境变迁引发的适应障碍。

在自我认知方面，小组作业的挫折让他过度贬低自己，陷入自卑情绪，没有正确认识到一次表现不佳不代表能力不足，这是自我认知偏差。学业压力下，他缺乏有效的应对策略，导致负面情绪不断累积，产生焦虑、抑郁情绪，甚至有退学这种逃避现实的想法。

幸好辅导员留意到小宇的变化，主动找他谈心，帮他联系学校心理辅导中心。在心理咨询师的引导下，小宇慢慢打开心扉，学会接纳自己的不完美，制订适合自己的学习计划，参加学校勤工俭学缓解经济压力。同时，在咨询师的鼓励下，他加入学校的读书社团，在和有共同爱好的同学交流中，逐渐找回自信，融入大学生活，走出心理困境。

心理预热点

心理现象如同隐藏在思维深处的密码，既存在于日常行为中，也反映在复杂的情绪与认知活动里。从个体的内在体验到人际互动的模式，诸多心理现象深刻影响着我们的生活。通过剖析这些现象，能帮助我们更清晰地认识自我、理解他人，为心理健康教育奠定认知基础。

心理知识屋

一、心理现象的科学内涵

心理现象是人类心灵世界的外显表征，既包含动态变化的心理活动过程，也涵盖个体独特的心理特质。我国著名的心理学家、教育家彭聃龄从系统论视角出发，将心理现象解构为心理过程与个性心理两大维度,二者相互交织、彼此影响,共同构建起人类心理活动的完整图谱。

(一)心理过程:认知、情感与意志的动态交织

心理过程是人类认识世界、体验世界和改造世界的基础机制,通过认知、情绪与情感以及意志三大系统协同运作,形成具有连续性与阶段性的心理活动轨迹。

1. 认知过程:人类认识世界的信息加工系统

认知过程是指个体对客观事物进行信息加工的过程,是心理活动的起点,承担着信息接收、处理与存储的核心功能,帮助个体认识世界,形成对环境的适应性行为,其内容涵盖感觉、知觉、记忆、思维、想象和言语等环节。

从感官层面看,感觉是神经系统获取外界刺激的第一步,如视网膜捕捉光线形成视觉信号,耳蜗将声波转化为神经冲动;在此基础上,知觉通过模式识别与意义赋予,将零散感觉整合为完整的客体认知,例如将色彩、线条组合成"风景"意象。更高层级的记忆系统,则将感知经验编码为长时记忆,支持知识积累与经验传承;思维过程则通过概念形成、推理判断等方式,实现对事物本质的抽象把握,如科学家通过逻辑推理揭示自然规律;想象进一步突破现实限制,创造出未曾存在的新形象,在文学创作、科技创新中发挥关键作用。

2. 情绪与情感过程:基于需要的主观体验系统

情绪与情感过程以个体需求为核心,形成对外部世界的主观评价体系。情绪具有即时性与情境性,如面对突发威胁时产生的恐惧反应,其生理基础涉及自主神经系统的激活(如心跳加速、瞳孔放大);情感则更为稳定持久,与道德、审美等社会文化需求紧密相连,例如对祖国的热爱、对艺术作品的欣赏,体现了人类超越生物本能的精神追求。情绪与情感不仅影响认知过程(如积极情绪促进创造性思维),还通过表情、语言等方式实现人际间的信息传递与社会联结。

3. 意志过程:目标导向的自我调控系统

意志过程彰显人类的主观能动性,表现为个体依据目标对行为进行自觉调节。从动机激发到行动执行,意志过程包含确定目标(如立志考取研究生)、选择方法(制订学习计划)、克服困难(抵制娱乐诱惑、应对学习压力)等阶段。其核心机制在于自我监控与行为矫正,例如通过时间管理策略平衡学习与生活,通过挫折应对训练提升心理韧性,体现了人类主动适应与改造环境的能力。

(二)个性心理:稳定特质与动力倾向的有机统一

个性心理作为个体独特精神世界的集中体现,是在遗传基础与环境交互作用下,经长期生活实践逐渐形成的稳定心理特质组合,深刻反映着个体间的差异性与独特性。个性心理由个性倾向性、个性心理特征与自我调控系统构成,前者驱动心理活动的方向,后者塑造心理活动的风格,它们既相对独立又相互关联,共同塑造了个体独一无二的心理面貌。

1. 个性倾向性:心理活动的动力源泉

个性倾向性是个体心理活动的内在驱动系统,决定了个体对世界的选择与态度。

(1)需要:个体对生理或社会需求的主观反映,是个性倾向性的基础。马斯洛需求层次理论将其分为生理需求、安全需求、归属需求、尊重需求与自我实现需求,不同层次的需求驱动着相应的行为动机。

(2)动机:激发和维持个体活动,并使活动朝向某一目标的内在动力。如求职动机源于生存与发展需求,科研探索动机则指向自我实现。

(3)兴趣:个体力求认识某种事物或从事某项活动的心理倾向,具有情绪色彩与选择性。浓厚的兴趣可转化为持续的探索动力,例如天文学爱好者会主动学习天体知识、参与观星活动。

(4)信念与价值观:信念是个体坚信的思想观点,价值观则是对事物重要性的评价标准。二者共同构成个体的精神支柱,深刻影响决策偏好与人生选择,如环保主义者基于可持续发展价值观选择低碳生活方式。

2. 个性心理特征:独特而稳定的心理标识

个性心理特征是个体身上经常表现出来的本质性、稳定性心理特点,是区分个体差异的关键维度。

(1)能力:作为顺利完成活动的心理条件,直接影响活动效率并保障任务完成的心理条件,具有多维结构,分为一般能力(如观察力、逻辑思维)与特殊能力(如数学运算、艺术表演)。其中一般能力如观察力、逻辑思维能力是完成各类活动的基础;特殊能力如绘画天赋、音乐感知力则支撑特定领域的卓越表现。例如,数学家的抽象思维能力与音乐家的旋律感知能力,均为其专业成就的核心要素。

(2)气质:由遗传决定的心理活动动力特征,主要体现在反应速度、情绪强度、灵活性等方面。古希腊学者提出的胆汁质(热情冲动)、多血质(活泼善变)、黏液质(沉稳迟缓)、抑郁质(敏感细腻)四种类型,至今仍是分析气质差异的经典框架。气质虽难以改变,却显著影响个体适应环境的风格,如抑郁质者更擅长深度思考,而多血质者在社交中更具优势。

(3)人格:个性心理的核心,包含性格(如外倾性性格的社交优势)与自我调控系统。自我调控系统通过自我认知(如"我擅长沟通")、自我体验(如成就感带来的自信)、自我控制(如延迟满足能力)实现人格的动态平衡与发展。

心理过程与个性心理形成双向互动关系:心理过程为个性心理的发展提供经验素材,例如长期的学习活动塑造了个体的认知风格与成就动机;个性心理则影响心理过程的表现,如高神经质人格者更易产生焦虑情绪,高创造力者在问题解决中表现出独特思维模式。这种动态交互机制,最终形成了人类心理现象的丰富性与复杂性。

3. 自我调控系统:个性发展的动态平衡中枢

自我调控系统是个体对自身心理与行为进行认知、体验和调节的核心机制,包含三个紧密关联的子系统。

(1)自我认知:个体对自己的洞察与理解,包括自我观察(如"我擅长逻辑分析")和自我评价(如"我的沟通能力有待提升")。

(2)自我体验:伴随自我认知产生的情绪体验,如成就感带来的自信、挫败感引发的自卑。

(3)自我控制:个体对自身行为与心理活动的调节能力,表现为目标设定、行为监控与意志努力。例如,通过延迟满足训练提升自制力,通过时间管理策略平衡工作与生活。

三大子系统共同构成动态平衡机制:自我认知为调控提供依据,自我体验反馈调节效果,自我控制确保目标实现,三者协同运作推动个性的完善与发展。这种系统性结构既解释了个体心理的稳定性,也揭示了其随环境与经验变化的可塑性,全面展现了个性心理的复杂性与动态性。

课堂活动

探索心理现象科学内涵

一、练习目标

1. 帮助学生准确理解并区分心理过程(认知过程、情绪情感过程、意志过程)与个性心理(个性倾向性、个性心理特征)的科学内涵。

2. 提升学生运用心理学理论分析生活中常见心理现象的能力。

二、练习内容与流程

(一)心理现象案例展示

1. 案例一:小明在参加数学考试时,全神贯注地审题、思考解题思路,遇到难题时眉头紧锁,经过反复尝试后成功解题,内心充满喜悦和成就感。之后,他继续冷静应对剩余题目,直到完成整张试卷。

2. 案例二:小红从小就对绘画表现出浓厚兴趣,梦想成为一名画家。她性格开朗外向,在美术课上总是积极发言,主动与同学交流绘画心得。凭借出色的观察力和独特的审美,她的绘画作品常常在比赛中获奖。

3. 案例三:小李每次制订学习计划后,都能严格执行,克服各种诱惑和困难,坚持每天早起背诵英语单词,即使遇到复杂的物理难题,也不轻易放弃,通过查阅资料、请教老师逐步攻克。

(二)小组讨论与分析

将学生分成 4~6 人小组,要求各小组依据分类,分析上述案例中包含的心理过程和个性心理元素,并填写表 1-1。

表 1-1　心理现象的横向构成分析对照表

心理现象分类	具体表现及对应案例	解释说明
认知过程		
情绪与情感过程		
意志过程		
个性倾向性		
个性心理特征		

(三)小组汇报与点评

1. 每个小组派代表上台汇报讨论结果,分享对案例中心理现象分类的分析。

2. 其他小组可进行补充或提出不同意见,最后由教师进行总结点评,纠正错误或模糊的认知,深入解析每个案例中各类心理现象的科学内涵,强调重点与难点。

(四)拓展应用练习

1. 给出新的心理现象案例:小张热爱阅读文学作品,他在阅读时善于分析人物形象和情节发展,遇到感人的情节会潸然泪下。为了读完一本好书,他会放弃娱乐时间,沉浸其中。同时,他性格沉稳内敛,逻辑思维能力较强,在班级的文学讨论活动中经常提出深刻独到的见解。

2. 学生独立思考并完成对该案例的心理现象分类分析,简要写出各类心理现象在案例中的具体体现和依据。

三、练习评价

1. 过程性评价：观察学生在小组讨论中的参与度、积极性，以及在汇报环节的表达和逻辑。

2. 结果性评价：根据学生对案例分析的准确性、完整性，对拓展应用练习的完成情况，综合评定学生对心理现象科学内涵的掌握程度。

知识链接

马斯洛的需求理论是美国心理学家亚伯拉罕·马斯洛于 1943 年在《人类动机理论》论文中提出的。该理论将人类需求像阶梯一样从低到高按层次分为五种，分别为生理需求、安全需求、归属与爱的需求、尊重需求和自我实现需求。马斯洛的需求层次理论作为心理学领域极具影响力的经典理论，不仅构建了人类需求的层级体系，还揭示了人类动机发展的内在逻辑，在多学科领域产生了深远影响。马斯洛认为，人的需求是按层次逐级递升的，当低层次的需求得到满足后，才会追求更高层次的需求，但这种顺序并非绝对固定。该理论对理解人类的行为和动机具有重要意义，广泛应用于教育、管理、市场营销等多个领域。

1. 需求理论的分类

(1) 生理需求：人类最基本、最强烈的需求，对维持生命和身体基本机能的需求，包括对食物、水、空气、睡眠、性等的需求。

(2) 安全需求：人们需要稳定、安全、受到保护、有秩序、能免除恐惧和焦虑等，比如拥有一个安全的居住场所，避免受到暴力威胁。

(3) 归属与爱的需求：一个人要求与其他人建立感情的联系或关系的需求，如温暖的亲情、真挚的友情、浪漫的爱情等。

(4) 尊重需求：包含尊重自己（例如追求自信、独立、成就感、掌控感，以及对个人能力、品德、尊严的自我认同）和获得他人尊重（例如渴望获得他人的认可、赞赏、尊重，以及追求地位、声望、荣誉、权力等社会层面的认可）两个方面。

(5) 自我实现需求：人们追求实现自己的能力或者潜能，并使之完善化的需求，以达到自我满足和自我成长。

2. 理论内涵拓展

(1) 需求层次的动态性：需求的满足并非“全有或全无”的状态，而是一个渐进的过程。例如，当个体在满足生理需求时，安全需求也可能部分存在，只是在低层次需求未得到相对满足时，高层次需求处于被压抑状态。同时，需求层次的递进可能出现特殊情况，如“受挫-回归”现象，即当个体高层次需求受挫时，可能会回归到低层次需求寻求满足。比如经历重大经济危机失去财富地位的人，可能重新将主要精力放在生理和安全需求上。

(2) 成长性需求与匮乏性需求：马斯洛后期将五种需求分为匮乏性需求和成长性需求。生理需求、安全需求、归属与爱的需求和尊重需求属于匮乏性需求，这类需求因缺失而产生，一旦满足，需求强度就会降低；自我实现需求属于成长性需求，不会因满足而减弱，反而会因不断满足而增强，激励个体持续追求更高水平的自我实现。

二、心理现象的复杂性特征

心理现象是一个复杂而多元的领域，其动态性、主观性和可塑性三大特性相互交织，不仅反映出人类心理的丰富内涵,也揭示了其在不同条件下的变化规律。

(一)动态性

心理现象并非一成不变,而是随着环境和时间不断演变。津巴多监狱实验堪称这方面的经典范例,在模拟监狱环境中,原本正常的参与者随机分配成“狱警”和“囚犯”角色后,迅速被情境左右。“狱警”逐渐展现出暴虐行为,“囚犯”则变得逆来顺受,实验不得不提前终止。这表明情境对个体心理和行为有着强大塑造力。

在大学生活中,动态性也十分显著。比如,来自南方和北方的学生因地域文化差异,在宿舍生活中可能产生矛盾。南方学生习惯轻声细语,注重个人隐私;北方学生性格豪爽,更看重集体氛围。生活习惯与观念的碰撞,易引发摩擦。解决这类矛盾,需要宿舍成员积极沟通,互相理解包容,制定共同遵守的宿舍规则,在磨合中适应彼此,这一过程体现了心理在不断调整适应新环境的动态变化。

(二)主观性

每个人看待世界、感受生活的方式都是独一无二的,这背后的原因,就在于心理具有主观性。有一种叫塞利格曼归因风格问卷的工具,能帮我们了解自己对事情的解释习惯。比如说,那些习惯用乐观态度解释事情的人,遇到成功,会觉得是因为自己有本事、够努力;要是失败了,就认为只是运气不好或者外部出了点小状况,所以他们更愿意积极地去解决困难。但那些习惯用悲观态度看问题的人就不一样了,一旦失败,总觉得是自己不行、有缺陷;哪怕成功了,也觉得只是运气好,这样一来,很容易就陷入消极低落的情绪里。

2004 年,有位叫 Tedeschi 的研究者做了关于创伤后成长的研究。结果发现,就算大家经历了同样的创伤事件,每个人重新理解和看待这件事的方式也差别很大,对未来生活产生的影响更是天差地别。有的人被创伤打倒,从此一蹶不振;可也有人把创伤当成让自己成长的机会,反而变得更坚强,人际关系也变得更好了。这就很清楚地告诉我们,每个人心里怎么想、怎么看,对自己的感受和未来的发展起着关键作用。

(三)可塑性

现在,脑科学的研究成果,给心理的可塑性提供了实实在在的证据。2000 年,有个叫 Maguire 的研究者对伦敦出租车司机做了一项研究。他发现,因为这些司机每天都要记住特别复杂的道路信息,时间一长,他们大脑里负责空间记忆的海马体部分,体积居然变大了!这说明我们的大脑结构不是固定不变的,会因为我们学习新知识、积累新经验而发生改变。

在日常生活里,冥想训练就是个很好的例子,能证明心理和大脑是可以被塑造的。2005 年,Lazar 的研究显示,经常冥想的人,大脑前额叶的灰质密度会增加。而前额叶和我们集中注意力、控制情绪这些能力都有关系。这就意味着,只要我们坚持做像冥想这样的训练,就能慢慢改变自己的心理状态,让自己变得更善于调节情绪、更能集中注意力,心理也会变得更健康。这也让我们知道,想要提升心理健康水平,是有具体方法可以实践的。

课堂练习

10 条动态,一场思维训练:解锁朋友圈背后的真实世界

在信息爆炸的社交媒体时代,我们每天都会浏览大量朋友圈动态,这些内容真的都如表面

呈现的那般真实吗？本次练习“朋友圈认知重构”，将带领大家一起深入剖析，训练批判性思维，打破对他人生活的理想化幻想，有效减轻因盲目向上比较而产生的焦虑情绪。

练习要求同学们精心挑选 10 条好友的朋友圈动态，从多个维度对这些动态进行细致评估，判断其真实性指数。在分析时，大家要思考发布者的动机、动态是否存在夸张或修饰成分、是否只展示了生活的某一面等问题。

完成评估后，同学们以小组形式展开热烈讨论，分享自己的分析思路和评估结果。通过交流，大家会惊讶地发现，自己原本对某些朋友圈的认知可能存在偏差，他人的生活并非像朋友圈展示的那样完美无缺。这不仅能帮助大家更加客观、理性地看待社交媒体信息，还能让大家学会关注自身生活，减少不必要的焦虑，专注于自我成长。

心灵鸡汤

为生命画一片树叶

病房里，一位生命垂危的病人透过房间的窗户，望向窗外的一棵树。秋风瑟瑟，树叶一片片地飘落。病人望着眼前萧萧飘落的树叶，身体状况也每况愈下，一天不如一天。她喃喃自语：“当树叶全部掉光时，我也就要死了。”一位老画家得知此事后，用彩笔画了一片叶脉青翠的树叶，挂在了树枝上。最后一片叶子始终没有掉落。只因生命中的这片绿，病人竟奇迹般地活了下来。

点评　人生可以缺少很多东西，唯独不能没有希望。希望是人类生活的一项重要价值，有希望之处，生命便生生不息。

第二节　认识生命全程（纵向）

心理故事会

一、青少年期：压力旋涡中的心灵挣扎

案例 1：14 岁女孩的绝望抉择

小雨是一名初二学生，父母对她寄予厚望，不仅要求她保持年级前三名的成绩，还为她报满了各类补习班。长期的学业压力加上父母的高压教育，让她不堪重负。在一次月考失利后，父母的指责让她彻底崩溃，最终选择吞药轻生。经抢救脱险后，她在医院里哭着说：“我真的太累了，感觉自己怎么做都不够好。”

案例 2：12 岁女生的抑郁困境

小萱生长在一个父母关系紧张的家庭，父母经常争吵，甚至拿她当出气筒。长期的家庭冷暴力让她变得沉默寡言，成绩也一落千丈。进入初中后，她开始出现失眠、食欲不振等症状，最终被诊断为重度抑郁和中度焦虑。她说：“我感觉自己就像一个没人要的孩子，活着没有任何意义。”

案例 3：17 岁高中生的悲剧选择

高三学生小林成绩优异，但在高考前夕，持续的学习压力和对未来的焦虑让他濒临崩溃。尽管老师和家长不断鼓励，但他始终无法摆脱内心的恐惧。最终，在一次模拟考试失利后，他选择跳楼结束了年轻的生命。

这些案例深刻反映出，青少年在面临生理心理剧变、学业压力和复杂人际关系时，若缺乏有

效的情绪调节和自我认同,极易陷入心理危机。

二、成年期:生命绽放的别样精彩

摩西奶奶的励志传奇

美国艺术家摩西奶奶73岁时因摔伤不得不停止农活,但她并未因此消沉。75岁那年,她开始尝试画画,将自己对乡村生活的热爱倾注于画布之上。她的作品充满生活气息,质朴而温暖,受到广泛赞誉。80岁时,她举办了首次个人画展,成为美国著名的原始派画家。她曾说:"人生永远没有太晚的开始,做你喜欢做的事,上帝会高兴地帮你打开成功之门。"

摩西奶奶的故事告诉我们,即使步入成年晚期,只要保持积极的心态和对生活的热爱,依然可以发掘新的潜能,实现自我价值。她的经历不仅激励着无数人,也为研究成年晚期心理发展提供了生动的案例。这些案例跨越生命的不同阶段,生动展现了心理发展的复杂性和多样性,也提醒我们关注各年龄段人群的心理健康需求。

心理预热点

生命是一条蜿蜒的长河,每个阶段都承载着独特的心理发展任务与挑战。从呱呱坠地到暮年垂暮,个体在生理、心理与社会环境的交互作用下不断成长。理解生命全程的发展规律,不仅能帮助我们洞察自身成长轨迹,更能为应对各阶段心理问题提供科学指引。

心理知识屋

一、生命全程心理发展的核心视角

从纵向维度研究生命全程心理发展,本质上是将个体心理成长看作一条动态且兼具连续性与阶段性的时间轴线。这种视角突破传统单一阶段研究的局限,以胎儿期为起点、老年期为终点,系统揭示心理现象如何在数十年的生命历程中逐步演变。生命全程心理发展既体现连续性——每个阶段的心理特征都是前一阶段的延伸与深化,例如婴儿期形成的依恋模式会影响成年后的亲密关系质量;又呈现阶段性——不同年龄阶段具有标志性的心理特质,如青少年期的自我同一性探索显著区别于童年期的具体形象思维。这两种特性的辩证统一,构成了理解人类心理发展规律的核心框架。

从科学研究角度看,纵向研究方法(如追踪调查、纵向实验)通过长期观察同一组个体,能够精准捕捉心理发展的动态轨迹。例如,通过对儿童从幼儿园到中学的持续跟踪,可清晰地发现其道德判断能力从"服从权威"到"自主思考"的转变过程。同时,该视角强调遗传、环境、教育等因素并非孤立作用,而是在生命不同阶段以动态交互的方式塑造个体心理,如高遗传智商的儿童若缺乏优质教育环境,其潜能也难以充分发挥。

二、生命全程心理发展的阶段解析

(一)胎儿期与婴儿期:心理发展的萌芽阶段

1. 胎儿期的感知奠基

尽管胎儿未形成意识,但已具备感知外界的能力。研究发现,胎儿在孕晚期能对母亲的声音、音乐节奏产生反应，甚至表现出“习惯化”现象（重复刺激后反应减弱）。这种早期感知经验为出生后建立听觉偏好、母婴情感联结奠定了基础，例如新生儿对母亲声音的优先识别。

2. 婴儿期的高速发展

（1）感知觉与动作协同：婴儿通过抓握反射、吮吸动作探索世界，同时感知觉系统快速分化。视觉偏好实验显示，婴儿天生对人脸图案、高对比度图形更为关注，这一特性促进早期社会互动；而爬行、行走等动作发展则扩大其探索范围，推动空间认知能力的形成。

（2）语言与依恋的双向构建：婴儿从出生时的啼哭，到 6 个月左右的咿呀学语，再到 1 岁左右说出首个词语，语言发展遵循“语音感知—词汇积累—语法习得”的规律。同时，与抚养者建立安全依恋是该阶段的核心发展任务。安斯沃斯的“陌生情境实验”证实，安全型依恋的婴儿更易发展出积极的自我认知和社交能力，而回避型或矛盾型依恋则可能增加后期情绪问题的风险。

（二）幼儿期与童年期：社会化与认知发展的关键期

1. 幼儿期的游戏驱动成长

以象征性游戏（如“过家家”）为主的活动成为幼儿心理发展的核心载体。在游戏中，幼儿通过角色扮演（如模仿医生、教师）理解社会规则，发展想象力和创造力。维果茨基的“最近发展区”理论指出，成人引导下的游戏能有效促进幼儿语言表达和问题解决能力的提升。

2. 童年期的认知转型

（1）思维抽象化：小学阶段儿童逐渐从依赖具体事物的形象思维，向初步的抽象逻辑思维过渡。例如，学习数学应用题时，他们开始能脱离实物操作，通过符号运算解决问题，但仍需具体实例辅助理解抽象概念（如用“分苹果”解释除法）。

（2）社会化加速：学校环境中的同伴交往成为塑造儿童自我概念的重要力量。儿童通过与同伴的比较和互动，逐渐形成对自身能力、性格的评价，并学习遵守集体规则。同时，道德认知从皮亚杰提出的“他律阶段”（服从权威）向“自律阶段”（自主判断）发展，例如开始理解“诚实”的内在价值而非仅因害怕惩罚。

（三）青少年期：自我意识觉醒与心理动荡期

1. 自我同一性危机

埃里克森将青少年期的核心任务定义为自我同一性探索，即回答“我是谁”“我想成为什么样的人”。这一阶段青少年通过尝试不同的角色（如兴趣社团、职业体验）、探索价值观（如对社会公平的思考），逐渐整合出稳定的自我认知。若无法顺利完成这一任务，可能陷入角色混乱，表现为缺乏目标或盲目从众。

2. 情绪与行为的双重特性

受生理激素变化（如多巴胺分泌增加）和前额叶皮层发育滞后的影响，青少年情绪波动剧烈，易出现冲动决策和反抗行为。但同时，他们对社会议题的关注度显著提升，开始基于自身价值观批判现实，如参与环保活动、网络发声，体现出从“自我中心”向“社会参与”的转变。

（四）成年期与老年期：稳定与调整阶段

1. 成年期的平衡与适应

该阶段以职业发展、组建家庭为主要任务，心理发展更注重现实目标的实现与生活角色的协调。例如,个体需要平衡工作压力与家庭责任,通过不断调整认知策略(如时间管理、情绪调节)维持心理健康。同时,创造力在成年中期达到高峰,部分人通过职业成就或艺术创作实现自我价值。

2. 老年期的重构与智慧

尽管老年期面临记忆力下降、反应速度减缓等认知衰退问题,但研究表明,其晶体智力(如知识经验、语言能力)仍可保持稳定甚至提升。许多老年人通过参与社区活动、撰写回忆录等方式重构自我价值,将毕生经验转化为"智慧",为他人提供指导。此外,积极老龄化理论强调,通过社会支持和健康管理,老年人仍能保持较高的生活满意度和心理韧性。

三、影响生命全程心理发展的多维因素

(一)遗传因素:生物基础的限定与可能

遗传通过基因传递为心理发展提供物质前提。双生子研究表明,智力的遗传度约为50%~80%,同卵双胞胎在性格特质(如外向性、神经质)上的相似性显著高于异卵双胞胎。但遗传并非决定性因素,例如具有"抑郁易感基因"的个体,若成长于温暖家庭环境,可能不表现出抑郁症状,体现基因-环境交互作用。

(二)环境因素:后天塑造的多元路径

(1)家庭微系统:鲍姆林德提出的教养方式理论指出,权威型教养(高要求、高回应)最有利于儿童心理发展,而溺爱型或忽视型教养则可能导致自我控制能力不足或安全感缺失。

(2)社会文化宏系统:不同文化背景下,心理发展的侧重点存在显著差异。例如,集体主义文化更强调个体对群体的服从与责任,而个人主义文化则鼓励独立与自我实现,这种差异直接影响价值观、成就动机的形成。

(三)个体主观能动性:发展的双向作用

随着年龄增长,个体逐渐从被动接受环境影响转向主动塑造环境。例如,青少年通过选择兴趣社团拓展社交圈,老年个体通过参与老年大学课程保持认知活力,这种"选择—适应—再选择"的动态过程,凸显了个体在心理发展中的主体地位。

知识链接

大学生阶段的心理发展坐标

1. 认知发展里程碑

大学生在认知发展上达到了新的高度,后形式思维特征逐渐显现,其中一个主要表现是能够接受矛盾共存。例如,他们开始理解"努力不一定成功,但依然值得尝试"这一观点背后的深刻内涵。在中学阶段,学生们往往更倾向于简单的因果逻辑,认为只要努力就必然会取得成功。然而,进入大学后,面对更加复杂的学术研究、社会现象以及个人发展路径,他们意识到现实并非总是如此绝对。努力只是成功的一个重要因素,还会受到机遇、环境、方法等多种因素的影响。尽管努力不一定能保证成功,但努力过程中所积累的知识、技能和经验,以及个人的成长和进步,本身就具有重要价值。

为了进一步培养和提升辩证思维能力,苏格拉底式提问在论文写作中具有很高的应用价

值。苏格拉底式提问是一种通过不断追问来引导思考、揭示问题本质的方法。在论文写作过程中，学生可以运用这种方法对自己的研究主题进行深入思考。例如，在确定论文选题后，不断追问自己："这个问题的核心是什么？""目前已有的研究观点有哪些？它们的优势和局限性分别是什么？""我的研究假设基于何种理论基础？可能会面临哪些挑战？"通过这样层层递进的追问，学生能够更全面、深入地分析问题，避免片面和肤浅的论述，从而提升论文的质量和学术水平。

2. 社会性发展图谱

在社会性发展方面，大学生的依恋模式迁移呈现出独特的亲子分离焦虑U形曲线，这一曲线在大一适应期和大四分离期表现得尤为明显。大一新生刚刚离开家庭，步入大学校园，面对全新的环境、陌生的人群，他们会产生强烈的不安全感，对父母的依赖感增强，亲子分离焦虑达到一个高峰。在这一时期，他们可能会频繁地与父母联系，寻求情感上的支持和安慰。随着对大学生活的逐渐适应，他们开始建立新的社交关系，拓展自己的生活圈子，亲子分离焦虑逐渐缓解。而到了大四，面临毕业和再次与家庭分离（可能是因为就业、考研等原因前往不同城市），他们又会重新体验到分离的焦虑情绪，亲子关系再次成为他们情感关注的焦点。

同伴影响力在大学生社会性发展中也起着关键作用，社团归属感对自尊水平的调节作用可以通过社会计量器理论来解释。社会计量器理论认为，自尊是个体对自己在社会关系中被他人接纳和重视程度的一种主观感受。在大学社团中，当学生感受到自己被社团成员接纳、认可，融入了社团这个集体，即拥有较高的社团归属感时，他们会觉得自己是有价值的、被他人需要的，这种积极的感受会提升他们的自尊水平。相反，如果在社团中遭遇排斥、孤立，社团归属感较低，就容易导致自尊水平下降，产生自我怀疑和否定的情绪。因此，积极参与社团活动，建立良好的社团人际关系，对于大学生提升自尊水平、促进社会性发展具有重要意义。

四、生命全程中的生命特征深度阐释

（一）生命的独特性：生物编码与环境雕琢的双重杰作

生命的独特性贯穿个体发展全程，是基因与环境交织而成的复杂图谱。从生物学视角看，人类基因组中约30亿个碱基对的排列组合，使得除同卵双胞胎外，每个个体都拥有独一无二的DNA序列。即便拥有相同基因的双胞胎，在成长过程中也会因表观遗传差异产生分化——研究显示，随着年龄增长，双胞胎的基因甲基化模式逐渐不同，导致生理特征（如指纹细节、虹膜纹理）和疾病易感性出现差异。

在心理与行为层面，独特性更表现为成长环境与个人选择的共同作用的产物。家庭教养方式、文化背景、重大生活事件等环境变量，如同雕刻刀般塑造着人格特质与人生轨迹。例如，同处于高压教育环境下的青少年，有人发展出坚忍的意志力，有人则产生焦虑倾向；即使在相似的社会文化背景中，个体对职业、婚姻、兴趣的选择差异，也使得每个人的生命故事呈现出独特的叙事脉络。神经科学研究进一步证实，大脑的可塑性使个体在经历不同刺激后，形成独一无二的神经网络连接，这也是思维方式与认知风格个性化的生理基础。

（二）生命的不可逆性：时间长河中的单向旅程

生命的不可逆性是自然规律的深刻体现，如同热力学第二定律中熵增的单向性，生命从胚胎发育到衰老死亡的过程不可逆转。在生理层面，细胞分裂与分化具有严格的时空顺序，一旦特定组织器官发育完成，便无法退回原始状态。例如，婴儿期形成的突触连接在童年期经历“修剪”后，那些被淘汰的神经通路无法重新激活；青春期骨骼闭合后，个体身高便不再改变。

心理发展同样遵循不可逆原则。皮亚杰的认知发展理论指出，儿童的思维从感知运动阶段向形式运算阶段的过渡是阶梯式推进的，跳过某一阶段直接进入高级认知水平是不可能的。情感与记忆领域亦是如此，创伤经历造成的心理印记难以完全消除，而童年时期建立的依恋模式会持续影响成年后的人际关系。这种不可逆性赋予生命历程以严肃性与珍贵性，提醒人们把握当下，因为每个生命瞬间都是“一次性”的存在。

（三）生命的有限性：时间边界下的价值追寻

生命的有限性是人类生存的基本事实，尽管现代医学使全球平均预期寿命从 1900 年的约 31 岁提升至 2023 年的 73 岁，但生理极限始终存在。端粒缩短、细胞衰老等生物学机制，从微观层面决定了生命的时间边界；宏观层面，自然灾害、意外事故等不确定性因素，更突显了生命的脆弱与短暂。

然而，正是这种有限性激发了人类对生命意义的深度探索。存在主义哲学认为，死亡的必然性促使个体主动赋予生命价值——通过职业成就、情感联结、精神创造等方式，在有限时间内实现自我超越。积极心理学研究也表明，意识到生命有限性的个体，往往更能聚焦核心目标，提升时间利用效率，在人际关系中投入更深的情感，从而获得更高的生命满意度。此外，人类通过文化传承与代际延续，在某种程度上突破个体生命的时限，将智慧、技艺、价值观以符号或实体形式留存于世，实现精神层面的“永恒”。

第三节　走进心理健康教育

心理故事会

心理课程点亮迷茫青春，助大学生破茧成蝶

小宇是个性格内敛的大一新生，刚踏入大学校门时，满心期待开启新生活，可现实却给了他沉重一击。

学业上，大学课程难度远超想象，尤其是高等数学，复杂的公式和抽象的概念让他听得一头雾水。第一次小测验，成绩惨不忍睹，这让一直成绩不错的他深受打击，开始怀疑自己的学习能力，一想到上课就焦虑。

人际交往中，小宇因性格内向，不知如何融入集体。宿舍里，大家谈天说地、相约活动，他却总是默默待在角落，不敢主动搭话。社团招新时，看着同学们积极展示自己，他虽满心向往，却因害怕被拒绝而一次次退缩，孤独感与日俱增。

就在小宇被迷茫和焦虑吞噬时，学校开设的大学生心理健康教育课程，像一束光照进他的世界。第一节课，老师讲的“成长型思维”理论深深触动了他。老师说，人的能力并非一成不变，只要愿意努力，不断尝试，就能突破自己。小宇想到自己因一次数学测验失利就一蹶不振，

开始反思是不是自己的思维太局限。

在“情绪管理”章节，老师传授了多种调节情绪的方法，如深呼吸放松法、情绪 ABC 理论。小宇意识到，自己面对学业和社交问题时的过度焦虑，很大程度上源于对事情的不合理认知。比如，把一次考试失败等同于自己学习不行，把不主动社交归结为自己不被喜欢。

课程里的“人际交往技巧”部分更是为小宇打开了新世界的大门。老师通过角色扮演、小组讨论，教大家如何倾听、表达自己，如何理解他人感受。小宇开始尝试运用这些技巧，主动和舍友分享自己的兴趣爱好，耐心倾听他们的故事。慢慢地，宿舍氛围变得融洽，他还和几个同学一起参加了学校的读书社团，结识了许多志同道合的朋友。

随着课程的深入，小宇学会用学到的方法制订学习计划，合理安排时间，遇到不懂的问题也不再独自苦恼，而是主动向老师和同学请教。在心理健康教育课程的期末作业里，小宇写道：“这门课不仅教给我知识，更像是一把钥匙，打开了我内心封闭的大门。曾经的我被学业和社交的压力困住，如今我学会了正视问题、调节情绪、主动沟通。我不再害怕困难，因为我知道，每一次挑战都是成长的机会。”

学期末，小宇不仅和同学们相处得十分融洽，高等数学成绩也有了显著进步。他还在社团活动中担任了重要角色，变得自信开朗。大学生心理健康教育课程，就像一位无声却有力的引路人，陪伴小宇走过那段迷茫岁月，帮他完成了从青涩迷茫到自信从容的蜕变。

心理预热点

心理健康教育并非遥远的理论概念，而是与每个人的生活、成长息息相关的实践课题。它以科学理论为基石，通过系统的方法帮助个体认识自我、调节情绪、应对压力，最终实现身心的和谐发展。本节将从心理健康教育的核心内涵、实施路径与现实意义展开，带您深入了解这一重要领域。

心理知识屋

一、大学生心理健康标准的理论溯源

大学生心理健康标准的构建并非孤立存在，而是融合多学科理论与青年发展规律的成果。从心理学理论视角来看，彭聃龄在《普通心理学》中指出，心理健康是个体心理活动处于正常、积极的状态，能够有效适应环境并充分发挥身心潜能。在此基础上，结合世界卫生组织（WHO）提出的“生理-心理-社会”三维健康观，大学生心理健康标准不仅关注个体内部的心理机能，更强调其在学业、社交、职业探索等外部环境中的适应性表现。

同时，大学生群体处于“成年初显期”（18～25 岁），这一阶段具有身份过渡性、选择多样性的特点。他们面临从依赖家庭到独立生活的转变，需完成学业目标、建立亲密关系、探索职业方向等多重发展任务，这些特殊性决定了心理健康标准须具备动态性与发展性。例如，相较于其他年龄段，大学生对自我认知的探索更为频繁，对社会支持的需求更具独特性，因此标准需充分考量这些阶段性特征。

二、大学生心理健康的核心标准

相较于可通过医学检测精准量化的身体健康指标,心理健康的评估因涉及复杂的心理现象与主观体验,难以建立统一且绝对的衡量标准。心理状态不仅受认知、情感与行为模式的综合影响,更与社会历史条件、文化价值体系紧密交织。值得注意的是,心理健康并非非黑即白的二元对立,而是一个连续动态的光谱。个体的心理状态可随环境变迁、个人成长或突发事件发生改变,从相对健康向亚健康甚至疾病状态滑动,反之亦然。尤其对于处于青春中后期的大学生群体,其认知发展、社会角色定位与心理需求均具有独特性,需结合发展心理学理论、教育环境特征及群体共性,构建适配于该群体的心理健康评估体系,以更科学地指导大学生的心理建设与自我维护。

(一)智力正常:学业发展与问题解决的核心保障

智力作为观察力、注意力、想象力、记忆力、思维力、创造力及实践能力的有机整合,不仅是个体获取知识、解决问题的核心要素,更是大学生实现自我发展与社会适应的重要心理支撑。其内涵涵盖多维度能力:从敏锐捕捉信息的观察能力,到持续聚焦目标的注意品质;从构建虚拟图景的想象空间,到提取存储经验的记忆功能;从逻辑分析与抽象概括的思维深度,到突破常规的创新实践能力,共同构成个体适应复杂环境的认知系统。

对于大学生群体而言,智力正常的核心表征在于能否充分发挥认知效能,具体体现为三个层面:其一,保持旺盛的求知欲与探索热情,主动拓展知识边界,在专业学习与跨学科领域中展现强烈的好奇心;其二,建立科学的学习策略,高效完成学业任务,不仅能理解和吸收课堂知识,还能通过自主学习、研究性学习等方式深化认知;其三,在实践场景中灵活运用知识与技能,无论是应对学业难题、参与竞赛项目,还是解决生活中的突发状况,均能快速调动思维资源,展现良好的问题解决能力与应变智慧。若出现显著的学习障碍、认知功能失调或创造力匮乏等表现,则需关注其智力活动是否偏离正常发展轨道。

(二)情绪稳定:积极体验与有效调节

情绪积极健康是大学生心理健康的重要标志,其核心特征体现为情绪稳定性与正向情感体验的有机统一。这不仅表现为积极情绪(如愉悦、满足、希望)在日常情感体验中占据主导,更强调个体能够以理性且灵活的方式管理情绪:面对学业压力、人际矛盾等挑战时,既能够通过运动、倾诉、艺术创作等合理途径释放负面情绪,又能运用认知重构、情绪调节策略克制冲动,避免陷入过度焦虑或抑郁;在情绪表达上,既能契合社会规范与文化情境的要求,又能真实反映自身内心需求,实现情感表达与自我保护的平衡。同时,健康的情绪反应具备明确的情境适配性——情绪强度与触发事件的性质、程度相匹配,既不会因琐事过度反应,也不会对重大事件冷漠麻木,从而维持心理状态的稳定与和谐。

(三)社会适应良好:多维环境中的动态平衡与主动融入

社会适应能力是检验大学生心理健康水平的重要维度,它不仅要求个体具备认知社会环境的敏锐度,更强调在个人与社会互动中实现动态平衡的智慧。心理健康的大学生能够以理性客观的视角洞察环境变化,无论是适应大学新集体、职场实习场景,还是面对社会转型期的价值多元化,都能迅速调整认知框架,将个人行为与新环境规范相适配。

这类学生善于在社会参与中建立良性互动：既能通过社团活动、志愿服务、社会实践等渠道保持与社会的紧密联结，形成对社会现状的立体认知，又能在信息洪流中保持独立思考，主动甄别并抵御不良思潮、消极文化的侵蚀。面对理想与现实的落差，他们能够灵活修正个人预期，在坚守核心价值观的同时，以开放包容的心态接纳社会差异，通过持续的自我调整实现思想观念、行为模式与社会发展趋势的同频共振，真正成为兼具社会责任感与环境适应力的新时代青年。

（四）人格完善：心理和谐与自我整合的核心表征

人格作为个体稳定心理特质的集合，是心理健康的深层体现。人格完整意味着个体内在心理结构与外在行为表现的高度协调，其核心特征表现为认知、情感、意志与价值观的有机统一。对于大学生而言，人格完整具体体现为三个关键维度。

1. 结构要素的系统性整合

人格结构中的气质、能力、性格等心理特质，与理想、信念、世界观等精神内核形成相互支撑的统一体。例如，性格外向且具有领导能力的学生，能够将自身特质与服务社会的理想相结合，在社团活动或社会实践中发挥优势；而内省型学生则可能通过学术研究或艺术创作，将沉稳专注的气质转化为探索真理的内在动力。各要素间既保持独特性，又能协同作用，避免出现人格分裂或矛盾冲突。

2. 自我意识的稳定与清晰

健全的自我意识是人格完整的基石。大学生能够客观认识自我，清晰区分“理想自我”与“现实自我”，并通过持续努力缩小两者差距。在面对身份转变（如从学生到职场人）或价值冲突时，能够保持自我同一性，避免陷入角色混乱或自我认知危机。例如，在多元文化思潮冲击下，依然坚守核心价值观，同时保持开放包容的态度，实现自我与外界的动态平衡。

3. 积极人生观的引领与驱动

以正向的人生观作为人格核心，将个人需求、目标与社会价值紧密联结。这种人生观不仅体现在对学业、职业的规划中，更渗透于日常生活的选择与行动。例如，将“终身学习”理念融入学业追求，将“利他精神”转化为志愿服务行动，使零散的行为选择形成具有连贯性和目标导向的价值体系，从而驱动个体在成长道路上保持方向感与内驱力。

人格统一完整的大学生，如同协调运转的精密仪器，既能在复杂环境中保持自我稳定性，又能灵活适应变化，最终实现心理发展与社会适应的良性循环。

（五）意志能力健全：目标导向与自我调控的心理基石

意志作为人类心理活动的重要组成部分，是个体自觉确立目标，并通过意识支配、调节行为，克服内外困难以达成目标的心理过程。对于大学生群体而言，意志健全不仅是学业发展、生活适应的关键保障，更是人格完善与社会参与的核心动力。其具体表现可从目标管理、决策能力、情绪自控、行为坚持四个维度深入解析。

1. 目标清晰，行动自觉

意志健全的大学生善于将抽象的人生理想转化为具体可行的阶段性目标。在学业上，他们能结合专业特点与职业规划，制定长期（如考研深造）、中期（如通过英语六级考试）、短期（如每周完成两篇文献阅读）目标，并通过时间管理工具（如四象限法则、甘特图）合理分配精力。例如，计划创业的学生不仅会确立“组建团队—开发产品—市场推广”的阶段性目标，还会细化到每日任务清单，展现出极强的行动主动性与自我驱动力。这种目标导向的行为模式，体现了对自身发展方向的清晰认知与责任感。

2. 决策果断，理性权衡

面对学业、社交、职业选择等复杂情境，意志健全的大学生能够迅速收集信息、分析利弊，并作出合理决策。在专业分流时，他们会综合兴趣偏好、行业前景、自身优势等因素，而非盲目跟风或依赖他人建议；在社团活动与学业冲突时，能理性评估优先级，果断调整时间分配。即便决策结果未达预期，也能客观总结经验，避免因过度犹豫错失机遇，或因冲动决策陷入被动。这种决策能力既依赖于批判性思维，也体现了对自我能力的准确判断。

3. 情绪可控，言行自律

意志健全者能够有效调控情绪对行为的干扰。在面对学业压力（如考试失利）或人际矛盾时，他们不会让愤怒、焦虑等负面情绪主导行动，而是通过深呼吸、运动、倾诉等方式调节情绪，确保行为符合理性目标。例如，在团队项目中遭遇意见分歧，他们能克制争执冲动，以解决问题为导向组织讨论；面对游戏、短视频等诱惑，也能坚守学习计划，展现出强大的自我约束力。这种情绪与行为的自控力，是意志健全的重要标志。

4. 坚韧不拔，持续行动

真正的意志健全不仅体现在目标确立与决策瞬间，更在于面对困难时的坚持与韧性。无论是攻克复杂的专业课题、长期备考证书，还是克服创业过程中的资金短缺、市场波动，意志健全的大学生都能保持专注与耐心，通过调整策略（如寻求导师指导、优化商业模式）持续推进目标。即使遭遇多次失败，也能将挫折视为成长契机，而非轻易放弃。这种"抗挫力"与"成长性思维"的结合，使他们在实现目标的道路上稳步前行。

大学生的意志能力并非固定不变，而是在学习、生活实践中不断发展。高校可通过设置挑战性课程（如项目式学习）、组织户外拓展训练、开展职业规划辅导等方式，系统培养学生的目标管理、决策、自控与坚持能力；学生自身也应主动参与社团活动、社会实践，在解决实际问题中锤炼意志品质。当意志能力与认知、情绪、社交能力协同发展时，个体方能在复杂多变的环境中保持心理弹性，实现全面成长。

（六）自我评价正确：自我认知与心理健康的平衡支点

1. 全面认识自我

大学生应能从多个角度认识自己，包括自己的外貌、性格、能力、兴趣爱好等。既要了解自己的优点，如擅长逻辑思维、有较强的沟通能力等，也要清楚自己的不足，如缺乏耐心、时间管理能力有待提高等。

2. 客观评估能力

能够对自己的能力水平有客观的判断，在学习、社交、实践等活动中，准确评估自己能否完成任务。例如，在参加学科竞赛时，能根据自己的专业知识和技能，判断是否有能力参赛并取得一定成绩，不高估或低估自己的实力。

3. 合理接纳自我

接受自己的现状，包括不完美的地方，不会因为自己的某些缺点而过度自卑或自我否定。同时，也不会盲目自大，对自己有不切实际的幻想。

（七）人际关系和谐：情感联结与自我成长的双向赋能

和谐的人际关系是大学生心理健康的重要支撑，更是其实现个人价值与社会融入的关键纽带。心理健康的大学生往往展现出主动且健康的社交特质：他们以开放包容的姿态投入人际交往，既能在社团活动、集体生活中建立广泛的人际网络，又能通过深度情感交流发展知心挚友，形成多层次、高质量的社交圈层。

在交往过程中，他们始终坚守独立人格与自我边界，既不过分依赖他人认可，也不盲目迎合群体，而是以真诚平等的态度与他人互动。面对差异，他们能够理性客观地评价自我与他人，主动汲取他人长处，同时接纳自身不足，形成良性的自我完善机制。在集体生活中，这类学生既能充分发挥个体优势，与团队成员高效协作，又能敏锐感知集体需求，主动承担责任、互帮互助。更重要的是，他们在人际交往中以积极情感为主导，用友善、信任与共情构筑关系基石，有效避免猜疑、嫉妒等消极情绪的侵蚀，从而构建起温暖、支持性的社交环境，实现人际关系与个人心理成长的双向促进。

（八）心理行为符合大学生年龄特征：青年发展阶段的身心协调标志

行为表现是否契合年龄特点，是判断大学生心理健康状况的直观外在依据。处于青年中期的大学生，正处于生理机能旺盛、认知能力快速发展的关键阶段，心理健康的大学生往往展现出与这一时期相匹配的典型行为特征：他们充满活力，对世界保持旺盛的好奇心与探索欲，不仅在专业学习中主动钻研、积极参与课堂互动，还热衷于通过学术竞赛、社团活动、社会实践等渠道拓展认知边界；面对新事物、新挑战时，他们反应敏捷，能够快速调动知识储备与思维能力，尝试创造性地解决问题；在人际交往与自我发展方面，既保持对独立人格的追求，主动规划个人成长路径，又展现出同龄人特有的社交热情，乐于在集体生活中建立友谊、协作共进。

与之相对，若出现过度老成、过度幼稚、过度依赖等行为倾向，则需引起重视。例如，部分学生表现出超越年龄的世故圆滑，刻意压抑真实情感与个性需求；或呈现出过度依赖他人决策、难以独立处理生活学习问题的低龄化行为；又或是在面对压力时采取逃避、退缩等幼稚应对方式。这些严重偏离大学生年龄阶段与角色定位的行为模式，往往暗示着潜在的心理调适问题，需要通过自我反思、主动求助等方式及时干预调整，以确保心理发展与行为表现的协调统一。

三、大学生心理健康标准的实践意义与培养路径

（一）自我评估与干预

学生可通过标准化量表（如“大学生心理健康量表”）或日常行为观察进行心理健康自评。例如，若连续两周出现失眠、对事物丧失兴趣、社交回避等症状，应及时通过学校心理咨询中心预约辅导，或与信任的亲友倾诉，避免问题恶化。

（二）高校心理健康教育

高校需构建“课程教学+活动实践+危机干预”的多维体系。课程方面，开设“大学生心理健康”必修课，融入正念训练、沟通技巧等实用内容；活动层面，组织心理情景剧比赛、团体沙盘游戏，帮助学生在体验中学习情绪管理；同时，建立班级心理委员制度，实现危机早期识别与干预。

（三）社会支持体系构建

家庭应转变“唯成绩论”的观念，给予情感支持而非过度施压，例如在学生考试失利时鼓励

反思而非指责;社会层面,政府可推动企业开放实习岗位,缓解就业焦虑;互联网平台可开发科学的心理科普内容,帮助大学生正确认识心理健康问题。

四、特殊情境下的心理健康延伸

在当代大学生面临的学业内卷、网络成瘾、情感困扰等复合型挑战中,静态的心理健康标准需与动态的现实情境深度融合。面对“绩点焦虑”弥漫的学术环境,心理健康不仅体现为成绩排名,更应聚焦于学习过程中的自我效能感、知识转化能力与抗压韧性;当虚拟社交成为生活重心,需警惕短视频的碎片化信息过载、社交软件的“表演式互动”对现实人际交往能力的侵蚀,通过设定数字使用边界、主动参与线下社交活动,维系线上线下的情感联结平衡;在处理恋爱关系时,心理健康的核心在于能否以理性认知解构情感冲突,将分手等情感挫折转化为自我认知深化与关系智慧提升的契机,而非陷入持续性的情绪内耗与自我否定。

这种对心理健康标准的情境化延伸,为大学生提供了更具实操性的自我评估框架,也为高校心理健康教育与社会支持体系指明了方向。通过针对性的心理辅导、学业规划引导、网络素养课程等干预措施,可帮助青年群体在复杂环境中动态调适心理状态,实现认知能力、情绪管理、社会适应与人格发展的协同成长,真正将心理健康标准转化为推动个体发展与社会和谐的内生动力。

课堂活动

“心理收纳箱”心灵倾诉与共鸣活动

一、活动目的

通过匿名分享与集体探讨的形式,搭建安全的心理交流平台,帮助参与者释放内心压力,发现共性困扰,感受情感共鸣,同时培养同理心与团队互助意识。

二、操作流程

1. 前期准备

(1)物资筹备:为每个小组准备 1 个密封收纳箱(如带盖纸盒),并发放足量便签纸、笔,确保隐私性;

(2)规则讲解:向参与者强调“匿名性”与“保密性”原则,明确若抽到自己的纸条需立即放回,重新抽取。

2. 活动实施

(1)匿名书写:参与者在便签纸上用简洁语句写下当前最大的心理困扰或内心愿望(如“考试焦虑严重”“希望交到知心朋友”),全程保持独立书写,不与他人交流;

(2)投放纸条:将写好的纸条折叠后投入小组收纳箱,组长摇晃箱子打乱顺序;

(3)随机抽取:小组成员依次从箱中抽取 1 张纸条,默读内容,思考自己是否有相似感受;

(4)小组讨论:以“你是否也有同感”为核心,围绕纸条内容展开交流,分享共鸣点或提供解决思路;

(5)全班分享:各小组组长汇总整理本组纸条内容,提炼高频困扰与愿望(如学业压力、社交焦虑等),结合组员讨论成果,上台进行 3~5 分钟总结发言。

三、活动延伸建议

（1）匿名回应：活动结束后，可将纸条回收，全班共同书写匿名建议，二次投入收纳箱，让每位参与者收获他人的温暖支持；

（2）心理树洞：将收纳箱作为班级常设“心灵信箱”，定期收集、讨论同学们的心理困惑，营造持续互助的班级氛围；

（3）专业引导：教师可结合分享内容，适时引入心理健康知识（如压力管理、情绪调节技巧），必要时推荐学校心理咨询资源。

四、注意事项

（1）严格保护隐私，禁止私自查看、传播纸条内容；

（2）若出现涉及严重心理危机的内容（如自伤倾向），教师需立即介入，私下联系专业人员处理；

（3）活动后可设置“情绪反馈环节”，鼓励参与者分享感受，强化积极体验。

知识链接

去心理咨询的人一定有心理问题吗？

在大学校园里，部分同学仍存在这样的认知误区：认为只有心理存在问题的人才需要寻求心理咨询。事实真的如此吗？

的确，帮助来访者预防和治疗心理疾病是心理咨询的重要职能之一，但这绝非其全部内涵。尤其在高校场景下，心理疾病防治甚至并非心理工作的核心。我国高校心理卫生工作者将其职能划分为三个层级：

（1）初级功能：聚焦心理疾病防治，通过筛查与干预及时识别心理异常个体，预防极端事件发生；

（2）中级功能：侧重心理调节能力的提升，帮助学生深化自我认知、增强人际理解与社会适应能力，掌握情绪管理与挫折应对技巧；

（3）高级功能：以个体与社会的全面发展为目标，助力学生挖掘潜能，建立积极生活方式，实现自我价值与创造性成长。

高校心理工作的重心更多落在中、高级功能层面。这意味着，心理咨询的服务对象不仅包括心理疾病患者，心理健康的学生同样能从中受益。将心理咨询狭隘地等同于“治病”，本质上源于对心理卫生工作的片面认知。

在我国香港、台湾地区及海外，心理咨询是备受欢迎的常态化服务。港台高校将其称为“心理辅导（Counselling）”，强调通过专业引导帮助个体认识自我、接纳自我，进而激发潜能，实现全面发展。海外寻求心理咨询的群体中，不乏社会精英人士——他们凭借经济实力获取专业服务，更以超前的健康意识主动维护心理状态。

在现代社会压力剧增、心理失衡风险上升的背景下，处于心理发展关键期的大学生，主动接触心理卫生知识、接受专业指导，不仅有助于化解当下困扰，更是对长远心理健康的投资。心理咨询并非“心理患病”的标签，而是追求更高质量心理状态、实现自我成长的有效途径。

五、大学生心理健康自我维护策略

基于大学生心理健康核心标准，可从智力、情绪、社会适应、人格、意志、自我评价、人际关系、行为发展八大维度，构建系统性的自我维护策略，助力大学生在复杂环境中实现身心协调发展。

（一）激发智力潜能，构建终身学习模式

1. 优化学习策略

运用费曼技巧、思维导图等工具强化知识理解，通过跨学科阅读与项目实践拓宽认知边界。例如，理工科学生可通过参与数学建模竞赛，将理论知识转化为实际问题解决能力；文科生则可借助案例分析、田野调查等方式深化专业认知。

2. 培养创新思维

主动参与学术竞赛、创新创业活动，在解决实际问题中锻炼批判性思维与创造力。利用学校实验室、创客空间等资源，尝试开发新课题，培养独立思考和探索未知的能力；关注行业前沿动态，通过慕课平台学习新兴技术，保持知识更新的敏锐度。

（二）强化情绪管理，培育积极心态

1. 情绪觉察与表达

通过情绪日记记录日常感受，利用“情绪 ABC 理论”分析负面情绪的触发点与认知偏差。例如，当因考试失利感到沮丧时，反思自己对结果的不合理信念，调整为更客观的认知视角。

2. 多元调节方法

掌握渐进式肌肉放松、正念冥想等技巧，建立“运动宣泄—艺术表达—社交倾诉”的立体化情绪释放渠道。每周安排固定的运动时间，通过跑步、瑜伽等方式释放压力；参与绘画、音乐创作等艺术活动，将情绪转化为创作动力；在情绪低落时主动向亲友倾诉，获得情感支持。

（三）提升社会适应力，主动融入环境

1. 动态调整认知

面对学业、职场等环境变化，运用 SWOT 分析法客观评估自身优劣势，制订阶段性适应计划。入学初期，通过参加新生适应课程、学长学姐经验分享会，快速了解校园文化与学习节奏；进入职场实习前，提前学习行业规范与职场礼仪，缩短适应周期。

2. 增强实践参与

通过实习、志愿服务等方式积累社会经验，提升问题解决与资源整合能力。参与社区公益活动，培养社会责任感；在企业实习中，学习团队协作与项目管理技能，增强对现实社会的适应能力。

（四）完善人格特质，促进自我实现

1. 深化自我探索

借助迈尔斯-布里格斯类型指标（MBTI）、大五人格量表等工具了解性格特点，结合霍兰德职业兴趣理论明确发展方向。通过职业测评探索潜在兴趣领域，尝试相关课程或社团活动，验证自身能力与兴趣的匹配度。

2. 践行价值观

将诚信、责任等核心价值观融入日常行为，在知行合一中塑造稳定的人格内核。在小组作业中主动承担任务，按时保质完成工作；参与学术研究时严守学术规范，拒绝抄袭等不诚信行为。

（五）锤炼意志品质，增强抗挫能力

1. 目标阶梯化管理

将长期目标拆解为具体、可量化的短期任务，通过“小步快跑”模式积累成就感。例如，备考英语四六级时，制订每日词汇背诵、听力训练计划，并定期进行模拟测试，根据结果调整学习策略。

2. 挫折复盘训练

建立“问题—归因—改进”的复盘机制，从失败经历中提炼成长经验，提升心理韧性。在竞赛失利后，与团队成员共同分析原因，总结经验教训，为下次挑战作好准备。

（六）校准自我评价，保持认知客观

1. 多维度反馈收集

主动向师长、同伴征求意见，结合学业表现、实践成果等数据综合评估自我。定期与导师沟通学业进展，听取专业建议；在团队项目中，通过成员互评了解自身在协作中的优势与不足。

2. 接纳与成长平衡

接纳自身局限的同时，制订个性化提升计划，避免因过度完美主义产生自我苛责。例如，若发现自己公众表达能力较弱，可报名演讲课程，通过系统训练逐步提升。

（七）构建良性社交，拓展支持网络

1. 差异化社交策略

针对不同社交场景（如宿舍、社团、课堂）调整沟通方式，建立“深度密友+广泛伙伴”的关系网络。在宿舍生活中，尊重室友习惯，主动承担公共事务；在社团活动中，积极参与团队讨论，展现个人特长，结交志同道合的朋友。

2. 冲突解决技巧

学习非暴力沟通方法，通过“观察—感受—需求—请求”四步法化解人际矛盾。当与朋友产生分歧时，先客观描述事件，表达自己的感受和需求，再提出具体的解决方案，寻求双方共识。

（八）契合年龄特征，实现角色发展

1. 把握发展关键期

在青年社会化进程中，主动探索职业兴趣、尝试亲密关系，在试错中完成身份认同。利用大学丰富的职业讲座、校友分享资源，了解不同行业发展前景；在恋爱关系中，学习沟通与包容，提升情感管理能力。

2. 保持青春活力

通过参与文体活动、兴趣社团等方式释放青年能量，避免因过度功利化丧失成长乐趣。加入舞蹈社、辩论队等社团，培养兴趣爱好；参与校园运动会、文艺晚会等活动，展现青春风采，丰富大学生活体验。

通过以上策略的综合运用，大学生可将心理健康标准转化为可操作的日常实践，在自我维护与持续成长中筑牢心理防线，实现全面发展。

知识链接

数字技术前沿

1. VR 暴露疗法：社交恐惧虚拟场景分级训练系统利用 VR 技术，为社交恐惧患者提供沉浸式治疗体验。系统根据患者恐惧程度设计不同等级的虚拟社交场景，从简单的一对一交流场景，逐渐过渡到复杂的多人聚会、公开演讲场景。患者在虚拟环境中面对恐惧场景，同时配合心理治疗师的指导，逐步克服社交恐惧。这种疗法具有高度可控性和安全性，可重复进行训练，为社交恐惧治疗提供了新的有效手段。

2. AI 聊天机器人：斯坦福 Woebot 是一款用于抑郁干预的 AI 聊天机器人，Fitzpatrick 在 2017 年的研究验证了其有效性。Woebot 运用认知行为疗法原理，通过自然语言处理技术与用户交流，为用户提供情绪支持、认知重构建议等。用户可以随时与 Woebot 对话，分享自己的情绪和困扰，Woebot 及时给予回应和引导，帮助用户缓解抑郁情绪，提升心理韧性。AI 聊天机器人不受时间和空间限制，能够为更多有需求的人提供便捷的心理健康服务。

心理推荐

1. 从电影洞察心灵：《心灵捕手》与《头脑特工队》的心理学启示

推荐理由：在光影交织的世界里，电影宛如一面镜子，折射出复杂的人性与深邃的心理奥秘。《心灵捕手》和《头脑特工队》以其独特的叙事魅力，从不同角度为我们揭示了心理世界的奥秘。《心灵捕手》让我们见证了防御机制下的自我救赎以及咨访关系的治愈力量，《头脑特工队》则带领我们领略了情绪记忆的奇幻旅程和哀伤的独特价值。它们提醒着我们，无论是面对内心的创伤，还是复杂多变的情绪，唯有勇敢正视、接纳与和解，才能实现真正的心灵成长与自我超越。

2. 解锁心灵成长密码：《也许你该找个人聊聊》《跨越式成长》两本佳作带来的启示

推荐理由：在探索自我与追求成长的漫漫长路上，书籍宛如熠熠生辉的灯塔，为我们照亮前行的方向。《也许你该找个人聊聊》与《跨越式成长》从不同角度为我们提供了宝贵的心灵成长与自我提升的经验。前者让我们在他人的故事中学会直面内心、建立联结、接纳自我；后者则激励我们通过思维模式切换，明确目标、打造多元技能、突破自我。作为大学生，我们应该将书中的智慧融入日常生活中，不断探索自我，提升心理素质，为未来的人生道路打下坚实的基础。

心理修炼

一、未来自我对话：写警告信或奖励承诺书

选择一个近期重要且容易拖延的任务，如准备即将到来的考试、完成课程设计等。静下心来思考，给一周后的自己写一封信。可以选择写警告信，也可以写奖励承诺书，或者两者都写。在警告信中，详细罗列拖延可能引发的各种不良后果，越具体越好，如“如果我拖延复习，这次考试可能会挂科，下学期需要补考，浪费时间和精力，还会影响奖学金评定”；奖励承诺书中，明确完成任务后给自己的具体奖励，如“如果我按时完成课程设计，我就给自己买一双心仪已久

的运动鞋,奖励自己的努力”。

二、自我剖析报告

1. 用埃里克森理论分析自己当前所处发展阶段,列举3项已完成和未完成的发展任务。
2. 绘制“心理能量分布图”(学习/社交/家庭/自我成长占比),提出优化方案。

三、实践设计项目

以“减少心理健康污名化”为目标,设计校园活动,需包含下面内容:

(1)一项行为艺术(如“拥抱树洞”装置)。

(2)一场跨界对话(邀请运动员/程序员谈心理调节)。

(3)一份新媒体传播方案(短视频脚本+传播策略)。

第二章 自我意识

导读

在青春的旅程中，你是否曾停下脚步，认真思考"我是谁""我将成为怎样的人"？这一追问，正是自我意识发展的核心命题。作为大学生成长的关键课题，自我意识如同内心的指南针，既指引着我们探索真实的自我，也影响着我们与他人、与社会的互动方式。本章从自我意识的基础理论出发，首先带你揭开自我意识的神秘面纱，了解其概念、结构与发展规律，明晰"理想自我"与"现实自我"的辩证关系。随后，聚焦大学生群体特有的发展阶段，深入探讨自我同一性的确立过程——这一关乎价值观塑造、人生方向选择的重要阶段，如何影响我们对未来的规划与行动。最后，针对大学生常见的自我意识问题，如过度自卑、自我中心等，不仅剖析其成因与表现，更提供科学有效的调试方法，帮助你在面对困惑时找到破局之道。学习本章内容，不仅能让你更深刻地认识自己，还能掌握提升心理健康与个人成长的实用策略。无论你正处于自我探索的迷茫期，还是希望进一步完善自我，相信这些知识与方法都能为你注入成长的力量。让我们一同踏上这场自我认知之旅，在探索与实践中，遇见更好的自己。

学习目标

1. 知识目标

(1)系统掌握自我意识的基本概念、结构(自我认知、自我体验、自我控制)及发展规律,清晰区分理想自我与现实自我等核心理论。

(2)深入理解大学生自我同一性确立的内涵、发展阶段及影响因素,能够运用理论分析不同阶段的心理特征。

(3)全面识别大学生常见的自我意识问题类型,如过度自卑、过分追求完美等,明确各类问题的具体表现与形成机制。

2. 能力目标

(1)具备运用自我意识相关理论,分析自身及他人心理状态的能力,能够准确判断自我意识发展水平。

(2)掌握调试常见自我意识问题的实用方法,如认知重构、行为训练等,并能根据实际情况制定个性化的自我提升方案。

(3)提升自我反思与自我管理能力,学会通过建立目标、调整心态等方式,主动促进自我意识的健康发展。

3. 素质目标

(1)心理调适素质:培养学生敏锐的自我觉察能力,使其能够及时感知自身情绪与心理状态变化,在面对学业压力、人际矛盾等情境时,运用科学方法调整心态,增强心理韧性与抗压能力,塑造积极稳定的心理素质。

(2)自主发展素质:激发学生主动探索自我、完善自我的内驱力,引导其制定合理的个人成长规划,养成定期自我反思与总结的习惯,逐步形成独立思考、自主决策的能力,为终身学习与可持续发展奠定基础。

(3)创新思维素质:鼓励学生突破固有认知局限,在自我认知与成长过程中勇于尝试新方法、新思路,培养批判性思维与创造性解决问题的能力,以创新精神推动自我突破与个人潜能的充分发挥。

思政目标

1. 引导学生树立正确的人生观和价值观,认识到自我意识的健康发展与个人成长、社会责任紧密相连,培养积极向上的人生态度。

2. 强化学生的社会责任感和使命感,通过自我意识的完善,增强对集体、社会的认同感,鼓励在实现个人价值的同时服务社会。

3. 培养学生的家国情怀,将个人理想融入国家发展大局,在自我同一性确立过程中,明确自身在新时代背景下的责任与担当,树立为中华民族伟大复兴而奋斗的远大志向。

4. 帮助学生建立文化自信,从中华优秀传统文化中汲取精神力量,以正确的价值导向引导自我意识发展,抵御不良思想的影响。

第一节 自我意识概述

心理故事会

大学生小林的自我意识觉醒之旅

小林是一名大二学生，入学之初，他凭借高中养成的学习习惯保持着中上游成绩，生活中习惯独来独往，认为"专注学业、避免社交干扰"是大学的正确打开方式。然而，一次班级小组作业打破了他固有的自我认知。

在小组讨论中，小林因坚持个人方案、忽视队友意见，导致项目进度受阻，最终成绩不理想。队友委婉指出他"过于自我""缺乏协作能力"，这让小林首次意识到自己在人际交往中的不足。与此同时，他发现同寝室室友积极参与社团活动，不仅收获了友谊，还锻炼了组织能力，反观自己单调的生活，他开始产生自我怀疑："我是不是错过了大学的精彩？"

这次经历成为小林自我反思的转折点。他主动参加学校组织的自我探索团体辅导，在"自画像"活动中，小林写下"我是固执的人""我害怕暴露缺点"等内容；在"他人眼中的我"环节，朋友提到他"逻辑性强但不够包容"，这些反馈让他更清晰地认识到现实自我与理想自我的差距。

此后，小林开始尝试改变：主动加入辩论社团，在团队协作中学习倾听与妥协；参与志愿服务，在帮助他人的过程中提升社交自信。半年后，他在新的小组作业中主动协调分工，发挥自身逻辑优势的同时鼓励成员表达想法，团队获得了优秀评价。小林感慨道："原来承认不足并不可怕，通过努力改变自己的感觉，让我对未来更有信心。"

这个案例展现了大学生常见的自我意识发展过程：从基于过往经验的固有认知，到因现实冲突引发反思，通过主动探索和实践调整自我认知与行为模式，最终实现自我意识的深化与人格的成长。

心理预热点

对自我的认知与探寻，历来是人类不懈追求的永恒命题。从古希腊神话中俄狄浦斯破解斯芬克斯之谜的表象解答，到马克思关于"人的本质是一切社会关系的总和"的科学论断，数千年间，这一探索从未停歇。时至今日，老子"知人者智，自知者明"的东方哲思，与苏格拉底"认识你自己"的西方箴言，依然激励着我们不断叩问内心，推动自我意识理论的持续发展。

自我概念的系统化探讨，始于17世纪法国哲学家勒内·笛卡尔(René Descartes)。他以严谨的哲学思辨，首次将自我作为核心命题展开深度剖析。而在心理学领域，美国心理学奠基人威廉·詹姆斯(William James)率先对自我问题进行系统性研究。詹姆斯提出，自我可解构为"作为客体的自我"(经验的自我)与"作为主体的自我"(纯粹的自我)两大维度——前者指向个体对自身经验、特质及社会角色的认知，后者则强调自我作为认知与行动主体的纯粹意识，这一理论为现代自我心理学奠定了重要基础。

心理知识屋

一、自我意识的概念内涵

自我意识是人类特有的高级心理活动,是个体对自身存在及与周围世界关系的能动反映系统,其本质在于将“自我”作为认知、评价和调控的对象。自我意识并非单一的心理现象,而是由认知、情感、意志共同构成的复杂心理结构,具体体现在三个核心维度。

(一)自我认知维度——“我是怎样的人”

自我认知是对自身特征、能力、身份的主观判断,是自我意识的基础。它包含外显认知(如对身高、学历等客观属性的认知)与内隐认知(如对性格、价值观等抽象特质的理解)。例如,大学生在自我介绍时描述“我是擅长编程的计算机专业学生”,或是通过反思得出“我具备较强的同理心但决策力不足”,均属于自我认知的范畴。这种认知既依赖于个体的直接经验,也受他人评价、社会比较等因素的影响。

(二)自我体验维度——“我对自己的感受”

自我体验是伴随自我认知产生的情绪情感反应,涉及自尊、自信、自卑、自豪感等。例如,当在学科竞赛中获奖时产生的成就感,或是因社交挫折引发的自我怀疑,都属于自我体验的表现。彭聃龄强调,自我体验具有放大效应:积极的自我体验能增强行为动力,而消极体验可能导致自我否定,甚至陷入习得性无助。因此,学会调节自我体验是维护心理健康的关键。

(三)自我调控维度——“我如何改变自己”

自我调控是个体基于自我认知和体验,对思想、行为进行主动调节的过程,体现为目标设定、计划执行、意志努力等方面。例如,为改善拖延习惯制定每日任务清单,或是通过自我监督提升学习专注力。该维度反映了自我意识的能动性,大学生常通过自我调控平衡学业压力与个人发展,如协调社团活动与课程学习的时间分配。

此外,从哲学视角看,自我意识包含主我(I)与客我(Me)的辩证统一。

主我(I):作为认知主体与行动发起者,体现个体的主观能动性。例如,当意识到拖延习惯影响学习效率时,主动制订时间管理计划,这里的“我要改变拖延症”即主我驱动下的自我调控行为。

客我(Me):作为被认知、被评价的对象,通过社会反馈形成自我认知。如从他人评价中获得“性格内向”的标签,或是通过成绩排名感知自身能力水平,这些均属于客我维度的构建。例如,当个体意识到“我需要提升沟通能力”(主我驱动),同时从他人评价中获得“表达不够清晰”的反馈(客我认知)。

主我作为认知主体,主动发起观察、思考与行动;客我则是被审视的对象,通过他人反馈与社会评价形成,二者共同推动自我意识的发展与完善。这种双重属性使得自我意识成为连接个体内部世界与外部社会的桥梁,深刻影响着个体的行为选择与人格塑造。一般而言,自我意识起始于婴幼儿时期,萌芽于童年期,形成于青春期,发展于青年期,完善于成年期。

课堂活动

初识自我：我的自画像

一、活动目的

引导参与者通过自我剖析与多元视角认知，深化对自身生理、心理及社会属性的理解，促进自我意识的觉醒与完善。

二、操作流程

（一）自我描述与归类

1. 请在 10 分钟内，尽可能多地写下 20 个以“我是……”开头的句子，无须顾虑内容或表述，如实记录脑海中的自我认知。示例：“我是热爱绘画的人”“我是性格内向的女生”“我是大三学生”。

2. 完成描述后，根据以下维度对内容进行归类标注：

（1）身体状况：涵盖年龄、身高、体型、外貌等体貌特征（如“我是身高 175 厘米的男生”），编号：________

（2）才智状况：涉及智力水平、学习能力、专业技能等（如“我是擅长数学建模的人”），编号：________

（3）情绪状况：描述日常情绪基调与情感特征（如“我是容易焦虑但乐观自愈的人”），编号：________

（4）社会关系状况：体现人际交往模式、社会角色及态度（如“我是团队中的组织者”“我是乐于倾听朋友烦恼的人”），编号：________

（二）多元视角认知

请闭目静心 2 分钟，从不同人际关系维度思考他人对自己的印象，并填写以下内容：

父母眼中的我：________________

兄弟姐妹眼中的我：________________

恋人眼中的我：________________

同学眼中的我：________________

朋友眼中的我：________________

老师眼中的我：________________

现实中的我：________________

理想中的我：________________

三、活动考核

1. 小组交流：参与者以 4~6 人为一组，分享自己的“自画像”内容，重点讨论自我认知与他人评价的重合与差异点。

2. 全班分享：随机邀请 1~3 名同学，结合自我描述与他人反馈，汇报活动中的发现与思考，教师可引导其他同学进行补充与互动。

四、分析与反馈

1. 自我意识充分度：规定时间内完成的描述条目数量，直观反映自我探索的深度。若能写出 15 条以上，表明自我意识发展较为充分；不足 10 条者，可能需加强对自身的观察与反思。

2. 认知清晰度：某一归类维度的条目占比越高，说明参与者在该领域的自我认知越清晰。例如，若社会关系状况描述占比过半，表明其对自身社交属性感知敏锐；反之，若某类内容缺失或极少，则提示存在认知盲区。

3. 发展潜能：答案中涉及未来规划或理想愿景（如“我是未来的教育改革践行者”）的数量，体现个体的目标感与发展动力。若无任何未来指向性描述，可能暗示参与者对生涯发展缺乏主动思考，需引导其树立目标意识。

二、自我意识的构成

（一）从内容与类型的维度深入剖析

自我意识可系统划分为生理自我、心理自我和社会自我三个有机组成部分，三者从不同层面勾勒出个体对自我的认知图景，共同构成完整的自我意识体系。

1. 生理自我：具象化的物质认知基础

生理自我聚焦于个体对自身生理属性的感知与评价，是自我意识发展的原初形态。这一维度涵盖身体特征（如身高、体型、容貌）、生物属性（性别、年龄、健康状况）以及物质附属（个人所有物，如衣物、饰品、财产）等具象层面。婴幼儿通过感知身体动作（如抓握、爬行）、识别外貌特征（如镜中形象）逐步形成对自身身体边界的认知；青春期少年则因第二性征发育、外貌变化产生对生理自我的深度关注，如对体型的在意、对健康的重视等。这种认知不仅影响个体的自我接纳程度，还可能间接塑造其行为模式与社交态度。

2. 心理自我：内隐化的精神认知维度

心理自我指向个体对内在心理特质的觉察与评判，涉及个性特征（性格、气质、兴趣）、能力素养（智力、技能、创造力）、情绪情感（情绪稳定性、情感体验）及价值观体系（道德观念、人生追求）等抽象领域。随着认知能力发展，个体开始反思自身思维方式、情绪反应及人格特质，例如青少年通过分析自己的学习偏好判断智力优势，或通过反思社交中的情绪波动探索性格特点。心理自我的形成标志着个体从对外在世界的关注转向对内心世界的深度探索，对自我认同感和心理健康产生深远影响。

3. 社会自我：社会化的关系认知体现

社会自我是个体在社会关系和社会角色中对自己的认识。个体通过与他人的交往和互动，了解自己在社会中的地位、角色以及他人对自己的评价。例如，在家庭中，个体扮演着子女的角色，在学校是学生，在工作单位是员工等。个体根据不同的社会角色要求调整自己的行为，并通过他人的反馈来形成对自己的社会认知。比如，得到老师的表扬和同学的认可，会让学生觉得自己是一个受欢迎、学习好的人，从而影响其社会自我概念。

三者在自我意识体系中相互关联、层层递进：生理自我是基础，为心理自我与社会自我提供物质载体；心理自我是核心，赋予个体认知深度与精神内核；社会自我则将个体纳入社会关系网络，完善自我认知的外延。三者协同作用，共同塑造个体独特的自我认知与行为模式。

（二）从结构和形式维度审视

自我意识可系统解构为自我认识、自我体验和自我调控三大核心层面，三者既相对独立又彼此交融，共同构筑起个体完整的自我认知与管理体系。

1. 自我认识:认知架构的核心支柱

自我认识是个体对自身属性、特征及状态的主动认知过程,属于认知心理学的重要范畴。这一维度以多维度、分层次的形式呈现,涵盖自我感觉(如对自身存在感的基础感知)、自我观察(通过行为与环境互动的持续觉察)、自我分析(对思维、情感及行为模式的理性剖析)及自我评估(基于内在标准与外部反馈的价值判断)。例如,学生通过考试成绩反思学习方法、职场人通过项目成果分析专业能力,均属于自我认识的实践体现。

2. 自我体验:情感维度的内在映射

自我体验本质上是个体对自我认知的情绪性回应,承载着对自身的主观态度与情感评价。该层面以丰富的情绪情感为载体,既包含自尊、自爱、自信等正向自我认同,也涵盖自卑、自弃、自怜等消极情感体验;同时延伸至社会责任感、道德义务感、成就优越感等复合情感。例如,当个体达成目标时产生的自豪感,或因未能满足期望而产生的愧疚感,均反映出自我体验对心理状态的深刻影响。

3. 自我调控:行为管理的动态机制

自我调控是个体基于自我认识与体验,对自身心理活动、行为模式及态度倾向进行主动调节的过程,是自我意识的实践导向维度。其功能通过自主决策(独立规划行动方向)、自律约束(克制冲动以符合目标)、自我教育(主动获取知识与技能)、动态调节(灵活修正行为偏差)等机制实现。例如,通过制订学习计划克服拖延、运用情绪管理策略缓解焦虑,均展现了自我调控在适应环境与实现成长中的关键作用。

这三大要素彼此依存、协同运作:自我认识为自我体验提供认知基础,自我体验则影响自我调控的动力与方向,而自我调控的实践又反哺自我认识的深化,共同推动个体自我意识的动态发展与完善。

(三)从存在形态与认知视角出发

自我意识可系统划分为现实自我、投射自我与理想自我三大维度。三者既各自独立,又相互交织,共同构建起个体对自我的多维认知体系,深刻影响着个体的心理发展与行为模式。

1. 现实自我:客观存在的自我基石

现实自我是个体基于自身立场,对当下实际状态的客观认知与综合评价,是自我意识的基础维度。它涵盖个体对自身生理特征(如外貌、健康状况)、心理特质(如性格、能力)及社会角色(如身份、成就)的具象化认知。例如,职场人对自身专业技能、工作成果的评估,学生对学习成绩、社交能力的认知,均属于现实自我的范畴。这种认知既依赖个体的直接经验,也受外界反馈的影响,是后续自我发展的重要参照。

2. 投射自我:社会镜像中的自我映射

投射自我,也称“镜中自我”,是个体基于想象或感知,对他人眼中自我形象的主观建构。这一维度高度依赖社会互动,个体通过观察他人的态度、评价及行为反应,推测自己在他人心中的形象。例如,学生因老师的表扬而认为自己“表现优秀”,或因他人的否定而产生自我怀疑,均反映出投射自我的形成过程。尽管投射自我未必与现实完全相符,但其作为社会反馈的内化产物,对个体的自尊、社交行为及自我价值感具有显著影响。

3. 理想自我:发展驱动的目标导向

理想自我是个体内心渴望达成的完美形象与理想状态,代表着自我发展的目标与方向。它融合了个体的价值观、需求及社会期待,既包含对自身能力、品格的理想化追求(如“成为有影响力的领导者”),也涵盖对生活状态的向往(如“建立和谐的家庭关系”)。理想自我作为动力源泉,能够激发个体的进取心与创造力,推动自我完善;但当与现实自我差距过大时,也可能引发焦虑或挫败感。

三者间的动态关系塑造了个体的心理平衡与发展轨迹:现实自我是基础,投射自我提供社会参照,理想自我则指引发展方向。健康的自我意识需要三者保持适度协调:通过理想自我引领成长,借助投射自我校准认知,最终实现现实自我的优化升级。

三、自我意识的发展机制

自我意识的发展是一个复杂且动态的过程,其发展机制涉及多个方面,受到生理、心理和社会环境等多种因素的交互作用。

(一)生理基础与自我感知

1. 身体发育

身体的成长和变化是自我意识发展的重要基础。婴幼儿通过触摸、抓握、移动等身体活动,逐渐感知到自己身体的存在与边界。随着年龄增长、身体机能的完善,如运动能力、感官能力的发展,使个体能够更深入地探索自身与外界的关系,例如,青少年在青春期身体的快速发育,会引发他们对自身形象、性别特征等方面的关注,从而推动自我意识在身体层面的发展。

2. 大脑发育

大脑的成熟程度影响着自我意识的发展水平。前额叶皮质在自我意识的形成和调控中起着关键作用,它负责执行功能、决策、自我反思等高级认知活动。从幼儿期到青少年期,前额叶皮质逐渐发育成熟,使得个体能够进行更复杂的自我思考、自我评价和自我监控。

(二)认知发展的作用

1. 感知与注意

个体通过感知和注意外界信息,开始区分自我与非我。婴儿最初无法区分自己的身体与周围环境,随着感知能力的发展,他们逐渐能够注意到自身动作与外界反应之间的关联,例如,婴儿反复踢动婴儿床的挂件,意识到自己的动作可以引发物体的晃动,从而产生初步的自我意识。

2. 记忆与思维

记忆能力的发展让个体能够回顾过去的经历,并将其与当前的自我联系起来,形成连续的自我概念。思维能力的提升,特别是抽象思维和逻辑推理能力的发展,使个体能够对自我进行更深入的思考和分析。例如,青少年能够思考自己的性格特点、价值观等抽象概念,通过逻辑推理来评价自己在不同情境中的行为表现,进而不断完善自我意识。

(三)社会互动与他人反馈

1. 家庭环境

家庭是个体最早接触的社会环境,父母与孩子的互动方式对自我意识发展影响深远。父母的关爱、鼓励和支持有助于孩子建立积极的自我认知;反之,过度批评或忽视可能导致孩子产生消极的自我概念。例如,经常得到父母肯定和赞扬的孩子,往往对自己的能力充满信心,自我认同感较高。

2. 同伴关系

进入学校后,同伴群体成为影响自我意识发展的重要因素。同伴之间的比较、竞争与合作,使个体从不同角度认识自己。例如,在与同伴的交往中,个体通过观察他人的行为和反应,了解自己在群体中的地位、受欢迎程度,进而调整对自己的评价和认知。

3. 社会文化

社会文化为个体提供了自我意识发展的框架和标准。不同文化背景下,对自我的定义和期望存在差异。例如,集体主义文化强调个体对群体的归属感和责任感,个体的自我意识更多地与家庭、社会群体紧密相连;而个人主义文化更注重个体的独立性和自主性,个体在构建自我概念时更强调自身的独特性和个人成就。

(四)自我反思与情绪体验

1. 自我反思

个体通过对自身行为、思想和情感的反思,不断调整和完善自我意识。例如,在经历一次失败后,个体反思自己的不足之处,从而制订改进计划,这一过程促进了自我意识的发展。随着年龄增长,个体的自我反思能力逐渐增强,能够更深入地探索自己的内心世界,形成更稳定、全面的自我概念。

2. 情绪体验

积极的情绪体验,如成功带来的喜悦、被他人认可产生的自豪感,有助于提升个体的自尊和自我价值感;消极的情绪体验,如失败后的沮丧、被他人批评产生的羞愧感,可能促使个体反思自己的问题,进而调整自我认知。情绪体验不仅反映了个体对自身的评价,还在一定程度上塑造着自我意识的发展方向。

知识链接

镜像实验:探索婴儿自我意识发展的经典范式

心理学家如何探究婴儿自我意识的发展进程?镜像实验是这一领域极具代表性的研究方法。实验中,研究者将婴儿置于镜子前,通过观察其照镜时的行为表现,判断其是否具备自我意识:若婴儿能够识别镜中形象是自己,表明其已萌发自我意识;反之,若将镜中形象视为他人,则说明自我意识尚未形成。

为更精准地区分这两种状态,研究者设计了改进版实验——在婴儿熟睡时,于其鼻子或额头涂抹口红、胭脂等显眼标记,待婴儿苏醒后再次置于镜前观察反应。心理学家路易斯(Lewis)和布鲁克斯(Brooks)曾对9至24个月大的婴儿开展此项实验。结果显示,部分超过15个月的婴儿会主动触摸自己被涂抹胭脂的鼻子;而绝大多数婴儿需至21个月后,才出现此类自我指向行为。基于此,两位学者推断:婴儿的自我意识在1岁8个月左右开始形成。这一结论与现实观察相符——通常在该年龄段,婴幼儿开始使用"宝宝""爸爸""妈妈"等词汇,清晰区分自己与他人。

随着年龄增长、生活经验的不断积累,以及与同伴、成人的频繁互动,婴幼儿的自我评价能力逐步提升,评价方式也日益独立、客观,标志着自我意识发展迈向更高阶段。

四、自我意识的特征

（一）意识性：自我认知的觉醒根基

意识性是自我意识最本质的特征，体现为个体对自我存在、心理活动及与外部世界关系的主动觉知与反思。这种觉知并非与生俱来，而是经历从混沌到清晰的渐进过程——婴幼儿时期对自我与外界的模糊区分，到青少年时期对价值观、理想追求的深度思考，均展现了意识性从萌芽到成熟的演变。它赋予个体对自身行为、思想和情感的“监控”能力，使个体能够以自觉、理性的态度认识自我、规划行动，是构建完整自我概念的基石。若缺乏意识性，个体将陷入被动的行为模式，难以实现自我成长与发展。

（二）社会性：环境塑造的人格印记

自我意识本质上是个体社会化进程的产物，其形成与发展深深植根于社会环境之中。从家庭中的亲子互动到校园、职场的群体生活，个体通过社会角色的扮演（如子女、学生、员工）、他人评价的内化（如赞扬、批评），逐步构建起对自身社会属性的认知。例如，在集体主义文化中成长的个体，往往将“集体利益”纳入自我价值体系；而长期处于竞争环境中的人，则更强调个人成就与能力。这种社会性不仅体现在对身份角色的认知，更反映在价值观、道德观等深层意识的塑造上，标志着自我意识从单纯的个体认知向社会协同认知的进阶。

（三）能动性：自我驱动的发展引擎

自我意识的能动性表现为个体对自我的主动建构与调控能力。一方面，个体通过与环境互动收集反馈（如通过他人评价反思自身不足），主动修正和完善自我认知；另一方面，基于内化的自我概念，个体能够设定目标、规划行动并调节情绪（如通过意志力克服拖延、通过自我激励实现理想）。这种双向互动机制使自我意识成为推动个体发展的核心动力：既顺应环境调整自我，又通过自我改变反作用于环境，最终实现自我与外部世界的动态平衡。

（四）同一性：人格整合的成熟标志

自我同一性是指个体将分散的自我认知（如情感、能力、价值观）整合为连贯、稳定的整体，形成统一的自我形象与人生方向。青年期是同一性形成的关键阶段，个体通过探索职业选择、人际关系、信仰体系等领域，逐步协调理想自我与现实自我的矛盾，确立稳定的自我认同。例如，一位经历职业迷茫后找到终身事业的成年人，其对自我价值的清晰认知与坚定信念，即体现了同一性的达成。同一性的形成不仅标志着人格发展的成熟，更为个体应对复杂社会挑战、实现持续成长提供内在支撑，使个体在多变的环境中保持核心自我的稳定与连贯。

自我意识的四重特征相互交织、层层递进：意识性奠定认知基础，社会性注入环境内涵，能动性驱动发展过程，同一性实现整合升华。这种多维交织的特性，使自我意识成为贯穿个体心理活动的核心枢纽，既承载着认知、情感与意志的动态交互，又映射出个体与社会环境的深度联结，构成人类心理复杂性与独特性的关键体现。

五、自我意识的功能

自我意识作为个体心理活动的核心枢纽，对认知、情感与行为的发展具有系统性的调控作用，不仅深刻影响个体对自我、社会及自然的认知建构，还通过内省、自控与目标导向等机制，驱动个体的社会化进程与自我实现。其功能主要体现在以下维度。

(一)认知导航:优化社会认知的深度与广度

自我意识显著提升个体的认知效率与质量,使其对外界的感知、思考与判断更具自觉性与逻辑性。在基础认知层面,自我意识使感觉、知觉、记忆等活动更具目的性。例如,个体在观察环境时,会依据自我需求筛选信息(如学生关注与学习相关的内容,职场人聚焦职业发展动态)。在高阶认知层面,随着自我意识的成熟,个体能够对认知过程进行元认知监控:通过反思学习方法的有效性、评估思维逻辑的漏洞,主动调整认知策略。例如,通过分析考试失误原因,学生可能意识到自身复习计划的缺陷,进而优化学习方法,这种自我调节能力显著深化了个体对社会规律与知识体系的理解。

(二)情感调节:塑造多维社会情感体验

自我意识赋予个体独特的情感深度与复杂性,推动社会情感的形成与内化。一方面,个体通过对自我独特性的认知,产生"存在感""孤独感"等内省情绪;另一方面,在社会比较与角色适应中,发展出"自尊感""羞愧感"等社会性情感。例如,青少年因外貌或能力差异产生的自卑情绪,本质上源于自我认知与社会期待的冲突。为缓解这种冲突,个体通过自我控制进行情感调节,如通过内省修正行为偏差,或通过自我激励强化积极情绪,使自身言行符合社会规范与价值标准,从而实现从个体情绪到社会情感的转化。

(三)行为调控:强化意志与责任驱动

自我意识是个体意志行动与社会责任践行的核心动力源。现实自我与理想自我的张力促使个体主动设定目标,并通过自我约束与自我激励缩小差距。例如,职场人以职业理想为导向,制订工作计划并克服拖延行为;学生通过自律完成学业目标。同时,社会属性的内化使自我意识与法律、道德规范深度融合,催生出荣誉、责任、使命等高级社会情感。这些情感驱动个体在集体与社会场景中履行义务(如参与公益活动)、承担责任(如团队协作中的角色担当),实现从"自我中心"到"社会价值实现"的跨越,最终将个体行为升华为符合社会期望的积极实践。

自我意识的三大功能相互交织、协同作用:认知功能提供理性判断基础,情感功能赋予行为动机与价值导向,而行为调控则将认知与情感转化为具体实践,三者共同构建起个体适应社会、实现自我发展的心理机制。

课堂活动

小小动物园

一、活动目的

通过趣味化的动物隐喻形式,引导学生深入探索自我特质,增进对他人的理解与共情,同时培养接纳自身优缺点的积极心态,提升自我认同感与群体归属感。

二、操作流程

(一)自我隐喻创作

1. 每位学生领取一张空白卡片,思考 1~2 分钟后,选择一种最能代表自己的动物,并在卡片上写下动物名称及选择理由(简要标注 1~2 条即可)。例如,选择"海豚",标注"性格友好,喜欢与人互动"。

2. 创作期间保持安静，鼓励学生发挥想象力，不必局限于动物的常规特征，可结合习性、象征意义等维度思考。

（二）群体展示与观察

1. 全体学生完成书写后，同时举起卡片展示。观察组内出现的动物种类，初步对比与自己所选动物的相似点和差异点，并简单记录（如用符号标注：√代表相似，×代表不同）。

2. 组内可轻声交流观察发现，但不急于分享选择原因。

（三）深度分享与讨论

1. 小组内按顺序轮流发言，每位学生需：

（1）说明选择该动物的理由；

（2）列举该动物的典型优点和缺点；

（3）对应分析这些特质中，哪些与自身相符。

例如，学生 A 选择“猫头鹰”：

选择理由：喜欢在安静环境中思考，擅长夜间学习。

猫头鹰优点：目光敏锐，洞察力强；擅长独处，专注度高。

相似优点：学习时注意力集中，能快速发现问题细节。

猫头鹰缺点：飞行时声音大易暴露，适应能力较弱。

相似缺点：在陌生环境中容易紧张，不擅长快速调整状态。

2. 每位成员发言后，其他组员可提出疑问或补充相似经历，引导更深入的自我探索与互动交流。

三、活动考核

1. 小组总结：每组推选 1～2 名代表，结合组内分享内容，总结成员间的共性与差异，提炼活动中的启发（如“我们组很多同学选了群居动物，说明大家都重视集体生活”）。

2. 全班分享：随机邀请 3～5 名学生，分享个人参与活动的独特体验和感悟，例如，“通过这次活动，我意识到自己总关注缺点，其实像松鼠一样灵活机敏的特质也值得肯定”，或“发现同学选的动物和我预想的不同，学会了不以貌取人”。教师可适时引导学生升华主题，强调接纳自我与尊重差异的重要性。

第二节 大学生自我同一性的确立

心理故事会

从迷茫到笃定：林宇的自我同一性确立之路

林宇是一名来自普通家庭的大一新生，高考填报志愿时，由于对各专业缺乏深入了解，再加上父母觉得金融专业就业前景好、薪资高，他便听从建议选择了该专业。刚进入大学，面对全新的环境和丰富多样的社团活动，林宇既兴奋又迷茫。他积极参加各种社团招新，加入了辩论社、金融投资协会和摄影俱乐部，希望能在这些活动中找到自己的兴趣所在。

在辩论社里，林宇参与了多场激烈的辩论比赛。准备辩题的过程中，他需要查阅大量资料，从不同角度思考问题，这极大地锻炼了他的逻辑思维和语言表达能力。但随着比赛的深入，他发现自己在面对复杂的金融专业辩题时，常常感到力不从心，对金融知识的理解仅停留在表面，很难提出独特而深入的见解。这让他开始怀疑自己是否真的适合这个专业。

与此同时，在金融投资协会组织的模拟炒股活动中，林宇投入了大量时间和精力去研究股票走势、分析市场行情。然而，频繁的涨跌波动让他的心情也随之起伏不定，投资结果并不理想。看着身边一些对金融真正热爱且有天赋的同学在活动中表现出色，他内心的挫败感愈发强烈，觉得自己在金融领域似乎很难取得突出成绩。

在一次摄影俱乐部外出采风时，林宇被大自然的美景深深吸引，他举起相机，试图捕捉每一个动人的瞬间。当他看到通过自己的镜头，那些平凡的景色被定格成一幅幅充满艺术感的画面时，一种前所未有的成就感涌上心头。此后，他开始疯狂地学习摄影知识，钻研构图、光影、后期处理等技巧，常常为了拍摄到满意的作品，在清晨或傍晚等待最佳光线，不辞辛劳地奔波于校园的各个角落。在这个过程中，林宇感受到了摄影带给他的纯粹快乐和满足，他发现自己对摄影的热爱远超想象。

随着对摄影的深入探索，林宇面临着一个艰难的抉择：是继续按照父母的期望和既定的专业道路走下去，还是勇敢地追寻自己对摄影的热爱？这个问题让他陷入了长时间的纠结和痛苦之中。他担心转专业会让父母失望，也害怕放弃金融专业后，未来的就业没有保障。

经过无数次内心的挣扎和与父母、老师、朋友的深入交流，林宇逐渐意识到，人生的道路应该由自己来选择，只有做真正热爱的事情，才能激发内心的动力和潜力，实现自我价值。最终，他鼓起勇气向学校提交了转专业申请，从金融专业转到了艺术设计专业（摄影方向）。

进入新专业后，林宇如鱼得水。他全身心地投入摄影课程的学习中，积极参加各类摄影比赛和展览，不断提升自己的专业水平。在专业老师的指导和同学的帮助下，他的摄影作品多次在学校和市级比赛中获奖，还在社交媒体上积累了一定数量的粉丝，其独特的摄影风格受到了很多人的认可和喜爱。

通过这次经历，林宇不仅明确了自己的兴趣和职业方向，更在自我探索的过程中实现了自我同一性的确立。他深刻认识到，人生是一场不断探索和成长的旅程，只有勇敢地面对内心的声音，积极尝试和探索不同的领域，才能找到真正属于自己的道路。如今的林宇，对未来充满了信心和期待，他正朝着成为一名优秀摄影师的目标稳步迈进。

心理预热点

在人生发展的历程中，大学生阶段是自我同一性确立的关键时期。这一时期，个体开始深入思考“我是谁”“我要成为什么样的人”“我将走向何方”等根本性问题，自我同一性的确立不仅关乎个人内心的和谐与稳定，也对未来的职业发展、社会适应等方面产生深远影响。

心理知识屋

一、自我同一性的概念

自我同一性是个体对自身存在的连续性、独特性和整体性的主观认知与体验，是个体将自身各种零散的特质、经历、期望整合为一个协调一致的自我概念的过程。它包含了个体对自己的价值观、信仰、兴趣、能力以及社会角色的清晰认知与认同。在大学生活中，自我同一性良好的学生能够明确自己的学习目标，合理规划职业发展方向，在面对各种选择时，能够基于对自身的了解作出合适的决定，并且在不同的社会情境中保持相对稳定的自我认知。

自我同一性理论的发展建立在多位心理学家的理论基础之上，其中埃里克森和玛西亚的研究为理解大学生自我同一性发展提供了重要框架。

（一）埃里克森理论延伸

埃里克森的人格发展理论将个体的心理发展划分为 8 个阶段，大学生正处于第五阶段——“自我同一性对角色混乱”阶段。在这一关键时期，他们面临着一系列核心发展任务，包括职业定位的明确、价值观体系的构建以及亲密关系的建立等。这一阶段的发展结果，将深刻影响个体未来的心理健康、职业成就与社会适应能力。若能顺利解决这些发展任务，个体将获得稳定的自我认同感；反之，则可能陷入角色混乱，对自身定位和未来方向感到迷茫。

1. 职业同一性：实践探索与能力校准

职业同一性的建立依赖于个体对自身职业兴趣、能力与社会需求的深度匹配。大学生通过专业课程学习构建理论基础，结合实习实践积累真实职场经验，逐步明确自身职业定位。例如，计算机专业学生通过参与算法竞赛、开源项目或企业技术岗位实习，在高强度实践中检验编程能力，发现对人工智能算法研究的浓厚兴趣，从而确定未来职业方向。这一过程不仅帮助个体了解行业需求，更通过反复试错校准自我认知，缩小理想与现实的差距。

2. 价值观同一性：多元碰撞与理性抉择

在全球化与信息爆炸的背景下，大学生面临多元文化与价值观的剧烈冲击，如功利主义、个人主义与集体主义、理想主义的观念碰撞。这要求个体通过批判性思考、跨文化交流与社会观察，逐步形成稳定且自主的价值体系。例如，面对“高薪但高压的工作”与“低薪但符合兴趣的职业”的选择时，学生需结合自身人生追求权衡利弊，在现实考量与精神追求间找到平衡点，最终确立主导价值观。这一过程不仅塑造其行为准则，更影响未来的人生决策。

3. 关系同一性：亲密与独立的动态平衡

青年期是建立亲密关系的关键阶段，但个体常需在情感联结与自我独立间寻找平衡。一方面，他们需要通过恋爱、友谊等关系学会信任、共情与合作；另一方面，需避免过度依赖他人，保持自我边界与独立人格。例如，在恋爱关系中，大学生既要开放自我、分享情感，又要坚持个人兴趣与目标，避免因亲密关系丧失自我。这种平衡能力不仅影响当下人际关系质量，更为未来家庭与社会角色的适应奠定基础。

4. 社会角色同一性：身份过渡与责任重构

从“学生”向“准社会人”的身份转变，使大学生面临多重角色的冲突与协调。他们需要在完成学业任务的同时，提前适应职场规则、承担社会责任。例如，大三学生可能一边准备考研或毕业设计，一边通过求职面试、职业培训为进入社会作准备；或通过志愿服务、学生干部经历提升社会责任感。这一过程要求个体灵活切换角色，整合不同身份带来的行为规范与价值期待，最终形成适应社会需求的复合角色认知。

（二）玛西亚的自我同一性发展过程中的不同状态

玛西亚在埃里克森理论的基础上进一步深化，提出了四种同一性状态，从探索与承诺两个维度，细致刻画了个体在自我同一性发展过程中的不同状态。

1. 同一性获得

这是自我同一性发展的理想状态。个体经过长期且深入的自我探索，对自身的兴趣、能力、价值观进行了全面而系统的思考，最终形成清晰的自我认知与切实可行的未来规划。处于该状态的大学生，对自己的职业方向、人生目标有着明确的认知，并对自身选择充满信心。

2. 同一性延缓

此阶段的个体正处于积极主动的探索过程中，他们勇于尝试不同的角色与活动，不断思考和评估各种可能性。尽管尚未对某一特定方向作出最终承诺，但这种积极探索的过程对于自我同一性的确立至关重要，是通向同一性获得的必经之路。

3. 同一性早闭

这类个体未经历充分的自我探索，便直接接纳了他人（如父母、权威人物）对自己的期望与设定。他们的选择往往基于外界要求，而非自身真实意愿，虽然表面上有明确的目标与方向，但这种同一性缺乏内在的自主性与稳定性，未来可能面临因自我认知冲突而引发的心理困扰。

4. 同一性扩散

处于这一状态的个体缺乏明确的目标与方向，既没有进行深入的自我探索，也未对任何领域作出承诺。他们常常回避自我探索，对未来感到迷茫和无助，容易产生焦虑、抑郁等负面情绪，在学业、人际关系等方面也可能表现出消极被动的态度。

课堂活动

大学生自我同一性探索

一、练习主题：绘制“自我拼图”——探索与整合真实的自我

二、练习目标

1. 引导学生通过多维度反思，梳理自我认知与价值观。
2. 帮助学生识别当前自我探索中的困惑与优势，促进自我同一性整合。
3. 通过互动分享，增强学生对自身选择的认同感与行动力。

三、练习准备

1. 材料：A3 白纸、彩笔/马克笔、便利贴、卡片（写有“兴趣”“能力”“价值观”“理想角色”等关键词）。

2. 环境：教室桌椅调整为小组围坐形式，每组 4～6 人。

四、练习流程

阶段 1：自我碎片探索（20 分钟）

1. 关键词联想：教师发放卡片，学生随机抽取 3～5 个关键词（如“兴趣”“压力”“未来职业”“家庭期待”），围绕关键词在便利贴上写下对应内容（如“兴趣：摄影、编程”“家庭期待：稳定工作”）。

2. 时间轴回忆：在白纸上绘制时间轴，标注过去（高中/大一）、现在、未来三个节点，写下每个阶段的重要事件、成就或挫折，以及这些经历对自我认知的影响。

阶段 2：拼图整合（15 分钟）

1. 将便利贴贴在白纸上，以关键词为中心用彩笔绘制线条，连接相关内容，形成“自我拼图”。例如，将“摄影兴趣”与“设计专业课程”“未来职业目标（摄影师）”用箭头连接，直观呈现自我关联。

2. 用不同颜色标注矛盾或冲突点（如红色标注“父母期待的公务员”与“个人兴趣”的矛盾）。

阶段 3：小组分享与反思（20 分钟）

1. 小组内轮流展示“自我拼图”，分享自己的探索过程与困惑。例如：“我发现自己对编程感兴趣，但父母希望我考公，这个矛盾该如何解决？”

2. 组员提供建议，结合自身经验提出整合策略（如“尝试参加编程社团，用成果说服父母”）。教师巡回指导，提炼共性问题。

阶段 4：行动计划制订（10 分钟）

1. 每位学生在纸上写下 1～2 个“下一步行动”，聚焦自我同一性确立的具体目标。例如“本周参加摄影社团面试”“与父母沟通职业规划”。

2. 自愿上台分享行动计划，接受全班鼓励与监督。

五、练习延伸

1. 课后任务：将“自我拼图”补充完善后存入成长档案，3 个月后重新审视，对比自我变化。

2. 资源推荐：推荐书籍《同一性：青少年与危机》、TED 演讲《如何找到热爱的工作》，深化理论认知。

六、注意事项

1. 尊重学生隐私，避免强迫分享敏感内容。

2. 教师需及时引导负面情绪，提供心理支持或后续咨询建议。

通过具象化的“拼图”创作与互动讨论，学生能够更直观地梳理自我认知，在反思与行动中逐步确立清晰的自我同一性。

二、大学生自我同一性确立的重要性

自我同一性的确立不仅是大学生心理成熟的重要标志，更是其适应社会、实现个人价值的核心驱动力，在心理健康、职业发展和人际关系等领域发挥着不可替代的作用。

（一）筑牢心理健康防线

稳定的自我同一性为大学生构建起坚固的心理基石。当个体清晰认知自身特质与价值时，能够有效化解因身份模糊引发的内心矛盾，显著降低焦虑、迷茫等负面情绪的滋生。这种稳定的自我认知赋予他们强大的心理韧性，使其在面对学业压力、竞争挫折时，能够以积极心态应对，从容化解危机，保持心理健康的良性发展。

（二）锚定职业发展航向

自我同一性的确立如同职业发展的指南针。大学生通过深入探索自我，精准定位个人兴趣、能力与价值观，能够据此制定科学的职业规划。这种有的放矢的准备，使他们在求职过程中更易找到与自身高度契合的岗位，减少职业选择的盲目性。进入职场后，明确的自我认知也能帮助他们快速适应工作环境，提升职业满意度与长期发展潜力。

（三）构建优质人际关系网络

清晰的自我同一性是人际交往的“润滑剂”。拥有稳定自我认知的大学生，能够以真实、自信的姿态与他人相处，避免因自我认知模糊而产生的讨好型人格或过度防御心理。在亲密关系中，他们既能保持独立人格，又能理解和尊重伴侣需求，实现自我与他人的平衡；在群体交往中，真实的自我表达更易吸引志同道合的伙伴，从而建立起健康、稳固且高质量的人际关系网络。

三、大学生自我同一性的发展路径

大学生自我同一性的确立是一个动态的发展过程，通常遵循主动探索、反思整合与承诺确立三个递进阶段，通过不断的自我认知深化与外部经验融合，逐步形成稳定的自我概念和发展方向。

基于玛西亚的同一性状态理论，大学生可通过系统化、多维度的实践策略，加速自我同一性的探索与确立，实现从角色迷茫到清晰承诺的跨越。

（一）系统探索：构建立体式体验矩阵

主动创造多样化的实践场景是深化自我认知的核心路径。建议大学生至少参与三类差异化社会实践，覆盖学术、公益与职业领域。

（1）学术竞赛：如“挑战杯”“数学建模大赛”，在专业知识应用中挖掘学术潜能；

（2）志愿服务：通过支教、社区服务等活动，在利他行为中反思社会价值与个人责任；

（3）企业实习：进入目标行业或岗位，直观感受职场环境与职业要求。

例如，在社团活动中担任组织者、志愿者等不同角色，培养团队协作与领导能力；在专业学习中深入钻研学科知识，挖掘学术兴趣；在社会实践中，无论是参与山区支教传递知识，还是进入企业实习接触真实职场环境，都为其提供了跳出校园环境、接触社会现实的机会。这些多样化的尝试，帮助大学生在不同场景中发现自身优势与不足，拓宽自我认知边界。

（二）多维比较：搭建动态化参照体系

建立多元参照群体能够拓宽自我认知的维度，避免信息茧房。大学生可从三个层面构建比较网络。

（1）同辈群体：与同学、学长学姐交流学业规划、实习体验，在经验共享中发现自身优势与不足；

（2）专业导师：通过师生研讨、课题合作，获取职业发展的专业建议与行业洞察；

（3）行业精英：借助讲座、慕课、社交媒体等渠道，学习行业领军者的思维模式与成长路径。

例如，定期与优秀学长探讨求职经历，或通过在线课程拆解行业标杆人物的职业发展逻辑，将外部经验内化为自我反思的参照系，加速目标的明确化。

（三）叙事重构：编织连贯的生命叙事

大学生运用元认知能力，对探索过程中积累的碎片化经验进行系统性梳理，分析不同经历中的矛盾与冲突。将碎片化经历转化为结构化的自我认知，需要借助叙事工具实现深度整合，推荐采用两种方法。

（1）生涯访谈：通过与家人、朋友、师长对话，回溯成长历程中的关键事件与重要他人的影响，挖掘潜意识中的价值偏好；

（2）成长日记：定期记录学业进展、实践感悟与情绪变化，在持续书写中梳理发展脉络，构建个人成长的“时间轴”。

例如,撰写《我的十年成长规划》时,大学生可将过去的学术成果、实践收获与未来目标串联,形成逻辑自洽的生命故事。这种叙事重构不仅赋予经历意义,更帮助个体在"过去—现在—未来"的联结中锚定自我同一性。

(四)承诺确立:目标锚定与持续践行

承诺确立标志着自我同一性的初步形成。大学生基于前期探索与反思,在专业深耕(如确定研究方向、考取职业资格证书)、职业理想(明确职业目标与发展路径)、人生目标(建立核心价值观与生活追求)等维度作出稳定承诺。这种承诺并非一成不变,而是在未来发展中保持动态调整的开放性,帮助个体在面对挑战时保持方向感,以持续的行动践行目标,最终实现自我同一性的稳固确立。

四、影响大学生自我同一性确立的因素

大学生自我同一性的形成是一个受多重因素交互作用的复杂过程,家庭、学校与同伴群体作为核心影响源,分别从情感支持、资源供给和社会比较维度,深刻塑造着个体的自我认知与价值建构。

(一)家庭环境:早期认知的奠基与成长边界的塑造

家庭作为个体社会化的首课堂,其教养模式与情感氛围直接影响大学生的自我探索意愿与能力。在民主型家庭中,父母尊重子女的独立思考,鼓励其尝试新事物,并在决策过程中给予充分话语权,这种环境能培养大学生的自主性,使其更有勇气探索多元可能;而专制型家庭往往以严格规则和高期待约束子女,过度强调服从权威,易导致个体形成"同一性早闭",被动接受父母预设的人生路径;溺爱型家庭则因过度保护与代际包办,削弱子女的自我效能感,使其在面对自我探索时产生依赖心理或畏难情绪,延缓同一性的发展进程。

(二)学校教育:资源赋能与价值引领的双重驱动

学校作为大学生社会化的重要场域,通过教育资源供给与人文环境营造,为自我同一性发展提供关键支撑。丰富的课程体系(如跨学科选修课、实践工作坊)和多样化的实践平台(学术竞赛、产学研项目),能拓宽学生的认知边界,帮助其在试错中明确兴趣与能力;教师的引导作用同样不可忽视,优秀的导师不仅能提供专业指导,更能通过价值观示范、生涯规划建议,引导学生进行深度自我反思。此外,校园文化中倡导的创新精神、包容氛围,也能减少探索过程中的心理压力,助力学生突破自我认知局限。

(三)同伴关系:镜像参照与情感共鸣的交互作用

同伴群体是大学生自我认知的"活镜子",其影响体现在社会比较与情感支持两个层面。通过与同伴的日常交流、合作项目或观点辩论,大学生得以观察他人的思维方式、行为模式,在对比中重新审视自身优势与不足,加速自我概念的清晰化;同时,亲密的同伴关系能提供情感归属感,当个体在探索中遭遇迷茫或挫折时,来自朋辈的理解与鼓励可缓解焦虑情绪,为持续探索提供心理动能。此外,同伴群体形成的亚文化(如社团文化、学习小组氛围),也会潜移默化地影响个体的价值观与行为选择,推动其向特定的同一性方向发展。

知识链接

大学生自我同一性确立的过程与表现

1. 探索阶段：进入大学后，学生面临新的环境、新的人际关系和更多的选择，开始对自我进行广泛的探索。他们尝试不同的社团活动、选修课程，接触各种文化和思想，通过这些经历不断发现自己的兴趣、能力和价值观。在这一阶段，学生可能会感到迷茫和困惑，对自己的未来充满不确定性，但这也是自我同一性发展的必经之路。

2. 整合阶段：经过一段时间的探索，学生逐渐对自我有了更清晰的认识，开始将各种零散的自我认知进行整合。他们明确自己的优势和劣势，确定自己的职业目标和人生方向，并将这些认知融入自己的行为和决策中。在这一阶段，学生的行为更加坚定和自信，对自己的未来有了较为明确的规划。

3. 确立阶段：当大学生完成自我整合，形成稳定、清晰的自我概念时，便进入了自我同一性确立阶段。此时，他们对自己有了深刻的理解和认同，能够在面对各种选择和挑战时，坚守自己的信念和价值观，展现出独特而稳定的自我形象。

第三节　大学生常见自我意识问题及其调试

心理故事会

小芸的蜕变：从自卑敏感到大展风采的成长之路

刚进入大学的小芸，是个典型的“透明人”。高考的失利让她背负着沉重的心理负担，总觉得自己“低人一等”。面对课堂发言，她即便心中有想法，也会因害怕说错被嘲笑而默默低下头；小组讨论时，她永远是那个附和他人意见、不敢表达自我的“小透明”。看到同寝室的同学积极参加社团活动、结交新朋友，小芸既羡慕又自卑，总认为自己“没特长、没能力”，连报名社团的勇气都没有。

这种过度自卑的心理，还体现在她对自己外貌的过度在意上。她觉得自己身材不够苗条、长相不够出众，因此很少主动拍照，甚至不敢直视他人的目光。学习上，小芸也总是给自己设定过高的目标，一旦无法达到，就陷入深深的自我否定，成绩反而越来越不理想。

意识到问题的严重性后，小芸开始尝试改变。她从写“成功日记”入手，每天记录三件自己做得好的小事，哪怕只是按时完成作业、坚持跑了两圈步。同时，她主动向辅导员寻求帮助，在老师的建议下加入了学校的读书分享社团。起初，小芸只是安静地听别人分享，但慢慢地，她开始尝试在小组内发表自己的读书心得。每当得到他人的认可和鼓励，她的信心就增加一分。

在学习上，小芸学会了制定合理的目标，将“期末考试达到班级前 10 名”调整为“每门课程比上次进步 5 分”。通过不懈努力，她的成绩逐渐提升，也收获了前所未有的成就感。此外，小芸还报名参加了学校的形体课，在锻炼身体的同时，学会了欣赏自己的独特之处，不再过分纠结于外貌上的小缺陷。

如今的小芸，已经完成了华丽的蜕变。她不仅成为社团活动的积极参与者，还主动担任了班级的学习委员，带领同学们共同进步。课堂上，她敢于自信地表达观点；生活中，她也结交了许多志同道合的朋友。小芸用自己的经历证明：只要勇敢地迈出改变的第一步，每个人都能突破自我意识的困境，绽放属于自己的光芒。

心理预热点

站在人生的十字路口，大学时光既是充满无限可能的黄金阶段，也是自我意识剧烈碰撞的关键时期。从踏入校园的那一刻起，你是否曾因理想与现实的落差而迷茫？是否在人际交往中时而自卑退缩，时而以自我为中心？又是否因过度追求完美或盲目从众，陷入情绪的旋涡难以自拔？这些困惑的背后，都与我们的自我意识发展密切相关。自我意识是每个人内心的指南针，它指引着我们认识自己、接纳自己，进而成就更好的自己。然而，在成长的道路上，大学生常常会遇到过度自卑、过度自我接受、以自我为中心等常见问题，这些问题如同迷雾，模糊了我们对自我的认知，影响着学习、生活和未来发展。但请相信，每一次困惑都是成长的契机，每一份迷茫都蕴含着突破的力量。接下来，让我们一起深入探讨大学生常见的自我意识问题，剖析问题产生的根源，并寻找科学有效的调试方法。无论你是正在经历自我认知的困惑，还是希望提前作好心理准备，这份指南都将帮助你拨开迷雾，清晰地看见真实的自己，在成长的道路上走得更加从容、坚定。

心理知识屋

一、大学生常见自我意识问题

大学阶段是大学生自我意识逐步走向成熟的关键时期，其中心理自我不断发展、日趋完善。当代大学生自我意识的发展呈现出诸多新特征，在自我认识、自我体验和自我控制等维度均有显著进步。从发展历程来看，大学生的自我意识通常会经历“分化—冲突—同一”的过程。

（一）自我意识的分化

步入青年期，原本浑然一体的自我意识开始一分为二，形成理想自我与现实自我两大层面：理想自我是个体基于主观认知与社会现实期望，构建出的未来自我形象，处于观察者地位，对应心理学中的“主体我”（I）。例如，一名学生希望自己未来成为兼具专业能力与领导力的职场精英，这便是其理想自我的具象化表达。现实自我则指个体当前实际的状态，是被观察与反思的对象，即“客体我”（Me）。如上述学生当前的知识储备、社交能力等客观表现，构成了他的现实自我。

自我意识的显著分化，促使大学生更深入地审视自身。他们开始频繁进行自我反省、沉思与分析，对自我的认知、情感体验及行为控制引发的喜悦、焦虑等情绪也更为强烈。这种心理转变使大学生告别中学时期的随性状态，更加注重自我形象与行为表现。

在这一阶段，理想自我与现实自我的关系直接影响个体发展。

（1）一致感状态：当两者保持平衡时，个体能够真实展现自身能力、性格与想法，无须刻意掩饰努力或隐藏缺点。例如，学生能基于自身特长选择发展方向，充分发挥潜能，实现健康成长。

(2)失衡感状态:若两者无法协调,则会出现两种典型表现:

现实自我占优:此类个体往往存在较强的虚荣心,过度依赖外界评价,渴望获得他人赞赏。为维护形象,他们可能刻意炫耀知识与能力,甚至通过哗众取宠的方式获取关注,内心却对自身缺点充满不安。

理想自我占优:这类学生容易过度否定现实自我,自我评价显著低于实际能力,常因外貌、家庭条件等因素产生强烈自卑感,进而放弃努力,陷入自我怜悯的消极情绪中。

尽管自我意识分化可能带来心理冲突,但从长远来看,它推动了大学生思维与行为主体性的形成,使其能够更客观地评价自己与他人,并合理调节自身言行,是自我意识迈向成熟的重要标志。

(二)自我意识的冲突

随着自我意识的分化,大学生敏锐察觉到理想自我与现实自我的差距。加之尚处成长阶段,自我形象尚未定型、自我概念模糊,内心常被痛苦与不安笼罩,自我冲突愈发激烈。具体可归纳为以下五个层面。

1."理想自我"与"现实自我"的冲突

这是大学生自我意识矛盾最为尖锐的体现。一方面,他们怀揣远大抱负,对未来充满憧憬,渴望实现非凡成就;另一方面,因社会阅历有限、自我认知参照不足,难以将理想自我与现实自我有机融合。当二者差距显著时,大学生极易陷入苦恼与失落:部分人会将其转化为奋进动力,通过不懈努力缩小差距;但也有人因难以承受落差,导致自我意识分裂,引发焦虑、抑郁等心理问题。例如,部分学生梦想成为学术领袖,却在大学课程学习中屡屡受挫,理想与现实的鸿沟可能使其产生自我怀疑,甚至放弃学术追求。

2. 独立意识与依附心理的冲突

迈入大学校园,脱离原有生活与家庭环境的束缚,大学生的独立意识迅速觉醒,在学习规划、生活安排、思想表达乃至经济支配等方面,迫切渴望摆脱成人干预,自主解决问题。然而,受生理与心理发展局限,他们在情感支持、经验借鉴、经济援助等层面仍需依赖长辈,难以真正实现人格独立。这种矛盾致使大学生在尝试独立时犹豫不决,时而因过度依赖感到挫败,时而因独立失败陷入迷茫。比如,部分学生希望自主规划学业方向,却因缺乏经验不得不寻求家长建议,由此产生的矛盾感影响其决策与行动。

3. 交往需求与自我闭锁的冲突

初入大学,面对陌生环境,大学生内心深处涌动着强烈的社交渴望,期待结交知心好友,分享生活点滴、倾诉情感困惑、交流人生感悟。但与此同时,自我闭锁倾向悄然滋生。部分学生因性格内向、过往社交创伤或担心暴露弱点,不愿主动敞开心扉。他们在公共场合谨言慎行,与人交往时保持距离、心存戒备,导致孤独感如影随形。例如,有些学生渴望加入社团融入集体,却因害怕被拒绝或难以融入群体而选择观望,最终在孤独中反复挣扎。

4. 自信心与自卑感的冲突

初入大学,因过往学业成就收获诸多赞誉与羡慕,大学生普遍拥有强烈的优越感与自信心,对自身能力与未来发展满怀期待。然而,大学汇聚各地优秀学子,当在学业竞争、文体活动、人际交往等领域遭遇挫折,发现自身与他人存在差距时,部分学生的自信瞬间崩塌,陷入自我怀疑与否定，滋生强烈的自卑感。比如，曾经的"学霸"在大学考试中成绩平平，或是擅长的方面在众多高手面前黯然失色，都可能使其对自身价值产生动摇。

5. 追求上进与自我消沉的冲突

大学生普遍心怀进取之志，渴望通过不懈努力实现个人价值。但在追求目标的道路上，挫折与困难难以避免。面对失败，部分学生容易陷入情绪低谷与认知误区，或因畏惧困难选择退缩，或因屡遭挫折丧失信心，即便内心仍有奋进的渴望，却因行动力不足陷入矛盾与焦虑。例如，计划考研的学生在备考过程中遭遇知识点难以理解、模拟考试成绩不理想等困境时，可能产生放弃念头，但又不甘心就此止步，从而陷入痛苦的内心挣扎。

（三）自我意识的同一

自我意识分化引发的冲突，是大学生自我意识发展过程中的正常现象，更是实现自我意识整合、走向成熟的关键标志。这些矛盾冲突犹如一把双刃剑：一方面，可能使学生陷入焦虑、痛苦的情绪旋涡，甚至诱发心理问题；另一方面，也会成为他们突破自我、追求成长的动力，促使其不断探索实现"理想自我"与"现实自我"统一的路径，最终达成自我意识的完整建构。从发展结果来看，大学生自我意识的同一主要呈现为以下五种类型。

1. 积极型

这类学生以社会发展需求为导向，主动完善现实自我。他们通过持续学习、积极实践，不断提升个人能力与素养，逐步缩小与理想自我的差距，最终实现二者的和谐统一。例如，部分学生为成为优秀的科研工作者，不仅刻苦钻研专业知识，还积极参与科研项目，在实践中积累经验，体现出积极进取的精神风貌，是具有远大理想与抱负大学生的典型代表。

2. 现实型

该类型学生采取双向调适策略：一方面，通过自我提升来优化现实自我；另一方面，依据现实条件合理调整理想自我的目标。他们并非简单降低理想标准，而是在尊重现实的基础上，重新校准发展方向，以更为务实的态度推动自我完善。这种类型虽然没有宏大的理想蓝图，但依然保持着积极向上的发展态势，展现出理性与务实的成长智慧。

3. 庸碌型

此类型学生选择放弃理想自我，完全向现实自我妥协，以消极被动的姿态维持现状。他们缺乏进取动力，安于舒适区，对个人成长和社会发展缺乏责任感。例如，部分学生在大学期间沉迷娱乐，对学业敷衍了事，得过且过。这种消极的人生态度不仅阻碍个人发展，也折射出价值观的偏差，需要通过教育引导激发其内在动力，帮助其重新树立奋斗目标。

4. 虚假型

这类学生通过不切实际的自我评价或主观臆断，虚构理想自我与现实自我的一致性。他们往往过度高估自身能力，沉溺于自我美化的幻想之中，难以客观认识真实的自我。例如，部分学生在取得一点成绩后便骄傲自满，对他人的建议置若罔闻，陷入盲目自信的误区。针对这类学生，需要加强自我认知教育，引导其正视自身不足，建立客观的自我评价体系。

5. 消极型

消极型学生的理想自我与现实自我均偏离社会发展要求，部分人甚至与社会主流价值观背道而驰。他们或因长期受挫而自暴自弃，或因价值观念扭曲而执迷不悟，最终形成消极的自我认同。这类学生虽然人数较少，但可能产生诸如极端行为、不良思想传播等负面影响，需要给予重点关注，通过人文关怀和专业心理疏导，帮助其重塑健康的自我意识和价值取向。

在大学阶段，自我意识的矛盾与整合贯穿始终，这既是理想自我与现实自我激烈碰撞的时期，也是二者走向统一的关键转折点。随着年龄增长和阅历丰富，大学生的自我意识逐渐趋于稳定：大一新生往往因环境陌生而带有较强的依赖性和盲目性；大二学生则充满理想主义色彩，容易脱离实际；到了大三及以后，多数学生能够更加理性地认识自我，在行动上也表现得更为沉稳成熟，标志着自我意识发展迈向新的阶段。

知识链接

乔哈里窗口理论：打开自我认知的多维视角

美国心理学家约瑟夫·卢夫特（Joseph Luft）和哈灵通·英汉姆（Harrington Ingham）提出的乔哈里窗口理论，构建了一套关于自我认识的系统性框架。该理论指出，人的自我认知存在四个维度，且自我探索是一个持续发展的动态过程。

1. 公开的自我：这是个体与外界共享的透明领域，自身与他人都能清晰认知，例如个人的外貌特征、公开的兴趣爱好。

2. 盲目的自我：此部分指他人观察清晰，但个体自身尚未察觉的特质或行为模式，如说话时的口头禅、习惯性肢体动作。

3. 秘密的自我：包含个体隐藏于内心深处的想法、经历或情感，仅自己知晓，对外保持私密，例如未公开的童年创伤、未实现的梦想。

4. 未知的自我：代表个体与他人均未发掘的潜能与特质，需通过特定契机（如新的挑战、心理探索活动）才能激发显现。

理论表明，公开自我的范围越广，个体的自我认知越准确、全面，心理健康水平与个人发展潜力也越高。对于大学生而言，可从以下方面深化自我认知。

1. 主动拓宽公开领域：在学习、社交场景中坦诚展示真实自我，同时主动询问师长、同学的评价与建议，通过他人视角发现“盲目的自我”，从而修正认知偏差。

2. 适度开放私密空间：在安全的人际关系中，选择性分享个人经历与想法，既能减轻心理负担，也能获得他人理解与支持，逐步缩小“秘密的自我”。

需要警惕的是，刻意塑造虚假形象以获取他人认可，不仅会加剧心理内耗，还会阻碍自我真实成长。唯有以开放、真诚的态度接纳自我，方能实现更全面、健康的发展。

二、大学生自我意识问题调试方法

（一）深化自我认知

1. 多维度自我反思

大学生可以通过写日记的方式，定期回顾自己在学习、生活中的行为和决策，分析背后的动机和影响因素；尝试从不同角度审视自己，如在家庭、学校、社会等不同场景下的表现，全面了解自身优缺点。此外，还可以利用“SWOT 分析法”，清晰梳理自己的优势（Strengths）、劣势（Weaknesses）、机会（Opportunities）和威胁（Threats），从而更客观地认识自己。

2. 借助他人评价

主动与老师、同学、朋友交流,询问他们对自己的看法和建议。这些来自不同视角的评价能够帮助我们发现自身未察觉的问题,同时也能从他人的肯定中增强自信。但要注意理性对待他人评价,避免盲目接受或排斥。

(二)积极悦纳自我

所谓悦纳自我,就是要理智地看待自己的长处和不足,坦然平静地接纳真实的自我,并在此基础上产生满足、愉悦、积极、乐观的情绪体验,使自我得到良好的发展。自我悦纳不仅指接纳自己人格中的优点、长处,更要接受自己的缺点与不足。也就是说,要无条件地接受自己的全部,无论优点还是缺点、成功还是失败。喜欢自己,肯定自己的价值,有愉快感和满足感。

1. 过度自卑调适方法

在心理学领域,补偿法是克服自卑心理的核心策略,具体可通过以下方式实施。

(1)构建积极的自我认知图景:当因挫折陷入自我怀疑时,不妨主动回溯过往成功经历。例如,曾在演讲比赛中脱颖而出、独立完成复杂课题研究等,将这些记忆具象化,从中汲取成就感与自信心,逐步替代脑海中失败带来的负面意象。通过持续强化成功记忆,形成积极的心理暗示,重塑对自我能力的信心,进而克服自卑心理。或者每天记录三件生活中的小确幸,如吃到一顿美味的饭菜、收到朋友的问候、解决一道难题等,通过关注生活中的积极方面,逐渐培养乐观心态;多给自己积极的心理暗示,如在面临挑战时,告诉自己"我可以尝试,即使失败也能积累经验",增强自我认同感。

(2)重塑语言表达习惯:日常交流与自我对话中,避免使用消极性自我描述用语,如"我就是不行""我天生比别人差""肯定会失败"等。尝试用积极表述进行替代:将"我就是这样"改为"我过去习惯如此,但现在正在改变";将"我没希望"改为"暂时遇到困难,但我会找到解决办法";将"我不行"改为"我可以尝试新方法,逐步提升能力"。建议将这些积极语句写在便利贴上,张贴于床头、书桌等显眼位置,或设置为手机屏保,通过反复强化,逐步改变潜意识中的自我认知。

(3)发挥优势实现代偿成长:每个人都具备多元能力,社会需求与分工也丰富多样。若在某方面存在不足,完全可将精力聚焦于其他优势领域。例如,性格内向者可发挥善于观察与深度思考的特质,在科研、写作等领域崭露头角;肢体协调性欠佳者,可转向逻辑分析类活动,如编程、数据分析。保持积极心态,将自身短板转化为自我突破的动力,往往能在其他领域开辟出属于自己的成功路径。

2. 过度自我接受调适方法

自尊心、自信心、好胜心与独立感,是大学生自我意识发展的重要体现。然而,过度自我接受会阻碍个人成长。若想拥有更成熟的心理状态,需深入了解自我,既要清晰认知自身优势,也要坦然接纳不足之处。唯有以客观视角认识自我与环境,才能建立稳定且适度的自信与自尊。具体可进行以下尝试。

(1)定期自我反思:每周花半小时回顾自己的行为与决策,分析其中的不足,比如是否因过度自负拒绝了他人的合理建议。

(2)主动寻求反馈:向信任的老师、朋友询问对自己的看法,重点关注对方指出的缺点与改进建议。

(3)参与团队合作:在小组项目中担任协作角色,通过与他人合作,体会不同观点的价值,打破自我中心的思维定式。

3. 克服自我中心的方法

自我中心的思维与行为模式,容易导致人际关系紧张与个人发展受限。想要克服这一问题,可从以下方面着手。

(1)正视自身不足:通过对比他人的优秀表现,或是观察自己在集体中的行为,认识到每个人都有缺点,发现自身短板,明确需要改进的方向,认识到这些不足是成长的空间和动力,以平和心态看待自己的不足,不逃避、不苛责,而是将精力放在如何改进和提升上。例如,对于性格内向的同学,无须强迫自己变得外向,可发挥内向性格善于思考、专注的优势,在学习和生活中找到适合自己的发展方向。

(2)培养共情能力:在日常交流中,主动倾听他人想法,尝试站在对方角度思考问题,学会尊重、关心和帮助他人,在付出中体会人生价值。

(3)提升自我修养:当产生强烈的自我表达或行动冲动时,先停顿 10 秒冷静思考,克制不合理的欲望与言行;主动学习他人长处,欣赏个体间的差异。

(4)注重社交反馈:积极参与社交活动,认真对待他人的批评与建议,将外界反馈作为自我成长的重要参考。

(5)制订合理计划:根据自身实际情况,制订清晰、可操作的学习和生活计划。将大目标分解为具体的小目标,设定明确的时间节点。例如,备考英语四六级时,可制订每天背诵一定数量单词、每周做一套真题的计划,并严格执行,逐步培养自律能力。

(6)建立自我监督机制:邀请室友、朋友监督自己的计划执行情况,也可以通过打卡软件记录自己的学习、生活状态。当自己完成阶段性目标时,给予自己适当奖励;若未完成,则分析原因并及时调整计划。同时,学会抵制外界诱惑,如在学习时将手机调至静音,避免沉迷娱乐活动。

4. 过分追求完美改善的途径与方法

追求完美是人之常情,但过分苛求自我,易引发适应障碍。若想摆脱这种困境,可尝试以下方法。

(1)重塑认知观念:时刻提醒自己“金无足赤,人无完人”,接纳自己的全部特质,不过分放大缺点,也不盲目自满,理性看待自身价值。

(2)调整评价标准:避免盲目与他人比较,以自身的成长与进步为核心评价依据。例如,将“必须考全班第一”的目标,调整为“相比上次考试提升 10 分”。

(3)设定合理目标:结合自身实际能力与资源,制定具有可行性的目标。在学习上,可拆解任务,如备考时将“复习整本书”细化为“每天学习 3 个章节”。

(4)接纳不完美:学会欣赏自己的独特之处,通过记录每日小成就(如完成作业、坚持运动)等方式,进行自我激励,逐步建立更包容的自我认知。

(5)主动学习成长:充分利用大学丰富的学习资源,参加各类专业课程、学术讲座、技能培训,拓宽知识面和视野;积极阅读心理学、哲学等方面的书籍,从理论层面深入了解自我成长和发展的规律,提升自我认知水平和思维能力。

(6)勇于实践探索:积极参与社会实践、社团活动、志愿服务等,在实践中锻炼自己的沟通能力、团队协作能力和问题解决能力。通过不断尝试新事物,突破舒适区,在挫折和成功中积累经验,实现自我成长和完善。在实践过程中,及时总结反思,将经验转化为自身成长的养分,逐步塑造更加成熟、自信的自我。

课堂活动

"天生我才"自我探索活动

【活动目的】

1. 引导学生深度挖掘自身优点与特长,构建积极的自我认知体系。
2. 通过分享与倾听,培养学生接纳自我、欣赏他人的意识。
3. 营造支持性团体氛围,提升学生的自我认同感和自信心。

【操作流程】

准备阶段

1. 提前发放"自我欣赏记录表",确保每位同学有充足的书写空间。
2. 按座位就近原则,将学生划分为4人小组,每组推选1名记录员。

实施阶段

1. 独立书写:学生安静填写7项未完成语句,鼓励用具体事例说明,如:"我最欣赏自己的一次成功是带领班级获得辩论赛冠军"。

2. 小组分享

(1)采用顺时针轮流发言制,每人发言时间不超过3分钟;

(2)其他成员认真倾听并记录关键词,重点标注与自身相同或不同的内容;

(3)每组记录员汇总组内共性与差异点,形成简要总结。

3. 深度讨论:围绕以下问题展开小组讨论。

(1)哪些优点是大家普遍具备的?这些共性说明了什么?

(2)哪些独特优点让你感到意外和受启发?

(3)不同观点的背后反映了怎样的个人特质?

【活动考核】

1. 小组汇报(10分钟):各小组派代表分享讨论成果,重点阐述组内发现的典型优点和讨论中的深刻感悟。

2. 全班分享(15分钟):邀请3~5名学生进行个人体验发言,内容需包含以下方面。

(1)活动过程中最触动自己的发现;

(2)对"天生我才"的新理解;

(3)未来如何将自我接纳转化为实际行动。

3. 教师总结:提炼活动核心收获,强调每个人都是独一无二的个体,鼓励学生将自我欣赏转化为持续成长的动力。

【注意事项】

1. 营造安全包容的氛围,强调"分享无对错"原则。
2. 对发言较少的学生给予适当引导和鼓励。

3. 可准备便签纸，供学生记录他人分享的闪光点。

4. 活动结束后，建议学生将记录表作为自我激励手册长期保存。

心灵鸡汤

自卑：源于比较，而非真实

自卑并非与生俱来。当婴儿躺在母亲怀中时，尚未建立比较意识，不会将自身所谓“缺点”与他人“优点”进行不公平对照，不会片面放大某一不足，也不会局限于特定圈子而忽略人生的广阔天地，更不会因一时困境而停滞不前。由此可见，自卑的根源在于个人看待事物的视角与心态。一旦认定某处是“心理黑洞”，它便会不断扩大，最终可能导致人生失衡，甚至走向消极的极端。

因此，学会调整观察事物的视角，尤其是端正心态，避免无意义的比较，显得尤为重要。若已陷入不公平的比较之中，可以尝试运用以下方法，重新平衡内心的天平。

1. 记录成长闪光点：准备好纸笔，细致回顾从小到大的人生经历，将所有值得自豪的事情一一记录下来，无论是第一次上树掏鸟蛋的勇敢尝试，还是第一个到达学校的小小成就；无论是带领同伴度过愉快时光的欢乐记忆，还是考试失利却坚强面对的成长瞬间……尽可能详细地记录这些片段，并时常翻阅回顾，强化积极的自我认知。

2. 每日成就复盘：每晚睡前留出十分钟，回顾当天自己认为做得好的事情，认真回味当时的愉悦心情，并将其记录下来，次日清晨再次翻看。通过这种日常复盘的方式，持续积累积极情绪，增强自我肯定。

3. 设定可行小目标：制定一系列通过努力可以实现的小目标。在社交方面，比如主动结识某位新同学，并尝试与对方交流 10 分钟；在学习和工作上，明确当天需要完成的任务和掌握的知识；在情绪管理上，设定保持 3~5 个小时愉快心情的目标。需注意，目标要切实可行，避免好高骛远、急于求成。

4. 完成目标后奖励自己：每当达成设定的目标，就给予自己适当的奖励。可以安排一次期待已久的娱乐活动，购买一本心仪的图书，或是享用一顿美食。这种自我奖励机制能够强化积极行为，激励自己持续进步。

5. 帮助他人收获成长：尝试为比自己更自卑的人提供帮助，在解决他人心理困惑的过程中，通过换位思考深入了解自身心态。这种助人自助的方式，往往能带来意想不到的收获与成长。

当然，每个人都可以根据自身特点，创造性地探索适合自己的心态调节方法，从而建立健康、积极的自我认知。

心理推荐

1. 电影之光：照见内心的突围之路

(1)《肖申克的救赎》

推荐理由：银行家安迪蒙冤入狱后，在暗无天日的肖申克监狱中坚守 20 年，最终通过自我救赎重获自由。影片通过安迪的经历展现了“自我意识”的强大力量：即便身处绝境，他仍保持对希望的执着，用知识与智慧规划自由之路。对于面临学业压力、人生迷茫的大学生，安迪的故事是一剂强心针，诠释了如何在困境中坚守自我、实现超越。

(2)《死亡诗社》

推荐理由：在传统保守的威尔顿学院，基廷老师用"站上课桌""撕掉教科书"等颠覆性教学方式，唤醒学生对自由思考和自我表达的渴望。影片通过学生们从盲从权威到追寻内心声音的转变，探讨了独立人格与自我意识觉醒的重要性。它提醒大学生：真正的成长始于敢于突破外界期待，勇敢书写属于自己的人生诗篇。

2. 书页之翼：展开认知的蜕变旅程

(1)《遇见未知的自己》

推荐理由：以都市女性若菱的生活困境为线索，融合心理学与灵性成长理念，通过若菱与神秘老者的对话，层层剥开"小我"的枷锁，揭示"我是谁""如何接纳真实自我"等命题。书中将抽象的心灵成长理论转化为通俗易懂的故事，帮助大学生理解情绪根源，学会通过觉察、接纳与改变，打破自我认知的局限，建立更积极的自我对话模式。

(2)《被讨厌的勇气》

推荐理由：以青年与哲人的辩论为框架，系统阐述阿德勒心理学的核心思想：人的烦恼源于过度在意他人评价，而获得自由的关键在于课题分离与自我接纳。书中通过犀利的观点和案例，引导大学生摆脱"讨好型人格"，学会以"课题分离"区分自身与他人的责任，从而建立独立、自信的自我意识，勇敢活出真实的人生。

心理修炼

一、理论理解题

1. 概念辨析：请结合实例，解释"理想自我"与"现实自我"的区别，并分析两者失衡可能导致的心理问题。

2. 理论应用：根据乔哈里窗口理论，分析自己在人际交往中"公开的自我""盲目的自我"分别体现在哪些方面，并说明如何扩大公开领域。

二、案例分析题

1. 案例：大二学生小周在竞选学生会失败后，陷入自我怀疑，认为"自己什么都做不好"，甚至拒绝参加后续活动。

问题：小周可能存在哪种自我意识问题？请运用本章知识提出至少3种调试建议。

2. 案例：学生小张在小组作业中坚持己见，忽视队友意见，导致团队矛盾。当他人提出批评时，他认为"自己的想法才是对的"。

问题：小张的行为反映了哪种自我意识偏差？结合理论分析其产生原因与改进方法。

三、拓展思考题

1. 结合中华传统文化中的"吾日三省吾身"，谈谈当代大学生应如何通过自我反思促进自我意识的健康发展。

2. 社会媒体常宣扬"完美人设"，这对大学生的自我认知可能产生哪些影响？请从批判性思维角度提出应对策略。

第三章

学习心理

导读

在高等教育的关键阶段，大学生的学习过程不仅是知识体系的构建，更是认知能力、心理素质与综合素质全面发展的重要历程。本章深度聚焦大学生学习心理领域，以心理学理论为基石，系统解析学习活动中的核心要素。通过揭示大学生学习的独特特点，如自主性增强、专业性提升、探究性凸显等，帮助学生明晰大学学习的本质规律；深入剖析学习动力机制，解读内部动机与外部动机的交互作用，引导学生构建可持续的学习驱动力；同时直面考试焦虑、注意力分散、自我效能感不足等常见心理问题，结合实证研究与经典案例，提供科学、实用的心理调适策略。本章的核心目标在于，助力学生以理性认知为先导，以科学方法为工具，实现三重成长维度的协同突破：在学业层面，掌握高效学习策略，提升知识获取与应用能力；在心理层面，增强情绪管理与抗压能力，塑造积极健康的学习心态；在综合素质层面，培养自主规划、创新思维与社会适应能力，为个人成长与未来发展筑牢坚实基础。通过理论阐释、案例分析与实践指导的有机结合，本章致力于成为学生探索学习心理、实现自我提升的实用指南。

学习目标

1. 知识目标

(1)深入理解大学生学习的阶段性特征,包括自主性、专业性、探究性等核心特点;

(2)掌握学习动力的构成要素及作用机制,明晰内部动机与外部动机的交互关系;

(3)识别常见学习心理问题(如考试焦虑、注意力分散、自我怀疑等)的表现形式、形成原因及理论依据;

(4)熟练运用科学调试策略(如归因训练、注意力训练、成长型思维培养等),解决实际学习中的心理困境。

2. 能力目标

(1)能够结合自身学习状态,分析并诊断潜在的心理问题;

(2)学会运用专业心理量表(如考试焦虑量表 TAS)进行自我评估;

(3)具备将调试策略转化为具体行动方案的能力,有效提升学习效率与心理韧性。

3. 素质目标

(1)信息素养:培养从学术文献、专业量表等渠道获取科学心理知识的能力,提升信息筛选与分析水平;

(2)实践创新:通过案例研讨、团体训练等活动,锻炼将心理学理论转化为实践方法的创新应用能力;

(3)沟通协作:在小组讨论、经验分享中,增强表达能力与团队合作意识,学会通过互助解决心理困惑;

(4)自我管理:借助心理调适策略,提升时间管理、情绪调节、目标规划等自我管理能力,形成可持续发展的学习习惯。

思政目标

1. 价值引领

(1)引导学生树立正确的学习观,认识到学习不仅是知识获取,更是个人成长与社会责任的体现;

(2)强化“终身学习”理念,培养学生适应时代发展、主动求知的进取精神。

2. 理想信念培育

(1)通过典型案例分析,激发学生将个人学习目标与国家发展需求相结合,增强使命感;

(2)帮助学生在应对学习挑战中锤炼意志品质,培育不畏困难、勇于突破的奋斗精神。

3. 心理健康与社会适应

(1)促进学生形成积极向上的心理品质,提升抗压能力与情绪管理能力;

(2)培养学生的社会责任感,鼓励通过朋辈互助、经验分享,营造和谐共学的校园氛围。

第一节　大学生的学习特点

心理故事会

从“被推着走”到“主动领航”的成长蜕变

小雨攥着课表站在教学楼走廊，望着密密麻麻的选修课名单发怔。作为高中时期的“标准答案追逐者”，她早已习惯了被老师规划好的学习节奏——晨读、刷题、错题整理，像精密运转的机器，只要按部就班，红榜前列总有她的名字。然而此刻，大学开放式的课程体系却像一片迷雾森林，没有固定路线，甚至连指南针都需要自己打磨。

第一学期的西方文学史课程，教授甩下20本经典著作的书单便转身离开。小雨对着满屏PDF文件手足无措，直到截止日期前三天才熬夜拼凑出论文。当她看到同组同学早已完成文献精读，甚至整理出了跨时代文学对比图表时，强烈的挫败感如潮水般涌来。更糟糕的是，面对五花八门的选修课，她只能盲目听从同学推荐，结果选了一门与兴趣完全相悖的高等数学课程，每堂课都如坐针毡。

转机发生在某个图书馆闭馆的夜晚。小雨偶遇同专业的学长，对方正在整理申报科研项目的材料。“大学不是标准答案的考场，而是探索自我的实验室。”学长的话如同一束光，照亮了她混沌的认知。从那刻起，小雨开始了蜕变之旅：她用XMind制作课程关联图谱，将选修课与未来职业方向锚定；利用学校“学术讲座日历”，每周至少参加一场跨学科分享；更主动敲开导师办公室的门，争取到参与“当代女性文学研究”课题的机会。

改变带来的正向反馈远超预期。当她在文献堆里发现某作家未被挖掘的叙事技巧时，那种自主探索的兴奋感，比任何考试高分都更令人着迷。大二那年，她以第一作者身份在省级期刊发表论文，站在领奖台上，小雨终于明白：大学赠予的最好礼物，不是现成的知识，而是教会她如何成为自己学习航船的掌舵人。这份从被动接受到主动领航的转变，不仅重塑了她的学业轨迹，更成为照亮人生方向的灯塔。

心理预热点

《三字经》有言：“玉不琢，不成器；人不学，不知义。”学习是贯穿人生的永恒课题。从人类诞生之初，除了呼吸、吮吸、运动感知等与生俱来的本能，其余生存技能与认知能力皆需通过后天习得——从蹒跚学步、牙牙学语，到掌握生活技能，再到探索知识领域、钻研专业技术，学习始终是塑造个体生命价值的核心力量。在知识经济蓬勃发展的当下，学习能力已成为衡量个人竞争力的关键指标。相较于传统学习模式，现代社会更强调自主学习、终身学习与创新思维的培养。面对信息爆炸与技术迭代，唯有掌握科学的学习方法，构建系统化知识体系，方能适应快速变化的社会需求。可以说，能否高效学习，不仅关乎个人职业发展，更决定着其在时代浪潮中的生存质量与价值实现。这种能力，已然成为知识经济时代不可或缺的核心素养，是个人立足社会、实现自我的重要基石。

心理知识屋

一、学习的概念

在教育心理学领域,学习的概念存在广义与狭义之分。

广义的学习是指人和动物在生活过程中,通过经验积累与行为练习实现个体行为或心理持久变化的过程。这一过程既包含动物基于生存本能的条件反射学习(如候鸟迁徙路线的记忆、猩猩使用工具),也涵盖人类从婴幼儿时期开始的所有经验习得,例如学习走路、说话等基础生存技能,以及学生在校园内外对知识、技能、道德观念和行为习惯的逐步掌握。值得注意的是,广义学习强调"持久变化",排除因生理成熟、疲劳或药物等短暂因素导致的行为改变。

狭义的学习则聚焦于人类的学校教育场景,特指学生在教师的系统指导下,以明确的教育目标为导向,有计划、有组织地掌握科学文化知识、形成专业技能,并内化社会行为规范的活动。这一过程通常依托课程体系、教学方法和评价机制展开,例如学生通过课堂听讲、实验操作、作业练习等方式,系统构建学科知识框架,培养逻辑思维与实践能力,同时塑造符合社会要求的价值观与道德品质。

二者的区别在于:广义学习贯穿生命全程,涉及自然、社会等多元场景;狭义学习则以学校教育为载体,强调教育目标的预设性与学习过程的规范性。

二、大学生的学习特点

(一)元认知能力主导学习调控

元认知是个体对自身认知过程的自我觉察、调节与监控,其核心包含元认知知识、元认知体验和元认知监控三大要素。在大学学习场景中,元认知能力已成为驱动学习效能的核心引擎,推动学生从"被动接受知识的容器"向"主动规划学习的决策者"转变。

这一转变具体体现在三个维度:计划策略上,学生需自主制定学期学习目标,拆解为阶段性任务,并通过日程表合理分配时间;监控策略中,学生需实时跟踪学习进度,例如在阅读专业文献时通过"思维导图梳理框架""关键概念复述"等方式检验理解程度;评估策略则要求学生定期复盘学习效果,如考试后分析错题成因、对比学习计划与实际成果,动态调整学习方法。例如,当发现线性代数课程进度滞后时,学生可能通过调整预习时长、增加习题训练频次等方式优化策略,这正是元认知监控与调节功能的直观体现。

相较于中学阶段依赖教师制订学习计划、监督作业完成的模式,大学生的元认知能力不仅决定了知识获取的效率,更塑造了独立思考与终身学习的底层逻辑。正如彭聃龄强调的,元认知能力的成熟是个体从"学会"迈向"会学"的关键标志,这种主动调控学习的思维模式,将持续影响学生在学术研究、职业发展等多领域的表现。

(二)知识结构化与迁移能力增强

学习是"通过经验和练习引起的相对持久变化",而大学阶段的学习则进一步聚焦于认知结构的系统化重构。这一过程不仅是知识的简单累积,更是将碎片化信息整合为具有内在逻辑的知识网络,并实现跨情境迁移应用的高级认知发展。在大学专业学习中,这两种能力的协同发展尤为关键。以理工科学习为例,学生需将抽象的理论公式与实践操作深度融合,体现"记忆迁移"理论的核心要义。例如,机械工程专业学生在掌握力学公式后,需通过机床操作、零件设计等实践环节,将静态的理论知识转化为解决工程问题的动态能力;计算机专业学生在学习算法原理后,需通过编程项目将算法逻辑应用于数据处理、系统开发等实际场景。这种迁移过程并非机械套用,而是要求学生理解知识的本质特征,在不同情境中识别其适用性,进而实现知识的"活化"。

此外,系统化重构还体现在跨学科知识整合上。例如,生物医学工程专业学生需融合生物学、医学与工程学知识,构建解决复杂问题的综合认知框架。彭聃龄强调,认知结构的完善程度直接影响学习迁移的效率:当学生形成层次清晰、关联紧密的知识网络时,更易在新情境中激活相关知识,实现创造性应用。因此,大学学习的本质不仅是知识获取,更是通过主动构建与实践应用,完成认知结构从零散到系统、从理论到实践的质变过程。

(三)批判性思维与创造性学习凸显

批判性思维作为高阶认知能力的核心构成,是个体对既有知识、观点进行系统性分析、质疑与重构的思维过程,其本质在于超越表面信息,通过逻辑推理与实证验证探寻事物的本质。这一能力在大学学习场景中尤为关键,直接推动学生从"知识接收者"向"知识创造者"转变。

大学教育通过开放性课堂讨论、学术论文写作、课题研究等多样化教学形式,为批判性思维的培养提供沃土。例如,在文学赏析课程中,学生不再局限于教材对作品的解读,而是通过分析文本细节、对比不同学者观点,提出自己对作品主题与创作意图的独特见解;在理工科实验课上,学生需主动反思实验设计的局限性,通过调整变量或优化流程提升实验准确性。这种对既有知识的主动质疑与创新探索,正是批判性思维的生动实践。

批判性思维与创造性学习紧密关联,唯有敢于突破传统思维定式,对学术权威保持理性审视,才能在质疑中发现问题、在反思中重构认知,进而催生出创新性解决方案。例如,生物学专业学生在研究物种进化理论时,通过批判性分析现有假说的不足,结合最新基因测序技术提出新的进化模型;管理学专业学生在案例研讨中,挑战常规管理策略,提出更符合数字化时代需求的企业运营方案。这种以批判性思维驱动的创造性学习,不仅提升了学生的学术素养,更为其未来参与前沿研究与社会创新奠定了坚实基础。

(四)社会文化对学习的双重影响

"情感双向作用理论"指出,个体的学习行为本质上是社会文化环境与个人心理需求动态交互的结果。这一理论强调,社会文化不仅通过外部评价体系(如学历标准、职业声望)为学习赋予价值导向,同时个体的学习体验也会反作用于其价值观与自我认知的塑造,形成双向影响机制。

在大学教育场景中,专业选择是这一双重影响的典型体现。一方面,家庭期望、社会就业趋势等外部文化因素常对学生决策产生显著影响。例如,部分学生迫于家庭压力选择金融、医学等热门专业,尽管与个人兴趣存在偏差;另一方面,学生在学习过程中积累的经验与成就,又会重塑其对专业价值的认知。若学生在非兴趣专业中获得积极反馈(如参与科研项目取得成果),可能增强学习认同感;反之,长期的目标冲突则易引发动机冲突与心理调适困境,甚至导致学习倦怠。

此外，社会文化中的竞争观念与成就标准也深刻影响学习行为。例如，“内卷”现象折射出集体文化对高成就的过度追求，促使学生不断加码学习强度；而多元文化思潮（如“躺平”“慢生活”）的兴起，则为部分学生提供了重新审视学习意义的视角。这种矛盾性体现了社会文化对学习的双重塑造，既推动个体追求卓越，也可能因过度施压引发心理问题。因此，理解社会文化与个人心理的动态平衡，成为大学生调适学习心态、优化学习策略的关键路径。

课堂活动

大学学习策略探索

一、练习主题

“解码学习：我的大学学习策略探索”

聚焦大学生学习特点，引导学生通过自我剖析、协作探究与策略实践，掌握个性化学习方法。

二、核心目标

1. 认知深化：帮助学生理解并识别自身学习特点（如元认知能力、知识结构化水平）。
2. 策略应用：通过实践任务，强化学生对自主学习、批判性思维等策略的运用能力。
3. 协作共创：促进学生在小组讨论中借鉴他人经验，优化个人学习方案。

三、实施步骤

1. 反思问卷：学生填写“学习特点自测表”（涵盖元认知监控、知识迁移能力、批判性思维等维度，表 3-1），通过选择题、简答题分析自身优势与不足。

表 3-1 大学生学习特点自测表

维度	问题示例	选项
元认知能力	1. 你是否会在学习前制订详细的计划？	□总是 □经常 □偶尔 □从不
	2. 学习过程中，你会定期检查自己的学习进度吗？	□每节课后 □每周一次 □每月一次 □很少检查
	3. 当发现学习效果不理想时，你会主动调整学习方法吗？	□立即调整 □尝试 1~2 次 □很少调整 □不知道如何调整
知识结构化能力	1. 学习新知识时，你会尝试将其与已学内容建立联系吗？	□总是会 □经常会 □偶尔会 □很少联系
	2. 你是否习惯用思维导图或框架图整理学习内容？	□经常使用 □偶尔使用 □很少使用 □从未使用
	3. 面对复杂问题，你能从多个知识点综合分析吗？	□轻松做到 □基本可以 □较困难 □完全不会
批判性思维	1. 阅读教材或论文时，你会质疑其中的观点吗？	□经常质疑 □偶尔质疑 □很少质疑 □完全接受
	2. 在课堂讨论中，你是否敢于提出不同见解？	□主动发言 □被点名才发言 □很少发言 □从不发言
	3. 面对他人意见，你会理性分析而非盲目接受吗？	□总是如此 □经常这样 □偶尔思考 □很少思考

续表

维度	问题示例	选项
社会文化	1. 选择专业时,你更倾向于?	□听从父母建议,选择热门稳定专业 □结合社会需求与个人兴趣综合考虑 □完全依据个人兴趣爱好选择 □随大流,看同学选什么就选什么
	2. 促使你努力学习的主要动力来源于?	□家庭对成绩和学历的高期望 □社会竞争压力与就业需求 □对知识本身的热爱与探索欲 □周围同学的“内卷”氛围带动
	3. 当社会流行“考证热”时,你的做法是?	□跟风考取热门证书增加竞争力 □评估自身需求后有选择性考证 □坚持不被外界干扰,专注学业 □不清楚,比较迷茫

2. 小组协作与策略共创

(1)异质分组:根据自测结果,将学生分为4~5人小组(每组包含不同学习风格成员)。

(2)任务挑战:每组抽取一个“学习困境卡”(如“如何高效复习枯燥的理论课程?”“如何将课堂知识应用于实践项目?”),结合自身经验与理论知识,讨论并提出3~5条解决方案。

(3)策略整合:组内汇总成员建议,形成一份“通用学习策略指南”,提炼可迁移的方法论(如“思维导图+费曼技巧”结合的知识梳理法)。

3. 跨组分享与批判性研讨

(1)方案展示:每组选派代表分享“策略指南”,重点说明如何体现大学生学习特点(如元认知监控、知识结构化)。

(2)质疑与优化:其他小组从可行性、创新性、个性化适配角度提问或补充建议,例如:“该策略是否适用于不同学科?如何应对学习倦怠?”教师适时引导批判性思考。

4. 个人方案迭代与承诺

(1)策略内化:学生结合小组讨论成果,修订完善“个人学习优化方案”,明确未来一周内计划实施的具体策略(如“每日进行15分钟学习复盘”)。

(2)公开承诺:自愿分享个人方案,接受同学监督,并将方案记录在“学习成长卡”上,后续可用于阶段性回顾。

三、大学生学习的心理特点

大学生处于个体心理成熟与社会化发展的关键阶段,其学习心理既受认知发展规律影响,也受社会环境与个人成长需求的共同作用,呈现出鲜明的阶段性特征。

(一)目标导向的多元性与矛盾性

大学生的学习目标呈现“理想自我”与“现实需求”深度交织的复杂图景,折射出当代青年在价值选择中的矛盾与挣扎。在认知发展与社会转型的双重驱动下,他们既怀揣着对学术理想的热忱,又不得不直面现实竞争的压力,这种张力构成了学习目标的多元特质。

理想驱动型目标彰显了大学生对知识深度与专业价值的追求。部分学生以学术研究、技术创新或艺术创作作为核心目标,主动参与实验室项目、学术竞赛或跨学科课题。例如,生物医学工程专业的学生为攻克疾病诊断难题,自主查阅前沿文献、设计实验方案,将个人志趣与社会价值紧密结合。这类目标的实现往往需要长期投入与持续探索,体现了学生对自我价值的高层次追求。

现实功利型目标则受就业市场、社会评价等外部因素的强烈影响。随着学历内卷与职业竞争加剧,考证热、考研潮、考公热持续升温,许多学生将学习简化为获取实用证书、提升学历或积累求职资本的工具性行为。例如,部分文科生为增加就业筹码,将大量精力投入CPA、教师资格证等非专业领域的考试;一些学生将"刷绩点""拿奖学金"作为唯一目标,对知识的理解仅停留在应试层面。这种功利化倾向虽有助于快速积累资源,却容易导致知识体系碎片化,削弱学生对专业领域的深度探究能力。

两种目标的矛盾与冲突,常引发学生的目标选择焦虑。例如,热爱文学创作的学生可能因就业压力被迫选择金融专业,在专业课程与兴趣发展间难以平衡;立志从事科研的学生,可能因家庭期望转而备考公务员。这种矛盾不仅消耗心理能量,还可能导致学习动机下降,甚至引发自我认同危机。因此,如何引导学生在理想与现实间找到平衡点,构建兼具个人价值与社会适应性的目标体系,成为大学生心理发展的重要课题。

(二)自我意识驱动的自主性与依赖性并存

在生理与心理快速成熟的过程中,大学生的自我意识进入高度觉醒期,这种内在转变深刻影响其学习行为,形成自主性与依赖性相互交织的矛盾特征。

自主性的显著增强源于对"独立个体"身份的主动追求。大学生开始突破中学阶段"被动接受"的学习模式,积极行使自主选择权:他们自主规划学习路径,如根据兴趣选修跨学科课程、制定个性化阅读书单;主动探索学习资源,通过慕课平台拓展知识边界,或参与学术社团开展实践研究。这种自主性的提升不仅体现在学习内容的选择上,更反映在自我管理能力的增强,例如通过时间规划软件安排每日学习任务,利用思维导图构建知识体系。

然而,心理依赖与自律困境依然普遍存在。部分学生尚未完全摆脱对外部指导的依赖,面对开放性课题或复杂任务时,往往缺乏独立思考与解决问题的能力,过度期待教师提供标准答案或细化步骤。例如,在小组合作项目中,部分成员依赖他人主导方案设计,自身仅承担边缘性工作;在论文写作过程中,因缺乏自主检索文献、构建论点的能力,导致研究深度不足。此外,自律能力的薄弱也成为阻碍,拖延、计划执行力差等问题频发,部分学生虽制订了详细的学习计划,却因缺乏自我监督而难以落实。

同辈竞争压力进一步加剧了心理的复杂性。在高校集体环境中,学生通过与同龄人比较来评估自身价值,当发现他人在学业成绩、竞赛荣誉或社会实践中表现突出时,容易产生"相对剥夺感"。这种心理状态可能引发两种极端反应:部分学生将竞争转化为动力,通过"内卷式学习"盲目追赶他人进度,最终导致身心疲惫;另一部分学生则因自我怀疑陷入焦虑与逃避,降低了学习积极性。例如,某学生看到室友连续获得奖学金后,因过度焦虑而失眠,甚至对学习产生抵触情绪。这种自主性与依赖性、竞争与焦虑的矛盾,成为大学生学习心理的典型特征,亟待通过自我认知提升与外部支持体系的构建加以调和。

(三)情绪体验的波动性与敏感性

大学生的情绪体验在学习场域中呈现出高度敏感与剧烈波动的特征,这种现象既源于认知发展阶段的心理特质,也受外部环境压力的多重影响。

在积极情绪体验层面,当大学生成功攻克复杂课题、发表学术成果或在竞赛中崭露头角时,大脑的奖赏系统被激活,随之产生强烈的成就感与自我效能感。例如,一位学生在省级创新创业大赛中斩获金奖后,不仅自信心显著提升,还激发了持续探索专业领域的热情,甚至将短期目标升级为长期职业规划。这类正向情绪不仅能增强学习动力,还能促进创造性思维的迸发,形成"成功—愉悦—投入"的良性循环。

然而,消极情绪的冲击同样不容忽视。面对学业挫折,如考试挂科、论文被拒或科研项目失败,大学生往往因自我期待与现实结果的巨大落差,陷入自我否定、焦虑或抑郁情绪。特别是在竞争激烈的学术环境中,失败经历可能引发"习得性无助",例如部分学生多次在实验中遭遇瓶颈后,逐渐丧失对专业的热情,甚至产生逃避学习的倾向。

社会比较心理进一步加剧了情绪的不稳定性。在社交媒体与集体生活的双重作用下,大学生频繁目睹同龄人"内卷式学习"的场景——他人熬夜自习、密集考证、竞赛获奖的动态,极易引发"相对剥夺感"。这种心理压力可能导致两种极端反应:部分学生因过度焦虑盲目跟风,陷入"无效努力"的恶性循环,反而降低了学习效率;另一部分学生则因自我怀疑产生倦怠,选择"躺平"以逃避竞争,进而形成"焦虑—倦怠—自我放弃"的消极循环。

此外,大学生情绪的敏感性还体现在情绪反应的即时性与持续性上。相较于成年人,他们对情绪的调节能力较弱,一次小的学业挫折可能引发长时间的情绪低落,而积极体验带来的愉悦感也往往难以持久。这种波动性不仅影响学习状态,更可能对心理健康造成潜在威胁,凸显出情绪管理能力培养的重要性。

(四)认知发展的深刻性与局限性

大学阶段作为个体认知发展的关键转折点,学生的思维能力呈现深刻变革与发展局限并存的矛盾特征。一方面,高等教育体系通过开放性课程、学术研讨与实践项目,推动学生从具象思维向抽象思维、从被动接受到主动建构的认知跃迁;另一方面,受知识储备、思维惯性等因素制约,其认知能力仍存在显著短板。

思维发展的深刻性主要体现在抽象思维与批判性思维的显著提升。在专业课程学习中,学生开始接触复杂的理论模型与前沿学术观点,逐渐突破经验层面的认知局限,能够运用逻辑推理、归纳演绎等方法进行抽象分析。例如,哲学专业学生在研读经典著作时,不再满足于文本表面解读,而是主动探究理论背后的逻辑框架与时代背景;理工科学生在解决工程问题时,学会运用数学建模、仿真模拟等抽象工具推导解决方案。同时,批判性思维的觉醒促使学生对既有知识保持理性审视,敢于在课堂辩论中挑战权威观点,或在论文写作中质疑传统理论的适用性,这种思维突破成为创新能力的重要源泉。

然而,认知发展的局限性同样不容忽视。首先,知识储备的不足常导致理论与实践的脱节。例如,经济学专业学生虽掌握宏观经济模型,但在分析现实市场波动时,因缺乏对政策背景、行业动态的深入了解,难以将理论有效转化为解决方案。其次,思维定式限制了认知的灵活性,部分学生仍习惯于非黑即白的二元对立思维，面对复杂社会议题（如人工智能伦理、气候变化治理）时，难以全面权衡多方利益与价值冲突，陷入简单化、片面化的认知误区。此外，辩证分析能力的薄弱也表现为对矛盾观点的整合不足，例如在文献综述中，部分学生仅罗列不同学者的结论，却无法提炼争议焦点并提出创新性见解。

这种深刻性与局限性的并存，反映了大学生认知发展的阶段性特征。如何通过深化专业学习、拓展跨学科视野、加强实践训练，帮助学生突破思维瓶颈，实现从“浅层认知”到“深度理解”的跨越，成为高等教育培养创新人才的重要课题。

（五）社会角色适应的困惑与探索

从高中生向大学生的身份蜕变，本质上是个体从“被规划者”向“自主决策者”的角色重构过程。这一转变不仅伴随学习模式的颠覆与社会期待的升级，更带来多重心理压力与适应困境。

在学习责任层面，大学的自主学习模式对学生的自我管理能力提出极高要求。习惯了中学阶段“填鸭式”教学的学生，面对开放式课程体系、大量自主支配时间及跨学科知识整合需求时，易陷入迷茫与无序。例如，部分新生因缺乏规划能力，将课余时间过度消耗于娱乐，导致学业滞后；或是在面对小组合作、课题研究等任务时，因难以协调分工而产生挫败感。

社会期待的叠加进一步加剧了适应难度。家庭对子女“学有所成”的殷切期望、社会对学历与能力的双重要求，与大学生尚未成熟的心理承受力形成矛盾。尤其在就业市场竞争白热化的背景下，学生对职业发展的不确定性感到焦虑——考研方向如何选择？实习经历是否足够？这种焦虑常演变为两种极端：部分学生通过“功利化学习”盲目追求证书、绩点，忽视综合素质培养；另一部分学生则因压力过大产生逃避心理，选择“佛系”应对，陷入消极循环。

此外，人际关系与生活平衡的挑战也成为适应障碍的重要诱因。从相对单一的高中社交圈步入多元复杂的大学社群，学生需重新建立人际关系网络，处理宿舍矛盾、社团竞争等问题。同时，学业、社交、兴趣爱好之间的时间分配矛盾，容易引发心理失衡，例如部分学生因过度参与社团活动导致成绩下滑，进而产生自我怀疑与焦虑情绪。

这些社会角色适应过程中的困惑与挣扎，本质上是个体成长的必经之路。唯有正视挑战、主动探索适合自身的应对策略，大学生才能顺利完成角色转型。教育者需通过心理辅导、学业指导与职业规划等多维度支持，帮助学生化解心理冲突，实现从“适应困境”到“主动成长”的跨越。

这些心理特点既勾勒出大学生学习心理的动态图景，也揭示了成长过程中潜在的机遇与风险。理解并引导这些心理特征，不仅是优化学习策略、提升学业表现的关键，更是促进心理健康、培育健全人格的重要路径。

知识链接

心理健康状况对大学生学习的制约作用

大学生心理健康与学习效能之间存在紧密的双向关联：学习活动是促进心理发展的重要途径，而既有的心理健康状态同样深刻制约着学习过程与成果。这种制约作用具体体现在动力激发、行为调节与潜能促进三个核心层面。

1. 动力作用:心理健康是学习内驱力的基石

学习本质上是目标导向的复杂活动,其动力不仅源于认知需求,更依赖个体的兴趣、信念与价值取向。心理健康状况良好的大学生,往往能将个人志向与社会需求有机结合,形成稳定而持久的学习动机。例如,他们在选择专业时,既考虑自身兴趣特长,也主动对接国家战略需求(如人工智能、新能源等领域),从而对所学专业产生强烈认同感。这种认同感进一步转化为探索热情,促使他们主动投入时间钻研专业知识,甚至在面对枯燥的理论或技术难点时,依然能保持专注与坚持。相比之下,心理亚健康的学生可能因缺乏清晰的价值定位,陷入学习目标迷茫,或仅以功利性目标(如获取证书、提升绩点)作为动力,导致学习动力不足、持续性差。

2. 调节作用:健康心理助力学习策略的动态优化

学习活动充满矛盾与挑战,需要个体具备灵活的自我调节能力。心理健康的大学生通常拥有清晰的自我认知与稳定的情绪管理能力,能够客观评估自身的优势与局限,制定契合实际的学习目标。例如,在备考阶段,他们会根据课程难度、自身基础和时间条件,合理分配精力;在面对学习压力时,通过运动、社交或正念练习等方式及时调节情绪,避免焦虑、抑郁等负面情绪干扰学习状态。此外,这类学生善于在实践中动态调整学习策略:若发现传统的背诵方法难以掌握抽象概念,便主动尝试思维导图、案例分析等创新方法。即便遭遇挫折(如考试失利、课题失败),他们也能理性分析原因,将其转化为改进的契机,而非陷入自我否定。

3. 促进作用:良好心理素质实现"勤能补拙"的超越

心理健康对学习的促进作用,突出体现在非智力因素对智力短板的弥补。许多学业表现优异的学生并非天赋异禀,而是凭借坚忍的意志、积极的心态和科学的努力实现逆袭。例如,爱因斯坦、达尔文等科学巨匠早年被认为天赋平平,但他们通过持之以恒的钻研与对科学的执着热爱,最终取得突破性成就。在当代大学生中,类似案例同样屡见不鲜:部分学生虽在逻辑思维或语言能力上存在不足,但通过制订详细学习计划、主动寻求指导、反复练习等方式,逐步缩小与他人的差距。这一过程中,自我效能感与成长型思维发挥了关键作用——心理健康的学生更倾向于将困难视为成长机会,通过持续努力激发潜能,实现从"后进"到"优秀"的跨越。

综上所述,心理健康不仅是大学生顺利完成学业的保障,更是推动其实现全面发展的核心力量。关注并维护心理健康,对于提升学习质量、培养创新人才具有不可替代的意义。

第二节　学习动力

心理故事会

从"摆烂"到热爱的蜕变——兴趣火种点燃学习引擎

大二学生小林在收到调剂专业通知的那一刻,便给大学生活蒙上了消极的底色。课堂上,他的笔记本永远停留在第一页,手机屏幕的光亮比黑板上的公式更吸引注意力;课后作业如同复制粘贴的流水线产物,学期末成绩单上刺眼的"60 分"红线,让他彻底陷入"摆烂有理"的自我麻痹。

转机出现在一次校级环保公益项目招募中。抱着"打发时间"的心态,小林加入团队负责数据分析。当他用课堂所学的统计学模型,成功绘制出城市垃圾分类效率趋势图,并据此提出优化建议被项目组采纳时,专业知识与现实问题碰撞出的火花,意外点燃了他的求知欲。此后,图书馆的环境科学书架前多了他的身影,线上课程平台里记录着他自学 Python 数据处理的学习轨迹。凭借在项目中积累的成果,小林不仅以第一作者身份发表学术论文,更在省级环保创新大赛中斩获银奖,曾经“被迫选择”的专业,如今成为他立志深耕的学术方向。这一蜕变生动诠释了:当知识与现实需求产生联结,学习的被动齿轮便会转化为主动运转的动力引擎。

“完美主义”牢笼里的动力崩塌——警惕高压下的自我耗竭

从小到大,“年级第一”的奖状贴满小周的房间,父母“只许成功不许失败”的教育信条,将他塑造成众人眼中的“学霸典范”。然而,进入人才济济的大学后,第一次专业课考试仅排名班级中游的结果,如同一记重锤击碎了他的心理防线。面对后续课程,他开始以“身体不适”为由逃课,深夜在宿舍反复刷着与考试无关的视频,用逃避填补内心的恐惧。

小周坦言:“我不敢面对考试,因为失败就意味着我是个‘失败者’。”心理评估显示,长期的外部高压使他形成极端的“全或无”思维模式,将学业表现与个人价值完全绑定。在咨询师的引导下,小周尝试将“期末考满分”的目标拆解为“每周掌握 3 个核心知识点”的小任务,通过完成这些“踮脚可及”的目标重建信心。当他不再执着于分数排名,转而专注于知识的深度理解时,学习重新回归到探索与成长的本质。这个案例警示我们:过度追求完美的外部压力,往往会将学习动力异化为自我攻击的利刃。

心理预热点

学习动力,作为驱动个体投身学习活动的核心能量,贯穿于人类认知世界与自我提升的全过程。它不仅是学生获取知识、塑造能力的内在引擎,更是终身学习与职业发展的关键支撑。从心理学视角看,学习动力是由内部动机与外部动机交织而成的复杂系统,前者源于个体对知识的好奇、兴趣及自我实现需求,后者则来自外界奖励、压力或社会期待,二者的平衡与转化深刻影响学习的持续性与成效。

在教育实践中,学习动力直接决定学习行为的主动性与持久性。充满动力的学习者如同探索未知领域的探险家,主动设定目标、积极克服困难;而缺乏动力的个体则容易陷入被动应付的状态,导致学习效率低下。尤其在信息爆炸的时代,培养与维持学习动力已成为教育者与学习者共同面对的重要课题——它关乎个体能否在快速迭代的社会中保持竞争力,也影响着教育目标的真正实现。无论是个人成长、职业发展,还是社会创新,学习动力始终是点燃智慧火种、推动进步的核心力量。

心理知识屋

一、学习动力的内涵与分类

学习动力是推动大学生进行学习活动的内在力量,它并非单一的心理因素,而是由多种成分构成的复杂系统。从动机的来源来看,学习动力可分为内部动机与外部动机。内部动机源自学生自身的兴趣、好奇心和求知欲,例如对某个专业领域发自内心的热爱,渴望深入探索知识本身带来的满足感;外部动机则来自外界的奖励、压力或期望,如为了获得奖学金、满足家长期待而努力学习。同时,依据动机的持久性和稳定性,还能分为近景性动机(与近期目标相关,如准备某次考试)和远景性动机(与长远目标相连,如为未来职业发展奠定基础)。

若以时间维度进行区分,学习动力可进一步细分为近景性动机与远景性动机。近景性动机聚焦于当下可感知的具体目标,如完成课程作业、通过学科考试、参与技能竞赛等,这类动机具有时效性强、见效快的特点,能够为学生提供即时的行动指引。而远景性动机则着眼于长远的人生规划,将学习与未来职业发展、社会价值实现紧密相连。例如,立志成为行业领军人物的理想,或是投身社会公益事业的抱负,此类动机虽难以在短期内显现成效,却能赋予学习活动更深远的意义,成为支撑学生跨越学习周期的精神支柱。两种动机相互补充,近景性动机为学习提供阶段性目标与即时反馈,远景性动机则确保学习方向的连贯性与目标的一致性。

二、学习动力的核心作用

(一)激活学习热情,驱动主动探索

学习动力如同点燃求知之火的火种,当学生被强烈的学习动机所驱动时,学习行为将从被动接受转变为主动探索。拥有内在学习动力的学生,会主动挖掘课程背后的深层逻辑,自发拓展学习领域,甚至在课外时间主动参与学术研讨、实践调研等活动。这种由内而外迸发的热情,使学习不再是机械完成任务的过程,而是充满乐趣与挑战的自我实现之旅,为持续学习注入源源不断的能量。

(二)提升专注效能,优化学习成果

学习动力能够显著增强学生在学习过程中的专注度与投入度。当学习者明确学习目标并充满动力时,会更高效地分配注意力资源,主动筛选重要信息,深度参与知识建构。例如,在备考阶段,有强烈动力的学生不仅能快速进入深度学习状态,还能灵活运用多种学习策略,如思维导图梳理知识框架、案例分析强化理解,从而大幅提升知识吸收效率,最终在学业表现上获得更优成果。

(三)塑造综合素养,赋能终身发展

学习动力对学生的影响远超学业范畴,其驱动下的学习过程本质上是能力培养与人格塑造的过程。在持续探索与克服困难的过程中,学生逐渐形成自主规划学习路径的能力,培养独立思考与批判性思维习惯;而解决复杂问题的经历,则能激发创新意识与探索精神。这些能力不仅助力学生在学术领域取得突破,更为其未来职业发展与社会适应奠定坚实基础,真正实现从"学会知识"到"学会学习、学会成长"的跨越,推动个体的全面发展与终身成长。

课堂活动

学习动力"诊疗室"小组研讨

情境导入:

"同学们,现在我们化身学习动力'诊疗师',通过观察和反思,一起分析学习动力不足的'症状'与'病因'。请以5~6人为一组围坐,接下来的讨论将帮助我们更深入理解学习动力的影响因素。"

讨论任务卡：

任务一：现象观察与记录

观察身边学习动力不足的同学，用关键词或短句记录他们的典型表现（如课堂行为、作业态度、时间分配等）。

示例参考：上课全程低头刷手机、作业反复拖延至截止前 1 小时提交、对考试成绩漠不关心。

任务二：自我反思与归因

结合自身经历，用"鱼骨图分析法"梳理影响学习动力的核心因素（可从个人、家庭、学校、社会等维度展开）。

提示：可标注出影响程度最高的 1~2 个因素，如"父母过高期望带来的压力""课程内容与兴趣脱节"。

小组协作工具：

每组发放一张大白纸和彩笔，要求将讨论结果绘制成可视化图表（如思维导图、对比表格），推选一名"发言人"整合观点。

全班分享与点评：

每组发言人限时 1 分钟，重点汇报最具代表性的发现（如"我们组发现，80%的同学认为'目标不明确'是动力不足的首要原因"）。

教师总结提炼共性问题，针对典型案例补充心理学解释（如"目标模糊导致的动机缺失，可通过 SMART 原则改善"）。

备选延伸问题（根据时间灵活调整）：

如果让你帮助动力不足的同学，你会给出哪些具体建议？

哪些瞬间让你感受到学习动力最充沛？背后的关键因素是什么？

知识链接

鱼骨图分析法

鱼骨图分析法，又名因果分析图或石川图，由日本质量管理专家石川馨发明，因其形状酷似鱼骨而得名。该方法通过直观的图形，将问题的结果与可能的原因进行系统梳理，适用于挖掘问题根源、分析复杂影响因素，在大学生学习动力分析场景中极具应用价值。

鱼骨图的基本结构：

鱼头：代表需要解决的问题或结果，置于图表右侧，如"学习动力不足"。

主骨：从鱼头延伸出的水平直线，连接所有原因分支。

大骨：从主骨向上下两侧延伸的斜线，标注原因的主要类别，如个人因素、家庭因素、学校因素、社会因素等。

中骨与小骨：从大骨进一步细分的分支，用于记录更具体的原因，越靠近鱼头的因素，对问题的影响程度通常越大。

在学习动力分析中的应用步骤：

步骤一：明确问题

将"学习动力不足"填写在鱼头位置，作为分析的核心议题。

步骤二:分类归纳大骨

根据影响因素的性质,在大骨上标注类别,例如:

个人因素:性格内向、自我效能感低、学习归因偏差等;

家庭因素:父母高压教育、家庭经济压力、缺乏支持等;

学校因素:课程枯燥、教学方式单一、学习氛围差等;

社会因素:就业焦虑、功利化思潮、读书无用论影响等。

步骤三:细化原因(中骨与小骨)

以“个人因素”大骨为例,可细分出:

中骨:自我效能感低→小骨:因多次考试失利产生习得性无助;

中骨:学习归因偏差→小骨:总将失败归咎于自身能力不足。

步骤四:筛选关键因素

小组讨论各分支因素的影响权重,用不同颜色标记或添加星号,聚焦最具影响力的核心原因,为后续制定策略提供依据。

三、大学生学习动力现状分析

(一)常见问题

1. 动力缺失

进入大学后,部分学生骤然失去高中阶段“冲刺高考”这一清晰且高强度的目标牵引,陷入“目标断档”的迷茫期。这种目标真空使得学习行为失去明确导向,具体表现为课堂参与度低下——频繁出现迟到、早退甚至旷课现象,作业完成流于形式,缺乏对知识的深度探索与主动钻研,将学习视为被动应付的任务,而非自我提升的途径。

2. 动机功利化

在社会竞争压力与实用主义思潮的影响下,部分大学生的学习动机呈现出强烈的功利化特征。他们以“就业变现”“证书获取”作为学习的核心考量,在课程选择上倾向于热门实用的专业方向,对人文素养、通识教育类课程兴趣寥寥;在课外活动参与中,更看重能够直接转化为求职优势的技能培训或竞赛,忽视对创新思维、批判性思考等综合素质的培养,导致知识结构失衡,兴趣发展受限。

3. 目标模糊

由于缺乏对自身兴趣、能力的清晰认知,加之对职业发展路径和社会需求的了解不足,许多大学生陷入“无目标学习”的困境。他们既不清楚自己的专业与未来职业的关联,也难以将学习与个人理想相结合,常常发出“学习有什么用”的困惑。这种目标模糊不仅削弱了学习动力,还使得学生在面对学业挑战时容易产生倦怠感,难以全身心投入学习过程。

(二)影响因素多维解析

1. 个体心理的内源性驱动

人格特质与心理认知模式构成学习动力的核心内因。性格内向、敏感的学生倾向于自我封闭,在遇到学习困难时更易陷入自我怀疑;而自我效能感不足的学生,即便具备学习潜力,也常因低估自身能力产生“习得性无助”,面对复杂知识主动回避。此外,归因方式显著影响学习动力走向:将失败归咎于“能力不足”的学生易陷入消极循环,而倾向于将挫折归因于“努力程度”或“策略不当”的个体,则更可能通过调整行动重拾动力。

2. 家庭环境的持续性塑造

家庭环境作为个体成长的“第一课堂”,其教育模式与情感支持对学习动力具有深远影响。专制型家庭中,父母过高的期待值可能演变为沉重的心理负担,导致学生产生逆反心理或自我价值感扭曲;放任型家庭缺乏必要的引导与监督,易使学生养成松散的学习习惯。经济条件同样产生间接作用,经济压力较大的学生可能过早关注物质回报,削弱对学术探索的纯粹热情。

3. 校园教育的现实性制约

高校教育体系的局限性直接影响学习动力的可持续性。课程设置方面,部分专业过度侧重理论灌输,缺乏实践应用场景,使学生难以感知知识的现实价值;教学方式若仍以单向讲授为主,缺乏互动性与启发性,则容易消解学生的参与热情。校园文化氛围同样关键,当同辈群体普遍存在“躺平”“摆烂”倾向时,积极进取的学生也可能受到消极感染,导致整体学习动力下降。

4. 社会环境的外部性冲击

快速更迭的社会环境重塑着大学生的价值认知。多元文化思潮碰撞中,“读书无用论”“学历贬值论”等错误观念通过社交媒体广泛传播,动摇学生对学习意义的信念;激烈的就业竞争加剧功利化倾向,促使学生自发辅修第二专业、考取职业资格证书;社会对医护、教育等行业的高度认可,显著提升相关专业学生的学习投入度,但值得警惕的是,部分学生陷入“盲目考证”“跟风考研”的焦虑循环,反而丧失学习的内在动力。此外,社会对“成功”的单一化定义(如高收入、高职位),进一步挤压了学生追求兴趣与理想的空间。

5. 同伴群体的交互性影响

同伴群体作为大学生学习生活的重要参照系,其竞争与合作关系形成独特的“社交磁场”。良性竞争情境下,班级排名竞争、学科竞赛比拼等激发个体的成就动机;而合作学习模式通过小组讨论、项目协作搭建知识共享平台。实证研究表明,参与学术互助小组的学生专业课程成绩提升率较独立学习者高出23%,这种协作不仅加速知识内化,更通过情感支持增强学习韧性。

6. 心理健康的基础性支撑

心理健康状况是学习动力持续供给的“情绪燃料”。处于积极情绪状态的学生,其前额叶皮层活跃度提升,能够更高效地处理学习信息;而焦虑、抑郁等负面情绪会干扰认知功能,降低学习效率。研究表明,患有轻度抑郁的大学生日均有效学习时长不足3小时,较心理健康群体减少40%。长期的情绪困扰还会导致学习动力的“慢性损耗”,使学生从主动求知退化为被动应付,形成恶性循环。

四、提升学习动力的策略

(一)明确学习目标,树立远大理想

1. 精准定位,绘制个性化成长蓝图

借助霍兰德职业兴趣测试、MBTI性格分析等科学工具,引导学生深度剖析自身优势与兴趣图谱,打破“随大流”的盲目性。在此基础上,制定阶梯式学习目标:短期目标聚焦当下(如单学期GPA提升计划、课程项目实践),中期目标着眼1~3年发展(如考取专业资格证书、完成科研

项目),长期目标锚定职业愿景(如成为行业技术骨干、学术领域研究者)。这种由近及远的目标设计,既能提供即时行动指引,又确保学习方向的连贯性。

2. 价值共振,激活社会责任感引擎

将个人成长与社会发展紧密联结,通过社会实践、志愿服务、行业调研等方式,让学生直观感知专业知识的社会价值。例如,组织医学生参与基层义诊,使其理解医学研究对民生健康的意义;引导环境工程专业学生调研生态治理案例,激发守护绿水青山的使命感。当学习目标与社会需求产生价值共振时,学生将超越功利性动机,获得源源不断的内在驱动力。

(二)激发学习兴趣,培养自主学习能力

1. 多维实践,解锁学习兴趣密码

构建"理论+实践"的立体学习场景,通过学术前沿讲座、跨学科竞赛、专业社团活动等载体,帮助学生突破课堂边界。例如,组织编程爱好者参与开源项目开发,让文学专业学生运营校园公众号,使学生在沉浸式实践中挖掘隐藏的兴趣点。这种多元探索不仅拓宽知识视野,更能通过即时反馈机制强化学习愉悦感,将"被动接受"转化为"主动求知"。

2. 授人以渔,构建自主学习生态

系统传授思维导图、费曼学习法等科学策略,指导学生根据课程特点制订个性化学习计划,利用慕课平台、学术数据库等资源构建知识体系。同时,鼓励学生组建学习共同体,通过小组研讨、成果互评培养批判性思维与问题解决能力。当学生掌握自主规划、资源整合、反思优化的全链条学习方法时,每一次效率提升和目标达成都会转化为持续学习的正向激励,形成"能力增强—动力提升"的良性循环。

课堂活动

学霸经验分享与 Q&A 工作坊

一、分享

邀请 3 位学生代表依次分享,每人限时 5 分钟,要求结合具体案例。

1. 时间管理达人:分享"四象限时间管理法"在备考期的应用,展示自己用甘特图规划复习进度的日程表,揭秘如何平衡社团活动与学习任务。

2. 学科竞赛高手:讲述如何通过"项目式学习法"将课程知识转化为竞赛成果,例如组队开发 App 时如何分工协作、利用碎片时间攻克技术难点。

3. 综合发展榜样:分享"跨学科知识迁移"经验,如用社会学理论分析热点事件提升写作能力,同时推荐实用学习工具(如 Notion 知识库搭建方法)。

二、自由提问与深度交流

1. 开放式问答:鼓励现场同学举手提问,问题方向可聚焦以下方面。

如何克服拖延症完成学习计划?

碎片化时间如何高效利用?

如何应对多任务并行时的焦虑感?

2. 情景模拟互动:抛出典型学习困境(如"考试周 5 门科目同时复习如何分配时间"),邀请嘉宾和观众共同头脑风暴解决方案。

3. 匿名纸条互动：提前准备便签纸，让不敢公开提问的同学写下困惑，随机抽取 3～5 个问题由嘉宾解答，增强参与感。

三、总结升华

“感谢各位同学的真诚分享与提问！请记住，没有适用于所有人的‘万能方法’，关键是结合自身特点灵活调整。建议大家从今天学到的技巧中选取 1～2 个立刻实践，两周后对比效果。期待下次课堂上，你们也能成为分享经验的‘小老师’！”

（三）调整心态，增强自我效能感

1. 认知重构，锻造抗挫心理韧性

通过案例教学、团体辅导等形式，引导学生建立成长性思维模式。帮助学生拆解学习挫折事件，将失败重新定义为“尚未掌握方法”而非“能力缺陷”。例如，针对考试失利的学生，指导其运用 SWOT 分析法，客观梳理知识漏洞与改进策略，将挫折转化为提升阶梯。同时，强化积极归因训练，引导学生将成功经验固化为“努力与能力结合”的认知框架，从根本上增强心理抗逆力。

2. 微成就累积，激活正向心理循环

推行“小步快跑”的目标达成策略，鼓励学生将大目标拆解为可量化的阶段性任务。例如，将“通过英语六级考试”细化为每日词汇积累、每周真题训练等具体行动。每完成一个小目标，通过自我奖励机制（如阅读一本兴趣图书、安排短途旅行）强化积极情绪体验。这种“微成就—正反馈”模式能有效提升自我效能感，使学生在持续进步中建立“我能行”的心理信念，为学习注入持久动力。

课堂活动

点亮自我认可的星光——成就日记书写行动

请同学们拿出纸笔，用 3 分钟时间完成以下三步练习：

1. 回忆闪光时刻：静下心来，回顾近一周内学习中的任何小进步。它可以是攻克了一道困扰许久的数学题、坚持完成每日单词背诵计划，甚至是主动参与了一次课堂讨论。

2. 具象化成就细节：将这个小成就用一句话具体描述，例如：“今天用思维导图梳理了《管理学》第五章的知识点，逻辑清晰多了！”

3. 能量注入式自我肯定：在成就描述后，用饱含热情的语言为自己喝彩。可参考以下句式：

“我成功找到了这个公式的解题思路，这就是突破！”

“坚持每天晨读英语，我正在成为更自律的自己！”

“主动向老师提问，这份勇气超值得骄傲！”

进阶行动：写完后，请与同桌交换阅读彼此的成就日记，用“你做到了________，这真的很________！”的句式为对方补充一条肯定，感受双向鼓励的力量。最后，建议将这份成就日记拍照保存，在未来感到动力不足时，随时重温这些闪耀的瞬间，唤醒内在的信心与热情。

（四）革新学习策略，突破效率瓶颈

学习方法的优化是提升学习效能的核心路径，可从时间管理、脑力调配、技巧应用三个维度系统改进。

1. 精准规划,激活时间效能

科学的时间管理需要建立"动态日程系统":首先,以学校课表为框架,利用四象限法则区分学习任务的紧急与重要程度,将每日学习时间划分为"核心任务攻坚时段"(如专业课程学习)、"碎片化学习时段"(如通勤时背单词)、"休闲调节时段"。建议使用时间块管理法,将连续 90 分钟设定为专注单元,搭配 15 分钟休息间隔,既能保证深度思考,又能避免疲劳累积。同时,每周日进行复盘,根据完成情况调整下周计划,形成"规划—执行—反馈"的闭环。

2. 顺应节律,释放大脑潜能

人脑在不同时段具有独特的认知优势,遵循生理规律安排学习事半功倍。

(1)黄金记忆时段(晨起后、8:00-10:00、18:00-20:00、睡前 1 小时):适合背诵公式、外语单词、理论概念等记忆类任务;

(2)逻辑分析时段(上午 8:00 左右):处理数学推导、论文框架搭建等高难度逻辑任务;

(3)创意发散时段(14:00):进行头脑风暴、课程设计等需要灵感的活动。

此外,每学习 45 分钟进行 5 分钟"大脑重启"(如拉伸、远眺、冥想),通过调节血氧供应保持思维敏捷,避免因过度用脑导致效率滑坡。

3. 善用技巧,构建学习闭环

课堂学习需掌握"预习—吸收—巩固"三部曲:预习时通过思维导图梳理知识框架,标记疑问点;课堂上采用康奈尔笔记法,将内容分为主栏、副栏、总结区,强化理解记忆;课后 24 小时内完成复习,利用费曼技巧向他人复述知识点,检验掌握程度。同时,建议建立"错题银行",分类整理典型错题,分析错误逻辑;借助 Anki、Quizlet 等智能工具,实现知识点的个性化推送复习。

(五)营造良好环境,提供支持与引导

1. 家庭维度:搭建温暖型成长港湾

倡导家长建立平等对话机制,通过定期家庭会议、日常情感交流,倾听子女学业困惑与兴趣诉求。在专业选择、职业规划等关键决策中,家长应扮演"参谋者"而非"决策者"角色,尊重孩子的个性化发展路径。同时,注重正向激励,及时肯定子女的努力与进步,避免过度批评或盲目比较,以民主包容的家庭氛围为学习动力注入情感支撑。

2. 学校维度:打造创新型育人生态

在课程建设上,推行"理论+实践+选修"三位一体模式,增加企业实训、产学研合作项目等实践模块,开设跨学科选修课满足多元需求;革新教学方法,运用翻转课堂、项目式学习等模式,将课堂主动权交还学生。同时,构建"学术讲座+学科竞赛+社团活动"的立体化校园文化矩阵,如举办学术创新大赛、建立师生科研共同体,让浓厚的学术氛围成为激发学习动力的催化剂。

3. 社会维度:构建赋能型发展平台

通过媒体宣传、公益讲座等形式,弘扬"终身学习""多元成才"的社会价值观,抵制"读书无用论"等错误思潮。政府与企业协同拓展实习就业渠道,建立大学生职业体验基地、开展校企联合培养项目;职业规划机构提供个性化就业指导,帮助大学生明晰行业趋势与岗位需求。当社会为大学生搭建起清晰的成长路径,将有效转化外部压力为内在学习动力。

第三节 大学常见的学习心理问题及其调试

心理故事会

在信息流中“溺水”的小林——注意力碎片化危机

大二的小林总在深夜对着未完成的作业叹息，屏幕蓝光映照着他疲惫又焦虑的脸。这位曾以专业前十成绩考入计算机系的“学霸”，如今却陷入了一场看不见硝烟的战争——与自己注意力的对抗。

最初只是“查资料时顺手刷个短视频”的小小妥协，却像打开了潘多拉魔盒。每当他翻开《数据结构》课本，手机屏幕亮起的瞬间，原本专注的眼神便会被吸走：朋友圈的新动态、算法推荐的搞笑视频、社交软件的红点提示，都成了无法抗拒的引力。写论文时，他习惯性地每隔5分钟就刷新一次消息列表，明明只打算回复一条消息，却常常在聊天窗口和短视频之间来回切换，等回过神来，两小时已经悄然流逝。

某个赶作业的深夜，这种失控达到了顶点。他盯着论文里的一段论述，机械地删改着字句，却完全不记得自己修改了什么。电脑右下角的时钟跳到凌晨3点，文档进度条却几乎没有推进。三个月后的期中考试，当他看到成绩单上刺眼的65分时，才惊觉自己的排名已跌至班级中游。更糟糕的是，曾经热爱的学习成了痛苦的负担——只要翻开书本，烦躁和抵触情绪就会汹涌袭来，连打开电脑的勇气都消失殆尽。

转机出现在学校的“专注力训练营”。在心理老师的指导下，小林第一次接触到“注意力碎片化”的概念。原来，频繁切换任务不仅会导致效率暴跌40%，更会让大脑形成“分心惯性”，就像习惯了快餐的胃，再也难以适应细嚼慢咽的正餐。他开始尝试“数字断舍离”：用Forest专注森林App将手机变成“专注卫士”，每当启动学习模式，种树的虚拟树苗就会在屏幕上生长，一旦中途解锁手机，树苗就会枯萎；每天清晨，他雷打不动地进行15分钟舒尔特方格训练，在密密麻麻的数字方阵中锻炼视觉专注力。

两个月后的期末考试前夕，小林惊喜地发现，自己能连续两小时专注刷题而不被干扰。当他以专业前15%的成绩结束学期时，终于明白：在这个信息过载的时代，守住注意力，就是守住了学习的生命线。

心理预热点

在高等教育的独特场域中，学业负荷的骤然加重、生活环境的剧烈转变与自我认知的深度重构相互交织，如同三重浪潮共同冲击着大学生的心理防线。大学课程从单一的知识传授转向专业化、系统化的学术探索，动辄数十页的文献阅读、复杂的实验设计与高强度的考核机制，构成了远超中学阶段的学业压力；与此同时，脱离原生家庭庇护的陌生校园环境，集体生活的社交磨合，以及自由支配时间带来的自主管理挑战，进一步加剧了适应难度。更关键的是，青年学子正处于自我认知的重塑期，对个人价值、职业方向的迷茫，与外界竞争压力产生的碰撞，极易引发心理层面的震荡。

这些挑战不仅直接作用于学业成绩与知识获取效率，更深远地影响着个体的心理健康与长远发展。长期的学习心理问题可能演变为焦虑、抑郁等心理障碍，侵蚀大学生的自我效能感与生命活力；若未能及时调适，甚至可能阻碍职业理想的实现，在人生关键的成长阶段埋下隐患。因此，正视并科学应对学习心理问题，既是保障学业顺利的现实需求，更是培育健全人格、筑牢未来发展根基的必要举措。

心理知识屋

一、学习焦虑：在“内卷”与迷茫中寻找平衡点

（一）问题表现

在学业负荷超载、同辈竞争白热化与职业前景模糊的三重压力下，学习焦虑已成为大学生群体的普遍心理困境。部分学生在考试周前陷入持续性失眠，深夜辗转反侧时反复推演“考砸后的后果”；面对课程作业，即使花费大量时间，仍会因自我要求过高而陷入“总觉得不够好”的自我苛责。更典型的是，部分学生为冲击保研资格，机械性重复刷题长达数月，却因精神高度紧绷导致注意力涣散，反而陷入“越努力越低效”的恶性循环。某高校调研显示，约37%的学生存在“因成绩波动产生强烈挫败感”的现象，甚至衍生出“绩点焦虑症”——将个人价值与分数完全绑定，形成不健康的认知模式。

（二）调试策略

1. 认知重构：接纳焦虑，与情绪和解

引入“情绪ABC理论”，帮助学生识别焦虑背后的非理性信念（如“一次考试失败=人生彻底失败”），通过苏格拉底式提问进行逻辑辩驳。配合正念冥想App（如潮汐、Headspace）进行每日10分钟呼吸训练，引导学生观察焦虑情绪在身体中的具体反应（如心跳加速、胃部紧绷），以客观视角接纳而非对抗情绪。同时，开设“焦虑情绪工作坊”，通过角色扮演重现考试场景，让学生在安全环境中练习情绪调节技巧。

2. 目标拆解：构建可视化的成长路径

采用“OKR目标管理法”，将抽象目标转化为可量化、可追踪的阶段性任务。例如，将“提升专业课成绩”细化为：（1）每周整理2个章节的思维导图；（2）主动向教授请教1次疑难问题；（3）完成3套模拟试题并分析错题。借助Notion、飞书多维表格等工具，创建可视化的学习进度看板，每完成一个小目标即可获得即时成就感。鼓励学生制作“进步相册”，用照片、笔记记录学习过程中的成长瞬间，强化积极自我认知。

3. 资源整合：编织立体支持网络

推动建立“学习互助联盟”，按专业或兴趣组建学习小组，通过“同伴教练”模式实现经验共享（如优秀学生分享笔记整理技巧、时间管理方法）。此外，定期举办“学长学姐经验沙龙”，邀请已保研、就业的校友分享经历，帮助在校生破除“唯绩点论”的迷思，拓宽职业发展视野。

二、学习倦怠：从热情消退到主动唤醒

（一）问题表现

当学习异化为重复机械的知识灌输，或是目标长期模糊不清，学生极易陷入深度倦怠状态。课堂上，部分学生机械性记录笔记却从未主动思考，甚至用手机追剧、刷短视频消磨时间；课后面对作业，以“复制粘贴”“敷衍了事”应付任务，即使内心因荒废时光产生强烈自责，仍难以摆脱拖延惯性。某高校心理健康中心数据显示，约28%的学生存在持续性学习倦怠，其中调剂专业学生尤为突出——他们因对专业缺乏认同感，将学习视为痛苦负担，逐渐形成“上课混学分、考试靠突击”的消极模式，在空虚与自我厌弃的恶性循环中消耗青春。

（二）调试策略

1. 兴趣唤醒：解锁多元探索的可能性

搭建“跨界学习体验平台”，开设设计思维、人工智能导论等通识课程，组织学生参与创新创业项目、学科竞赛，鼓励其选修辅修专业或微专业。例如，通过模拟联合国活动激发对国际关系的兴趣，或在3D打印工坊中感受工程技术的魅力。同时，推广“兴趣探索周”活动，学生可在一周内自由旁听不同院系课程，参与社团开放日、实验室参观，在沉浸式体验中重新点燃求知热情。

2. 意义重塑：构建知识与现实的价值联结

开展“职业实景对话”工作坊，邀请行业专家、优秀校友分享专业知识在实际场景中的应用案例。如医学专业学生通过参与基层义诊，直观感受病理知识如何转化为救治生命的力量；经济学学生通过企业实习，理解宏观经济模型对商业决策的指导意义。引入“项目式学习（PBL）”模式，将课程作业设计为解决真实社会问题的实践任务，例如让环境科学专业学生调研校园垃圾分类困境并提出优化方案，使抽象知识产生可感知的现实价值。

3. 适度激励：建立正向反馈的动力闭环

推行“成就阶梯奖励计划”，将长期学习目标拆解为每日、每周的微任务，每完成一个阶段即可获得相应奖励：完成一周规律自习可兑换书店购书券，攻克一门高难度课程可享受短途旅行。借助“学习打卡社群”进行同伴监督，通过点赞、评论等社交互动增强成就感；开发校园专属学习App，设置经验值、勋章系统，让学生在虚拟成长体系中获得即时激励，逐步将外在奖励内化为自主学习的内在动力。

三、考试恐惧：突破心理阴影的“最后一公里”

（一）问题表现

考试恐惧如同笼罩在部分学生心头的阴霾，将一场知识检验异化为心理煎熬。考前一周便开始出现入睡困难、食欲减退等症状，考场中常因过度紧张引发连锁反应——手心冒汗导致握笔不稳、呼吸急促引发思维混乱，甚至面对熟悉的题目也大脑空白。更有学生因某次重大考试失利形成创伤记忆，后续每逢考试便心跳飙升至120次/分钟，产生“宁可挂科也不愿踏入考场”的逃避心理。某高校心理测评显示，约15%的学生存在中度以上考试焦虑，其中因单次失败产生持续性恐惧的案例占比超40%。

（二）调试策略

1. 科学减压，卸下心理重负的实践路径

缓解考试焦虑的核心在于构建科学的压力管理体系。考试焦虑作为特定情境下的应激反应，虽会随考试结束暂时消退，但因考试在学业进程中无法回避，需以不影响正常学习为前提，系统化解压力源。考试压力本质上是主客观因素交互作用的产物，教师与家长在此过程中扮演关键角色。

教师与家长需摒弃“压力与效率正相关”的误区，通过日常观察与沟通，客观评估学生的学习能力、自律水平及心理韧性，避免因不切实际的期待制造额外压力。同时，引导学生建立合理的自我认知：鼓励其根据自身实际情况调整学习目标，将“必须考满分”转化为“争取掌握80%核心知识点”；培养“过程导向”的学习心态，通过日常训练将“作业当考试”以强化专注度，将“考试当作业”以淡化紧张感，逐步削弱考试的特殊化标签。

2. 认知重构，重塑考试思维的底层逻辑

考试焦虑的根源往往在于认知偏差——学生常陷入“非黑即白”的思维陷阱，将考试结果过度灾难化，如认为“一次失利等于前途尽毁”。矫正这种认知扭曲，需从以下三个层面展开。

首先，引导学生区分“事实”与“想象”：通过列举往届学生的真实案例，帮助其认识到考试失利与未来发展并无必然联系；其次，采用“苏格拉底式提问”打破绝对化思维，例如反问“即便这次考试不理想，哪些方面仍值得肯定？”；最后，引入“认知行为疗法（CBT）”工具，让学生绘制“情绪-想法-行动”关联图，直观发现不合理信念对情绪的影响。通过重塑认知框架，学生能够建立“考试是检验而非定义自我”的理性认知，从根源上消解焦虑情绪的滋生土壤。

3. 张弛有度，科学调节身心

多数考试焦虑学生普遍存在学习与休息失衡的问题：他们过度压缩休闲时间，将所有精力投入学业，甚至在娱乐时仍紧绷神经，导致大脑长期处于高负荷运转状态。由于缺乏必要的文体活动调节，神经系统的兴奋与抑制机制逐渐失调，进一步加剧焦虑症状。

科学的应对策略需从三方面入手：其一，制订“学习-休息”平衡计划，建议采用“番茄工作法”，每专注学习25分钟搭配5分钟放松活动；其二，规律开展有氧运动（如慢跑、游泳）和兴趣类活动（如绘画、乐器），通过多巴胺分泌缓解紧张情绪；其三，保证每日7~8小时高质量睡眠，辅以冥想、深呼吸等睡前放松练习，帮助神经系统恢复弹性。

4. 锚定自信，强化心理韧性

“自信是成功的基石”，大量实践表明，同等条件下，坚定的自信心能显著提升临场表现。考前准备阶段，学生应通过梳理知识框架、模拟测试等方式客观评估自身水平，建立“已掌握核心内容”的积极认知。考试过程中，需主动阻断自我怀疑念头，以“专注当下题目”替代“担忧结果”，通过积极的自我暗示（如“我能逐步攻克难关”）保持心态稳定。

同时，避免考前突击式复习，杜绝“开夜车”消耗体力的行为。研究显示，连续熬夜复习会导致注意力下降40%，反而降低答题准确率。保持规律作息，以饱满的精神状态应考，方能充分发挥真实水平。

5. 理性看待考试，破除分数迷思

考试作为学业评价的重要工具，虽能反映阶段性学习成果，但无法全面衡量个体的知识深

度与综合能力。高分不代表能力卓越，偶尔失利也不意味着学业失败。大学生需建立“考试是成长节点而非终点”的认知，避免将分数与个人价值过度绑定。

建议采用“过程导向”的备考策略：将关注点从“必须考高分”转向“扎实掌握知识”，通过制定错题分析表、定期复盘学习方法等方式，将考试转化为优化学习的契机。当学生摆脱“唯分数论”的束缚，便能以从容平和的心态应对考试，实现知识与心态的双重成长。

课堂活动

考试焦虑量表

一、量表简介

考试焦虑量表（Test Anxiety Scale，TAS）由美国心理学家查尔斯·斯皮尔伯格（Charles D. Spielberger）联合多位学者编制，是国际心理学界评估考试焦虑水平的黄金标准工具。该量表基于状态-特质焦虑理论设计，经数十年全球范围的应用与验证，具备高度的信度和效度，广泛适用于教育机构、心理咨询机构及科研场景，帮助精准识别个体在考试情境下的焦虑程度。

二、量表内容

以下是考试焦虑量表（TAS）的 37 个标准试题，请根据自身在考试情境下的真实感受作答。

1. 我在考试前会感到紧张不安。
2. 我担心考试成绩不理想会让自己失望。
3. 考试时我会心跳加快、呼吸急促。
4. 临近考试，我发现自己难以集中注意力复习。
5. 我害怕考试题目太难，超出自己的能力范围。
6. 考试中，我会反复检查已经作答的题目。
7. 考试前一晚，我常常失眠或睡眠质量很差。
8. 我担心考试结果会影响老师和家长对我的看法。
9. 考试时，我会出现手抖、出汗等生理反应。
10. 即使复习充分，我依然对考试感到焦虑。
11. 我害怕在考试中忘记学过的知识。
12. 考试前，我会频繁上厕所。
13. 我担心考试成绩会影响未来的升学或职业发展。
14. 考试时，我会觉得时间不够用而感到慌乱。
15. 我发现自己在考试前容易发脾气或情绪低落。
16. 我害怕在考场上出现突发状况（如身体不适）。
17. 考试前，我会觉得大脑一片空白，无法思考。
18. 我担心自己的考试表现不如其他同学。
19. 考试中，我会因周围环境的噪声而分心。
20. 我经常在考试后后悔自己本可以做得更好。
21. 考试前，我会刻意回避与考试相关的话题。
22. 我害怕考试失败会让自己失去信心。
23. 考试时，我会感觉胃部不适或疼痛。

24. 我担心考试成绩会让自己失去某些机会(如奖学金)。
25. 考试前,我会怀疑自己的复习效果。
26. 我发现自己在考试中容易粗心犯错。
27. 我害怕考试成绩会被公开比较。
28. 考试时,我会因为紧张而读不懂题目要求。
29. 考试前,我会感到身体僵硬、肌肉紧绷。
30. 我担心考试表现会影响自己的人际关系。
31. 我经常在考试后反复回想做错的题目。
32. 考试中,我会因为焦虑而无法发挥真实水平。
33. 我害怕考试压力会损害自己的身心健康。
34. 考试前,我会拖延复习时间,直到最后一刻。
35. 我担心考试成绩会辜负家人的期望。
36. 考试时,我会因为过度紧张而心跳过速。
37. 即使简单的考试,我也会感到强烈的焦虑。

三、评分机制

计分说明:将37道题目的得分相加,总分越高代表考试焦虑程度越严重。建议结合专业心理咨询师的评估,制定个性化的调节方案。

采用4级李克特量表计分:1分(从不):完全不符合自身情况;2分(有时):偶尔出现对应症状;3分(经常):频繁产生相关表现;4分(总是):持续存在该种体验。将37个项目得分累加得到总分,分值范围37~148分。一般参考标准为:总分低于50分,考试焦虑程度较低;50~70分,存在轻度考试焦虑,71~90分,中度考试焦虑,需引起关注;90分以上,重度考试焦虑,建议寻求专业干预。

四、应用价值与注意事项

考试焦虑量表的科学性使其在教育心理诊断、考前干预方案制定及焦虑研究中发挥关键作用。但需注意,量表结果仅为参考依据,建议结合个体实际表现及专业咨询师评估进行综合判断。若测评显示焦虑水平较高,可进一步通过认知行为疗法、放松训练等专业手段进行干预。

四、自我怀疑:打破“能力不足”的思维陷阱

(一)问题表现

在学业竞争与自我期许的双重压力下,部分学生陷入“自我否定螺旋”。当实验数据不理想、论文被驳回或考试成绩未达预期时,他们倾向于将挫折归因于“天生能力不足”,而非客观因素。这种认知偏差会催生“习得性无助”,如某生物专业学生在一次细胞培养失败后,彻底否定自己的科研潜力,甚至主动退出实验室项目;还有学生因数学考试失利,认定自己“没有逻辑思维天赋”,从此放弃深入学习。长期自我怀疑不仅抑制学习动力,更可能导致焦虑、抑郁等心理问题。

(二)调试策略

1. 归因重构:拆解失败的真实密码

采用“三维归因分析法”,引导学生从努力程度、方法策略、外部环境三方面重新解读失败。

例如，针对实验失败案例，帮助学生具体分析：是操作步骤疏漏（方法问题）、投入时间不足（努力因素），还是设备精度受限（环境影响）？通过“失败原因清单”可视化分析过程，打破“能力不足”的单一归因惯性。配合角色扮演练习，让学生互换视角为他人的挫折重新归因，强化理性思维能力。

知识链接

三维归因分析法

三维归因分析法（Covariation Model of Attribution）由美国社会心理学家哈罗德·凯利（Harold H. Kelley）于1967年提出，是社会心理学领域用于解释个体如何对他人行为进行因果推断的经典理论。该模型通过三个维度的信息交互分析，构建起系统化的归因框架，广泛应用于教育、职场、心理咨询等场景。

1. 三维归因的三个维度

区别性：指个体在不同情境下是否表现出不同的行为。如果一个人在不同情境下行为差异大，区别性高；反之，区别性低。例如，一个学生在数学课上认真听讲，在其他课上也认真听讲，其行为区别性低；若仅在数学课上认真，在其他课上不认真，则区别性高。

一致性：指个体的行为是否与他人的行为一致。如果大家在相同情境下都有类似行为，一致性高；反之，一致性低。如所有学生在数学课上都认真听讲，该学生也认真听讲，一致性高；若只有该学生认真，其他人不认真，一致性低。

一贯性：指个体在不同时间点的相同情境中，行为是否稳定。如果一个人在长期内的行为表现稳定，一贯性高；反之，一贯性低。例如，该学生每次上数学课都认真听讲，一贯性高；若有时认真，有时不认真，一贯性低。

2. 归因判断

通过对这三个维度信息的综合分析，可对行为原因进行归因。

当区别性高、一致性高、一贯性低时，倾向于把行为原因归为外部情境因素。例如，某学生在数学考试中没考好，他平时数学成绩不错（一贯性低），这次考试全班成绩都不好（一致性高），且他在其他科目考试中成绩好（区别性高），可认为是这次数学考试题目太难等外部情境因素导致。

当区别性低、一致性低、一贯性高时，倾向于归因为内部个人因素。例如，某学生总是在数学课上睡觉，其他课上不睡觉（区别性低），其他学生在数学课上不睡觉（一致性低），他长期以来数学课上都睡觉（一贯性高），可判断是他自身对数学不感兴趣等内部个人因素所致。

当一致性高、一贯性高、区别性低时，可能归因为行为对象的特点。例如，大家都喜欢某位老师的课（一致性高），这位老师的课一直都很受欢迎（一贯性高），学生对其他老师的课态度不同（区别性低），可认为是这位老师教学风格独特等行为对象特点引起。

三维归因分析法为人们分析行为原因提供了系统的框架，有助于更全面、准确地理解行为背后的因素，但在实际应用中也需结合具体情境和其他信息综合判断。

2. 成就储蓄：搭建自信的微观阶梯

推行“每日学习成就银行”计划：学生需记录当天3件学习小成就，内容可具体到“独立完成一道证明题”“主动向教授提问”“发现文献中的逻辑漏洞”。每周进行成就复盘，将零散成果整理成可视化时间轴，直观感受成长轨迹。某高校实践显示，持续21天的成就记录能使学生自我效能感提升37%，有效对抗自我否定倾向。

3. 思维重塑：培育成长型心智模式

开展“成长型思维工作坊”，通过斯坦福大学卡罗尔·德韦克教授的经典案例（如运动员通过训练突破生理极限），结合学生身边的逆袭故事（如从挂科到保研的学长经历），帮助其建立“能力可变”的认知框架。设计辩论环节，围绕“天赋和努力哪个更重要”展开思辨，引导学生在观点碰撞中深化理解。同时引入“挑战日志”，要求学生主动记录每次走出舒适区的经历，强化“能力在挑战中生长”的信念。

知识链接

斯坦福大学卡罗尔·德韦克教授：思维模式的深度洞察

卡罗尔·德韦克教授是斯坦福大学心理学领域的杰出学者，长期致力于研究自我认知、动机和成功的关联，她提出的固定型思维与成长型思维模式，颠覆了人们对天赋、努力和成就关系的传统认知，在教育、商业等领域产生了深远影响。

固定型思维与成长型思维实验

在德韦克的一项经典实验里，她挑选了纽约20所学校的400名五年级学生作为研究对象，旨在探究思维模式对学生面对挑战和应对失败时的不同影响。实验伊始，学生们完成了一组简单的智力拼图任务。随后，他们被随机分成两组，一组得到基于智商的表扬，如“你在拼图方面很有天分，你很聪明”，这类反馈容易促使学生形成固定型思维，让他们将成功归结于天赋；另一组则收到关于努力的夸奖，比如“你刚才一定非常努力，所以表现得很出色”，这种鼓励更倾向于培养成长型思维，使学生意识到成功源于自身努力。

到了第二轮测试，学生们面临两种难度不同的拼图选择：一种是和第一轮类似的简单任务，另一种难度较大，但能在过程中学习新知识。结果令人深思：被表扬聪明的学生，大多选择了简单任务，因为他们害怕在难题上犯错，从而失去“聪明”的标签；而被夸赞努力的学生中，有90%勇敢地选择了难度较大的任务，他们将挑战视为提升自己的机会，相信通过努力可以克服困难。

第三轮测试，所有学生都参加了一种难度很高的测试，结果不出所料，大家都遭遇了失败。此时，两组学生的反应截然不同。被表扬聪明的学生陷入了深深的自我怀疑，他们认为失败是因为自己不够聪明，在测试中表现得十分紧张、沮丧；而被鼓励努力的学生则表现得积极许多，他们专注于解决难题，甚至觉得这是一次有趣的挑战，不少人还表示这是他们最喜欢的测验。

后续研究表明，成长型思维的学生更愿意接受困难的任务，面对挫折时更具韧性，会积极寻找解决问题的方法，并且能从失败中吸取教训，不断调整策略，持续进步；固定型思维的学生则往往害怕失败，极力避免挑战，一旦遭遇挫折，就容易一蹶不振，难以从失败中恢复过来，还可能对自己的能力产生永久性的负面评价。

思维模式对学习和生活的影响

在学习方面，成长型思维的学生更热爱学习过程，把每一次学习都当作成长的机会，他们积极参与课堂讨论，主动寻求额外的学习资源，面对难题时也不会轻易放弃，而是坚持不懈地努力，直至找到解决办法，成绩也往往更稳定且呈上升趋势；固定型思维的学生关注的是成绩和他人对自己的评价，一旦成绩不理想，就容易产生厌学情绪，学习动力和成绩也容易大幅波动。

在生活中，成长型思维能帮助人们更好地应对人际关系中的挑战，以开放的心态接纳他人的反馈和建议，积极改善自己的行为，从而建立更健康、稳固的人际关系；固定型思维的人在面对他人的批评时，可能会过度敏感，将其视为对自己的否定，进而产生抵触情绪，影响人际关系的和谐。

卡罗尔·德韦克教授的研究提醒我们，要注重培养成长型思维，无论是在教育孩子、自我提升，还是管理团队时，都应该关注努力和进步的过程，而非仅仅强调天赋和结果。

五、注意力分散：在信息洪流中锚定专注

（一）问题表现

在短视频、社交媒体与即时通信工具的持续冲击下，注意力分散已成为大学生学习的头号“隐形杀手”。据《中国青年报》调查显示，超60%的学生日均使用娱乐类App时长超3小时，学习时频繁出现“打开书本5分钟，刷短视频半小时”的碎片化状态。更严峻的是，这种“注意力碎片化”会形成恶性循环——学生越难以专注，越依赖即时娱乐缓解焦虑，最终导致知识吸收效率断崖式下降，甚至出现“学了一整天却毫无收获”的虚无感。

（二）调试策略

1. 环境锚定训练：构建专注力的“物理结界”

依据情境依赖记忆理论，人类的认知表现与特定环境存在深度联结。学生可通过以下方式打造专属学习场域。

（1）物理环境优化：选择固定的学习空间，通过摆放标志性物品（如专属笔记本、特定香薰）建立“空间—专注”条件反射；采用“三色分区法”规划桌面：红色区域放置待完成任务清单，蓝色区域摆放学习资料，绿色区域作为电子设备收纳区，从视觉上减少干扰线索。

（2）数字环境净化：利用Forest专注森林、Flora等App实施“数字断舍离”，将手机转化为专注力培养工具——开启专注模式后，每专注学习25分钟可“种植”虚拟树苗，若中途使用娱乐类App，树苗则会枯萎；借助“专注模式”一键屏蔽社交媒体推送，减少外部刺激的主动入侵。

2. 执行功能强化：打造注意力的“心理健身房”

借鉴认知控制机制的研究，通过系统化训练提升前额叶皮层对注意力的调控能力。

（1）基础训练：神经激活练习。从舒尔特方格起步，由简单的3×3方格（按序寻找1～9数字）逐步进阶至5×5方格，每日训练10分钟，强化视觉搜索与注意力分配能力；结合听觉专注训练，通过辨别白噪声中的细微频率变化，激活大脑多感官协同处理能力。

（2）进阶训练：元认知监控。采用正念冥想与学习场景结合的方式，在每次学习前进行5分钟“呼吸觉察练习”，训练对分心念头的元认知监控能力——当注意力被手机或杂念吸引时，不作评判地观察念头的产生与消散，主动将注意力拉回学习任务；设计“分心日志”，记录每日学习中的分心诱因及应对策略，逐步建立对注意力波动的预测与干预能力。

（3）实战训练：抗干扰模拟。创设“干扰挑战场景”，如在嘈杂环境中限时完成阅读任务，或在手机保持开机状态下专注刷题，通过刻意练习提升大脑在复杂情境下的执行控制韧性，最终实现从“被动对抗干扰”到“主动驾驭注意力”的蜕变。

知识链接

舒尔特方格

舒尔特方格(Schulte Grid)由德国心理学家卡尔·舒尔特于20世纪初发明,作为一种经典的注意力训练工具,其通过视觉搜索与数字认知的结合,系统性强化大脑的注意力控制能力。该方法被广泛应用于心理学临床治疗、航天员训练及教育领域,具有科学理论支撑与显著实践效果。

一、核心训练原理

舒尔特方格的设计基于认知心理学的"选择性注意"理论:大脑在复杂信息环境中,需主动筛选目标信息并抑制干扰。训练过程中,使用者需快速定位无序排列的数字,迫使大脑高度集中注意力,同时不断切换视觉焦点,从而激活前额叶皮层的执行控制功能。神经科学研究表明,长期训练可增强大脑白质纤维束连接,提升信息传递效率,进而改善注意力稳定性与抗干扰能力。

二、训练方法详解

1. 基础训练步骤

方格制作:标准舒尔特方格为5×5矩阵(含25个数字),也可定制3×3(9个数字)、6×6(36个数字)等难度梯度。

操作流程:使用者需以最快速度按顺序指出数字(从1到25),同时记录完成时间。国际标准中,成年人25格完成时间在25秒内为优秀,超过45秒则需加强训练。

训练频率:建议每日练习3~5组,每组间隔2~3分钟,避免大脑疲劳。

2. 进阶训练策略

干扰训练:在嘈杂环境中进行练习,或同步听音频(如白噪声、新闻),提升抗干扰能力。

反向训练:按倒序(如25到1)或奇偶交替顺序指认数字,锻炼大脑灵活切换任务的能力。

多感官结合:边指认数字边大声念出,调动听觉、视觉与语言中枢协同工作,强化神经连接。

三、适用人群与应用场景

学生群体:改善课堂分心、写作业拖延等问题,提升学习效率。

职场人士:缓解信息过载导致的注意力涣散,增强复杂任务处理能力。

特殊需求人群:用于多动症(ADHD)、阅读障碍等患者的辅助治疗,帮助提升专注力。

精英人群:航天员、电竞选手等通过高强度训练,保持极致的注意力集中与反应速度。

四、注意事项与常见误区

避免过度训练:单次训练时间不宜超过15分钟,防止因大脑疲劳产生反效果。

正视个体差异:训练效果受年龄、基础注意力水平等因素影响,需循序渐进,避免急躁。

结合多元训练:与冥想、番茄工作法等搭配使用,从生理调节、时间管理等多维度优化注意力。

警惕技术依赖:电子版本的舒尔特方格App虽便捷,但建议每周进行1~2次纸质训练,减少屏幕视觉疲劳。

通过持续、科学的舒尔特方格训练,使用者不仅能显著提升注意力品质,更能将专注力迁移至学习、工作与生活场景,实现从"被动分散"到"主动聚焦"的认知升级。

心灵鸡汤

学习，既是"充电"也是享受

学习，本应是滋养生命的清泉，既是提升自我的"充电"过程，更是浸润心灵的精神享受。从本质而言，学习是人类适应社会变迁、持续提升生命质量的必经之路。当我们将学习视为终身成长的阶梯，主动拥抱知识的探索，这一过程本身便蕴含着无可替代的人生乐趣。

然而在现实中，许多人却将学习等同于苦役，提起学习便眉头紧锁。这种认知偏差，折射出应试教育体系长期存在的深层问题。考试压力带来的负面影响，使学习异化为机械的知识灌输与分数竞争。当学习沦为"只为考试"的功利性行为，紧张、焦虑与抵触情绪便如影随形，知识探索的乐趣被消磨殆尽。

曾任《萌芽》杂志主编的赵长天对此深有感触。在长期与中学生的接触中，他目睹无数孩子在"最美好的青春年华里痛苦煎熬"。他坦言："并非所有孩子都适合现行教育模式。有些学生即便能在高压下取得优异成绩，但日复一日的死记硬背、题海战术，实则是在用三年时光换取机械的应试能力，而非真正的思维成长。"这种教育困境，不仅消耗着学生的学习热情，更可能扼杀他们对知识的天然好奇。

值得欣慰的是，赵长天的儿子在摆脱考试枷锁后，重新找回了阅读的乐趣。这一转变印证了，当学习回归"满足个人发展需求"的本质，求知的愉悦感便会自然觉醒。学习本应是生命的本能需求，只是在功利化教育的裹挟下，这份纯粹的乐趣被层层遮蔽。若想重获学习的愉悦，需要我们从认知根源进行革新。

那么，如何将学习转化为一场快乐的旅程？

第一，锚定清晰的学习目标。明确的目标是学习的动力源泉。无论是掌握一项技能、解决实际问题，还是满足精神需求，清晰的方向感能赋予学习真正的意义。

第二，制订科学的学习计划。合理规划学习节奏，既能避免盲目无序带来的焦虑，又能在完成阶段性目标时收获成就感。这种循序渐进的正向反馈，是维持学习热情的关键。

第三，保持主动探索的求知欲。带着问题学习，将被动接受转化为主动求解。每解开一个知识谜团，都是对思维的一次锤炼，其中蕴含的智慧乐趣远超分数本身。

第四，在对比中见证成长。定期回顾学习成果，将当下的进步与过去的自己对比。这种纵向比较能直观展现成长轨迹，带来持续学习的动力。

学习的快乐，本质上源于知识转化为能力的成就感。而实现这一转化的最佳途径，便是将知识与生活实践紧密结合。当数学公式能解决理财问题，文学经典能启发人生思考，学习便不再是抽象的符号堆砌，而是真实可感的生活智慧。

若想真正享受学习，还需摆脱功利思维的束缚。放下对分数、排名的执念，以更开阔的视角看待学习：它可以是午后品读一本好书的惬意，是钻研兴趣领域的沉浸，更是终身成长的内在需求。当我们卸下功利的包袱，学习自会回归其本真模样——一场充满惊喜与发现的愉悦旅程。

心理推荐

1. 电影：在至暗时刻点亮生命之光——《美丽心灵》

推荐理由：《美丽心灵》是一部极具感染力和启发性的影片。它生动地刻画了约翰·纳什这位天才数学家在遭受精神分裂症折磨时的内心世界。影片中，纳什的幻觉让他的生活陷入混乱，学术研究也受到严重影响，但他没有被疾病打倒。妻子艾丽西亚的不离不弃给予了他情感上的支撑，朋友的理解与帮助也为他营造了相对宽容的环境。而纳什自身凭借着对数学的执着热爱，以顽强的意志与病魔抗争。他努力分辨真实与虚幻，逐渐学会与疾病共处，并最终在学术上取得了非凡成就。这部电影能让大学生深刻体会到，无论遭遇何种挫折与困难，只要有坚定的信念、身边人的支持以及自我调节的能力，就有可能战胜困境，实现自我价值。

2. 书籍：破解青春困惑的实用指南——《成长总是从心开始：写给大学生的36个心智锦囊》

推荐理由：犹如一盏照亮青春迷雾的明灯，聚焦当代大学生成长道路上的核心困惑。全书以七大成长维度为脉络，深入剖析入学适应、人际沟通、实习实践、时间管理、恋爱相处、升学就业、自我关怀等现实议题，通过36个贴近校园生活的真实场景案例，将心理学理论转化为可操作的行动指南。无论是初入校园时对新环境的迷茫、处理复杂人际关系时的无措，还是面对学业与实习平衡的焦虑、职业选择时的困惑，书中都以温暖而理性的笔触，为读者提供化解困境的实用策略。每一个"心智锦囊"都凝结着作者对青年心理的深刻洞察，不仅帮助大学生解决当下问题，更致力于培养其终身受益的心理韧性与成长型思维，让成长真正成为一场由内而外的觉醒之旅。

心理修炼

一、案例分析题

案例1：大一学生小林面对选修课手足无措，既担心学分不足，又害怕课程难度过大。他每天盲目跟风选课，却发现多数课程难以坚持，导致学习效率低下。

问题：

1. 小林的学习方式违背了大学生学习的哪些特点？

2. 请为小林提出三条改进建议。

案例2：大三学生小周近期对专业学习失去兴趣，总觉得课程枯燥无用。他坦言："每天上课像完成任务，课后也不想复习，完全找不到学习动力。"

问题：

1. 结合学习动力理论，分析小周动力缺失的可能原因。

2. 请推荐两种适合小周的动力激发方法。

二、实践应用题

1. 自我评估：使用考试焦虑量表（TAS）进行自我测评，结合分数分析自身焦虑水平，并制订两条针对性调节计划。

2. 策略设计：针对"注意力分散"这一常见学习问题，设计包含三个具体步骤的改善方案（可结合番茄工作法、舒尔特方格等工具）。

三、论述题

结合自身经历，论述成长型思维如何帮助大学生应对学习心理问题，并举例说明具体应用场景。（200字以上）

第四章

人际交往

导读

人际交往是大学生成长过程中不可或缺的“必修课”，它既是个体融入集体、获取社会支持的重要途径，也是塑造健全人格、提升心理健康水平的关键载体。本章以“理论奠基—实践赋能—心理护航”为主线，从剖析人际交往的心理学原理出发，深入探讨人际交往的基本原则与实用技巧，最终聚焦大学生常见的心理困扰及其调适策略。通过理论解析、案例研讨与互动实践相结合的方式，帮助学生实现从“认知规律”到“掌握方法”，再到“解决问题”的能力进阶，助力其在大学校园及未来社会中建立和谐、健康的人际关系网络。

学习目标

1. 知识目标

(1)系统掌握人际交往的基础理论,包括心理机制、影响因素及发展规律。

(2)理解并熟记人际交往的核心原则,如平等尊重、真诚包容、互利共赢。

(3)精准识别大学生常见的人际交往心理问题(自卑、孤独、嫉妒、猜疑等)及其成因。

2. 能力目标

(1)能够运用人际交往理论分析现实场景中的沟通问题,提出解决方案。

(2)熟练运用倾听、表达、非语言沟通等技巧,提升实际社交能力。

(3)学会运用认知调整、行为训练等方法,主动调适人际交往中的心理困扰。

3. 素质目标

(1)培养敏锐的社交洞察力与共情能力,提升人际交往的主动性和灵活性。

(2)塑造理性平和、积极开放的交往心态,增强心理调适的自我效能感。

(3)形成持续反思与改进的习惯,建立终身学习人际交往技能的意识。

思政目标

1. 厚植社会主义核心价值观,将诚信友善、团结互助的理念融入人际交往实践。

2. 强化集体主义观念,理解个人成长与集体发展的辩证关系,主动维护和谐校园氛围。

3. 培育社会责任感,在人际交往中践行包容多元、尊重差异的理念,助力构建文明和谐社会。

4. 引导学生树立正确的竞争观与合作观,以积极向上的心态面对人际交往中的挑战。

第一节　交往心理概述

心理故事会

故事一:小敏的“社交困境”

9月的蝉鸣还未消散,拖着行李箱的小敏站在403宿舍门口,指节悬在半空迟迟不敢落下。这是她第一次离开家乡,面对陌生的城市与即将开启的大学生活,掌心沁出的薄汗将行李箱拉杆浸得发潮。推开门的瞬间,此起彼伏的欢声笑语如浪潮般涌来——三个室友正围坐在一起分享特产,甜腻的桂花糕香气混着活泼的谈笑声,让局促的小敏更显得格格不入。

此后的日子里,这种疏离感如影随形。每当晚自习结束,室友们总会结伴走向食堂,小敏却故意放慢收拾书本的动作,等她们的背影消失在走廊尽头才独自起身;深夜的卧谈会上,大家聊到兴起时的哄笑总能穿透她戴着的降噪耳机，蜷缩在床帘后的她攥紧手机，在社交软件上打下又删除的字句，终究没能发送出去。

某个阳光明媚的周五午后，室友晓琳抱着奶茶蹦到她桌前："小敏！周末新开了家网红商场，我们一起去打卡呀！"小敏瞬间红了耳根，她望着晓琳真诚的眼睛，想象着和大家并肩漫步、分享美食的场景，心脏不受控地加速跳动。可下一秒，那些"万一冷场怎么办""大家会不会觉得我无趣"的担忧如潮水般涌来，喉咙像被无形的手扼住，最终只挤出一句："我……我周末要复习。"

随着拒绝次数的增加，小敏渐渐成了宿舍里的"透明人"。当她抱着书本从图书馆回来，正撞见室友们在给晓琳庆祝生日，烛光摇曳中此起彼伏的"生日快乐"声，让她悄悄退回楼梯间。蹲坐在冰凉的台阶上，她盯着手机通讯录里寥寥无几的联系人，酸涩的泪水滴落在屏幕上，将"班级群"三个字晕染得模糊不清。此刻的她尚未意识到，那些被自己亲手推开的邀请，正在悄然编织成一道无形的屏障，将温暖与善意隔绝在外。

故事二：社团里的"沟通风波"

暮色笼罩着社团活动室，投影仪的蓝光在墙面投下晃动的阴影。小明攥着翻卷边的策划案，指节因用力而发白："现在短视频平台日活破百万，线上直播预热能精准触达目标人群！"他身后的白板上，密密麻麻罗列着抖音挑战赛、微博话题互动的计划。

"可我们的受众是在校学生！"小丽突然拍案而起，散落的彩色海报在桌上簌簌作响，"上周食堂门口发传单，十分钟就收上来三十份报名表，线上流量再大，能比得上亲眼看见的吸引力？"她脖颈泛红，声音不自觉拔高，争执声惊飞了窗外梧桐树上的麻雀。

其他成员面面相觑，社长小王试着缓和气氛："要不两种方式结合……"话未说完就被此起彼伏的反驳声淹没。随着争论升级，原本就紧迫的活动筹备陷入僵局——设计部不知该优先制作电子海报还是手绘展板，外联部卡在宣传渠道的选择上无法推进。

直到指导老师李老师推门而入，镜片后的目光扫过满桌狼藉与涨红脸的两人："你们先听听对方的完整方案？"在李老师的引导下，小明注意到小丽方案里针对新生的线下宣讲会，能弥补线上宣传对"网络小白"覆盖不足的缺陷；而小丽也发现，小明提出的直播抽奖环节，恰好能为线下活动吸引更多潜在参与者。

最终敲定的方案融合了双方优势，活动当天座无虚席。但散场后，当小明试图和小丽搭话时，对方只是匆匆点头便转身离开。此后的例会里，两人刻意保持着距离，偶尔对视也会迅速错开目光，空气中始终弥漫着未消散的尴尬，像卡在齿轮间的细沙，虽不影响运转，却总在不经意间带来隐隐的阻滞。

心理预热点

人际交往是人类社会生活的核心组成部分，而交往心理则深入剖析了这一过程背后的心理机制与行为逻辑。它不仅关乎个体如何与他人建立联系、维持关系，更与人类的生存、发展和幸福感紧密相连。

心理知识屋

一、交往心理的含义

人际交往是人类特有的社会互动过程，本质上是个体间心理与行为的双向沟通机制。它依托语言符号（如对话、文字）和非语言符号（如表情、肢体动作、空间距离）等介质，实现意见交换、思想碰撞、情感传递与需求表达。从表现形式来看，人际交往涵盖物质交往与精神交往两大维度：前者体现为资源共享、物品交换等经济或生活层面的互动，后者则聚焦于知识交流、情感共鸣、价值观探讨等精神领域的联结。

作为社会性动物，人类自诞生起便置身于复杂的关系网络之中，与家庭、同伴、社会群体产生千丝万缕的联系。这种交往行为既是个体生存发展的内在心理诉求——通过人际互动获得归属感、认同感与情感支持，满足马斯洛需求层次理论中的社交与尊重需求；也是社会文明进步的客观必然——个体间的协作交流推动知识传承、技术革新与文化繁荣，成为维系社会运转、促进文明发展的核心纽带。无论是主动参与社交活动，还是被动卷入人际互动，人际交往始终贯穿人类生活的各个阶段，深刻影响着个体人格塑造与社会整体演进。

二、影响人际交往的心理因素

人际交往本质上是多种心理因素协同作用的动态过程，其核心要素涵盖认知、动机、情感、态度与行为等方面，各要素相互交织，共同塑造着人际关系的形态与质量。

（一）认知：人际关系的基石

认知作为人际交往的前提，是个体对人际关系的感知与理解。人与人的联结始于彼此接触，从最初的外貌、言行观察，到逐步深入的性格、价值观认知，认知过程贯穿交往始终。它不仅包含个体对自身与他人关系的审视，也包括对他人之间关系的洞察。通过认知，个体能够把握彼此的角色定位、需求差异与互动模式，从而灵活调整交往策略，使关系朝着预期方向发展。例如，清晰认知自己在团队中的角色与他人的优势，能帮助个体在合作中精准定位，提升协作效率。

（二）动机：人际交往的驱动力

动机在人际关系中发挥着引发、指向和强化作用。人们展开交往活动往往源于内在需求、愿望或外在诱因。马斯洛需求层次理论指出，人有归属与爱的需求，这种需求促使个体主动寻求与他人建立情感联系；也有人出于学习交流、资源共享等实用目的进行社交。一旦交往行为满足动机需求，便会强化个体继续维持关系的意愿；反之，若需求长期无法得到满足，交往动力则会逐渐减弱。

（三）情感：人际关系的核心调节器

情感是人际交往中最具感染力的因素，直接调节着人际关系的亲疏远近。在交往过程中，人们不可避免地产生满意、愉悦、反感、排斥等情感体验，这些情绪反应会驱动个体调整交往行为。当双方情感契合、相互愉悦时，心理距离缩短，关系愈发紧密；反之，若情感冲突不断，则可能导致关系疏离甚至破裂。正因如此，情感常被视作衡量人际关系质量的关键指标，温馨融洽的情感氛围往往是良好人际关系的显著特征。

（四）态度：人际关系的动态变量

态度作为个体对人或事物稳定的心理倾向，时刻影响着人际交往的进程。从初次见面时的礼貌问候，到长期相处中的包容理解，态度贯穿于交往的每个环节。积极开放的态度能迅速拉近彼此距离，促进关系建立；而消极冷漠或偏见的态度，则容易引发误解，阻碍关系发展。此外，态度并非一成不变，它会随着交往中的新认知、新情感体验而动态调整，进而持续影响人际关系的走向。

三、交往心理的重要性

在大学生活这一关键成长阶段，交往心理的重要性不仅体现在构建关系网络层面，更渗透于个人成长与社会适应的全过程。具备良好的交往心理，能够帮助大学生突破社交壁垒，以积极、健康的心态与他人建立深度联结，进而形成和谐稳定的人际关系网络。在这一过程中，同伴间的情感共鸣与支持可以有效缓解学业压力与孤独感，成为抵御负面情绪的心理缓冲带，对维护心理健康发挥着不可替代的作用。

从发展视角来看，交往心理为大学生的全面发展提供了多维平台。与不同背景、专业的同学交流，能够打破认知局限，通过思想碰撞与知识共享，拓宽学术视野与思维边界；在团队合作、社团活动中处理人际关系的过程，更是锻炼沟通协调、冲突解决能力的实践课堂，有助于提升社会适应力与职场竞争力。此外，人际交往中的自我表达与他人反馈，还能帮助大学生深化自我认知，完善人格特质，实现从“校园人”到“社会人”的顺利过渡，为未来职业发展与人生规划奠定坚实的心理与社会基础。

（一）良好的人际交往能促使大学生个性健全发展

人际交往是塑造个体健全人格、推动个性充分发展的核心路径。心理学研究证实，儿童与主要照看者间通过积极互动建立的稳定亲密关系，不仅是其心理健康发育的基石，更是保障身体正常成长的关键要素。反之，若儿童长期缺乏与成人的有效交往及情感联结，极易出现性格孤僻、敏感等发展问题，甚至会导致智力发育迟缓，可见人际交往对个体早期的成长影响深远。

著名心理学家马斯洛在需求层次理论中明确指出，被社会接纳、获得他人关爱与尊重是人类的基本心理需求。当这一需求无法得到满足时，个体往往会陷入心理失衡状态，进而对自我认知、性格塑造、生活态度及价值观念的形成产生负面影响。处于青春期的大学生，正经历着自我意识觉醒与社会化的关键阶段，他们对情感共鸣、理解认同有着强烈渴望，迫切需要通过人际交往建立归属感。在此过程中，大学生得以突破个人认知局限，在多元思想碰撞中重塑自我认知；通过承担不同社会角色、处理复杂人际情境，逐步培养共情能力、责任意识与协作精神，最终实现人格的健全发展，为顺利融入社会、实现人生价值奠定坚实的心理基础。

（二）良好的人际交往有利于大学生心理健康

新精神分析学派代表人物霍妮提出，神经症本质上是人际关系紊乱的外在体现，人类的心理病态大多源于人际互动的失衡。这意味着，长期处于紧张人际关系中的个体，不仅职业发展会受到阻碍，更会陷入持续性的负面情绪困扰，承受精神层面的深度痛苦。

正常且良好的人际交往犹如个体心理与生理的“防护网”和“缓冲器”。当大学生置身于和谐的人际关系中,能够从中获得强烈的安全感、愉悦感与满足感,这种积极的情感体验促使他们以乐观的态度拥抱生活,有效抵御心理障碍的侵袭;对于已经出现心理困扰的个体,温暖的人际支持与情感共鸣也能够发挥疗愈作用,助力其走出心理阴霾。

反之,若人际关系陷入失调状态,个体往往会被紧张、焦虑、悲伤、自责等消极情绪裹挟。由于缺乏必要的人际支持系统,这些负面情绪难以得到有效疏解,日积月累便可能演变为严重的心理障碍,威胁心理健康。以大学生宿舍生活为例,宿舍内的人际氛围对个体心理状态影响显著:身处缺乏友好协作、关系冷漠的宿舍环境中,大学生容易滋生压抑、敏感的情绪,形成自我封闭的心理防御机制,降低情绪满意度;而在氛围融洽的宿舍里,成员间相互关爱、彼此支持,更易激发积极向上的生活态度,促进个体主动投入学习与社交,充分展现出人际交往质量对心理健康的决定性作用。

(三)人际交往有利于大学生加速社会化

社会化作为个体融入社会的核心进程,本质上是个体持续学习并内化社会角色所需知识、技能、规范与价值体系,从而获得社会成员资格的动态过程,是实现从“自然人”向“社会人”蜕变的关键路径。个体的社会化程度与其成熟度、社会适应能力呈显著正相关,高度社会化意味着个体能够精准把握社会运行规则,灵活应对各类社会情境。

对于大学生群体而言,大学阶段是其社会化发展的关键时期。在此期间,他们不仅需要完成从未成年人到成年人的身份跨越,实现心理与行为的成熟转变;更要完成从校园到社会的环境适应,掌握职业发展所需的专业知识与实践技能,塑造符合社会期待的心理素质与行为模式。而人际交往正是推动这一复杂社会化进程的核心动力:通过参与社团活动、小组项目、社会实践等多元社交场景,大学生得以与不同身份、背景的社会成员互动,在真实的社会情境中学习并践行社会规范;在团队协作与冲突解决过程中,逐步明晰自身社会角色定位,理解不同角色的权利与义务;同时,人际交往中的反馈机制也促使大学生不断修正自身行为与观念,逐步形成符合社会主流价值的思维方式与行为习惯,最终获得社会认可,完成社会化蜕变,成为具备独立社会适应能力的成熟个体。

(四)良好的人际关系有利于大学生的成长成才

美国哈佛大学就业指导中心的调研数据揭示出一个重要现实:在数千名被解雇的员工中,因人际关系问题导致失业的人数是因能力不足失业者的两倍;每年职场人员流动中,高达90%的调动是由于无法有效处理人际关系,致使个人才能难以施展。这充分表明,在当代社会,个人事业的成功不仅依赖专业才华,更取决于社会适应能力与人际协调能力。

在知识经济时代,知识迭代速度呈指数级增长,单纯依靠个人力量与书本知识,已难以满足社会发展需求。良好的人际关系网络如同一座知识宝库,为大学生开辟了获取前沿信息与多元知识的捷径。通过与不同专业、背景的同学、老师及社会人士交流,他们能够接触到课堂之外的实践经验、行业动态和创新思维,实现知识结构的动态更新与优化。正如古语所言,“独学而无友,孤陋而寡闻”,积极的人际互动打破了个体认知的边界,使学习从封闭走向开放。

对于思维活跃、充满抱负却社会经验不足的青年大学生而言,良好的人际关系更是思想碰撞与认知提升的催化剂。在与他人的交流探讨中,他们能够突破自身视角局限,修正认知偏差,在观点交锋中激发创新灵感,在经验分享中深化对事业发展、人生价值和成功路径的理解。这种由人际互动带来的认知重塑与能力提升,将为大学生未来的职业发展与人生规划注入持续动力,助力他们在激烈的社会竞争中脱颖而出。

课堂活动

我说你画

一、活动目的

1. 具象化沟通挑战:通过双人协作任务,直观呈现人际交流中信息传递、理解偏差等常见问题。

2. 剖析影响因素:引导参与者反思语言表达清晰度、信息接收完整性、个体认知差异等影响沟通效果的关键要素。

3. 强化双向互动意识:深化对人际交往中信息编码与解码双向过程的理解,提升沟通策略调整能力。

二、操作流程

(一)准备阶段

1. 提前准备 6 张风格各异的图片(如抽象几何图形组合、生活化场景简笔画、动物拟人化图案等)。

2. 为每组配备粉笔、黑板擦,在黑板划分对应区域并标注组号。

3. 向全体学生说明活动规则及注意事项,强调纪律要求。

(二)执行环节

1. 分组与角色分配:邀请 6 位同学上台,随机组成 3 组,每组确定 A(绘图者)、B(描述者)角色。

2. 任务启动:工作人员向 B 展示对应图片(限时 30 秒观察),同时 A 背对黑板就位。

3. 信息传递:B 使用纯语言描述图片内容(禁止手势辅助),A 根据指令进行绘画创作。

4. 时间控制:设定 5 分钟任务时限,时间结束后停止绘图。

(三)成果展示

1. 每组 A 成员举起自己的作品,与原画并列展示。

2. 全体学生参与投票,评选出“最还原画作”“最具创意改编”等特色奖项。

三、感受与总结引导

1. 参与者分享:邀请每组同学分享过程中的心理变化,例如:B 在描述时遇到哪些难以用语言表达的细节? A 在理解指令时产生过哪些困惑?

2. 理论联结:结合符号互动理论,解析语言符号在传递过程中因个体经验差异产生的意义曲解。

3. 策略提炼:共同探讨优化沟通效果的方法,如:使用标准化描述(方位词、数量词精准定位),建立双向反馈机制(允许 A 提出有限问题确认信息)。

4. 升华总结:强调人际交往中主动澄清疑问、换位思考、及时调整表达策略的重要性,认识到有效沟通需要双方共同努力消除信息差。

通过沉浸式体验与深度反思,帮助参与者直观理解人际交往的复杂性,掌握提升沟通效能的实用技巧。

四、大学生人际关系类型

（一）大学生人际关系的分类

从交往范围维度划分，大学生人际关系可归为三大类：个体与个体的直接互动，如朝夕相处的同学关系、志趣相投的朋友关系、传道授业的师生关系，以及跨越时空的亲子关系，此类关系以深度情感联结与个性化互动为特征；个体与群体的双向关联，典型表现为个体在家庭中的角色担当，以及学生在班级集体中承担的责任与获得的归属感，这种关系强调个体对群体规范的适应与群体对个体发展的影响；群体与群体的协同互动，例如不同班级间的合作竞争、社团之间的资源共享，此类关系折射出集体文化碰撞与协作发展的动态过程。

依据社会学理论，人际关系可进一步解构为血缘、地缘与业缘三种基础关系类型。

1. 血缘关系

作为最原始且稳固的关系纽带，涵盖父母子女间的代际联结、兄弟姐妹的手足情谊，以及由此延伸的家族亲属网络。在当代教育研究领域，家庭教养模式对大学生人格塑造、价值观念形成的影响已成为重点研究课题，凸显出家庭内部人际关系在个体成长中的关键作用。

2. 地缘关系

基于共同地域背景形成的情感纽带，如老乡会凝聚的同乡情谊、校园邻里间的生活互助。对于初入大学、远离家乡的新生而言，地缘关系如同心理锚点，凭借相似的方言文化、生活习俗带来的亲切感，有效缓解思乡情绪与适应焦虑。这种非正式群体在校园文化中始终保持着旺盛的生命力，成为大学生社交网络中的重要组成部分。

3. 业缘关系

以学业追求、专业发展为核心联结的关系网络，包括师生间平等开放的学术探讨、同学间的课题协作、社团成员基于共同兴趣的合作。与中学阶段侧重知识传授的师生关系不同，大学师生关系更强调学术共同体下的平等对话，以专业志趣为桥梁，构建起表面松散却蕴含深厚精神共鸣的联结模式。

（二）大学生人际关系的类型

1. 同学关系

同学关系构成了大学生人际交往的核心场域。在校园环境中，同学间的关系总体呈现和谐融洽的基调，但基于兴趣爱好、性格特质和价值取向的差异，学生们往往会自然形成多元的交际圈层。这些圈层或松散随性，如围绕社团活动、兴趣小组展开的社交；或紧密深厚，如因长期合作项目、共同奋斗目标凝聚的友谊，成为大学生情感支持与成长陪伴的重要来源。

2. 宿舍关系

宿舍作为大学生共同生活的微观社区，其人际关系既是日常交往的基础单元，也是矛盾冲突的高发地带。朝夕相处的生活模式，使室友间的优缺点在长时间相处中充分暴露。来自不同地域、家庭背景的学生，在生活习惯（如作息时间、卫生标准）、思想观念（如消费观、价值观）等方面的差异，极易引发摩擦。亲密无间的“挚友型”宿舍与矛盾频发的“对立型”宿舍并存，使得宿舍关系成为大学生需要持续学习应对、平衡的复杂社交课题。

3. 师生关系

师生关系是校园人际网络的重要支柱。在高等教育体系中，民主、平等成为新型师生关系的核心特征：学生以尊重为前提，主动汲取知识、参与学术探讨；教师则通过专业素养与人格魅力赢得学生认可，摒弃传统“师道尊严”的单向权威模式。双方在思想交流、学术互动中相互理解，不断拉近心理距离，构建起教学相长、亦师亦友的良性关系。

4. 网络关系

网络社交作为信息时代的新型人际互动方式，深刻重塑着大学生的社交形态。网络的匿名性、便捷性与开放性，既为学生提供了拓宽视野、结交同好的平台，也带来虚拟与现实界限模糊、情感联结浅层化等隐患。过度依赖网络社交可能导致现实沟通能力弱化，而合理利用则有助于突破地域限制、丰富社交体验，其“双刃剑”属性要求大学生在参与网络互动时保持理性与边界意识。

5. 其他社会关系

随着市场经济发展与自我成长需求，大学生逐渐将社交边界延伸至社会场域。通过参与志愿服务、勤工俭学、社会实践等活动，他们与不同行业、阶层的群体产生交集。这些社会交往为大学生提供了认知社会、积累经验的窗口，有助于培养独立人格与社会适应能力。然而，若因过度追求社交广度而挤占学习时间，则可能本末倒置。因此，如何在社会交往与学业发展间把握平衡，成为大学生社会化进程中的重要课题。

五、交往心理的主要理论

（一）社会交换理论

1. 核心观点

社会交换理论由美国社会学家乔治·霍曼斯（George C. Homans）提出。该理论认为人际交往是一个类似经济交易的“成本-收益”权衡过程，个体通过评估关系中的付出与回报决定关系走向。后来，彼得·布劳（Peter M. Blau）等人也对该理论进行了进一步的发展和完善。

社会交换理论把人际交往看作一个与经济交易相似的过程，在这个过程中，个体就像理性的经济人一样，会对在人际关系中所投入的成本和可能获得的收益进行仔细的权衡与评估。这里的成本涵盖了多个方面，包括投入的时间、付出的情感以及耗费的各种资源等；而收益则主要体现在获得的情感支持、得到的社会认可，以及可能获取的实际利益等。个体基于这种成本与收益的考量，来决定是否要维持现有的人际关系，或者进一步深化这种关系。

2. 应用示例

以一段友谊为例，当双方都能从彼此的交往中感受到较多的积极体验，如相处时的愉悦感，以及在遇到困难时能够相互帮助，这些都构成了关系中的“收益”。而在交往过程中，双方可能需要为对方作出一些妥协，或者投入一定的时间和精力，这便是“成本”。如果双方普遍认为这段友谊带来的“收益”明显大于“成本”，那么他们就更有可能珍惜这段友谊，积极维持并使其不断深化。相反，如果其中一方或双方都觉得在这段关系中付出过多，而获得的回报却很少，即“成本”大于“收益”，那么这段友谊就可能会出现危机，双方可能会逐渐减少交往，甚至最终导致关系的疏远。

（二）符号互动理论

1. 核心观点

符号互动理论由美国社会学家乔治·赫伯特·米德（George Herbert Mead）提出，并由其学生赫伯特·布鲁默（Herbert Blumer）正式命名与系统化。该理论主张，人类的人际交往本质上是基于符号系统的意义交换过程。语言、文字、面部表情、肢体动作、语气语调乃至特定文化符号（如手势、服饰等），均构成了传递信息与情感的媒介。在交往中，个体不仅通过这些符号接收外界信息，更会依据自身经验、文化背景对符号进行主观解读，进而形成对他人形象、意图及自我身份的认知。例如，微笑的表情在多数文化中传递友好信号，但不同个体可能因成长环境差异赋予其不同解读。这种认知反过来又会指导个体调整后续的行为策略，使得人际互动呈现出动态的、相互影响的特征。简而言之，符号既是沟通的工具，也是塑造人际关系与自我认知的关键要素。米德强调“自我”通过与他人的符号互动逐步形成，而布鲁默则进一步提出“共同行动”概念，深化了该理论对人际互动机制的阐释。

2. 应用示例

在课堂场景中，老师投以鼓励的眼神，并伴随微微点头的肢体动作，这组非语言符号被学生接收后，会被解读为“老师认可我的表现”。基于这种认知，学生的自我效能感得到提升，内心产生“我能做得更好”的积极信念，进而更主动地举手发言、参与课堂讨论。此外，学生积极回应的行为又会形成新的符号反馈给老师，促使老师进一步调整教学互动方式，形成师生间良性互动的循环，充分展现出符号在人际交往中对自我概念构建、行为塑造及关系深化的重要作用。

（三）自我表露理论

1. 核心观点

自我表露理论是由美国心理学家西尼·朱拉德（Sidney Jourard）在1958年提出的。自我表露理论揭示了人际交往中个体通过主动“袒露真实自我”来深化关系的心理机制。这种“暴露”不仅包含个人的想法、情感、秘密，还涵盖成长经历、价值观等深层次内容。理论强调，自我表露遵循“互惠性原则”，即当一方率先分享内心世界时，会引发对方的回应性表露，形成“你说我听、我说你应”的互动模式。随着双方不断交换私密信息，彼此间的信任逐渐累积，关系也从浅层社交走向深度联结。值得注意的是，自我表露需循序渐进，过度或过快的暴露可能引发对方不适，而适当的节奏和分寸感是关系健康发展的关键。

2. 应用示例

大学新生宿舍中，室友A主动分享童年因搬家频繁而缺乏安全感的经历（低层次自我表露），室友B随即回应自己也曾因家庭变故产生焦虑情绪（回应性表露）。随着类似分享的不断深入，有人倾诉考研压力，有人吐露情感困惑，这些深层次的自我表露使彼此更了解对方的脆弱与需求。通过共情与支持，室友间的情感联结显著增强，从陌生室友逐渐转变为相互信赖的挚友，生动诠释了“表露深度与关系亲密度正相关”的理论内核。

（四）社会渗透理论

1. 核心观点

社会渗透理论由美国心理学家达尔马斯·泰勒（Dalmas Taylor）和欧文·阿尔特曼（Irwin Altman）于1973年提出，该理论将人际关系的发展类比为“剥洋葱”的渐进过程。个体间的互动往往始于表面化的交流，如日常寒暄、兴趣爱好讨论等浅层接触；随着交往频率增加，双方会逐渐突破社交壁垒，深入探讨价值观、人生经历、情感隐私等核心内容。这种发展通过“广度”与“深度”两个维度实现：“广度”指交往话题的多样性，从单一的生活琐事扩展至职业、家庭、理想等多元领域；“深度”则体现为情感卷入程度的提升，从泛泛而谈到产生强烈的情感共鸣。当这两个维度持续拓展，人际关系便从最初的陌生状态逐步升级为亲密、稳固的联结。

2. 应用示例

在学生社团组建的项目团队中，成员起初仅围绕任务分工、进度安排等工作事项展开交流（表层互动）。随着合作推进，他们开始分享对行业趋势的见解、职业规划设想，甚至谈及个人成长中遭遇的挫折与梦想（深层互动）。这种从工作事务到精神层面的话题延伸，不仅拓宽了交流的广度，更加深了彼此理解的深度。当成员间能够坦诚探讨职业理想与人生困惑时，关系性质已从单纯的工作协作，悄然转化为相互支持、信任的伙伴情谊，印证了社会渗透理论中关系动态升级的机制。

第二节　人际交往的原则和技巧

心理故事会

故事一：宿舍里的“隐形墙”

大二学生小雨性格内向，与三位室友的生活节奏差异很大。她习惯早睡早起，而室友们经常熬夜追剧、打游戏。每当小雨提醒大家小声些，室友们总敷衍回应，甚至私下抱怨她“太敏感”。渐渐地，小雨不再主动沟通，独自承受失眠困扰，宿舍氛围也变得尴尬压抑。直到有一天，她在心理学课堂上了解到“适度原则”，意识到自己一味隐忍反而加剧矛盾。于是，她鼓起勇气召开宿舍会议，用“我语句”真诚表达感受：“晚上噪声让我睡眠不好，第二天上课总走神，我们能不能约定 11 点后保持安静？”同时，她也主动参与室友的娱乐活动，尝试融入集体。室友们被她的坦诚打动，共同制定了“宿舍公约”。此后，大家相互尊重作息，关系逐渐破冰。

故事二：被“忽视”的组长

在一场创新创业大赛中，小林担任团队组长。他为了展现领导力，总是独断专行，强行要求组员按照自己的方案执行，忽视他人建议。一次汇报失败后，组员们纷纷表达不满，团队濒临解散。小林通过学习“互利原则”，开始调整策略：他主动倾听成员想法，将擅长数据分析的同学安排负责市场调研，文笔出色的成员负责文案撰写，自己则协调资源、把控进度。项目推进中，他不仅认可组员的贡献，还在汇报时着重感谢每个人的付出。最终，团队不仅赢得比赛，还建立起彼此信任、互帮互助的良性关系。

故事三：一条未回复的消息

大一新生小萱在社团群里看到部长发布的活动策划征集通知，兴致勃勃地提出了一个创意方案，却迟迟未收到回应。她感到失落又委屈，从此对社团活动失去热情。部长无意中发现小萱的消极状态，通过沟通才得知缘由。部长立刻诚恳道歉：“当时太忙忘记回复，你的想法很有新意,我们可以一起完善!”并在下次会议上公开表扬小萱的创意。这个经历让部长深刻意识到,网络社交中及时回应的重要性,也让小萱明白:有效的沟通需要双方共同维护,而真诚的态度永远是化解误解的良药。

这些故事生动诠释了人际交往原则的实践意义——适度表达需求、互利共享价值、注重沟通细节,方能在校园生活中收获温暖与成长。

心理预热点

在校园与职场的人生双轨上,人际交往能力如同隐形的轨道,既支撑着和谐关系的稳定运行,也驱动着个人成长的加速前行。从课堂小组讨论的思维碰撞,到职场跨部门协作的资源整合;从宿舍生活的朝夕相处,到商务谈判的策略交锋,科学的交往原则与灵活的实用技巧,不仅是化解矛盾的润滑剂、增进信任的黏合剂,更是解锁机遇、突破发展瓶颈的核心密钥。当我们将这些方法内化于心、外化于行,便能在人际关系的网络中编织出属于自己的成长路径,让每一次沟通都成为积累资源的契机,每一段关系都转化为推动进步的持久动力。

心理知识屋

一、人际交往的核心原则

(一)尊重原则——建立关系的基石

尊重原则是人际交往的底层逻辑,强调将他人视为具有独立意志与独特价值的个体,全方位接纳其人格尊严、价值取向、生活模式及私密空间。在观点交锋时,秉持“君子和而不同”的智慧,摒弃先入为主的偏见与价值批判,以开放包容的心态对待差异,做到思想上求同存异、行动上互不干涉,让尊重成为人际交往的基本底色。

在日常互动中,用专注倾听传递尊重——放下手机、保持眼神交流、适时给予回应,避免中途打断对方思路;面对多元文化碰撞,主动了解并尊重不同民族的饮食禁忌、宗教习俗与社交礼仪。例如,为穆斯林同学避开含猪肉的聚餐选择,尊重藏族室友对宗教仪式的虔诚态度,通过这些细节让尊重真正落地生根,为关系的建立与深化筑牢根基。

(二)真诚原则——深化信任的关键

真诚是穿透社交迷雾的阳光,主张以不加粉饰的本真状态投入人际交往,拒绝表面化的迎合与功利性的伪装。心理学中的“自我表露互惠效应”表明,当个体展现真实情绪与想法时,能够有效消解对方的戒备心理,在彼此间搭建起信任的桥梁。这种基于真诚的互动,不仅能让关系突破“泛泛之交”的浅层联结,更能催生深度的情感共鸣与心灵契合。

在日常交往中,主动创造真诚对话的契机,例如向好友坦言“最近为毕业论文焦头烂额,整晚失眠,和你聊聊感觉好多了”,通过适度暴露脆弱,激发对方的共情与回应;当他人给予帮助时,摒弃程式化的客套,用具体细节表达感激:“谢谢你熬夜帮我改 PPT,那些配色建议让整个展示效果提升了一大截!”这种将感激之情具象化的反馈,能让对方真切感受到被重视,进一步巩固关系中的信任纽带。

（三）平等原则——维持关系平衡的基础

平等原则是维系健康人际关系的核心支柱，倡导打破身份、地位、背景等外在标签的桎梏，以一视同仁的态度对待每一位交往对象。无论是面对学识渊博的师长、初入圈子的新人，还是来自不同地域、阶层的伙伴，都应摒弃因优势产生的傲慢或因劣势滋生的自我贬低，将“人人生而平等”的理念融入交往的每个环节，确保关系建立在相互尊重与理解的坚实基础之上。

在团队协作场景中，当新人提出创新性但不成熟的方案时，避免以“经验不足”为由草率否定，而是认真倾听并给予建设性反馈；面对权威观点，也不盲目追随，敢于提出经过独立思考的见解，例如在学术讨论中礼貌表达：“老师，您的理论给了我很大启发，但我在查阅文献时发现……，想听听您的看法。”这种既尊重对方身份又坚持自我思考的态度，既维护了关系的和谐，又促进了思想的深度交流，真正实现了交往中的平等对话。

（四）互利原则——关系持久的保障

互利原则是维系人际关系的长效纽带，强调交往双方在互动过程中形成双向的价值流动。这种“互利”超越了单纯的物质交换，涵盖情感支持、信息共享、技能互补等多元维度。它倡导在交往中既不过度依赖他人，也不陷入“自我牺牲式”的付出误区，而是通过需求匹配与资源互补，构建可持续的关系模式。心理学中的“社会交换理论”指出，只有当双方都感知到关系中的“收益”大于“成本”时，这段关系才具备长期稳定的基础。

在日常生活中，当朋友倾诉职场压力时，给予专注倾听和共情回应（情感投入）；当自己面临困境时，也能坦诚表达需求，坦然接受对方的帮助。在团队合作中，依据成员专长明确分工——擅长设计的负责视觉呈现，逻辑清晰的把控框架结构，通过优势互补实现共同目标；在学术交流中，主动分享研究资料与学习心得，同时也虚心向他人请教，形成知识共享的良性循环。这种双向互惠的交往模式，既能满足个体需求，又能增强彼此的情感联结，为关系注入持久活力。

（五）适度原则——把握交往边界的智慧

适度原则是人际交往中的“平衡艺术”，强调在亲密与疏离、热情与克制之间找到恰当的平衡点。它要求个体既尊重他人的心理边界，不强行窥探隐私、干涉生活；同时也关注自身需求，避免因过度迎合他人而消耗自我。心理学中的“个人空间理论”表明，每个人都存在心理舒适区，只有当交往行为处于合理范围内，才能维持关系的和谐与舒适。

在日常相处中，面对室友情绪低落时，不过度追问具体缘由，而是以陪伴和关心代替探究（如“如果你想说，我随时都在”）；在拒绝他人请求时，采用“共情+明确拒绝+替代方案”的沟通策略，例如：“特别理解你时间紧张，但我今晚必须完成论文答辩准备，你要不要问问隔壁的小王？他对这方面很有经验。”这种既照顾对方感受，又坚守自身界限的方式，既能减少冲突，又能让彼此在舒适的距离中保持良好关系。

（六）守信原则——人际交往的信任基石

信用是人际交往的基石，体现为个体言行一致、信守承诺的品质，通过真诚无欺的行为赢得他人信任。在人际交往的动态网络中，信用如同隐形的契约，维系着关系的稳定与持久。古人云“人无信不立”，在现代社会，守信不仅是道德准则，更是构建健康人际关系的必要条件。

践行守信原则需从细微处入手：首先，承诺需审慎。在作出许诺前，应充分评估自身能力与客观条件，避免因轻率应允而失信于人。例如，若无法确定能否按时完成朋友托付的事项，不妨坦诚表示“我尽量协调时间，确定后第一时间回复你”，既展现诚意，又预留回旋空间。其次，履约要坚决。一旦作出承诺，需以实际行动履行责任，哪怕遇到困难也应主动沟通解决方案，而非消极逃避。比如因突发状况无法赴约，及时致歉并重新约定时间，远比事后敷衍解释更能维护信任。

守信的品质往往通过待人接物的态度自然流露。与人交往时，保持热情而不失分寸，真诚而不逾矩，以平等姿态展现个人特质——既不过分拘谨矜持，也不刻意逢迎讨好。这种从容自信的状态，本质上源于对自身言行负责的底气。一个果断决策、坚持主见且精神饱满的人，其言行一致的特质会形成独特的人格魅力，自然而然地吸引他人建立长期稳定的关系。正如心理学中的“首因效应”所示，可靠守信的初印象能极大提升他人与之交往的意愿，为关系发展奠定坚实基础。归根结底，守信不仅是对他人的尊重，更是对自我价值的坚守，唯有将信用融入日常点滴，方能在人际交往中收获长久的信任与尊重。

（七）宽容原则——以包容之心构建和谐关系

宽容是人际交往中化解矛盾、维系情感的重要法则，其核心在于接纳人与人之间的差异，以尊重和理解的态度包容他人的不足与过失。心理学研究表明，人们在交往中产生的摩擦，往往源于对他人的过度苛责和自我中心的思维定式。要践行宽容原则，需突破固有认知局限，学会以辩证视角看待他人——既欣赏其长处，也接纳其不完美之处。

当矛盾与分歧出现时，只要不触及原则底线，秉持“退一步海阔天空”的豁达心态，主动释放善意，往往能有效化解僵局。例如，面对室友因生活习惯差异造成的不便，与其抱怨指责，不如换位思考，以温和沟通寻求共识；在团队合作中，若成员出现工作疏漏，首要关注问题解决而非归咎责任。这种包容姿态不仅能维护关系稳定，更能在潜移默化中赢得他人的信任与尊重，使人际交往在相互理解中持续深化。

课堂活动

人际解码师

一、活动目标

1. 知识目标：深化对人际交往七大原则（尊重、真诚、平等、互利、适度、守信、宽容）及实用技巧的理解；

2. 能力目标：通过情景模拟与互动实践，提升冲突处理、有效沟通等实操能力；

3. 情感目标：培养积极开放的人际交往态度，增强团队协作意识。

二、活动准备

1. 材料：彩色便签纸、马克笔、情景卡（打印 20 个校园/职场场景案例，如“室友深夜打游戏影响休息”“小组作业出现分工矛盾”）；

2. 分组：将学生分为 5~6 人小组，每组推选 1 名“观察员”。

三、活动流程

1. 破冰游戏：优点盲盒

（1）每位学生在便签纸上匿名写下自己的一个优点，投入班级“优点盲盒”；

(2)随机抽取纸条,小组内轮流朗读并猜测对应的同学,猜对后由写纸条者分享“被发现优点”的感受,引出“真诚赞美”在人际交往中的作用。

2. 情景剧场:原则应用大挑战

(1)抽取情景:每组随机抽取一张情景卡,根据场景设计三分钟短剧,需体现至少两条人际交往原则或技巧(如用“我语句”化解冲突、通过换位思考解决矛盾);

(2)角色扮演:小组成员分别扮演角色,在中央场地表演,其他小组观察并记录其中体现的原则;

(3)复盘讨论:表演结束后,由“观察员”点评,其他小组补充,教师总结提炼关键知识点。

3. 头脑风暴:金点子工坊

(1)提出开放性问题:“在校园生活中,如何用互利原则组建高效学习小组?”“职场新人怎样通过适度原则把握社交分寸?”

(2)小组限时 5 分钟讨论,将策略写在便签纸上,贴至黑板形成“人际智慧树”,教师引导学生互评并完善方案。

4. 反思沉淀:成长日记(10 分钟)

(1)发放便签纸,学生写下本次活动的三点收获,以及未来一周计划实践的一个技巧;

(2)随机邀请 3~5 名学生分享,教师总结并鼓励学生将理论转化为日常行动。

四、活动评估

1. 过程评价:通过观察学生在情景表演、讨论中的参与度,评估对知识的理解与应用能力;

2. 成果反馈:收集“成长日记”便签,分析学生对原则和技巧的内化程度;

3. 延伸任务:布置课后作业——记录一次运用课堂技巧解决实际问题的经历,下节课分享。

二、提升人际交往的实用技巧

(一)高效沟通技巧——化解误解的桥梁

在人际交往中,70%以上的矛盾源于沟通不畅,而高效沟通的核心,在于实现“信息准确传递”与“情感深度联结”的双重目标。心理学中的“乔哈里视窗”理论指出,通过有效的倾听与表达,能够扩大双方的“共识区”,减少因信息差导致的误解。

1. 倾听的艺术:以专注搭建理解之桥

倾听绝非被动的信息接收,而是主动参与的心理互动。神经科学研究显示,当倾听者给予积极反馈时,说话者大脑中的多巴胺分泌增加,进而提升表达意愿与信任度。在大学生活的多元场景中,可通过以下策略强化倾听效能。

(1)非语言回应:用肢体诉说关注

保持适度的眼神接触(每次 3~5 秒自然移开),避免直勾勾凝视带来压迫感;配合点头、前倾身体等动作传递投入感,同时用“确实如此”“后来呢?”等简短语句,引导对方深入表达。例如,当室友因考试失利情绪低落时,轻轻拍对方肩膀、微微皱眉的共情神态,比单纯言语安慰更能传递理解;在社团例会中,通过记录笔记、适时点头回应发言者,既展现专注态度,也能激发对方分享更多想法。

(2)内容确认:用复述消除歧义

适时用“你是说……对吗?”的句式总结核心观点,既能验证理解准确性,又能让对方感受到被重视。比如,在小组讨论课程设计方案时,总结组员发言:“你认为应该优先优化用户登录界面的交互体验,同时简化注册流程,是这个意思吗?”这种主动反馈不仅能避免信息偏差,还能推动讨论更高效地进行;当同学分享实习面试经验时,通过复述关键细节(如“你说面试官特别关注项目中的突发问题处理,对吗?”),既加深自身理解,也让对方感受到倾听的诚意。

2. 表达的策略:用智慧传递有效信息

表达的本质是“将内在想法转化为对方可接受的语言编码”。哈佛大学的沟通研究表明,采用共情式表达的沟通,其问题解决效率比直接指责式沟通高出43%。

(1)“我语句”的力量:将评价焦点从对方行为转向自身感受,能有效避免触发防御心理,尤其适用于大学生常见的社交场景。比如,当室友经常在休息时间大声打电话影响睡眠时,与其指责“你总是半夜打电话,太吵了”,不如用“我语句”表达:“最近半夜听到打电话的声音,我总是睡不好,第二天上课都没精神(自身感受),之后如果能去阳台或小声一些,我会特别感谢(需求表达)!”再如,小组作业中组员频繁缺席讨论会议,若说“你怎么又不来开会”易引发对立,换成“连续两次会议没见到你,我有些担心项目进度(感受),下次会议时间协调一下,我们一起推进,好吗?(邀请合作)”既能传递关切,又能引导对方主动参与,将潜在冲突转化为共同协作的契机。

(2)结构化批评:运用“事实+感受+建议”模型,能将批评转化为推动成长的建设性对话,尤其适用于大学生日常协作场景。例如,在小组作业中发现组员拖延导致进度滞后时,可以这样沟通:“截至今天,我们的PPT初稿还有两个板块没完成(事实),这让我担心下周展示效果会受影响,有些焦虑(感受)。要不我们今晚开个小会,一起梳理剩余任务,每人认领一部分,明晚9点前汇总,你觉得可行吗?(建议)”再如,当室友多次忘记倒垃圾导致宿舍异味时,避免直接指责,而是用结构化表达:“最近三天垃圾桶都满溢了(事实),味道有点难受,我担心滋生细菌(感受)。我们要不要做个值日表,每天轮流倒垃圾?(建议)”这种表达既明确指出问题,又传递个人感受,同时提供具体解决办法,能显著降低对方抵触情绪,将批评转化为共同解决问题的契机。

高效沟通不仅是语言技巧的博弈,更是心智模式的修炼。通过主动倾听打破信息壁垒,以共情表达消融情感隔阂,方能在人际交往中实现真正的“双向奔赴”。

(二)非语言沟通技巧——无声胜有声的传递

非语言沟通犹如人际交往中的“潜台词”,虽不诉诸文字,却通过肢体动作、表情神态与空间距离,传递着比语言更丰富、更真实的信息。心理学研究显示,人际交流中仅有7%的信息依赖语言表达,而55%的情感态度通过肢体动作传递,38%则由语音语调、节奏停顿等副语言元素决定。掌握非语言沟通技巧,能够在无形中提升社交吸引力,化解潜在冲突。

1. 肢体语言:解码身体的“无声语言”

(1)开放姿态的感染力:肢体动作是情绪与态度的直观映射。双臂交叉、双手抱胸等闭合性姿势,往往传递防御或排斥信号;而舒展的肩部、自然垂落的手臂与适度前倾的身体,则营造出接纳、专注的氛围。例如,在团队讨论时,将身体转向发言者、保持眼神交流,并配合点头等动作,不仅能表达认同,还能激发对方的表达欲望。

(2)微表情的文化适配性:微笑、皱眉等微表情虽具跨文化共性,但不同文化对其解读存在显著差异。在东亚文化中,含蓄内敛的微笑常被视为得体;而在欧美文化里,更强调热情饱满的笑容以展现友好。此外,头部倾斜、瞳孔放大等细微变化,也会在潜意识层面影响对方的感知。例如,倾听他人发言时微微颔首,既能传递关注,又能避免因文化差异导致的误解。

2. 空间距离:社交边界的隐形标尺

人类学家爱德华·霍尔(Edward T. Hall)提出的“空间关系学”理论,将人际距离划分为四个层次,每个区间承载着特定的社交含义:

(1)亲密距离(0~0.45米):适用于家人、恋人等深度关系,近距离接触传递信任与依赖。但在非亲密场景中侵入此范围,可能引发强烈不适,如未经同意的拥抱或近距离交谈。

(2)个人距离(0.45~1.2米):日常朋友、同事交流的舒适区间,既能保持亲近感,又能避免过度冒犯。例如,与熟人交谈时保持半臂距离,配合轻松的手势,能营造自然和谐的氛围。

(3)社交距离(1.2~3.7米):商务谈判、公开演讲等正式场合的标准距离,传递专业与礼貌。在此区间内,适当的肢体语言(如点头、手势引导)可增强沟通效果。

(4)公众距离(3.7米以上):适用于大型集会、演讲等场景,需通过夸张的表情与声音传递信息。

值得注意的是,空间距离的文化差异同样显著。例如,拉丁美洲文化倾向于近距离交流以展现热情,而北欧文化更注重个人空间的独立性。因此,根据对方文化背景与关系亲疏,灵活调整互动距离,是避免社交尴尬的关键。非语言沟通的精妙之处,在于它既能强化语言表达的效果,又能在无声中化解误解,成为搭建信任桥梁的隐形纽带。

(三)冲突处理技巧——化矛盾为契机的能力

冲突是人际关系中不可避免的插曲,但如何应对冲突,决定了关系走向破裂还是升华。神经科学研究表明,情绪激烈时大脑的“杏仁核”会劫持理性思维,导致沟通陷入僵局。因此,掌握科学的冲突处理策略,能够将矛盾转化为增进理解的契机。

1. 冷静先于解决:按下情绪的“暂停键”

冲突爆发瞬间,肾上腺素激增会使人陷入“战斗或逃跑”反应。此时,立即启动“情绪缓冲机制”尤为关键。

(1)生理调节法:通过深呼吸(吸气4秒—屏息4秒—呼气6秒)降低心率,或暂时离开冲突现场,待情绪平复后再沟通;

(2)话术缓和:用“我理解你现在很着急,但我们冷静后再讨论,好吗?”等语句,既表达共情又为双方留出理性回归的时间。例如,在小组讨论因方案分歧争执时,主动提议中场休息10分钟,能有效避免矛盾升级。

2. 换位思考法:跨越立场的鸿沟

心理学中的“共情差距”理论指出,人们往往低估他人的情感强度。在大学生活中,这种认知偏差常引发冲突。例如,当同学忘记归还借的笔记导致复习受影响,或小组汇报时队友临时缺席,可尝试:

(1)角色代入练习:主动站在对方角度分析动机,例如,“如果我连续三天满课、晚上还要兼职,确实可能忘记还笔记”;

(2)共情式表达:将理解融入沟通,例如,“我知道你最近社团活动太忙才没赶上汇报(共情),但老师对团队协作评分很严格(自身需求),我们一起补录视频素材,争取不影响成绩,好吗？（共同行动）”某班级辩论赛筹备期间，队员因战术分歧争执，队长通过“我理解你想主打进攻，但对手擅长反击，我们或许可以结合攻防策略”的沟通，成功化解矛盾。

3. 聚焦解决方案：将冲突转化为合作

陷入“对错之争”会使冲突无限循环，而“解决方案导向”思维能重构沟通目标。比如，宿舍因空调温度设置争吵，或小组因选题方向僵持不下时：

（1）搁置评判：用“先不纠结谁对谁错，我们现在怎么解决问题？”终止互相指责；

（2）共建方案：通过头脑风暴提出可行性建议，例如：“这次小组作业分工混乱导致进度滞后（事实），我们可以用共享文档明确任务清单，每天晚上 9 点同步进展（具体措施）。”某创新创业团队因产品设计理念冲突，成员通过“保留核心功能、拆分不同风格版本测试”的方案，既整合了创意，又推动了项目落地。

冲突本质是关系中的“未被满足的需求”发出的信号。对大学生而言，掌握冷静克制、共情理解与目标导向的处理技巧，不仅能化解矛盾，更能在频繁的集体生活与协作中，深度联结彼此，让每一次冲突都成为关系升级的跳板。

知识链接

“共情差距”理论：认知偏差下的情感理解困境

“共情差距”（Empathy Gap）是社会心理学领域的重要理论，由心理学家乔治·洛温斯坦（George Loewenstein）提出，揭示了人类在情感理解中普遍存在的认知局限——人们往往低估或误判他人在不同情境下的情绪强度与行为动机，这种偏差会对人际关系、决策制定产生深远影响。

1. 理论内涵与核心机制

该理论指出，个体对他人情绪的感知受自身状态、认知框架及情境差异的三重制约。例如，处于饥饿状态的人可能难以体会饱食者对美食的淡漠；情绪平静时，人们也容易低估愤怒或恐惧状态下个体的冲动倾向。洛温斯坦的研究表明，当观察者与被观察者处于不同“热状态”（如兴奋、焦虑）或“冷状态”（如平静、理性）时，共情差距尤为显著，导致一方难以理解另一方因生理或心理唤起而产生的行为。

2. 形成原因的多维解析

（1）情感体验的“信息茧房”：过往经历塑造了个体的情感认知边界。例如，未经历过战争的人，即便通过影像资料了解战场残酷，也难以真正共情士兵在枪林弹雨中的恐惧；而经历过亲人离世的人，对他人的丧亲之痛则更易产生共鸣。

（2）认知捷径导致的偏见：人类习惯用自身经验简化对他人的理解。如习惯高效完成任务的学生，可能将同伴的拖延行为归咎于“懒惰”，却忽略对方可能因任务难度产生的畏难情绪或时间管理困境。

（3）社会角色与立场的割裂：不同社会身份带来的视角差异加剧了共情鸿沟。例如，管理者在制定考核制度时，若仅从企业效益出发，可能忽视一线员工面临的工作压力，导致制度推行受阻。

3. 现实场景中的显著影响

（1）人际关系的裂痕：共情差距常引发沟通冲突。例如，伴侣一方加班疲惫回家后沉默不语，另一方若未能共情其情绪，反而指责"态度冷漠"，可能激化矛盾；朋友间因一方未及时回复消息而产生误会，本质也是未能理解对方当时的忙碌状态。

(2)公共决策的失准：政策制定者若与民众存在共情差距，易导致决策脱离实际。如城市规划者在设计公共空间时，若忽视残障群体对无障碍设施的需求，会造成使用不便；教育改革者若未充分共情学生与教师的实际负担，可能使政策落地遇阻。

4. 跨越鸿沟的实践路径

(1)情景模拟与换位思考训练：通过角色扮演、沉浸式体验等方式，打破认知局限。例如，企业组织管理者体验一线员工的工作流程，能直观感受其压力；学校开展"特殊群体体验日"，让学生蒙上眼睛模拟视障人士行动，增强对残障群体的理解。

(2)结构化沟通技巧的运用：采用"共情式倾听"与"我信息"表达，减少误解。如沟通时先复述对方感受："我理解你因为方案被否定感到挫败"，再表达需求，可有效降低对方防御心理。

(3)多元经历的主动积累：通过旅行、志愿活动、跨文化交流等拓宽视野。例如，参与支教的大学生与乡村儿童朝夕相处后，能更深刻理解教育资源不均带来的影响，减少对弱势群体的刻板印象。

"共情差距"理论揭示了人类情感理解的天然局限，但通过有意识的训练与实践，个体与群体可逐步缩小这一差距，让人际交往更具温度，社会决策更显人文关怀。

(四)拓展社交圈的技巧——打破舒适区的策略

社交圈的拓展本质是突破自我封闭、构建多元人际网络的过程。社会学家马克·格兰诺维特(Mark Granovetter)提出的"弱关系理论"指出，泛化的社交联结往往能带来新的信息与机遇。对于大学生而言，掌握科学的拓展策略，既能降低社交焦虑，又能为校园生活和未来发展注入活力。

1. 主动创造接触机会：从"微互动"开启联结

主动社交不必追求深度，从日常校园场景中的"微小互动"切入，能有效缓解社交压力。

(1)场景化破冰：利用课堂、食堂、图书馆等高频场景自然开启对话。例如，在公共课上遇到邻座同学忘带笔记本，主动分享笔记并笑着说"这节课知识点好多，我们可以互相补充"；在食堂排队时，看到同学端着餐盘，主动询问"这边有空位，要不要一起坐?"。这些自然的互动能迅速拉近彼此距离。

(2)兴趣驱动社交：加入与自身爱好契合的社团或社群，如校园音乐节筹备组、编程爱好者协会等。例如，在校园摄影社团的采风活动中，主动向学长请教拍摄技巧："您拍的光影效果太绝了！能不能教教我这种逆光拍摄怎么设置参数?"共同兴趣不仅降低社交门槛，还能让交流围绕具体活动自然展开。

2. 维护弱连接关系：让"浅关系"产生深价值

弱连接虽不如亲密关系紧密，却是获取资源与机会的重要渠道。通过精细化维护，可将偶然相遇转化为长期联结。

(1)即时化反馈：对初次结识的人，在社交平台及时表达认可。例如，参加学校创新创业讲座后，私信分享嘉宾："学长关于校园文创的商业模式太有启发性了！我们团队最近也在做类似项目，想请教如何解决供应链问题"，既表达尊重，又为后续交流创造契机。

(2)持续性关怀：定期关注弱连接对象的动态，以真诚的评论或私信传递善意。比如看到同校同学在朋友圈分享比赛获奖消息，可评论："太强了！之前就觉得你在这方面超有潜力，实至名归！"或是发现校友发布实习经验帖，私信交流："这篇干货太实用了！秋招在即，方便请教面试技巧吗？"这种非功利性的互动能让对方感受到被重视，为未来合作或信息共享埋下伏笔。

拓展社交圈的核心，在于以开放心态拥抱人际互动，用"小步尝试"替代"完美社交"的压力。无论是创造接触机会时的主动，还是维护关系时的耐心，都是构建丰富校园人际网络的必经之路。

知识链接

马克·格兰诺维特"弱关系理论"：拓展社交边界的钥匙

在复杂多元的社会网络里，人与人的关系交织成网，影响着生活的方方面面。美国社会学家马克·格兰诺维特于1973年提出的"弱关系理论"，宛如一道曙光，照亮了人们对社交关系理解的新路径，深刻揭示了那些看似不那么紧密的联系，如何在信息传播、资源获取与个人发展中发挥关键作用。

格兰诺维特把社会关系细致划分为强关系与弱关系。强关系，是存在于家人、挚友之间频繁互动、饱含深厚情感与高度信任的亲密纽带，像家人间的无私关怀、密友间的掏心交流，都基于强关系产生。而弱关系，则是互动较少、情感联结相对薄弱、信任程度也稍低的关系，常出现在同事、点头之交、偶然结识的人之间，例如在行业会议上交换名片的同行，或是邻居间简单的日常问候。

弱关系在信息传播领域有着独特价值。在同质性较高的群体中，强关系能让信息快速流动，但却很难跨越群体边界。弱关系却可以将不同群体的信息联结起来，成为信息传播的桥梁。就像在科研领域，一位研究人工智能的学者，通过参加学术交流活动结识了研究生物医学的同行(弱关系)，从而了解到生物医学中数据处理的新方法，这种跨领域的信息引入，可能为人工智能研究带来新的思路。据相关研究表明，在创新项目中，约70%的关键创新想法来自通过弱关系获取的外部信息。

在社会流动方面，弱关系也有着重要作用。通过弱关系，个体能接触到更多元化的社会资源和机会，促进自身在不同社会群体间的流动。格兰诺维特在对282名美国男性求职情况的调查中发现，弱关系在帮助人们获得工作机会上，比强关系更为有效。比如，一个刚毕业的大学生，通过校友活动认识了一位毕业多年的学长(弱关系)，学长为他提供了一个实习机会，让他得以进入一家知名企业，开启职业生涯的新篇章。

在资源获取层面，"结构洞"概念能帮助我们理解弱关系的作用。不同群体间往往存在信息与资源的断层，即"结构洞"，而弱关系能够填补这些"结构洞"，提供多样化的资源。例如，一家初创企业的创始人，通过在创业交流活动中认识的投资人(弱关系)，不仅获得了资金支持，还得到了关于市场趋势和企业战略规划的宝贵建议。

在当今数字化时代，社交媒体的蓬勃发展让弱关系的拓展与维护变得更加便捷高效。线上社交平台让人们轻松突破地域限制，结识来自不同行业、不同背景的人。许多职场人通过领英(LinkedIn)等专业社交平台，与同行、潜在雇主或行业专家建立联系，获取最新的行业动态、招聘信息和合作机会。一项针对职场社交的调查显示，在通过社交平台获得晋升机会的人群中，约65%的人是借助弱关系实现的。

不过，要充分发挥弱关系的价值，还需注重关系的维护与拓展。主动参与各类社交活动，无论是线上的专业论坛，还是线下的行业研讨会，都是结识新朋友、建立弱关系的好机会；保持真诚友善的态度，在与他人交流时，认真倾听、积极分享，给对方留下良好印象；在适当的时候，向他人提供帮助，或者寻求他人的建议，让弱关系在互动中不断深化。

马克·格兰诺维特的"弱关系理论"，为人们揭示了社交关系中弱关系的强大力量。在日常生活与工作中，重视弱关系的拓展与维护，能帮助我们突破自身社交圈的局限，获取更丰富的信息与资源，为个人发展创造更多可能。

三、不同场景下的应用要点

（一）宿舍关系——细节处见真章

宿舍作为大学生的"第二家庭"，朝夕相处的集体生活既充满温暖，也容易因生活习惯差异产生摩擦。维护良好宿舍关系的关键，在于用规则保障秩序，以善意滋养情谊。

1. 制定"宿舍公约"：用规则守护和谐

入学初期，室友可共同商议制定宿舍公约，将作息时间、卫生值日表、公共物品使用规范等细节书面化。例如，约定"晚 11 点后保持安静""每周日全员大扫除""借用他人物品需提前告知"，并将公约张贴在宿舍门后。某高校宿舍曾因作息混乱产生矛盾，通过制定"夜猫子"与"早睡党"都认可的"静音时段"规则，成功化解冲突。明确的规则不仅减少模糊地带，更能避免因琐事积累的不满。

2. 主动释放善意：以细节传递温度

日常相处中，微小举动往往能成为情感升温的催化剂。学习回寝时顺手帮室友带份早餐，考试周分享整理好的复习资料，发现室友情绪低落时递上一杯热饮……这些"情感微投资"虽不显眼，却能在日积月累中加深彼此信任。例如，某宿舍成员自发建立"零食共享角"，轮流添置小食；雨天主动帮晾晒衣物的室友收衣服。这些自然流露的善意，让宿舍真正成为充满归属感的港湾。

（二）师生关系——尊重与成长并重

师生关系是大学生获取知识、探索学术的重要纽带，平衡尊重师长与自我成长需求，能为学业发展与个人提升搭建坚实桥梁。在日常互动中，以真诚态度建立联结，用实际行动展现潜力，方能实现教学相长的良性循环。

1. 以主动沟通深化师生联结

课堂内外的礼貌互动是维系关系的基础。课前主动向老师问好，课后礼貌致谢，遇到困惑时及时反馈，如："老师，您在课上提到的'认知失调理论'，结合案例分析我仍有些疑问，方便占用您几分钟时间请教吗？"这种主动求知的态度，既体现对师长的尊重，也能获得更深入的指导。某同学在心理学课程结束后，整理课堂笔记中的疑问并制作成文档请教老师，不仅解决了知识盲区，还引发老师对教学优化的思考，建立起长期的学术交流关系。

2. 用积极行动赢得专业认可

参与科研项目、学科竞赛或学术活动时，主动承担任务、展现创新思维是获得师长信任的关键。例如，在跟随导师开展课题研究时，提前查阅文献提出研究假设，定期汇报进展；在数学建模竞赛备赛期间，主动协调团队分工、设计算法模型。某计算机专业学生主动申请加入导师的人工智能项目组，通过自学前沿技术、攻克算法难题，不仅出色完成任务，更获得导师推荐参与国际学术会议的机会。这种主动探索、勇于实践的态度，能让师生关系从单向指导升级为共同成长的伙伴关系。

（三）网络社交——把握虚拟与现实的平衡

在社交媒体深度渗透生活的当下，网络社交既是拓展人脉的工具，也可能成为人际关系的“双刃剑”。对于大学生而言，在虚拟空间中守住真诚底线、注重社交礼仪，才能让线上互动反哺现实关系的健康发展。

1. 以真实分享维系社交温度

朋友圈、微博等社交平台不应沦为利益输送的渠道。避免频繁发布代购广告、课程推销等商业信息，转而分享备考心得、旅行见闻、读书笔记等真实感悟。例如，记录考研冲刺阶段的学习日常，或是分享参加志愿活动的暖心瞬间，既能引发同龄人共鸣，也能让他人通过碎片化的动态更立体地认识自己。某高校学生通过定期分享读书随笔，吸引同好私信交流，进而在线下组建读书小组，将虚拟共鸣转化为现实友谊。

2. 用即时回应守护信任纽带

线上沟通中的“已读不回”往往比延迟回复更易引发误解。无论是导师布置任务、同学求助信息，还是朋友分享日常，都应及时回应。若无法立刻处理，可先告知对方“稍晚详细回复”。例如，收到小组作业讨论的消息后，即使正在忙其他事，也可先回复“在图书馆，晚上 8 点我们语音沟通方案”。某社团负责人因忽视成员紧急消息，导致活动筹备出现疏漏，此后建立“消息 30 分钟内必响应”的原则，显著提升了团队协作效率与成员信任度。

人际交往是一门需要终身学习的艺术，掌握原则与技巧的同时，更重要的是保持对他人的善意与对自我的觉察。通过不断实践与反思，每个人都能在社交中找到舒适自在的状态，构建温暖而有力量的人际关系网络。

第三节　大学生人际交往中的心理问题及其调适

心理故事会

故事一：蜷缩在自卑阴影里的小敏

9 月的秋风裹挟着桂花香漫进校园，小敏却感受不到一丝欣喜。拖着沉重的行李箱踏入宿舍时，她的目光始终低垂，像株被霜打蔫的含羞草。同寝室的小晴热情地帮她整理床铺，小楠拉着她分享家乡特产，可小敏只是机械地点头，指尖反复揉搓衣角，喉咙像被无形丝线勒住，连一句完整的道谢都挤不出来。

深夜，当室友们围坐在桌前讨论社团招新时，小敏躲在床帘后佯装熟睡，耳朵却忍不住捕捉着每一句对话。她想起高中时的场景——体育课上因不合脚的旧球鞋被嘲笑，课堂发言时因浓重的方言惹来窃笑。这些记忆如潮水般涌来，让她愈发确信：自己就是个浑身缺点的“异类”。

此后，她总是刻意避开热闹的场合，连食堂打饭都挑人少的窗口，社交自卑心理如同层层茧房，将她困在自我否定的黑暗角落。

故事二：在孤独迷雾中徘徊的阿杰

深秋的图书馆洒满斑驳的阳光，阿杰却像被隔绝在另一个世界。他习惯性地选择最角落的座位，把厚重的专业书垒成屏障，隔绝外界的喧嚣。隔壁桌传来小组讨论的欢笑声，他下意识地往椅背靠了靠，翻动书页的手指微微发颤。手机屏幕亮起，班级群里正热闹地讨论周末的秋游计划，阿杰盯着满屏的表情包和接龙报名，犹豫许久，最终默默锁屏。

童年时频繁转学的经历，让他早已习惯了“过客”身份。每次刚和同学熟络，就不得不面对离别。久而久之，他在内心筑起高墙，认为“不开始就不会有失去”。如今漫步在熙熙攘攘的校园，看着结伴而行的同学，他总觉得自己像飘浮的蒲公英，看似自由，实则无根可依。这份深入骨髓的孤独心理，让他在人群中反而更觉形单影只。

故事三：被嫉妒之火灼伤的晓琳

礼堂的镁光灯下，小婷接过演讲比赛奖杯时，台下爆发出雷鸣般的掌声。晓琳机械地拍着手，指甲却深深掐进掌心。曾经她们是图书馆的“固定搭子”，一起背单词、讨论论文，可现在小婷的名字频频出现在光荣榜、学生会公告栏上，而晓琳的努力却像投入深潭的石子，激不起半点涟漪。

“不过是运气好罢了。”晓琳对着镜子反复练习这句话，试图说服自己。但每当看到小婷在社团活动中自信的身影，嫉妒的藤蔓就在心底疯狂生长。她开始在朋友圈阴阳怪气，在小组作业中故意拖延进度，甚至编造毫无根据的谣言。然而，当小婷主动找她谈心时，晓琳看着对方真诚的眼睛，突然意识到：这团嫉妒之火，早已将自己烧得遍体鳞伤，也烧尽了珍贵的友谊。

故事四：困在猜疑迷宫里的宇轩

初春的宿舍闷热压抑，宇轩推开房门的瞬间，原本热烈的讨论戛然而止。室友们的目光像受惊的麻雀般慌乱躲闪，他的太阳穴突突直跳，心底警铃大作：“他们一定在说我坏话！”深夜，上铺传来窸窸窣窣的响动，他猛地坐起身，厉声质问：“你们在干什么？”室友被吓了一跳，解释说是在整理东西，可宇轩仍满腹狐疑。

成长过程中，父母无休止的争吵和相互指责，让他对“信任”二字充满恐惧。他总觉得别人的每一个眼神、每一句话都暗藏玄机：借笔记是想剽窃创意，分享零食是在收买人心。这份猜疑心理如同蛛网，将他和室友的关系越缠越紧，当他终于意识到自己的偏执时，却发现修补裂痕远比想象中艰难。

心理预热点

在充满机遇与变数的象牙塔中，大学生活如同一场交织着绚烂与迷茫的青春叙事诗。人际交往作为其中不可或缺的篇章，不仅承载着情感共鸣、信息交换的功能，更是个体社会化进程中的关键熔炉。然而，性格特质的差异、成长环境的烙印、认知模式的局限，恰似隐藏在幕后的复杂丝线，悄然编织出各类心理困境。从初入校园时因社交焦虑而蜷缩在自我世界的不安，到集体生活中因人际矛盾引发的自我怀疑；从目睹他人成就时滋生的隐秘嫉妒，到因沟通不畅产生的无端猜忌，这些心理问题如同暗礁，不仅阻碍着真挚关系的建立，更在日复一日的积累中，侵蚀着大学生的精神健康，甚至可能成为未来社会适应的潜在隐患。唯有正视这些潜藏的心理症结，才能在人际交往的浪潮中，划出一道明亮而坚定的成长航迹。

心理知识屋

一、大学生人际交往中常见的心理问题

(一)社交自卑及其调节

社交自卑是指大学生在人际交往过程中产生的自卑感,具体表现为在社交场合行为拘谨、遇事避让、主动退缩,不敢展现自我,唯恐当众出丑。一般而言,社交自卑感较强的大学生,大多性格内向、情感细腻且多愁善感。他们往往自我认知偏低,总觉得自己处处不如他人,担心在人际交往中犯错丢面子甚至受到伤害。因此,这类学生在社交中缺乏主动性,自我防护意识过强,总是消极等待他人主动亲近,这不仅抑制了自身能力的发挥,还严重阻碍了正常的人际交往。

大学生产生社交自卑的原因主要体现在以下方面。

1. 缺乏正确的自我认知

部分大学生对自己的认识不够全面、客观,在与他人比较时,习惯性地以己之短比他人之长,从而过度高估他人、低估自己,最终产生强烈的自卑感,丧失了参与社交的勇气与信心。

2. 社交经验不足

观察生活中那些交往能力出众的人,如外交家、公关人员等,他们除了具备优秀的个人素质外,更重要的是通过长期实践积累了丰富的社交经验。与之相比,大学生由于生活阅历有限,参与人际交往活动较少,导致社交经验匮乏、技巧欠缺,进而对人际交往产生阻碍。

3. 特长缺失

大学校园是一个充满活力与竞争的群体环境,其中许多同学才华横溢、多才多艺,他们在各类社交场合中往往备受瞩目,也更容易被他人接纳。与之形成鲜明对比的是,缺乏特长的同学容易因此产生自我否定,认为自己能力不足,在与他人的比较中愈发感到相形见绌,从而加剧了自卑感的形成与强化。在人际交往中,这类同学常常表现得消极、拘谨,甚至会陷入尴尬的境地。

4. 挫折畏惧

人际交往的结果必然存在成功与失败两种可能,这是客观且不可避免的现象。只有保持虚心学习的态度,勇敢直面挫折,才能在社交中逐渐成熟,应对自如。然而,部分大学生对成功有着强烈的渴望,却缺乏面对挫折和失败的心理准备。一旦在人际交往中遭遇不顺,便极易陷入难以排解的自卑情绪之中。例如,有些学生在参加辩论会前踌躇满志、信心十足,可一旦表现未达预期,便会迅速垂头丧气,丧失自信。尤其对于那些性格内向、自尊心极强的大学生而言,他们更是难以承受人际交往中的挫折,脑海中常常会不由自主地浮现出交往失败后的难堪场景,进一步加剧了内心的恐惧与自卑。

5. 生理条件限制

生理缺陷引发大学生自卑的情况十分常见。部分学生可能存在语言表达障碍,如口吃、语塞;或是因身材矮小、容貌不出众等原因,总觉得难以获得他人的接纳,从而产生自卑心理。在人际交往中,他们往往表现得较为被动,特别是在与异性交往时,这种缺乏自信的状态更为明显。

(二)孤独心理

孤独心理,是指个体在社会交往中,因感知到自身与他人或群体间的关系疏离,缺乏有意义的情感联结与互动,而产生的一种主观上的孤立、寂寞感受。对于大学生群体而言,孤独心理常表现为内心的空虚感、不被理解感,即便身处热闹的校园环境与集体生活中,依然觉得自己与周围人格格不入,难以获得情感共鸣与归属感。

大学生孤独心理产生的原因是多方面的。

1. 环境适应困难

大学是全新的生活与学习环境,远离家乡和熟悉的亲友,面对陌生的校园、不同的教学模式和全新的人际关系网络,部分学生适应能力较弱,难以快速融入新集体,在寻找归属感的过程中屡屡受挫,逐渐产生孤独感。

2. 性格因素

性格内向、孤僻的学生往往不善于主动表达自我,在人际交往中较为被动,缺乏主动与他人沟通交流、建立联系的意愿和能力,导致难以结识志同道合的朋友,更容易陷入孤独的境地。而过于敏感、自我的性格,可能在与人相处时,因过度在意他人评价或难以包容他人,引发人际矛盾,从而被群体疏远,加剧孤独心理。

3. 认知偏差

有些大学生对人际交往抱有过高或不切实际的期待,一旦现实中的人际关系无法达到心中的理想状态,就会感到失望和不满,进而选择自我封闭。还有些学生错误地将"特立独行"等同于"优秀",主动拒绝与他人过多交往,长此以往,人为制造了与他人的隔阂,产生孤独体验。

4. 社交技能欠缺

部分学生缺乏基本的人际交往技巧,如不懂得如何开启话题、倾听他人、表达自己的观点和情感,在与同学相处时常常感到手足无措,无法建立和维持良好的人际关系,这使得他们在社交中屡屡碰壁,逐渐失去与人交往的信心,最终陷入孤独。

5. 家庭影响

原生家庭中缺乏温暖、和谐的家庭氛围,或父母过度保护、疏于陪伴,都可能影响孩子的人际交往能力和情感发展。在这种环境下成长的大学生,可能在进入大学后,难以与他人建立亲密关系,更容易产生孤独心理。

(三)嫉妒心理

嫉妒心理,是指个体在与他人进行比较时,因他人在学习、社交、外貌、才艺、家庭背景等方面表现优越或获得成就,而产生的一种包含不满、羡慕、怨恨等复杂情绪的心理状态。对于大学生而言,这种心理常表现为看到同学成绩优异、在社团中备受瞩目、拥有丰富的才艺特长时,内心涌起的负面情绪,严重时可能从单纯的心理抵触,发展为对他人的诋毁、排挤等不利于团结的行为,不仅破坏人际关系,也会对自身心理健康造成损害,陷入自我内耗的痛苦中。

大学生嫉妒心理产生的原因主要有以下几方面。

1. 自我认知偏差

部分大学生不能客观、全面地认识自己,过分关注他人的优势,却忽视自身的闪光点。在对比中,容易产生"别人什么都好,自己处处不如人"的错误认知,从而引发嫉妒情绪。他们将他人的成功视为对自己的否定,没有意识到每个人都有独特的成长轨迹和发展节奏。

2. 竞争压力过大

大学校园是一个充满竞争的环境,学业成绩、奖学金评定、社团干部竞选、实习机会争取等方面都存在激烈竞争。在这种高压环境下,一些学生过度看重结果,当看到他人在竞争中脱颖而出时,会将对方视为威胁,进而产生嫉妒心理,甚至将竞争演变为恶性对抗。

3. 成长环境影响

原生家庭中,父母过度强调与他人比较、缺乏对孩子的肯定与鼓励,或是学校教育中过分突出竞争而忽视合作精神培养,都会影响大学生的心理状态。在这样的环境下成长,学生更容易形成攀比心理,面对他人的优秀难以保持平和心态,从而滋生嫉妒情绪。

4. 心理发展特点

大学阶段是个体自我意识迅速发展但尚未完全成熟的时期,部分学生情绪调节能力较弱,在面对他人成就时,难以理性地处理内心的落差感。他们渴望被关注、被认可,当看到他人获得自己渴望的荣誉和资源时,无法有效疏导负面情绪,最终转化为嫉妒。

(四)猜疑心理

猜疑心理,是指个体在人际交往过程中,毫无事实依据地对他人的言行动机、态度意图进行负面揣测,无端怀疑他人对自己存在不良企图、进行恶意评价或暗中使坏,进而对他人产生不信任感的一种心理状态。对于大学生而言,这种心理常表现为过度解读同学间的玩笑话语、误会他人的正常行为,例如怀疑室友故意针对自己、认为同学在背后议论自己的不足等。持续的猜疑不仅会破坏原本和谐的人际关系,使沟通交流充满隔阂与误解,还会让自身陷入焦虑、不安的负面情绪循环,严重影响校园生活的幸福感与心理健康。

大学生猜疑心理产生的原因主要包括以下方面。

1. 过往负面经历影响

曾经在人际交往中遭受欺骗、背叛或被他人恶意中伤的经历,会在大学生内心留下创伤。这些不愉快的记忆使他们在新的社交关系中变得敏感多疑,不自觉地对他人的言行保持警惕,将他人的正常行为与过往负面经历相联系,从而产生无端猜疑。

2. 性格特质与认知偏差

性格敏感、内向且缺乏安全感的大学生,更容易陷入猜疑的困境。他们往往对自身评价较低,过度在意他人看法,常将他人的无心之举解读为对自己的不满。同时,部分学生存在非黑即白的认知模式,一旦发现他人言行与自己预期不符,就直接认定对方存在恶意,而不去探究背后的真实原因。

3. 信息沟通不畅

大学集体生活中,同学间的信息交流若存在障碍或不充分,极易引发猜疑。比如,因未及时了解活动安排而被"遗漏",或是偶然间看到他人窃窃私语却不了解谈话内容,在缺乏有效沟通和求证的情况下,就主观臆断他人在针对自己,导致猜疑心理滋生。

4. 社会环境与网络文化影响

当今社会中存在的一些不良现象,以及网络上传播的负面人际关系案例,会潜移默化地影响大学生对人际交往的认知。部分学生受此影响,对人性和他人动机持消极态度,在现实交往中不自觉地以恶意去揣测他人,增加了猜疑心理产生的可能性。

二、调适方法

(一)自卑感的调适方式

严重的自卑感不仅会造成心理障碍,还会给大学生的学习和生活带来沉重的精神负担。那么,大学生应该如何克服这些不必要的自卑感呢?

1. 正确认识自我,提升自我评价能力

大学生需要学会全面且客观地审视自己,既要善于挖掘自身的闪光点,充分肯定已取得的成绩,也要以理性的态度看待他人,避免陷入"自我否定"与"过度美化他人"的认知误区。事实上,每个人都有优缺点,在正视自身不足的同时,也应明白他人并非完美无缺。适度关注他人的不足,有助于打破对他人的盲目崇拜,从而更合理地进行自我定位。不过,这种关注应建立在尊重与理性的基础上,避免发展为无端的挑剔与贬低。

2. 弥补自身短板,培养兴趣特长

虽然先天的外貌与身高难以改变,但个人的能力与特长可以通过后天努力不断提升。大学生可结合自身兴趣与潜在优势,选择适合的领域进行深耕,如书法、绘画、写作、乐器演奏、运动竞技等。在选定方向后,以持之以恒的态度投入时间与精力钻研学习。当在专业比赛中斩获佳绩,或作品在报纸、杂志上发表时,不仅能收获成就感与自信心,还能凭借一技之长赢得他人的认可与赞赏。长此以往,自身在社交圈中的影响力也会逐步提升,从而摆脱因缺乏特长带来的自卑感。

3. 强化积极的自我暗示与鼓励

在社交场合中,许多大学生容易陷入消极的自我对话,如不断在内心暗示"我不行""我肯定做不好"。这种消极暗示会严重削弱自信心,影响正常的社交表现。与之相反,积极的自我暗示具有强大的心理调节作用。大学生应尝试用正向的语言激励自己,例如"我可以的""别人能做到的,我通过努力也一定能做到"。心理学研究表明,长期坚持积极的心理暗示,能够重塑潜意识,帮助个体建立稳定且强大的自信心,显著提升在社交活动中的参与感与表现力。

4. 快速走出社交失败的阴霾

人际交往中遭遇挫折与失败是不可避免的常态。关键在于,当经历社交不顺时,大学生应及时调整心态,以理性思维总结经验教训,避免陷入自怨自艾的负面情绪中无法自拔。可以将失败视为成长的契机,分析问题产生的原因,思考改进的方法。同时,学会"拿得起,放得下",尽快从失败的阴影中走出来,以饱满的热情与勇气重新投入新的社交活动中,在实践中不断提升人际交往能力,逐步克服因挫折产生的自卑心理。

(二)孤独心理的调适方式

1. 主动融入集体,积极参与社交活动

大学生应主动走出个人的小圈子,积极参与学校和班级组织的各类活动,如社团聚会、文体竞赛、志愿服务等。在参与活动的过程中,不仅能够结识志同道合的朋友,还能在共同的兴趣爱好和目标下,建立深厚的情感联结,从而减少孤独感。例如,加入读书社团,可以与其他书友分

享读书心得，在思想的碰撞中拉近彼此的距离；参与志愿活动，在帮助他人的过程中体会团队协作的力量，增强归属感。

2. 培养兴趣爱好，丰富个人生活

发展自己感兴趣的活动，如绘画、音乐、运动等。兴趣爱好不仅能充实课余时间，还能成为与他人交流的桥梁。当专注于自己热爱的事情时，会获得内心的满足与愉悦，孤独感也会随之减轻。此外，通过参加兴趣小组或相关社群，还能结识有共同爱好的伙伴，拓展社交圈子，让生活变得更加丰富多彩。

3. 提升社交能力，改善沟通技巧

学习有效的沟通和人际交往技巧至关重要。学会倾听他人的观点和感受，给予对方充分的尊重和关注；掌握合适的表达方法，清晰、真诚地分享自己的想法。同时，注意非语言沟通，如肢体语言、面部表情等，增强交流的感染力和亲和力。通过不断实践和反思，逐步提升自己在社交中的自信心和能力，从而更好地与他人建立良好的关系。

4. 学会自我接纳，享受独处时光

要认识到孤独并不等同于孤立无援，学会与自己相处是一种重要的能力。接纳自己的情绪和状态，利用独处的时间进行自我反思、学习成长，如阅读提升知识储备、冥想放松身心等。当能够坦然面对自己、享受独处时，孤独感会逐渐转化为自我提升的契机，实现内心的丰盈与强大。

5. 寻求社会支持，建立情感联结

当感到孤独时，不要独自承受，可以向身边的家人、朋友倾诉内心的感受，获取情感上的支持与安慰。也可以寻求学校心理咨询老师的帮助，通过专业的辅导，找到孤独心理产生的根源，并学习有效的调节方法。此外，积极参与线上线下的社交团体，与有着相似经历和困惑的人相互交流、彼此鼓励，共同走出孤独的困境。

（三）嫉妒心理的调适方式

1. 重塑自我认知，接纳独特价值

大学生需建立客观、全面的自我认知体系，通过记录自身优点清单、复盘过往成功经历等方式，清晰认识自己的优势与潜力。同时，学会欣赏自身成长的独特性，不再盲目与他人比较。例如，可定期进行自我反思，关注自己在学习、生活中的点滴进步，将注意力从他人的成就转移到自身的成长上，逐步摆脱“以他人为参照”的思维定式，真正接纳并认可自己的独特价值，从根源上削弱嫉妒心理产生的土壤。

2. 转化竞争思维，强化合作意识

正确看待校园中的竞争环境，将嫉妒情绪转化为积极向上的动力。主动学习优秀同学的成功经验与方法，与他们建立合作关系，实现共同进步。比如，在小组作业或竞赛中，主动与能力突出的同学组队，在合作过程中取长补短，既提升自身能力，又能在共同目标的驱动下，将竞争压力转化为协作动力，增进彼此友谊，有效化解嫉妒心理，形成良性竞争氛围。

3. 调整家庭与校园认知，重构心态

针对受家庭和校园环境影响形成的嫉妒心理，大学生要主动反思过往观念的局限性。尝试与父母坦诚沟通，表达自己对过度比较教育方式的感受，同时积极参与学校组织的合作类活动，如团队拓展、公益项目等，在实践中体会合作带来的成就感与归属感，逐步改变“唯竞争论”的思维。通过这种方式，重塑对竞争与合作的认知，以更开放、包容的心态看待他人成就。

4. 提升情绪管理能力，培养豁达心态

学会运用情绪调节技巧，当嫉妒情绪产生时，可通过深呼吸放松、运动宣泄、书写情绪日记等方式，及时疏导负面情绪。同时，培养豁达的人生态度，阅读名人传记、哲学书籍，学习他人面对成功与失败的从容心态；参与志愿服务等利他活动，在帮助他人的过程中拓宽视野、升华心境，逐渐形成“为他人的成功感到喜悦”的积极心态，摆脱嫉妒心理的困扰。

(四) 猜疑心理的调适方法

1. 回溯根源，直面过往创伤

尝试回忆首次出现猜疑心理的场景，梳理过往经历中那些导致信任危机的事件。可以通过写日记的方式，将内心的感受与事件的关联记录下来，在自我剖析中认识到过往负面经历对当下人际交往的影响。也可寻求心理咨询师的帮助，在专业引导下正视创伤，逐步放下戒备，重建对他人的信任基础。

2. 重塑认知，修正思维偏差

学会用辩证、客观的视角看待他人行为，摒弃“非黑即白”的极端思维。当猜疑心理出现时，有意识地提醒自己“这可能只是我的主观猜测”，并尝试从积极角度解读他人言行。例如，同学未及时回复消息，先考虑对方可能在忙碌，而非认定对方故意冷落自己。通过不断练习，逐步建立理性、健康的思维模式。

3. 主动沟通，打破信息壁垒

在人际交往中保持开放的态度，遇到疑惑时，及时与对方坦诚交流。比如，发现同学之间的交流似乎刻意避开自己，不要暗自揣测，而是找合适时机礼貌询问原因。通过面对面沟通，既能消除误解，又能加深彼此了解。同时，主动分享自己的想法和感受，增强相互间的信任，减少因信息不对称引发的猜疑。

4. 充实自我，转移过度关注

将注意力从对他人的过度关注转移到自身成长与发展上。积极投入学业研究，培养如绘画、编程、运动等兴趣爱好，或参与各类社团活动、技能培训。当个人生活变得充实，内心也会更加自信平和，不再因一些小事产生无端猜疑，以更从容的心态面对人际关系。

5. 调整心态，培养豁达气度

通过阅读经典书籍、观看励志影片等方式，学习优秀人物豁达的处世态度，拓宽自身格局。参与团队协作项目，在集体活动中感受信任与被信任的力量，体会相互包容带来的良好人际关系体验。日常中注重情绪管理，遇到可能引发猜疑的情境时，先进行深呼吸等放松练习，保持冷静理智，逐步培养宽容、豁达的心态。

课堂活动

大学生人际关系行为困扰测试

指导语：请仔细阅读以下每一个问题，根据自己的实际情况进行选择。答案没有对错之分，你的回答将有助于了解你在人际关系方面的状况。

1. 在社交场合中，我常常不知道如何与他人开启对话。

A. 完全符合　B. 基本符合　C. 不确定　D. 不太符合　E. 完全不符合

2. 我觉得在与他人交往中，很难表达自己的真实想法和感受。

A. 完全符合　B. 基本符合　C. 不确定　D. 不太符合　E. 完全不符合

3. 我担心自己在社交场合中的表现会被别人嘲笑或批评。

A. 完全符合　B. 基本符合　C. 不确定　D. 不太符合　E. 完全不符合

4. 我很难与不同性格、不同背景的同学建立良好的关系。

A. 完全符合　B. 基本符合　C. 不确定　D. 不太符合　E. 完全不符合

5. 在小组讨论或团队活动中，我总是很难融入其中，发挥自己的作用。

A. 完全符合　B. 基本符合　C. 不确定　D. 不太符合　E. 完全不符合

6. 我觉得自己在与异性交往时，特别不自在，不知道该如何相处。

A. 完全符合　B. 基本符合　C. 不确定　D. 不太符合　E. 完全不符合

7. 当我与他人发生矛盾或冲突时，我不知道该如何妥善解决。

A. 完全符合　B. 基本符合　C. 不确定　D. 不太符合　E. 完全不符合

8. 我发现自己很难主动去关心他人，对他人的事情不太感兴趣。

A. 完全符合　B. 基本符合　C. 不确定　D. 不太符合　E. 完全不符合

9. 我觉得别人不太愿意和我一起参加活动或交流。

A. 完全符合　B. 基本符合　C. 不确定　D. 不太符合　E. 完全不符合

10. 在社交中，我常常因为过于在意别人的看法而感到压力很大。

A. 完全符合　B. 基本符合　C. 不确定　D. 不太符合　E. 完全不符合

评分标准及结果解释

评分标准：选“A”得 5 分，“B”得 4 分，“C”得 3 分，“D”得 2 分，“E”得 1 分。将各题得分相加得到总分。

结果解释：

10~20 分：说明你在大学生人际关系方面处理得很好，基本没有困扰，能够轻松自如地与他人交往，善于表达自己，也能很好地理解和关心他人，人际关系和谐。

21~30 分：表示你在人际关系中存在一些小问题，但不严重。你可能在某些特定情境或与某些特定人群交往时会遇到一些困难，但通过适当的调整和努力，可以改善人际关系。

31~40 分：说明你在人际关系方面有一定程度的困扰，可能在沟通表达、融入群体、处理冲突等方面存在较多问题，需要关注并积极寻求方法来提升自己的人际交往能力。

41~50 分：表明你在大学生人际关系中存在比较严重的困扰，可能已经对自己的学习、生活和心理健康产生了一定的影响，建议寻求专业心理咨询师的帮助，同时积极主动地调整自己的人际交往方式和心态。

这份测试从多个维度评估大学生的人际关系行为困扰，具有一定的科学性和权威性，但也只是一个初步的评估工具，不能完全代表个人的真实情况。如果想要更准确地了解自己的人际关系状况，还可以结合他人的反馈和实际交往中的表现进行综合判断。

心灵鸡汤

管好自己的舌头

一天,一个人匆匆忙忙跑到某位哲人面前:“我有个消息要告诉你……”

“等一等,”哲人抬手打断对方,“你要告诉我的这个消息,经过三个筛子过滤了吗?”

“三个筛子?哪三个筛子?”那人满脸疑惑。

“第一个筛子叫‘真实’。你能确定这个消息是确凿无误的吗?”

“不知道,我是在街上听别人说的。”

“那就用第二个筛子来审视。”哲人继续说道,“即便消息无法证实真假,至少它应该是出于善意的吧?”

那人犹豫片刻,支吾着回答:“不,恰恰相反……”

哲人再度打断:“那么,我们再来用第三个筛子衡量。这个让你如此急切分享的消息,真的很重要吗?”

“其实也没那么重要。”那人低下头,面露愧色。

哲人语重心长地说:“既然这个消息既不真实,也非善意,更无关紧要,那还是别说了。如此一来,它既不会困扰你,也不会影响我。”

生活中,我们急于分享的许多信息,往往和这个例子中的消息一样,对人对己都毫无价值。倘若我们在开口前,都能用“真实、善意、重要”这三把标尺衡量要说的话,就会发现,有太多话其实不必说,也不该说。

语言如同双刃剑,当我们热衷于对他人评头论足、传播未经证实的言论时,不知不觉间也会反噬自身。学会约束自己的言语,不让其肆意泛滥,方能避免因口舌之快引发的种种困扰。管好自己的嘴,实则是在经营好自己的人生——当我们能够审慎地对待每一句话,就能更好地掌控生活的节奏,收获和谐的人际关系与内心的平静。

心理推荐

1. 影视之光,照亮成长迷雾

(1)《少年的你》

推荐理由:这部电影以校园欺凌为背景,展现了青少年在面对人际关系中的暴力和伤害时所产生的心理问题和应对方式。影片中的主角陈念和小北在困境中相互支持,共同成长,最终走出了阴影。这部电影对于大学生认识和预防校园欺凌,以及处理人际交往中的冲突和矛盾具有一定的警示作用,同时也强调了在面对心理问题时寻求帮助和支持的重要性。

(2)《奇迹男孩》

推荐理由:影片讲述了一个面部有缺陷的男孩奥吉在进入学校后,如何面对同学们的歧视和嘲笑,逐渐融入集体,找到自信和友谊的故事。奥吉在面对心理问题时,通过家人的支持、自己的努力以及朋友们的帮助,最终克服了困难,实现了自我成长。这部电影对于大学生理解和应对孤独、自卑等心理问题具有一定的启示作用,同时也展示了在人际交往中包容、理解和关爱的重要性。

2. 书籍之智,解锁社交密码

(1)《赢人心》

推荐理由:戴尔·卡耐基的经典之作,专注于如何赢得他人的信任和支持。书中提出了许多实用的技巧,如如何建立共鸣、如何让他人感觉重要等。通过学习这些技巧,读者可以学会如何与他人建立更加积极和富有成效的关系,从而实现自己的人生目标,非常适合希望提升人际交往能力的读者阅读。

(2)《自卑与超越》

推荐理由:个体心理学创始人阿德勒的经典著作,深入探讨了自卑心理的产生原因和影响,以及如何通过正确的方式超越自卑,实现个人成长和社会适应。书中强调了个体的社会兴趣和合作精神在克服自卑中的重要性,为读者提供了一种积极向上的心理调适方法,对于大学生认识和克服自卑心理具有重要的启示作用。

心理修炼

一、案例分析题(能力应用)

案例1:大学生小林性格内向,每次班级活动都不敢主动发言,担心被同学嘲笑"说得不好"。久而久之,他逐渐被同学疏远,感到孤独又自卑。

问题:

1. 小林主要存在哪种人际交往心理问题?

2. 请为小林设计2条具体的改善建议(结合本节所学技巧)。

案例2:小李发现室友最近总背着自己聊天,怀疑他们在议论自己,因此变得敏感易怒,甚至与室友发生争吵。

问题:

1. 小李的猜疑心理可能源于哪些原因?

2. 如果你是小李,将如何运用"沟通原则"化解矛盾?

二、情景模拟题(实践拓展)

1. 情景:你作为小组组长,组员小王因性格孤僻不愿参与讨论,导致项目进度滞后。

任务:请写出3条具体沟通策略,帮助小王融入团队。

2. 情景:在社团活动中,你无意中听到同学对你的负面评价。

任务:结合"情绪管理"与"沟通技巧",设计一段你与该同学的对话脚本。

三、论述题

1. 结合自身经历,论述"真诚原则"在人际交往中的重要性,并举例说明如何践行。

2. 从社会心理学角度分析,网络社交对大学生现实人际交往可能产生哪些积极与消极影响?

四、拓展任务

1. 小组任务:以"友善互助"为主题,策划一次班级心理健康活动,需体现社会主义核心价值观。

2. 个人反思:撰写一篇300字短文,谈谈本章内容对自己未来人际关系处理的启发,重点突出"责任意识"与"集体观念"。

第五章

人格发展

导读

在人类心灵的浩瀚宇宙中，人格犹如一颗独特的星辰，指引着我们的思维、情感与行为轨迹。从呱呱坠地到垂垂老矣，人格并非一成不变的静态产物，而是在遗传密码与生命历程的交互作用下，不断演变、发展。本章将带领读者深入探索人格发展的奥秘，剖析其在不同人生阶段的关键特征与塑造机制，揭示基因与环境如何共同谱写人格成长的史诗。无论是理解童年经历对成年性格的深远影响，还是探究青春期自我同一性的确立过程，抑或是洞察成年期人格的持续发展与完善，这些知识都将帮助我们更深刻地认识自我、理解他人，在复杂的社会生活中建立更健康的人际关系，实现个人与社会的和谐共生。

学习目标

1. 知识目标

深入理解遗传因素、家庭环境、学校教育、社会文化等要素在人格发展中的作用机理，准确识别各阶段人格发展的典型特征与关键影响因素。

2. 能力目标

培养批判性思维能力，能够对不同人格发展理论进行比较分析，结合时代发展与社会变迁，客观评价理论的适用性与局限性。

3. 素质目标

（1）强化自我认知与反思能力，通过剖析自身人格发展历程，促进自我觉察与心理成长，塑造理性平和、积极向上的心理素质。

（2）培育人文关怀与社会责任感，理解人格发展的多样性与独特性，在人际交往中尊重差异、包容多元，提升社会适应能力与团队协作素养。

（3）树立终身发展理念，认识到人格完善是持续动态的过程，培养主动学习、自我提升的意识，在面对生活挑战时保持坚忍不拔的意志品质与积极进取的人生态度。

思政目标

1. 价值引领：引导学生树立正确的世界观、人生观与价值观，深刻理解人格发展过程中责任、担当、诚信等品质的重要性，强化社会主义核心价值观对人格塑造的指导意义。

2. 家国情怀：通过分析人格发展与社会文化的紧密联系，培养学生的家国情怀与社会责任感，认识到个人人格的健康发展与国家、民族的进步息息相关，激发学生将个人成长融入时代发展洪流的使命感。

3. 心理赋能：帮助学生树立积极健康的人格发展观，在面对成长中的挫折与困惑时，能够以坚忍不拔的意志和乐观向上的态度应对，培育自尊自信、理性平和、积极向上的社会心态，为成为担当民族复兴大任的时代新人筑牢心理根基。

第一节　人格概述

心理故事会

社交滤镜的觉醒时刻

大二学生林远在朋友圈永远是阳光学霸形象：凌晨图书馆打卡照、社团活动C位身影、秒回所有人的热心学长。但每当夜深人静，他总要对着空白的论文发呆——为了维持“全能人设”，他接下太多兼职、社团工作，结果却连专业课程都难以应付。

一次小组作业汇报时，连续熬夜的林远突然忘词，PPT里甚至出现了错漏百出的数据。就在他以为会遭到嘲笑时，组员小雨却主动解围："我们可以一起重新梳理，其实你不必一个人扛下所有。"这句话像撕开了他精心维持的完美滤镜。

在心理咨询室里，林远第一次承认："我害怕别人看到真实的我，那个会拖延、会焦虑、会犯错的自己。"咨询师引导他尝试"真实社交实验"：向室友坦言自己的经济压力，和导师沟通学业困境，拒绝超出能力的社团任务。

令人意外的是，当他开始展现脆弱面，反而收获了更温暖的回应。室友主动分担兼职工作，导师为他调整研究方向，还结识了同样喜欢深夜吐槽的新朋友。如今的林远学会在朋友圈分享未完成的草稿、失败的实验数据，他的个性签名也换成了："允许自己不完美，才是最酷的人格。"

这个故事折射出当代大学生的普遍困境：在社交平台营造的人设与真实自我间反复拉扯。但真正完整的人格，恰恰生长在接纳不完美的土壤里——毕竟，敢于暴露真实，才是最珍贵的人格魅力。

心理预热点

人格作为心理学研究的核心概念，是个体在生物遗传与环境塑造的双重作用下，形成的稳定且独特的心理行为模式。从本质上看，它以遗传基因为底层架构，为心理特质赋予生物学基础——例如，部分个体与生俱来的神经敏感性，使其在情绪反应上呈现出先天的易感性。同时，后天环境通过家庭教养方式、文化价值熏陶、社会经历等多元因素，持续雕琢与重塑这些特质。例如，成长于鼓励探索的家庭环境中，个体可能发展出更强烈的好奇心与冒险精神；而长期浸润在集体主义文化氛围内，往往会培养出注重和谐关系的社交倾向。

心理知识屋

一、人格的定义

"人格"一词的词源，最早可追溯至拉丁语"persona"，原指古希腊戏剧中演员佩戴的面具。这些面具不仅用于区分角色身份，更承载着人物的性格特质与命运轨迹。随着语义演变，"persona"逐渐褪去戏剧符号的外衣，转而指向面具背后真实的演员——隐喻着每个人独特的心理特质与行为模式。这一古老词源，恰如其分地揭示了人格的双重性：既包含对外展示的形象，也蕴藏内在真实的自我。

在现代心理学语境中，人格被定义为个体整体心理面貌的集中体现，是具有内在一致性的心理特征与行为倾向的动态系统。它既涵盖了外显的性格表现，如开朗健谈或沉静内敛，也包含内隐的心理倾向，如价值取向与动机系统。这种内外统一的特质，使得人格成为区分个体差异的核心标志。正如哲学家莱布尼茨所言，"世界上没有两片完全相同的树叶"，每个人的人格都是独一无二的生命印记。

俗语"一种米养百种人"生动诠释了人格的多样性。在大学校园里，你或许见过凌晨仍在实验室专注研究的"学术派"，热衷于组织社团活动的"社交达人"，沉迷音乐创作的"文艺青年”,或是坚持志愿服务的“热心使者”。这些差异不仅源于成长环境与教育背景的不同,更反映出人格特质在认知、情感与行为层面的差异化表达。正是这种千差万别的人格组合,构建起社会的多元生态——有人以创造力推动科技进步,有人以同理心凝聚社群力量,共同构成人类文明生生不息的演进动力。

知识链接

人格发展的经典理论体系

人格发展理论是心理学领域中极具深度与影响力的研究分支,不同学派从生物学、社会学、认知学等多元视角切入,构建起对人类心理特质演变规律的系统性阐释。这些理论不仅揭示了人格形成的内在机制,更为理解个体行为差异、促进心理健康发展提供了重要理论支撑。

一、精神分析理论:探索潜意识与心理发展的动态过程

(一)弗洛伊德的心理性欲发展理论

弗洛伊德开创性地将人格发展与“性本能”(力比多)的阶段性发展相联系,构建起极具争议又影响深远的理论体系。在他看来,个体人格发展历经5个关键阶段:口唇期婴儿通过吸吮、咀嚼等口腔活动获取快感,若此阶段喂养不当(过度满足或剥夺),成年后易形成依赖型人格或出现吸烟、过度饮食等代偿行为;肛门期儿童在排便训练中体验控制感,父母严苛或放任的教养方式,可能导致个体发展出洁癖、固执或散漫的性格特质;性器期儿童开始产生恋父/恋母情结,成功解决冲突将促进性别角色认同与超我形成;潜伏期性欲发展暂时停滞,儿童将主要精力投入学习与社交;生殖期则以成熟的性驱力为核心,个体开始追求亲密关系与社会成就。弗洛伊德强调早期经验对人格的决定性作用,认为潜意识冲突是推动人格发展的核心动力。

(二)埃里克森的心理社会发展理论

埃里克森在弗洛伊德理论基础上,引入社会文化因素,将人格发展扩展为贯穿一生的八阶段模型。每个阶段均存在特定的“心理社会危机”,危机的解决方式直接影响人格品质的形成。例如,婴儿期(0~1.5岁)的信任对不信任危机中,稳定的照料关系将培育个体的基本信任感;青春期(12~18岁)的自我同一性对角色混乱阶段,青少年通过探索职业、价值观等问题,构建稳定的自我认知;成年晚期(65岁以上)的自我整合对绝望阶段,个体通过回顾人生,达成对生命意义的接纳或陷入悔恨。该理论强调个体与社会环境的互动,为人格发展研究注入动态与毕生发展视角。

二、认知发展理论:思维建构与人格塑造的内在关联

皮亚杰的认知发展理论

皮亚杰从认知心理学角度出发,认为人格发展本质上是认知结构不断建构与完善的过程。儿童通过“同化”(将新经验纳入现有认知图式)和“顺应”(调整图式以适应新经验)两种机制,推动认知从低级向高级发展。在感知运动阶段(0~2岁),婴儿通过动作探索世界,发展出客体永久性概念;前运算阶段(2~7岁),儿童出现符号思维,但存在自我中心与泛灵论特点;具体运算阶段(7~11岁),儿童掌握守恒概念,具备逻辑思维雏形;形式运算阶段(11岁后),青少年能够进行抽象推理与假设验证。这些认知能力的提升,直接影响个体对自我、他人及世界的理解方式,进而塑造独特的人格特征。例如,具备抽象思维能力的青少年更易形成独立的价值判断,促进人格自主性发展。

三、社会学习理论:环境、观察与行为的交互作用

班杜拉的社会学习理论

班杜拉突破传统行为主义“刺激-反应”模式,提出三元交互决定论,强调个体行为、认知与环境之间的动态交互关系。他认为人格发展主要通过观察学习实现:个体通过观察榜样的行为及其后果(替代强化),无须亲身经历即可习得新行为。例如,儿童观察到同伴因分享玩具获得表扬,会主动模仿该行为;反之,目睹他人因攻击行为受罚,则会抑制此类行为。此外,自我效能感(个体对自身能力的主观判断)在人格发展中扮演关键角色,高自我效能感者更倾向于主动探索环境、接受挑战,进而塑造积极进取的人格特质。该理论揭示了社会环境对人格发展的塑造机制,为教育干预与行为矫正提供了科学依据。

四、人本主义理论:以个体潜能实现为核心的发展观

(一)马斯洛的需求层次理论

马斯洛提出人类需求呈金字塔式层级结构,从低到高依次为生理需求、安全需求、归属与爱的需求、尊重需求和自我实现需求。他认为个体只有在满足低层次需求后,才会追求更高层次的心理需求,而自我实现是人格发展的终极目标。自我实现者具有创造性、独立性、对生活充满热情等特质,能够充分发挥自身潜能。该理论强调个体内在需求对行为的驱动作用,颠覆了传统理论对人性的消极假设,为理解人格发展的积极动力提供了全新视角。

(二)罗杰斯的自我理论

罗杰斯聚焦个体的主观体验,提出“自我概念”是人格发展的核心要素。自我概念由现实自我(个体对自身现状的认知)和理想自我(个体期望成为的样子)构成,两者的一致性程度直接影响心理健康。当个体处于充满无条件积极关注的环境中(如民主型家庭、支持性教育环境),现实自我与理想自我更易达成协调,从而促进人格健康发展;反之,过度批评或忽视则可能导致自我概念扭曲。罗杰斯主张通过创造真诚、共情的人际氛围,帮助个体接纳真实自我,实现人格的自主成长。

五、特质理论:解析人格结构的稳定维度

(一)奥尔波特的特质论

奥尔波特将特质视为构成人格的基本单位,提出人格由共同特质(同一文化下多数人共有的特质)和个人特质组成。个人特质又细分为首要特质(最能代表个体的独特特质,如林黛玉的“多愁善感”)、中心特质(构成人格的核心成分,约 5~10 个)和次要特质(在特定情境下表现的特质)。该理论强调人格的独特性与个体差异,首次将特质研究从群体层面转向个体层面,为后续人格测量奠定了基础。

(二)卡特尔的 16 种人格因素理论

卡特尔运用因素分析技术,从大量行为数据中提炼出 16 种根源特质,如乐群性、聪慧性、稳定性等。每种特质均为连续变量,通过标准化测试可量化评估个体在各维度上的表现。该理论构建了系统的人格测量框架,16PF 人格问卷至今仍广泛应用于职业选拔、心理诊断等领域,为理解人格结构的复杂性提供了科学工具。

这些经典理论从不同层面揭示了人格发展的奥秘:精神分析关注潜意识与早期经验,认知理论强调思维发展的作用,社会学习理论聚焦环境影响,人本主义突出个体潜能,特质理论则剖析人格结构。它们相互补充、彼此印证,共同构筑起现代人格心理学的理论基石,为深入理解人

类心理发展规律提供了多维视角。

二、人格的四大核心特征

（一）整体性：心理系统的有机交响

人格并非零散心理特质的机械堆砌，而是一个高度整合的动态系统。它如同精密的交响乐团，认知、情感、行为等要素彼此关联、相互影响，共同奏响个体的生命乐章。例如，一个责任心强的人，不仅在学习中表现为按时完成任务（行为），其背后还蕴含着对自我价值的认知（“认真做事是对自己负责”），以及对目标达成的情感期待（完成任务后的成就感）。这种系统性使得人格成为连贯一致的整体，任一特质的变化都可能引发连锁反应。

（二）稳定性：跨越时空的心理底色

“江山易改，本性难移”生动体现了人格的相对稳定性。从中学时代到大学阶段，一个外向开朗的人往往在社团活动中依然活跃，而内向敏感的人更倾向独处阅读。这种稳定性源于长期形成的思维与行为习惯，但并不意味着人格完全固化。重大生活事件（如升学、失恋）或持续的自我觉察，都可能促使人格发生适应性改变。例如，经历创业失败后，冲动冒进的人可能发展出更谨慎的决策风格。

（三）独特性：不可复制的生命密码

世界上不存在完全相同的人格。遗传赋予每个人独特的生理基础（如神经递质分泌差异影响情绪反应），而成长环境的差异进一步塑造了个性化的人格图谱。比如，同样面对家庭变故，有人在逆境中培养出坚忍品质，有人则形成回避型人格。即使是同卵双胞胎，也会因不同的社交经历、兴趣选择，发展出截然不同的人格特质。这种独特性让每个人都成为无可替代的“心理个体”。

（四）社会性：文化熔炉中的自我塑造

人格的形成深深植根于社会土壤。家庭中，父母的教养方式（如鼓励探索或过度保护）直接影响孩子的自我认知；校园里，同伴关系与集体活动塑造了个体的社交模式；更宏观的文化背景中，东西方价值观差异（如集体主义与个人主义）会导致人格表达的显著不同。例如，成长于强调竞争的环境中的人，可能更倾向展现独立与进取的特质；而在互助文化中长大的个体，则更重视人际关系的和谐。这种社会性使人格成为个体与环境互动的鲜活产物。

课堂活动

熟人印象——自我认知探索

一、活动目的

通过收集熟悉同学的客观评价，打破自我认知盲区，借助他人视角反思自身人格特点，促进自我觉察与人格成长。同时，引导学生辩证看待评价，接纳积极特质，正视待改进部分，建立更全面、客观的自我认知体系。

二、操作流程

（一）准备阶段

1. 教师发放记录单，明确活动规则：将全班分为 5~6 人小组，每位同学在组内依次收集 3

名不同组员的评价，对方需用 3~5 个关键词概括自己的总体印象，并补充 1 个具体事例（如“耐心：主动帮我讲解作业难题”）。

2. 强调评价的真实性与尊重原则，禁用攻击性语言，建议从性格、能力、行为习惯等维度描述。

（二）实施阶段

1. 小组围坐讨论，按顺序轮流发言。发言同学保持倾听，其他组员依次用简洁语言给出关键词及事例，记录员协助汇总至记录单。

2. 教师巡视各小组，引导内向学生参与表达，鼓励组员从不同角度评价（如“学习态度”“社交风格”）。

（三）反思阶段

1. 个人整理：每位同学快速梳理收集到的评价，标注高频关键词，对比他人评价与自我认知的差异（如他人提到“果断”，但自己认为“犹豫”）。

2. 小组分享：组内交流对评价的感受，重点讨论“最意外的评价”和“最想改变的特质”（如“被评价为‘独来独往’，意识到自己需要增加团队协作”）。

三、活动考核

1. 组织学生自愿上台，结合评价内容分享对自身个性特征的新发现，阐述如何将反馈转化为自我提升的方向（如针对“社交内向”尝试主动参与小组活动）。

2. 教师提炼共性认知难点（如过度在意负面评价），引导学生以成长型思维接纳不完美。

四、注意事项

1. 强调隐私保护，未经本人同意不得公开他人评价；

2. 对因负面评价产生情绪波动的学生，教师需单独沟通，引导理性看待反馈；

3. 可结合 MBTI、大五人格等理论，辅助学生理解评价结果背后的人格特质。

三、人格的影响因素

（一）遗传因素：生命密码中的人格蓝图

遗传如同人格发展的“底层代码”，为个体的心理特质奠定生理基础。研究表明，部分人格维度与基因密切相关：例如多巴胺受体基因影响人的冒险倾向，血清素转运体基因则与情绪稳定性存在关联。经典的双生子研究发现，同卵双胞胎即便在不同环境中成长，其神经质、外向性等气质特征仍表现出高度相似性，这印证了遗传对人格的显著影响。值得注意的是，遗传赋予的是人格发展的可能性，而非决定性结果——它提供了反应阈限和发展倾向，例如天生敏感的婴儿更易对刺激产生强烈反应，但这并不意味着其必然发展为焦虑型人格。

（二）环境因素：后天经历的雕刻力量

1. 家庭环境：人格的第一塑造场

家庭作为个体成长的第一课堂，其教养方式犹如精密模具，深刻影响着子女人格的形成轨迹。社会学家将家庭喻为“社会的缩影”，时代的文化价值观、行为规范往往通过家庭互动，在儿童心灵深处烙下最初的印记。儿童天生具有强大的观察与模仿能力，父母的言行举止、情绪表达，甚至生活细节中的处事态度，都如同无声的教材，在潜移默化中塑造着孩子的认知模式与行为习惯。

家庭教养方式通常可划分为权威型、放纵型与民主型三种典型模式。权威型家庭强调绝对服从,父母以高压手段主导孩子的成长,可能导致子女形成怯懦或叛逆的人格特质;放纵型家庭则缺乏规则与引导,过度自由的环境易使孩子发展出任性、缺乏责任感的行为模式。相较之下,民主型家庭以尊重与平等为基石,父母既设定合理边界,又鼓励孩子表达观点、自主探索。研究表明,在民主开放的家庭氛围中成长的孩子,更易形成自信乐观、善于沟通、独立思考等积极人格特质,同时建立起健康的亲子依恋关系。

家庭对人格的影响兼具"自然遗传性"与"社会遗传性"双重属性。前者指家庭通过遗传基因传递气质倾向,后者则强调家庭作为社会文化的传递载体,将价值观、道德观等社会属性融入子女的人格塑造。正如心理学家所言,家庭是"人类性格的工厂",其提供的情感支持、教育资源与成长环境,共同编织成个体人格发展的底层逻辑,深刻影响着人一生的心理面貌与社会适应能力。

2. 学校与社会文化:群体塑造的隐形推手

学校作为个体走出家庭后的首个正式社会化场域,其教育环境、师生互动与同伴关系共同构成人格发展的关键塑造力量。校规校纪与校园文化如同隐形的指南针,通过规则约束与价值倡导,为学生的人格发展指明方向。例如,强调诚信与责任的校园文化,能够潜移默化地培养学生的自律意识与集体荣誉感。

教师作为学校教育的核心执行者,其人格特质与教育方式具有深远的示范效应。心理学研究证实,教师的性格特征会直接投射到课堂氛围与学生行为中:冷漠专断的教师易引发学生的对抗心理与不良行为,而民主亲和的教师则能营造安全包容的学习环境,显著降低学生的欺骗、攻击等负面行为发生率。此外,教师的期望效应(即"皮革马利翁效应")表明,积极的心理暗示能增强学生的自我效能感,推动其向理想人格特质发展;而教师在评价与奖惩中的公平性,则是学生正义感与道德观形成的重要参照。

同伴群体作为学校教育中的非正式影响源,对人格塑造的作用同样不容忽视。青少年时期,个体对同伴认同的需求达到顶峰,同学间的价值观碰撞、兴趣共鸣与行为模仿,会促使学生形成独特的社交风格与群体归属感。例如,热衷志愿服务的同伴团体可能激发学生的利他精神,而崇尚竞争的小群体则可能强化个体的成就动机。这种同伴间的相互影响,既丰富了人格的多样性,也可能引发从众行为,凸显了学校引导健康同伴关系的重要性。

3. 社会文化因素:人格塑造的多元画布

社会文化是人格形成的重要外部力量,它像一个无形的模具,塑造着社会成员的人格。

(1)文化共性与人格趋同:在相同的社会文化环境中,人们受到相似的价值观、道德规范和社会习俗的影响,人格会朝着相似的方向发展。例如,在强调集体主义的文化中,人们往往更注重集体利益,具有较强的团队合作精神和社会责任感。

(2)民族文化与性格差异:不同民族有不同的文化,形成了各自固有的民族性格特征。如米德等人对新几内亚三个民族的研究发现:阿拉比修族崇尚男女平等,成员间友爱协作,其人格特征表现为亲和友善;孟都古姆族以狩猎为主,男女有权力地位之争,对孩子处罚严厉,成员攻击性强、冷酷好胜;张布里族女强男弱,女性掌握经济实权,男性负责养育孩子,这使得女性表现出刚毅自主的性格,男性则有自卑感。这些例子表明,社会文化通过影响社会分工、家庭角色和人际交往等方面,塑造了不同民族独特的人格特点。

4. 儿童早期经验:人格形成的底色与烙印

"三岁看大,七岁看老"这句流传千年的俗语,与俄国教育家乌申斯基"性格在生命前几年定型"的论断不谋而合,深刻揭示了儿童早期经验对人格发展的奠基性作用。在个体生理与心理快速发育的关键阶段,每一次家庭互动、社会体验都如同雕刻刀,在人格的雏形上留下难以磨灭的印记。

精神分析理论强调,童年时期的情感体验是人格塑造的核心要素。在充满关爱与安全感的家庭中成长的孩子,更易发展出信任他人、积极乐观的人格特质;反之,长期遭受忽视、虐待或经历重大创伤的儿童,可能形成回避型依恋模式,甚至衍生出焦虑、抑郁等心理问题。例如,长期目睹父母争吵的孩子,成年后可能在亲密关系中表现出过度敏感或情感疏离。

行为习惯的养成同样在童年期埋下伏笔。心理学研究表明,幼年阶段形成的生活规律、学习习惯和社交模式,会通过"重复强化"内化为稳定的人格特质。若儿童时期未能建立自律、责任感等积极习惯,成年后矫正的难度将呈指数级增长。一项针对青少年犯罪群体的研究发现,超过70%的样本在童年期存在家庭教育缺失或不良行为习得的经历,这印证了早期经验与人格品德发展的紧密关联。

值得注意的是,早期经验的影响并非不可逆转。尽管童年经历如同人格的"底色",但个体的主观能动性、后期教育干预及社会支持系统,仍能为人格的重塑提供可能。这也提醒我们,重视儿童早期教育与心理关怀,不仅关乎个体的心理健康,更是预防社会问题的重要防线。

四、人格的组成部分

(一)气质

气质是个体生来就有的心理活动的动力特点,主要体现在心理过程的强度、速度、稳定性以及心理活动的指向性方面,即人们常说的脾气、秉性。它是先天形成的,受神经系统活动过程的特性所制约,无好坏之分,每种气质都有积极和消极的方面。气质类型主要有多血质、胆汁质、黏液质和抑郁质。多血质的人活泼好动、善于交际,适宜从事社交、外交等需要表达力、活动力和组织力的工作;胆汁质的人热情直率、精力充沛,适合从事社交、政治、经济等工作。

知识链接

气质的类型

在心理学中,气质主要分为多血质、胆汁质、黏液质和抑郁质四种类型,每种类型都有独特的心理特征与行为表现,具体如下。

1. 多血质

特点:这类人活泼好动、反应迅速、热爱交际,能很快适应新环境,善于表达,注意力容易转移,兴趣容易变换。就像春日里灵动的溪流,充满活力且灵活多变。

典型表现:在学校里,多血质的学生往往是各类活动的积极参与者,他们在社团中表现活跃,能迅速和不同的人建立联系。比如,在文艺演出筹备中,他们主动承担联络、组织工作,凭借出色的沟通能力协调各方。但面对单调、重复的学习任务,他们可能很快失去耐心。

2. 胆汁质

特点：直率热情、精力旺盛，但脾气暴躁，好冲动，心境变化剧烈。如同夏日的烈火，炽热而强烈。

典型表现：在体育竞赛中，胆汁质的运动员往往展现出极强的爆发力和拼搏精神，为了胜利全力以赴。在班级讨论时，他们可能会率先表达观点，言辞激烈且情绪激昂，但如果与他人意见不合，容易激动争论，甚至产生冲突。

3. 黏液质

特点：安静稳重、踏实，反应性低，交际适度，自制力强，性格坚忍，但有些死板，缺乏生气，犹如冬日里沉稳的山脉。

典型表现：黏液质的学生在学习上通常按部就班，能持之以恒地完成学习任务，面对难题会默默钻研，不轻易放弃。在团队合作中，他们是可靠的执行者，会认真履行自己的职责，但较少主动发起新的创意或活动。

4. 抑郁质

特点：行为孤僻，不善交往，易多愁善感，反应迟缓，适应能力差，容易疲劳，但情感细腻，观察力敏锐，恰似秋日里敏感的落叶。

典型表现：抑郁质的学生可能更愿意独自沉浸在书籍、艺术创作中。他们对周围环境的细微变化感知敏锐，例如能注意到教室布置的小改动、同学情绪的微妙变化。在面对批评或挫折时，他们可能会陷入较长时间的自我反思，情绪低落。

（二）性格

性格是个体在相对稳定的时间跨度内表现出的个性特征、行为模式、情感倾向和认知方式的总和。它可以从多个维度分类，如内向-外向型，内向型个体偏好独处，对社交活动兴趣不高或感到不适；理智-情感型，理智型个体倾向于通过理性思考和逻辑分析处理问题、作决策，情感型个体则更依赖情感体验和感受；独立-顺从型，独立型个体习惯独立思考和行动，不依赖他人指导或支持，顺从型个体则较依赖他人，容易接受他人的意见和安排。性格受后天环境和教育的影响较大，有明显的好坏之分，例如，诚实、善良、勇敢等是良好的性格特质，而虚伪、自私、怯懦等则是不良的性格特质。

（三）能力

能力是指个体顺利完成某种活动所必须具备的心理特征。它分为一般能力和特殊能力。一般能力是在各种活动中都表现出来的基本能力，如观察力、记忆力、思维能力、想象力等，这些能力是人们完成各种任务都需要的基础能力。特殊能力是在某种专业活动中表现出来的能力，如画家的色彩鉴别能力、音乐家的节奏感和旋律感、运动员的身体协调能力等，这些能力是从事特定专业活动所必需的。能力的发展受到遗传和环境的共同作用，遗传为能力的发展提供了潜在的基础和可能性，而环境因素，如教育、训练和实践经验等，则对能力的实际发展起着关键的作用。

（四）自我调控系统

自我调控系统是人格中的内控系统或自控系统，由自我认识、自我体验和自我控制三个子系统构成。自我认识是对自己的洞察和理解，包括自我观察和自我评价，例如个体对自己的外貌、能力、性格等方面的认识和评价。自我体验是伴随自我认识而产生的内心体验，是自我意识在情感上的表现，如自尊、自信、自卑等。自我控制是自我意识在行为上的表现，是实现自我意识调节的最后环节，包括自我监控、自我激励、自我教育等成分，例如个体能够控制自己的行为，克服困难，以实现自己的目标。自我调控系统的主要作用是对人格的各个成分进行调控，保证人格的完整、统一和和谐。

第二节 大学生人格发展中常见的问题及其调适

心理故事会

故事一：藏在完美主义下的自卑

大二学生小林在旁人眼中是不折不扣的“学霸”，连续两年获得校级奖学金，专业课成绩始终名列前茅。但聚光灯背后，他却深陷自我否定的泥沼——每天清晨5点起床背诵英语，深夜还在反复核对实验报告的每个数据；课堂上即便胸有成竹，也因害怕回答不够完美而保持沉默；小组作业中，他对队友的计算误差、排版格式等细节近乎苛刻，甚至熬夜重做他人负责的部分。一次因感冒导致的考试失利后，小林盯着成绩单颤抖，随后删除了所有社交软件，拒绝与任何人交流。

问题剖析：过度追求完美本质是自卑心理的极端投射。小林将自我价值完全绑定于“绝对优秀”，无法接受任何瑕疵，实则是用严苛标准掩盖对失败的恐惧，长期的自我苛责正在摧毁他的心理防线。

调适启示：从“完成优于完美”的小目标开始，如允许实验报告存在一处无关紧要的小错误；通过记录每日三件“已尽力的小事”，逐步重建对自我能力的信任。

故事二：被偏执困住的“独行侠”

性格内向的小周自幼敏感，进入大学后，偏执倾向愈发明显。一次课堂小组展示后，他偶然听到后排同学窃笑，便坚信对方在嘲笑自己的表达失误；室友提议分摊宿舍卫生值日表时，他认为是“针对自己”，赌气连续三个月独自打扫。最严重的一次，当导师建议他修改论文研究方法时，他当场撕碎草稿纸，咆哮着指责对方“故意刁难”。随着矛盾升级，他开始怀疑所有善意，甚至在食堂打饭时因担心“饭菜被加料”而自带便当。

问题剖析：偏执源于认知扭曲，小周将生活中的正常互动过度解读为威胁，通过攻击性防御行为维持摇摇欲坠的心理平衡，却在恶性循环中加剧了自我孤立。

调适启示：采用“现实检验清单”，逐条记录怀疑事件并寻找客观证据；参与剧本杀、即兴表演等活动，在角色扮演中学习从不同视角理解他人动机。

故事三：逃避成长的“依赖者”

来自南方小城的小陈，自幼在母亲“全方位呵护”下长大——高考志愿由父亲圈定，生活费按月拆分至每日额度，甚至连换季衣物都由母亲远程网购。进入大学后，他面对选课系统手足无措，社团招新时躲在宿舍刷剧，小组讨论全程沉默。当辅导员建议他竞选班委锻炼能力时，他以“没兴趣”婉拒，却在深夜因对未来迷茫而偷偷哭泣。直到大三，面对同学陆续开始的实习、考研准备，他仍困在“等他人安排”的惯性里，陷入深度焦虑。

问题剖析：长期的过度保护剥夺了小陈的自主能力，他将依赖视为安全区，用逃避掩饰对未知的恐惧，最终在“被推着走”的无力感中丧失人生掌控权。

调适启示：制订“独立挑战周计划”，从独立完成一次超市采购、策划一次短途旅行开始，逐步体验自我决策带来的成就感；参与创业比赛、志愿者活动等实践项目，在团队协作中被迫突破舒适区。

故事四：被狭隘吞噬的友谊

家境普通的小雨因高考失利进入大学，敏感的她总觉得周围同学“炫耀家境”。室友购买新手机，她在背后嘲讽“虚荣”；同学分享旅行见闻，她阴阳怪气地评论“炫富”。一次班级聚餐后，她因 AA 制费用计算误差与班长争执，甚至在社交平台匿名抹黑对方。当发现自己逐渐被同学疏远时，她反而变本加厉，将自己锁在“全世界都针对我”的偏执情绪中，最终患上轻度抑郁。

问题剖析：狭隘源于过度的自我防御与比较心理。小雨将他人的正常行为扭曲为“威胁”，用攻击性言行维护脆弱的自尊心，最终亲手摧毁了人际关系。

调适启示：练习“感恩日记”，每天记录三件他人的善意小事；参与公益活动，在帮助弱势群体的过程中拓宽视野，理解生活的多元性。

这些故事印证着：人格发展中的困境并非个例，更非绝境。通过觉察问题、主动干预与持续成长，每个大学生都能突破心理枷锁，走向更健康、自洽的人生状态。

心理预热点

在大众的普遍认知中，青年大学生本应是充满朝气与创造力的“后浪”，以蓬勃姿态拥抱人生新征程。然而，现实图景却呈现出复杂面向：近年来，随着经济高速发展与社会结构深度转型，大学生群体正面临前所未有的心理压力。从校园冲突事件到极端行为案例的频发，折射出部分学生在人格发展过程中存在的深层问题。

人格缺陷并非严格意义上的精神疾病，而是介于健康人格与病态人格之间的过渡状态，犹如人格发展进程中的“亚健康”信号。这一状态往往表现为认知、情感或行为模式的持续偏差，如过度自我中心导致的社交障碍、极端完美主义引发的焦虑抑郁，或是偏执倾向造成的人际冲突。数据显示，约 30% 的大学生存在不同程度的人格发展困扰，自卑、焦虑、冷漠等负面特质尤为突出——部分学生因长期自我否定陷入社交退缩，或因过度敏感在人际交往中产生敌对情绪，更有个体因情绪管理失控酿成不可挽回的悲剧。

这些人格缺陷不仅侵蚀着大学生的心理健康，更直接影响其社会适应能力。在学业层面，拖延、粗心等问题导致学习效率低下；在社交领域，孤僻、自我中心的倾向阻碍人际关系建立；在职业发展中，冲动、缺乏责任感的特质可能成为未来职场的绊脚石。值得警惕的是，人格缺陷具有“滚雪球效应”，若不及时干预，可能演变为更为严重的人格障碍，对个体的终身发展与社会稳定造成深远影响。

心理知识屋

一、大学生人格发展中常见的问题

（一）自卑与自负：大学生人格发展的双重困境与突围之路

在身份认同重塑与自我价值探索的关键期，自卑与自负如同硬币的两面，成为困扰大学生人格健康发展的常见问题。这些心理状态不仅源于个体对自我的认知偏差，更与成长环境、社会比较及大学阶段的特殊挑战密切相关。

1. 自卑心理：自我价值的隐形崩塌

自卑心理的形成常是多重因素交织的结果。一方面，大学作为人才汇聚的平台，学生极易陷入“同辈压力”的旋涡：看到同学在学术竞赛中崭露头角、在社团活动中光芒四射，或是因外貌、家庭经济条件与他人存在差异，便不自觉地将自己置于劣势地位。这种比较一旦失衡，就会催生“我不够好”的自我否定。例如，部分来自经济欠发达地区的学生，面对消费习惯与生活方式的差异，可能因无力追赶而产生强烈的挫败感。

另一方面，早期成长经历中的负面评价会在潜意识中埋下自卑的种子。若父母长期以“打压式教育”否定孩子的努力，或学生在中学阶段因成绩、外貌等原因遭受同伴排挤，这些记忆会持续削弱其自我效能感。自卑心理的外显表现为过度敏感与社交退缩——他们不敢主动表达观点，害怕被评价；面对机会时总以“我不行”自我设限，甚至因恐惧失败而放弃尝试，最终陷入“越退缩越否定”的恶性循环。

2. 自负倾向：过度膨胀的虚假自信

自负本质上是一种自我认知的扭曲，源于对自身能力的过度高估与对他人价值的轻视。部分学生因高中阶段成绩优异或拥有特长，进入大学后未能及时调整心态，仍沉溺于过往成就，将偶然的成功归因于自身天赋，忽视环境与他人的支持。家庭环境中的过度溺爱同样是重要诱因：长期被长辈捧在手心、缺乏挫折教育的学生，往往难以客观认识自己的不足，习惯用傲慢掩饰内心的脆弱。

这种心理状态在人际交往中表现为极强的控制欲与攻击性。自负的学生在小组讨论中常强行主导话语权，对他人建议嗤之以鼻；面对批评时，不仅拒绝反思，反而以尖锐言辞回击，导致人际关系疏离。更危险的是，长期的自负会形成认知壁垒，使个体在专业学习与人格发展中故步自封，错失成长机遇。

（二）偏执与狭隘：大学生人际交往中的心理屏障及其突破

在大学生活的集体环境中，偏执与狭隘如同无形的荆棘，不仅阻碍个体与他人的良性互动，更制约着人格的健康发展。这两种心理倾向看似源于性格差异，实则反映出认知模式的局限与情绪管理的缺失。

1. 偏执：认知闭环中的自我禁锢

偏执型思维的典型特征是固执己见与过度敏感。持有偏执倾向的大学生常陷入“非黑即白”的认知误区，坚信自己的观点绝对正确，拒绝接受任何与之相悖的证据或建议。例如，在小组作业中，即使团队已通过数据验证某方案存在缺陷，偏执者仍会坚持己见，甚至将他人的反对视为“故意针对”。这种思维模式的形成，往往与早期成长经历中的过度自我保护有关——若个体在童年时期因表达观点而遭受持续否定或嘲笑，成年后可能通过固执捍卫立场来维护脆弱的自尊心。此外，认知能力的局限也会加剧偏执倾向：部分学生缺乏批判性思维训练，难以客观分析问题，从而陷入自我强化的认知闭环。

偏执心理极易引发人际冲突。偏执者习惯将不同意见等同于敌意，在争论中表现出攻击性言辞或行为，甚至对他人进行人身攻击。这种模式不仅破坏团队协作氛围，还可能导致个体被孤立，进一步加剧其“全世界都不理解我”的错误认知。

2. 狭隘：心灵疆域的自我设限

狭隘心理表现为过度关注个人得失，缺乏包容与共情能力。持有狭隘心态的大学生在人际交往中往往锱铢必较：室友忘记分担水电费、同学无意的言语冒犯，都会成为他们心中难以释怀的“心结”。这种心理的形成与成长环境中的过度保护或资源匮乏密切相关——长期被满足所有需求的学生，可能难以理解他人的处境；而在竞争激烈、资源紧张的环境中长大的个体，则容易形成“零和思维”，将他人视为利益争夺者。

狭隘心态严重制约个体的社交质量与人格格局。过度计较细节会消耗大量情感能量，使大学生陷入“内耗”状态；拒绝包容差异则会阻碍其接触多元思想，限制认知视野的拓展。长此以往，狭隘者不仅难以建立深度的人际关系，还可能因过度自我中心而错失合作机会与成长资源。

（三）依赖与退缩：大学生成长路上的隐形羁绊与破局之道

在从青少年迈向成年人的关键过渡期，依赖与退缩如同双重枷锁，束缚着大学生的独立发展与人格完善。这些心理倾向不仅源于个体成长惯性，更折射出家庭教养方式与大学环境适应之间的深层矛盾。

1. 依赖心理：尚未剪断的“心理脐带”

依赖心理在当代大学生群体中呈现多维度表现：生活层面，部分学生延续高中时期的习惯，衣物由父母远程网购、生活琐事依赖室友协助；学习层面，过度依赖教师的知识灌输，缺乏主动探索的意识，甚至在小组作业中依赖他人完成核心任务；情感层面，将情绪调节完全寄托于朋友或恋人，难以独自应对压力与挫折。这种过度依赖的根源，往往指向家庭长期的“包办式”教养——父母出于保护心理，代劳孩子的生活决策、学习规划，导致其独立解决问题的能力发展滞后。

依赖心理的持续存在，会使大学生错失人格成长的关键契机。长期依赖他人的个体，容易陷入“能力退化—自我怀疑—更依赖他人”的恶性循环，在面临求职、深造等人生重大选择时，因缺乏独立思考与行动能力而陷入迷茫，甚至产生焦虑、抑郁等心理问题。

2. 退缩行为：逃避挑战的“心理防御”

退缩心理本质上是面对压力时的自我保护机制，但过度使用则会演变为成长阻碍。具有退缩倾向的大学生在面对学业难题时，往往选择拖延或放弃；面对社团竞选、竞赛等机会时，以“我肯定不行”为由主动回避；在人际交往中，害怕被拒绝而拒绝主动建立关系。这种行为模式的形成，与过往经历中的失败创伤、过度批评或高期待压力密切相关——当个体在早期尝试中反复受挫，或因表现未达预期而遭受否定，便会通过退缩来避免再次体验负面情绪。

退缩行为看似减少了即时压力，实则加剧了自我否定与社交隔离。长期回避挑战的大学生，不仅错失锻炼能力、积累经验的机会，还会因自我设限导致能力与自信的双重萎缩，形成“越退缩越无力”的消极循环。

课堂活动

自我人格剖析

一、活动目标

1. 深度自我觉察：通过自我评价与他人反馈，精准定位人格发展中的优势与缺陷。
2. 驱动行为改变：激发学生主动突破性格弱点的意愿，制订可落地的改进计划。
3. 促进群体互助：依托小组讨论构建支持性环境，实现朋辈间的经验共享与成长监督。

二、操作流程

1. 准备阶段

（1）材料发放：提供“人格特质自评表”（含开放性问题与量表选项，如“你认为自己最突出的 3 个优点是什么？”“哪些性格特点曾给你带来困扰？”）和“他人评价收集表”。

人格特质自评表

项目	内容
姓名：	
填写日期：	
一、性格优点自评	1. 社交特质（如亲和力强、善于倾听、领导力突出等）： 示例：团队合作中，我能主动协调成员分工，曾带领小组提前完成课题研究。 2. 思维特质（如逻辑性强、创造力丰富、善于分析等）： 示例：在解决数学难题时，我习惯多角度思考，常提出新颖的解题思路。 3. 意志特质（如坚忍不拔、自律性高、责任感强等）： 示例：坚持每天早起背单词，连续 365 天未间断。 4. 其他优势：________________ 具体事例：________________
二、性格缺陷自评	1. 情绪管理（如易怒、过度敏感、焦虑倾向等）： 示例：被他人否定时，容易情绪低落，甚至影响后续学习效率。 2. 行为模式（如拖延、优柔寡断、过度依赖等）： 示例：小组作业常拖延至截止日期前熬夜完成，导致质量下降。 3. 认知倾向（如固执己见、完美主义、自我中心等）： 示例：讨论方案时，难以接受不同意见，总认为自己的想法更合理。 4. 其他不足：________________ 具体事例：________________

续表

项目	内容
三、他人评价收集	1. 他人眼中我的优点： 同学 A：__________ 朋友 B：__________ 2. 他人指出的改进建议： 同学 A：__________ 朋友 B：__________ 四、综合反思与计划 1. 当前最希望克服的性格弱点：__________ 2. 具体改进计划： 短期目标(1 个月内)：__________ 长期目标(3~6 个月)：__________ 行动步骤(如寻求帮助、每日练习等)：__________

(此部分可邀请同学、朋友填写,帮助完善自我认知)

备注:本表格旨在帮助您系统梳理人格特质,所有内容仅用于自我成长分析,无须对外公开。建议定期回顾,见证自己的改变与进步。

他人评价收集表

项目	内容
被评价人姓名：	
评价人姓名：	
填写日期：	
一、我眼中你的性格优点	请用 3~5 个关键词描述对方的性格优势,并举例说明： 1. 关键词：_____ 具体事例：__________ 2. 关键词：_____ 具体事例：__________ 3. 关键词：_____ 具体事例：__________
二、我观察到的性格特点(含待改进部分)	请结合具体场景,客观反馈对方可能存在的性格倾向或改进建议： 1. 行为表现：__________ 对应性格特点：__________ 改进建议：__________ 2. 行为表现：__________ 对应性格特点：__________ 改进建议：__________
三、开放性反馈	您认为 TA 在人际交往、学习或生活中,哪些方面最值得肯定？哪些方面可以进一步提升？ 值得肯定之处：__________ 提升建议：__________

填写说明：

●请基于真实观察填写，避免主观臆断；

●建议使用“行为描述+具体事例”的方式，让反馈更清晰客观；

●本表格仅用于帮助对方自我成长，所有内容严格保密。

(2)规则说明：强调评价需遵循“具体事例+客观描述”原则(如“你在小组讨论时总能提出新颖观点，这体现了你的创造力”)，避免主观臆断。

2. 实施阶段

(1)个人自评：学生独立完成自评表，结合过往经历梳理性格特征，如“优点：责任心强(坚持每日完成学习计划)；缺陷：过度敏感(易因他人玩笑话情绪低落)”。

(2)小组互评：成员轮流陈述自评结果，其他同学补充反馈。设置“优点赞美环节”与“改进建议环节”，例如，赞美：“我发现你在社团活动中特别善于倾听，能快速捕捉大家的需求！”建议：“或许可以尝试在意见冲突时先冷静1分钟再回应，这样能减少冲动情绪。”

(3)综合总结：每位学生整合自评与互评内容，撰写《人格发展分析报告》，明确1~2项亟待改进的性格弱点，并标注具体表现(如“拖延：作业常拖至截止日前夜完成”)。

3. 反思阶段

小组讨论：围绕“如何克服性格弱点”展开头脑风暴，成员分享实用方法(如“用番茄钟拆解任务对抗拖延”)，共同制订短期行动计划。

三、活动考核

1. 小组汇报：每组推选1名代表，结合成员共性与个性问题进行汇报，需包含：

(1)小组内高频出现的性格优势与缺陷(如30%成员存在“社交焦虑”)；

(2)典型改进策略及预期效果(如通过“每日主动交谈1人”改善内向性格)。

2. 教师点评：针对汇报内容提出建议，提炼普适性问题(如“完美主义倾向”)，结合心理学理论(如认知行为疗法)给予专业指导。

3. 书面存档：学生提交个人分析报告与改进计划，作为后续跟踪评估的依据，强化活动持续性。

四、注意事项

隐私保护：非自愿内容不得公开，避免因负面评价引发心理不适。

正向引导：教师需关注敏感学生，及时干预过度自责或抵触情绪。

资源延伸：推荐相关书籍(如《终身成长》)与心理测评工具(大五人格量表)，支持学生持续探索自我。

二、大学生人格发展中常见问题的调适方法

(一)自卑与自负：构建健康的自我认知体系

自卑与自负如同失衡的天平两端，本质皆源于对自我认知的扭曲与偏差。自卑者将目光聚焦于自身不足，陷入“我不如人”的消极循环；自负者则过度放大优势，屏蔽外界真实反馈。若任由其发展，不仅阻碍个人成长，更可能引发社交冲突与心理危机。突破这一困境，需从认知重构、行为重塑与专业支持三方面协同发力。

1. 认知重构:打破比较陷阱,建立成长型思维

传统的“横向比较”(如与他人比成绩、外貌、家境)极易引发自我否定或盲目自大。对此,可引导学生转向“纵向比较”——关注自身阶段性成长:例如,制作“进步时间轴”,记录学习效率提升、社交能力改善等微小进步;通过“成就储蓄罐”收集过往成功经历,在自我怀疑时重温信心。同时,引入“成长型思维”理念,帮助学生理解能力并非固定不变,而是可通过努力不断发展,从而将“我做不到”转化为“我暂时还需要练习”。

2. 行为重塑:以小目标积累积极体验

自卑者常因畏惧失败而自我设限,自负者则易因轻视任务而栽跟头。针对这一问题,可采用“阶梯式目标法”:将大目标拆解为具体、可操作的小任务,如自卑学生可从“每天主动与一位同学打招呼”开始,逐步挑战公开演讲;自负学生则通过参与高难度竞赛、复杂团队项目,在实践中认识自身局限。此外,鼓励学生记录“每日成功日记”,即使是微小成就(如按时完成作业、解决一个难题)也值得肯定,以此强化自我效能感。

3. 专业支持:借助外部力量突破心理壁垒

心理咨询与团体辅导是打破认知盲区的重要途径。专业咨询师可通过“认知行为疗法(CBT)”,帮助学生识别并修正不合理信念;团体活动(如“优点轰炸”工作坊、模拟求职挑战)则能提供真实社交反馈,让自卑者感受被认可,使自负者学会倾听他人。同时,高校可开设“自我认知”主题课程,结合心理学理论与案例分析,系统提升学生的自我觉察能力,最终实现从“过度自卑/自负”到“接纳与超越”的人格蜕变。

(二)偏执与狭隘:拓宽认知与情感的边界

偏执与狭隘如同心灵的“滤镜”,将多元世界扭曲为非黑即白的单一视角。偏执者执着于“我是对的”,将异见视为攻击;狭隘者困于自我中心,难以容纳不同声音。打破这层枷锁,需从认知、行为与环境三个维度协同突破,帮助学生重建开放包容的思维模式与情感联结。

1. 认知重构:打破思维定式,培育批判性思维

偏执与狭隘的根源在于认知固化,需通过系统性训练打破思维局限。高校可开设批判性思维课程,引导学生学习逻辑推理、证据评估与辩证分析,例如通过“正反方辩论”“观点反转写作”等活动,强迫学生站在对立立场论证观点,从而理解“视角不同导致结论差异”的客观规律。同时,引入“认知行为疗法(CBT)”中的“证据检验”技巧,鼓励学生记录偏执想法(如“同学都在针对我”),并通过理性分析寻找支持与反驳的证据,逐步修正扭曲认知。

2. 行为训练:在实践中突破自我中心,增强共情力

行为层面的突破依赖真实场景的沉浸式体验。学校可组织“角色互换工作坊”,让偏执学生扮演意见被否定的角色,亲身体验被拒绝的感受;安排狭隘学生参与社区志愿服务(如关爱孤寡老人、特殊儿童),在服务他人中体会多元生活状态。此外,通过小组合作项目刻意制造观点冲突,要求成员在矛盾中协商解决方案,迫使学生跳出固有立场,学习倾听与妥协。这些实践能将“换位思考”从抽象概念转化为本能反应。

3. 环境支持:构建包容场域,实现良性引导

支持性环境是人格调整的催化剂。高校可建立朋辈互助小组,由心理委员或高年级学生带领开展“开放对话会”,营造安全的表达氛围,让偏执与狭隘的学生在倾听他人故事中反思自

身；心理咨询中心则提供针对性的个体辅导，通过“情绪日记分析”“社交场景模拟”等技术，帮助学生识别人际冲突的触发点，并学习非暴力沟通技巧。同时，校园文化应倡导多元价值观，通过讲座、展览等形式展示不同文化、思想的碰撞之美，潜移默化地拓宽学生的认知边界。

通过认知、行为与环境的三重干预，偏执与狭隘的坚冰终将消融，帮助学生以更开放、包容的姿态拥抱世界，实现人格的健康成长。

（三）依赖与退缩：培育独立人格的主动觉醒

依赖与退缩如同无形的枷锁，将大学生困在舒适区的牢笼中——依赖者习惯将选择权拱手他人，在“等靠要”中丧失成长主动权；退缩者则因恐惧失败而主动放弃机遇，陷入“越逃避越无力”的恶性循环。打破这一困境，需要家庭、学校与个体形成合力，从认知革新、环境塑造到行动实践层层推进，唤醒沉睡的独立意识。

1. 认知革新：破除思维桎梏，重塑成长型心态

依赖与退缩的根源在于错误的自我认知：依赖者将他人支持视为理所当然，退缩者则将失败等同于能力不足。对此，需通过“思维重塑三步法”实现转变：首先，引导学生建立“责任归属清单”，明确哪些事务应自主完成（如生活规划、学习决策），哪些属于合理求助范畴；其次，借助“成长型思维训练”，将“我做不到”转化为“我还没掌握方法”，例如记录每次失败后的经验教训；最后，开展“自我效能感提升计划”，通过完成小目标（如独自完成一次旅行攻略）积累成功体验，逐步建立“我能行”的信念。

2. 环境塑造：构建支持性实践场景，倒逼独立成长

家庭与学校是推动改变的关键外部力量。家长需逐步“放手而不撒手”，例如减少代劳式帮助，转而通过提问引导子女思考（如“你觉得可以怎么解决这个问题？”）；学校则可开设“独立能力训练营”，设置模拟求职、项目路演、野外生存等实践课程，强制学生在真实挑战中直面问题。此外，创新创业项目、社团自主管理等平台能让学生在团队协作中承担责任，例如担任活动策划者统筹全局，在压力与试错中快速成长。

3. 行动实践：以微小突破撬动蜕变，构建正向循环

改变需从“微习惯”起步：依赖者可从“三个自主”开始（自主规划作息、自主选择课程、自主处理矛盾），退缩者则尝试“每日一小步”挑战（如主动与陌生人交谈、报名兴趣社团）。心理咨询师可通过“暴露疗法”帮助学生逐步克服恐惧，例如先从低风险场景（如课堂发言）适应紧张感，再过渡到高难度挑战（如竞赛答辩）。同时，朋辈互助小组能提供情感支持与经验分享，例如组建“独立成长打卡群”，成员间互相监督、鼓励，在群体动力中加速人格蜕变，最终实现从被动依赖到主动担当的跨越。

第三节　大学生健全人格的塑造

心理故事会

小琳的蜕变：从自我怀疑到自信绽放

刚进入大学的小琳是个典型的“社恐”。高中时期，她将全部精力投入学习，很少主动与人

交流，习惯独来独往。进入大学后，丰富多彩的社团活动、小组合作课程，都让她感到无所适从。课堂小组展示时，她紧张得声音发抖，汇报内容磕磕绊绊；面对社团招新，她总是远远观望，不敢迈出报名的那一步。强烈的自我怀疑逐渐笼罩着她，成绩也因焦虑下滑，小琳陷入了深深的迷茫。

一次偶然的机会，小琳在心理健康课上接触到“成长型思维”的概念。她开始尝试用新的视角看待自己的困境，不再将“害怕社交”定义为无法改变的缺陷，而是视为可以提升的能力。她给自己制订了“微习惯”计划：每天主动和一位同学打招呼，每周参加一次小型讲座。起初，每一次主动交流都让她心跳加速，但她坚持记录自己的感受和进步，在反思中不断调整心态。

与此同时，小琳报名参加了学校组织的“价值观澄清”工作坊。在两难情境讨论环节，她被迫直面内心的矛盾与挣扎，开始重新审视自己的价值取向。通过与同伴的深入交流，她意识到自己真正渴望的不是“完美无缺”，而是在不断尝试中成长。这一认知转变，让她有了更多勇气走出舒适区。

后来，小琳鼓起勇气加入了国际文化交流社团。在与留学生合作策划文化节活动的过程中，她不仅锻炼了沟通协调能力，更被不同文化的独特魅力所感染。面对文化差异带来的摩擦，她学会了换位思考和包容理解，逐渐从团队中的“边缘人”成长为活动策划的核心成员。

学期末，当小琳站在讲台上从容地进行课程汇报时，台下的同学纷纷投来赞赏的目光。回顾这段经历，小琳感慨道：“我曾经以为自己永远无法改变，但当我开始行动、尝试用新的方法塑造自己时，我发现健全人格的塑造不是一蹴而就的奇迹，而是日复一日坚持与改变的馈赠。”小琳的故事，正是无数大学生在探索自我、塑造健全人格道路上的缩影，它印证了：只要勇于迈出第一步，每个人都能在成长中遇见更好的自己。

心理预热点

大学生群体正处于埃里克森人格发展理论中的“自我同一性对角色混乱”关键阶段，这一时期的认知发展、社会化进程与情感需求交织碰撞，构成了人格塑造的特殊土壤。在学业上，他们需完成从被动学习到自主探索的跨越，直面专业课程的深度挑战与学术竞争压力；社交层面则面临从熟人圈子到多元人际网络的重构，既要建立新的情感联结，又需处理文化差异与价值观冲突；同时，自我认知也在理想与现实的落差中不断重塑——对未来职业的憧憬、对个人能力的审视、对社会角色的适应，都在持续冲击原有的人格结构。

在此背景下，健全人格不仅是抵御成长困惑的心理铠甲，更是驱动长远发展的核心引擎。它赋予个体在学业困境中保持韧性的思维模式，在社交矛盾中化解冲突的情绪智慧，以及在价值迷雾中锚定方向的判断能力。从长远来看，具备健全人格的大学生能够更从容地应对职场挑战、家庭责任与社会使命，将个人成长与时代需求有机融合，真正实现从校园人到社会人的高质量转型。这种能力的培育，本质上是为其终身发展注入持续动能，使其在复杂多变的人生道路上，始终保有自我调适、突破与超越的内在力量。

心理知识屋

一、健全人格的内涵与标准

健全人格是个体在认知、情感、意志与行为层面达成深度和谐统一的理想心理状态，不仅是衡量心理健康水平的核心指标，更是支撑个体实现社会适应与自我价值的重要基石。从心理学视角来看，健全人格涵盖认知结构的合理性、情感表达的适度性、意志品质的坚定性和行为模式的适应性，是个体心理发展成熟的综合体现。其核心构成维度如下。

（一）清晰且动态的自我认知体系

健全人格的首要特征，在于个体能够建立客观、全面的自我认知框架。一方面，能精准识别自身能力优势与性格局限，既不盲目夸大成就，也不刻意回避短板；另一方面，具备成长性思维，以开放包容的态度接纳不完美的自我，并将其视为自我提升的起点。这种认知模式不是静态的标签化定义，而是随着人生阅历增长不断迭代更新的动态系统，体现出对自我发展的深刻理解与持续探索。

（二）成熟稳定的情绪调节机制

在情绪管理层面，健全人格表现为高度的情绪觉察力与灵活的调节能力。面对压力、挫折或复杂情境时，个体能够迅速启动理性思维，既不会让情绪完全主导行为，也不会压抑情感表达。通过运用认知重构、情绪释放等策略，保持内心的平和与情绪稳定性，在理性与感性之间找到平衡，展现出成熟的心理韧性与抗压能力。

（三）积极主动的社会适应能力

社会适应性是健全人格在人际交往与社会参与中的具体呈现。这类个体善于通过真诚沟通建立互信关系，既能尊重他人的价值观与生活方式，又能在多元文化环境中保持自身独立性。他们主动融入集体，在合作中展现领导力与协作精神，同时尊重边界，在利他行为与自我关怀间维持恰当的平衡，形成良性的社会支持网络。

（四）内化于心的价值准则体系

健全人格者拥有稳固且内化的价值体系，这一体系包含清晰的道德判断标准与明确的人生发展目标。在面对价值冲突或利益抉择时，能够坚守原则底线，将个人追求与社会责任感有机结合。这种价值体系不仅指导着日常行为选择，更成为其应对人生重大挑战时的精神支柱，赋予生命意义与方向感。

（五）和谐的人际关系

人际关系是人类社会中最普遍、最直接的社会联结，它深刻影响着个体的身心健康与生命质量。作为人格健康的重要外显特征，良好的人际关系不仅反映出个体的心理成熟度，更是塑造和完善人格的关键因素。拥有健全人格的人，往往以诚恳谦逊的态度待人，秉持公平公正的原则处事，展现出宽容豁达的胸襟。他们善于在倾听中理解他人的立场，以同理心化解矛盾；在交流中保持开放心态，尊重多元观点，即便面对分歧也能理性探讨而非固执己见。这种真诚包容的处世方式，不仅能赢得他人的尊重与信任，更能自然地融入不同群体，构建起稳固且富有支持性的社交网络。同时，他们具备高效的沟通能力，既能清晰准确地表达自我，又能敏锐捕捉他人意图，最大限度减少误解，使人际关系始终保持和谐顺畅的状态。

（六）乐观的人生态度

乐观的人生态度是健全人格中极具生命力的精神内核。人格健康者往往以积极的视角洞察世界，善于发现事物的闪光点，即便身处困境也能捕捉转机，对未来始终怀抱坚定的信心。这种乐观并非盲目无视现实挑战，而是基于对自身能力的充分认知与对成长规律的深刻理解。在学习与工作中，他们始终保持旺盛的好奇心与探索欲，将每一项任务都视为实现自我价值的机遇，全身心投入并充分发挥自身潜能。面对挫折时，他们展现出强大的心理韧性，不会因一时失败而气馁，而是迅速调整心态，以坚忍不拔的意志分析问题、整合资源，灵活运用多样化的策略积极寻求破局之道。这种迎难而上、勇于拼搏的精神，不仅帮助他们跨越重重难关，更在持续的自我突破中，不断强化内心的力量，让生命在逆境中绽放出更耀眼的光芒。

健全人格并非先天固定的特质，而是在遗传基础上，通过后天教育、社会实践与自我反思不断塑造的结果。理解这些标准，有助于个体在成长过程中更有针对性地培养与完善自身人格特质，实现心理与社会功能的全面发展。

二、塑造健全人格的核心路径

（一）深化自我觉察，构建积极的自我对话机制

健全人格的培育始于对自我的深度探索与认知重构。对于大学生群体而言，可通过系统性、多元化的实践方法，逐步强化自我认知的精准度与全面性。

1. 建立日常反思体系

通过撰写“情绪事件日志”，对每日经历的重要事件、情绪波动进行复盘，深入剖析行为背后的潜在动机与思维定式。例如，记录面对学业压力时的情绪反应，分析焦虑产生的深层原因，从而识别自身在压力应对机制上的不足，逐步建立更理性的情绪调节模式。

2. 借助科学测评工具

合理运用 MBTI 职业性格测试、大五人格量表等专业心理测评工具，结合心理学专家的解读分析，从外向性、神经质、开放性等多个维度，系统了解自身人格特质的优势与待发展领域。测评结果可作为自我认知的重要参考，但需结合实际生活表现辩证看待，避免标签化认知。

3. 构建双向反馈机制

主动向师长、同伴、家人收集评价，通过开放性的交流，了解他人眼中的自己。对比自我认知与外界反馈之间的差异，识别认知盲区与偏差。例如，通过他人指出的“过于追求完美”倾向，反思自身在目标设定与自我要求上的不合理之处，进而调整行为模式，实现认知的动态修正与完善。

（二）培育成长型思维，增强心理韧性

在学业竞争、社交磨合等现实挑战中，个体的思维模式如同导航系统，深刻影响着人格的发展轨迹与心理抗压能力。构建成长型思维可从以下三个维度系统发力。

1. 重塑失败认知框架

突破固定型思维的桎梏，将“我做不到”的消极定论，转化为“我暂时还未找到有效方法”的

积极探索视角。面对考试失利、竞赛挫折时，不将结果归咎于能力不足，而是聚焦于知识漏洞、策略缺陷等可改进因素，将每一次挫折都视为自我迭代的学习契机，逐步培养愈挫愈勇的心理品质。

2. 实施阶梯式目标管理

摒弃急于求成的心态，将宏大的人生目标拆解为具体、可量化、可操作的阶段性小任务。例如，将“提升专业成绩”细化为每日完成 30 分钟专项习题、每周整理一次知识框架等。通过持续达成小目标，积累成功体验，逐步增强自我效能感，以渐进式成长夯实自信心态。

3. 掌握心理急救策略

系统学习并熟练运用科学的心理调节技巧，构建应对负面情绪的“即时防护网”。当遭遇突发压力事件时，可通过 4-7-8 呼吸法调节生理应激反应，运用积极心理暗示重塑认知（如“我有能力应对当下困境”），或借助冥想、运动等方式转移注意力，快速平复情绪，降低负面事件对心理状态的冲击，提升心理复原速度。

知识链接

4-7-8 呼吸法

4-7-8 呼吸法由美国哈佛大学医学博士安德鲁·韦尔（Andrew Weil）所创，也被称为“放松呼吸法”，其原理基于调节呼吸频率，激活人体副交感神经系统，从而对抗紧张情绪，帮助身体从应激状态恢复至平静状态。这种呼吸技巧简单易学，且无须借助任何工具，适用于多种场景，具体操作步骤及相关要点如下。

一、基础操作步骤

1. 准备姿势：选择安静舒适的环境，以坐姿或躺姿为主。坐姿时，保持脊柱挺直，双脚平放在地面，双手自然放置于大腿；躺姿则需全身舒展，双臂放于身体两侧，掌心朝上。保持肩部、颈部、面部肌肉放松，微微闭合双眼，排除外界干扰。

2. 吸气阶段：用鼻子缓慢且平稳地吸气，吸气过程持续 4 秒钟。此时注意力集中在气息的流动上，感受空气逐渐充满腹部，如同气球被慢慢吹起，使腹部隆起，胸部保持相对静止。吸气速度不宜过快，避免产生喘息感。

3. 屏息阶段：完成吸气后，暂停呼吸，屏息 7 秒钟。此阶段需保持身体放松，避免因屏息产生紧张感。可在心中默数数字辅助计时，若初期难以坚持 7 秒，不必强迫自己，可循序渐进延长屏息时间。

4. 呼气阶段：用嘴巴缓慢呼气，持续 8 秒钟。呼气时可微微收拢嘴唇，形成类似吹口哨的形状，将肺部与腹部的空气彻底排空，感受腹部逐渐向内收缩，随着气息的呼出，全身的紧张感也随之释放。

二、进阶练习与注意事项

练习频率：建议每天练习 1~2 次，每次进行 3~4 组呼吸循环。长期坚持，能显著提升身体的放松能力。在感到焦虑、压力大或难以入睡时，也可随时进行练习，帮助快速平静情绪。

循序渐进：对于初学者，可能难以一次性完成标准的 4-7-8 节奏，不必急于求成。可先从较短的呼吸时长开始，如 2-3-4，随着练习深入再逐步调整到标准时长。

禁忌人群：患有严重心肺疾病（如慢性阻塞性肺病、心力衰竭）、高血压的人群，以及孕期女性，在使用前务必咨询医生意见。此外，练习过程中若出现头晕、胸闷等不适症状，应立即停止。

三、科学原理与效果

4-7-8呼吸法的核心在于通过延长呼气时间，降低呼吸频率（正常呼吸频率约12~20次/分钟，练习时可降至4~6次/分钟），刺激迷走神经，激活副交感神经系统，促使身体分泌内啡肽等神经递质，从而产生放松、愉悦的效果。研究表明，规律性练习该呼吸法，不仅能缓解焦虑、改善睡眠质量，还能辅助调节血压、降低心率，对提升整体身心健康具有积极意义。

（三）践行社会责任，拓展人格格局

社会实践是个体突破自我局限、培育健全人格的重要熔炉。高校可通过系统化引导，帮助学生在社会参与中实现人格的全面成长。

1. 深化志愿服务实践

鼓励学生投身支教帮扶、社区服务、公益救援等多样化志愿活动。在偏远地区支教中感受教育资源差异，在社区服务中直面民生需求，这些经历能有效唤醒同理心，使学生跳出个人视角，理解社会多元需求。长期的志愿实践不仅培养社会责任感，更能塑造包容、奉献的人格特质，让善意与担当内化为行为自觉。

2. 强化团队协作历练

通过学科竞赛、创新创业项目、社会调研等团队任务，为学生创造沉浸式协作场景。在团队合作中，成员需学会倾听不同观点，在分歧中寻求共识，在责任分配中展现领导力或协作力。这种动态互动不仅提升沟通协调能力，更能让学生深刻理解个体与集体的共生关系，培养大局意识与集体荣誉感，塑造更具社会性的人格特征。

3. 培育社会议题思辨能力

组织学生参与社会热点辩论、田野调查、政策研讨等活动，引导其运用批判性思维分析问题。从校园周边环境治理到社会公平议题，通过实地调研获取一手资料，结合文献研究形成理性判断。这一过程不仅能帮助学生构建客观、全面的价值判断体系，更能激发其对社会发展的主动思考，将个人价值追求与社会进步紧密联结，最终实现人格格局的升华。

（四）构建支持网络，实现协同成长

健全人格的培育并非个体的孤军奋战，而是需要家庭、学校、朋辈等多元环境的协同滋养。通过构建系统性支持网络，能够为个体的人格发展提供持续动力与坚实保障。

1. 夯实家庭情感基石

倡导建立平等、开放的家庭沟通模式，鼓励父母转变教育理念，减少对子女生活与选择的过度干预。在尊重个体独立性的基础上，给予充分的情感支持与信任，允许子女在试错中成长。例如，在职业规划、学业选择等关键问题上，父母以引导者而非决策者的角色参与，通过倾听与对话帮助子女明晰方向，从而培养其自主意识与责任担当。

2. 优化学校教育生态

学校应将人格教育纳入课程体系，通过开设心理健康、人际关系、生涯规划等通识课程，系统传授人格发展知识与心理调节技能。同时，完善心理咨询服务体系，配备专业心理教师团队，为学生提供个性化心理疏导。此外，通过营造包容多元的校园文化，尊重学生的个性差异，鼓励创新与表达，为学生的人格发展提供自由舒展的空间。

3. 激活朋辈互助力量

组织学生组建成长互助小组,搭建经验共享与相互监督的平台。小组成员定期开展交流活动,分享学习方法、情感困惑、成长感悟等,在彼此倾听中获得共鸣与启发。通过设立共同目标、互相督促打卡等方式,形成良性竞争与激励氛围。朋辈间平等的互动关系,能让学生在帮助他人与接受支持的过程中,提升人际交往能力,培养同理心与合作精神,实现共同成长。

三、健全人格塑造的实践策略

(一)微习惯”长效养成计划

通过建立微小且可持续的日常行为,逐步培育自律品质与坚忍意志。建议从每日阅读 30 分钟经典著作、进行 15 分钟碎片化运动(如晨间拉伸、晚间瑜伽)或记录 50 字反思日记等简单任务切入。这些“微习惯”降低了行动门槛,却能通过持续积累形成复利效应,帮助个体在循序渐进中克服拖延惰性,建立稳定的自我管理体系,为健全人格奠定坚实的行为基础。

(二)“价值观澄清”深度工作坊

借助系统化的价值探索活动,引导个体梳理与确立核心价值体系。通过设置道德两难情境辩论(如“救至亲还是救陌生人”)、开展人生重要事项排序游戏,促使参与者直面内心冲突,深度思考行为背后的价值驱动。此外,结合“价值观卡片”“生命之花”等工具,帮助个体将抽象理念转化为具体的生活准则,从而在复杂的社会环境中保持价值判断的清晰性与行为选择的一致性。

(三)“跨文化体验”沉浸式活动

通过多元文化的深度交互,打破固有认知框架,塑造开放包容的人格特质。鼓励参与国际学术交流项目、跨文化社团实践或民族文化探访活动,在真实情境中体验不同文化的思维方式、社交礼仪与价值观念。这种体验不仅能拓宽认知边界,更能培养文化敏感性与同理心,帮助个体学会在差异中寻找共性,在冲突中寻求共识,成长为具有全球视野与多元包容心态的现代公民。

(四)“生涯规划”个性化辅导

以个体兴趣、能力优势为起点,结合社会发展需求,制定清晰可行的成长路径。通过职业兴趣测评(如霍兰德职业测试)、能力雷达图分析,精准定位发展方向;同时,邀请行业导师开展一对一咨询,帮助个体了解职业生态与发展趋势。在此基础上,将长远目标拆解为阶段性行动计划,定期复盘调整。这种系统性的生涯规划不仅能增强个体的目标导向意识,更能通过持续的行动反馈,强化自我效能感与应对挑战的能力。

人格塑造是终身的修行,对于大学生而言,唯有以开放的心态拥抱改变,在自我反思与实践中持续完善,方能培育出适应时代需求、兼具个性与韧性的健全人格。

心灵鸡汤

国王与女巫

在一节哲学课上,教授讲述了这样一则故事:

国王亚瑟不幸被俘，本应被处死。然而，对方国王见他年轻乐观，心生欣赏，便向他提出一个难题：若能答出，便可重获自由。这个问题是："女人真正想要的是什么？"

亚瑟开始向身边的人征求答案，无论是公主、妓女，还是牧师、智者，都没能给出令他满意的回答。有人告知亚瑟，郊外阴森的城堡中住着一位老女巫，传说她无所不知，只是收费高昂，且条件古怪。

随着期限临近，亚瑟别无选择，只能前去求助。女巫答应解答问题，但提出了一个苛刻的条件——要嫁给亚瑟麾下最高贵的圆桌武士之一、他最亲密的朋友加温。面对女巫——驼背佝偻、容貌丑陋、仅剩一颗牙齿，身上还散发着刺鼻的恶臭，而加温高大英俊、正直善良，更是众人敬仰的勇士，亚瑟断然拒绝："不！我不能为了自由，强迫朋友娶你这样的女人！否则，我一辈子都无法原谅自己。"得知此事后，加温却坚定地说："我愿意娶她，为了你，也为了我们的国家。"

婚礼如期举行，女巫给出了答案："女人真正想要的，是主宰自己的命运。"此言一出，众人皆认可这是颠扑不破的真理，亚瑟也因此重获自由。

婚礼现场，女巫举止粗俗——徒手抓食、当众打嗝、脏话连篇，令在场众人无不感到厌恶。亚瑟痛苦落泪，而加温始终保持着谦和的态度。

新婚之夜，加温不顾众人阻拦，毅然走进新房。映入眼帘的，竟是一位从未见过的绝世美女。女巫开口道："我一天之中，一半是丑陋的模样，一半是倾城的容颜。加温，你希望我白天和夜晚分别以哪一面示人呢？"

教授讲完故事，课堂先是一片寂静，随后爆发出热烈的讨论。同学们的答案五花八门，但主要分为两类：有人认为应选"白天做女巫，夜晚变美女"，理由是过日子不必虚荣；也有人主张"白天是美女"，这样能收获他人艳羡的目光，夜晚在外玩乐，回家后漆黑一片，美丑便无须在意了。

面对这些回答，教授未作评价，只是透露故事还有后续——加温作出了他的选择。在同学们的强烈要求下，教授揭晓了结局，加温答道："既然你说女人真正想要的是主宰自己的命运，那么，就由你自己决定吧。"闻言，女巫热泪盈眶："我选择日夜都以美丽的模样相伴，因为我爱你！"

教室里再次陷入沉默。没有一个人作出和加温相同的选择。这不禁让人反思：我们是否常常以自我为中心，仅凭个人喜好去干涉他人生活，却忽略了对方的意愿？而当我们学会尊重与理解他人时，往往能收获意想不到的善意与美好。

心理推荐

1. 影音素材：黑暗中的自我觉醒镜像

(1)《搏击俱乐部》

推荐理由：《搏击俱乐部》讲述了一个失眠症患者杰克，他在一次偶然的机会中遇到了泰勒，两人共同创立了搏击俱乐部。随着时间的推移，杰克逐渐发现泰勒的真实身份和搏击俱乐部的真正目的，从而引发了一系列的冲突和危机。电影通过对杰克和泰勒两个人格的深入剖析，探讨了人格分裂、自我认知、社会压力等主题。

(2)《黑天鹅》

推荐理由：《黑天鹅》讲述了芭蕾舞演员妮娜在追求完美的过程中，逐渐陷入了自我毁灭的深渊的故事。电影通过对妮娜的人格发展历程的展现,探讨了人格的分裂、自我认知、艺术追求等主题。

2. 书籍素材:温柔的心灵疗愈指南

(1)《蛤蟆先生去看心理医生》

推荐理由:《蛤蟆先生去看心理医生》以童话般的叙事,讲述了蛤蟆先生在心理医生的引导下自我探索的历程。通过他们的对话,将人格成长的专业知识,如情绪的根源、自我认知的方法、人际关系对人格的影响等,以通俗易懂的方式呈现。阅读过程就像跟着蛤蟆先生一起解开内心困惑,能帮助读者直观地理解人格发展的奥秘,是一本轻松且深刻的人格成长启蒙读物。

(2)《天生不同》

推荐理由:《天生不同》基于荣格的心理类型理论,进一步完善并发展出包含 16 种人格类型的理论,还开发了迈尔斯-布里格斯类型指标(MBTI)人格测试表。书中详细介绍了不同人格类型在感知、判断和与环境互动方面的差异,以及这些差异如何影响人格的形成与发展。借助大量生活实例,读者能清晰了解自己和他人的人格特点,进而在人际交往、职业选择等方面作出更适合自己人格发展的决策,是深入了解人格类型与发展的实用指南。

心理修炼

一、简述

1. 请结合自己的情况,分析人格形成的重要影响因素有哪些。
2. 通过本章的学习,你发现自己的性格有哪些不足需要自己去改进?
3. 谈谈如何塑造良好的性格塑造。

二、案例分析

案例:大学生小李性格内向,在集体活动中常回避发言,与同学发生矛盾时习惯压抑情绪。经了解,其父母从小对他要求严苛,犯错时会采取冷漠不理睬的惩罚方式。

问题:

1. 运用埃里克森人格发展理论,分析小李可能在哪个阶段未获得良好发展。
2. 从家庭环境角度,解释小李当前人格特点的形成原因。
3. 请提出帮助小李改善人格发展状况的可行建议。

第六章

恋爱心理

导读

在人生的成长旅程中，恋爱是极具色彩与温度的篇章，尤其对于处于价值观塑造关键期的青年群体而言，它不仅是情感的交融，更是自我认知、人际交往与社会责任意识形成的重要实践场域。本章将深入剖析恋爱心理的内在机制，从健康恋爱心理的核心要素、两性恋爱心理差异，到恋爱的困扰与调适，结合生动案例与科学理论，帮助读者拨开情感迷雾，建立理性认知。同时，针对性心理发展与恋爱行为规范展开探讨，引导学生在亲密关系中实现身心和谐发展，为构建幸福、健康的情感关系奠定坚实基础。

学习目标

1. 知识目标

系统理解健康恋爱心理的核心特征，掌握两性恋爱心理差异的表现及成因，熟悉性心理发展的科学理论与实践要点。

2. 能力目标

学会运用恋爱心理知识分析现实情感问题，能够识别并规避错误恋爱心理的负面影响，培养在亲密关系中理性决策与有效沟通的能力。

3. 技能目标

将所学理论转化为行动指南，在恋爱关系中践行尊重、平等、责任等原则，建立健康的恋爱行为模式，提升情感管理与关系维护的实操水平。

思政目标

1. 价值引领：树立正确的爱情观与价值观，深刻认识恋爱关系中责任担当与道德规范的重要性，抵制功利化、低俗化的恋爱观念。

2. 社会责任：引导学生将个人情感需求与社会道德准则相结合，在恋爱过程中注重自我成长与他人关怀的统一，培养积极向上的人生态度。

3. 理想信念：通过剖析健康恋爱心理与行为，帮助学生感悟爱情的美好与崇高，激发追求真挚情感、塑造健全人格的内在动力，树立对理想爱情与幸福人生的坚定信念。

第一节 认识爱情

心理故事会

故事一：滤镜下的幻梦

在秋日的校园社团招新现场，大二女生晓雯的目光被舞台上的身影牢牢吸引。林阳怀抱吉他，在聚光灯下低眉浅唱，原创旋律如潺潺溪流流淌，侧脸的轮廓被光晕勾勒得格外迷人。那一刻，晓雯的心跳骤然加速，仿佛整个世界都只剩下舞台上的身影——这突如其来的心动，像一颗投入深潭的石子，在她心底激起层层涟漪。

此后，晓雯主动加入音乐社，创造各种机会与林阳接触。她细心地为排练到深夜的他送上热饮，积极帮忙整理演出设备，眼神里满是不加掩饰的崇拜。在她眼中，林阳不仅才华横溢，性格也温柔体贴。哪怕他偶尔迟到、对他人态度敷衍，晓雯也会不自觉地为他开脱：“艺术家总是有些随性的。”晕轮效应如同给她戴上了一副特殊的滤镜，将林阳的才华无限放大，而其他缺点则被自动模糊。

直到一次社团团建，晓雯眼中林阳的完美形象轰然崩塌。酒桌上的林阳对学弟学妹颐指气使，面对社团事务总是推诿塞责。当晓雯试图与他沟通时，得到的却是不耐烦的回应。这场始于颜值与才华的心动，终究在现实面前破碎。晓雯在痛苦的反思中明白：她所迷恋的，不过是自己用想象堆砌的幻影，而非真实的林阳。

故事二：迷失在从众浪潮中的爱

张磊的寝室里，陆续响起了恋爱的甜蜜旋律。看着室友们每天和女友甜蜜约会，在朋友圈分享幸福瞬间，作为寝室里最后一个单身的男生，他的内心渐渐被不安填满。每当周末室友们纷纷外出约会，空荡荡的寝室仿佛都在提醒他的“落单”状态。这种无形的压力，让他对恋爱产生了迫切的渴望。

在一次联谊活动中，经朋友介绍，张磊认识了女生小雨。两人很快确定了关系，起初，张磊享受着恋爱带来的新鲜感，也沉醉于旁人羡慕的目光。然而，随着相处的深入，他逐渐发现两人在兴趣爱好、生活习惯上存在巨大差异。当小雨认真地与他探讨未来规划时，张磊总是选择敷衍回避；面对日常的小矛盾，他也提不起耐心去沟通解决。

这段仓促开始的恋情仅仅维持了两个月便走到尽头。分手后，张磊陷入了深深的自我反思。他意识到，自己当初不过是为了摆脱孤独感，盲目跟风恋爱。这种缺乏深思熟虑的选择，不仅伤害了对方，也让自己在这段感情中迷失了方向。真正的爱情，从来不是为了填补空虚而作出的草率决定。

故事三：岁月沉淀的醇香

王薇和陈默的故事，始于大学图书馆的某个午后。那时，他们是并肩学习的同学，是食堂里相互等候的伙伴。没有浪漫的告白，没有轰轰烈烈的追求，感情就在日复一日的相处中悄然滋长。毕业后，一个选择考研深造，一个踏入职场，异地的距离没能冲淡他们的感情，反而让思念愈发浓烈。

每个夜晚，无论多忙，他们都会准时接通视频电话，分享当天的见闻与心情；每逢节假日，他们总会跨越城市的距离，只为短暂的相聚。这些平凡却温暖的日常，让他们的感情在时光中愈发深厚。

结婚后，生活的压力接踵而至。面对房贷的负担、育儿的艰辛，他们始终携手同行。当王薇为考研挑灯夜战时，陈默主动承担起全部家务，为她营造安静的学习环境；当陈默在职场遭遇挫折时，王薇总会耐心倾听，给予鼓励与支持。

十年光阴流转，他们早已褪去了恋爱初期的炽热激情，却在柴米油盐的琐碎中，铸就了坚不可摧的信任与依赖。这份细水长流的伴侣之爱，就像一坛陈年佳酿，在岁月的沉淀中愈发醇香，见证着爱情最美好的模样——是漫长岁月里的相互扶持，是平凡生活中的相知相守。

心理预热点

在人类情感的浩瀚星空中，爱情始终是最璀璨、最令人着迷的存在。对于本科阶段的大学生而言，正处于身心快速发展、社交圈不断拓展、自我认知持续深化的关键时期，爱情成为生活中不可忽视的重要议题。深入认识爱情，不仅有助于处理恋爱中的各种问题，更是完善自我、实现情感成长的必经之路。

心理知识屋

一、爱情概述

(一)爱情的定义与本质

台湾作家三毛曾言:“爱情有若佛家的禅——不可说,不可说,一说就是错。”这句充满东方哲思的话语,道尽了爱情的神秘与复杂。古往今来,人们对爱情的认知与描绘从未停歇,在文学、艺术与哲学的长河中,爱情始终是最动人的主题。

从文学经典中,我们看到了爱情的不同模样。杨过与小龙女跨越16年的不离不弃,书写了矢志不渝的深情;梁山伯与祝英台化蝶的传说,诉说着爱情的凄美与悲壮。有人将爱情比作生活的港湾,当心灵在尘世中疲惫漂泊时,能在此获得安宁与慰藉;有人视爱情为生命的催化剂,它点燃灵感的火花,赋予人勇往直前的激情;更有人把爱情看作伟大的导师,在亲密关系的互动中,教会我们理解、包容与成长。

在哲学与心理学的领域,学者们也不断探索着爱情的本质。古希腊哲学家柏拉图提出“情爱”(Eros)的概念,强调爱情纯精神、抽象的特质,认为真正的爱情应超越肉体欲望,追求灵魂的交融与升华,这种观点深刻影响了西方的爱情观念。奥地利精神分析学家弗洛伊德则从潜意识理论出发,指出人的性本能是爱情的核心驱动力,爱情本质上是性本能的一种表达与升华,揭示了人类情感背后的生物性根源。18世纪英国哲学家休谟则持折中观点,他认为爱情是美貌带来的吸引、性欲产生的冲动以及好感引发的情感三者结合而成的真挚情感,兼顾了爱情中的感性与理性因素。

这些不同的认知与解读,如同多棱镜般折射出爱情的丰富内涵。它既包含着原始的本能冲动,又蕴含着崇高的精神追求;既有着现实生活的烟火气息,又充满浪漫主义的理想色彩。正是这种复杂性与多元性,让爱情成为人类永恒的话题,不断激发着我们的思考与探索。

爱情作为人类情感世界中最复杂且深邃的现象,是生物学本能、心理学联结与社会学建构共同交织的产物。它既包含原始的生理冲动,又超越了单纯的本能驱动,在情感依恋、精神共鸣与社会联结的多维作用下,形成独特的情感体验。

从生物学视角解析,爱情的萌发具有精密的神经生理机制。当个体邂逅契合的对象时,中枢神经系统迅速启动生理反应,苯乙胺、多巴胺等神经递质呈指数级分泌。这些化学物质不仅引发瞳孔扩张、心跳加速等明显的生理表征,更在大脑奖赏系统中构建起愉悦回路,使个体产生兴奋、幸福与强烈的吸引力,这正是“一见钟情”背后的科学密码。然而,这种原始的生理冲动仅是爱情的起点,随着关系的深化,后叶催产素与加压素的分泌逐渐占据主导,它们共同作用于大脑边缘系统,促进信任、依恋等高级情感的形成。

在心理学维度,爱情本质上是深度的情感联结与认知融合过程。爱情的发展伴随“自我-他人融合”现象——个体将伴侣逐步纳入自我概念,共享情感体验、生活目标与价值体系。这种融合不仅表现为情绪上的共鸣,更体现为认知层面的相互理解与支持。恋人通过持续的互动,构建起独特的“我们”视角,在镜像神经元的作用下,能够敏锐感知对方的情绪状态,形成超越言语的默契。同时,爱情中的尊重、信任与关怀并非自发产生,而是个体在亲密关系中不断进行情感投资、相互妥协的结果,这一过程深刻影响着双方的自我成长与人格完善。

从社会学角度审视，爱情始终无法脱离文化语境的塑造。不同社会文化通过家庭教养、宗教信仰、社会规范等渠道，为爱情赋予特定的价值内涵与行为准则。例如，西方个人主义文化强调爱情中的激情与自我实现，将浪漫之爱视为婚姻的核心基础；而东方集体主义文化则更注重爱情与家庭责任的统一，在儒家文化影响下，“发乎情，止乎礼”的情感表达模式，使得爱情往往与家族利益、伦理秩序紧密相连。此外，社会阶层差异也显著影响爱情实践，经济条件、教育背景等因素不仅制约着择偶标准，更在亲密关系中塑造权力结构与互动模式。

这种多维度的交织，使得爱情既具有跨文化的普遍性（如对亲密与归属的渴望），又呈现出鲜明的文化特异性。理解爱情的多元本质，不仅有助于洞察人类情感的奥秘，更为构建健康、成熟的亲密关系提供了理论支撑。

（二）爱情的基本特征

1. 平等互爱性

爱情的本质内核是双向奔赴的情感共鸣，它建立在男女双方基于客观现实、完全自觉自愿的自主选择之上。在健康的恋爱关系中，不存在任何形式的依附与支配，取而代之的是平等互爱的联结。这种平等既体现在人格尊严的相互尊重——双方认可彼此独立的思想、意志与价值，不将对方视为满足自身需求的工具；也彰显于情感投入的对等性，要求双方以信任为基石、以关心为纽带，共同构建相互滋养的关系模式。

真正的爱情倡导双向奉献，既鼓励双方大胆接纳对方的爱意，也强调主动向伴侣倾注情感与关怀。这种关系坚决反对任何形式的从属化倾向，无论是经济控制、情感勒索，还是精神压迫，都与爱情的平等本质背道而驰。正如波伏娃（Beauvoir）在《第二性》中强调的，理想的爱情应当建立在双方人格独立的基础上，唯有如此，亲密关系才能成为滋养个体成长的沃土，而非束缚自由的枷锁。

2. 唯一排他性

爱情天然具备强烈的专属属性，它是两颗灵魂深度碰撞后产生的独特共鸣。当男女双方坠入爱河，彼此便会本能地渴望情感关系的唯一性与不可替代性，既排斥第三者介入，也拒绝在多段情感中摇摆不定。陶行知先生以“爱之酒”为喻，生动揭示了情感关系中的排他法则：爱情的纯粹性只适用于双主体情境，一旦掺杂多余的情感纠葛，甜蜜将变质为酸涩，甚至可能对各方造成情感伤害。

爱情的排他性可细分为外排他与内排他两种维度。外排他指向关系外部，表现为恋人对伴侣与其他异性过度亲密行为的敏感与抵触，这是人类对亲密关系独占性的本能捍卫；内排他则聚焦于自我约束，要求个体在享受爱情的同时恪守忠诚，主动规避可能威胁现有关系的情感诱惑。两种排他机制共同作用，构筑起爱情关系的稳定防线。

值得强调的是，爱情的专一排他性并不等同于社交生活的封闭化。正常的异性交往作为社会活动的重要组成部分，是维系个体心理健康与社会适应能力的必要途径。电视剧《不要和陌生人说话》中男主角因病态嫉妒而实施的控制行为，正是将排他性异化为极端占有欲的反面案例。健康的爱情排他性应当建立在信任与理性的基础上，既守护情感的纯粹，又包容合理的社交空间，实现亲密关系与个人发展的动态平衡。

3. 纯洁严肃性

爱情的纯洁性，体现为情感关系的本真与无瑕，它不仅追求男女双方在思想境界、情感诉求、性格特质上的深度契合与共鸣，更强调彼此对社会责任与义务的共同担当。真正的爱情一旦确立，便形成了一份庄重的契约，意味着双方需以忠诚与坚守，履行对爱侣的终生承诺。若在爱情中掺杂金钱交易、权力依附或个人私欲等功利性因素，将其异化为实现某种目的的工具，这种情感便背离了爱情的本质，沦为虚妄的假象。正如简·奥斯汀（Jane Austen）在《傲慢与偏见》中所展现的，唯有抛开世俗考量、建立在相互尊重与理解之上的情感，才能称之为真正的爱情。

爱情同时承载着严肃的责任属性。当人们沉浸于爱情的甜蜜时，也必须正视其附带的多重责任——对自身情感选择的审慎负责，对伴侣情感与生活的悉心呵护，对双方家庭的尊重与回馈，以及对社会公序良俗的自觉维护。教育家苏霍姆林斯基曾在给儿子的书信中深刻指出："爱情首先意味着对你的爱侣的命运、前途承担责任……爱，首先意味着献给，把自己精神力量献给爱侣，为他（她）缔造幸福。"这一论述清晰阐释了爱情与责任的紧密关联。

在青年恋爱过程中，强烈的性冲动是正常的生理与心理反应。然而，对于社交经验尚浅、心智仍在成长的大学生群体而言，初恋对象往往难以成为最终的人生伴侣。过早发生性关系，会使未来可能出现的分手变得更为复杂与痛苦，不仅会给双方带来情感创伤，还可能引发一系列现实问题。那些秉持"始乱终弃"态度或宣扬"性自由"而无视情感责任的行为，实则是对爱情严肃性的亵渎。真正的爱情，应当以尊重、责任与克制为基石，在情感与理性的平衡中，守护彼此的成长与幸福。

4. 强烈持久性

真正的爱情，是男女双方以灵魂契合为内核、以终生相守为愿景的情感联结，展现出超越时间与境遇的强大生命力。这种情感既包含着初见时热烈真挚的爱意迸发，又蕴含着岁月沉淀中历久弥新的坚定承诺，是激情与坚守的有机统一。心理学研究表明，爱情中的强烈情感体验源于多巴胺、催产素等神经递质的协同作用，这些生理机制赋予爱情以直击心灵的震撼力；而持久性则依赖双方共同构建的信任体系、价值认同与责任意识，二者相互支撑，构成稳固的情感架构。

爱情的持久稳定贯穿人生的各个阶段，它绝非转瞬即逝的冲动，而是需要双方持续投入时间与精力悉心培育的生命之花。正如文学巨匠托尔斯泰在《安娜·卡列尼娜》中所揭示的，基于浅薄吸引或功利考量的情感，终将在现实的磨砺中消逝；唯有建立在深度理解与共同成长之上的爱情，才能跨越生活的波澜，在岁月流转中愈发醇厚。现实中，部分人将爱情简化为单纯的异性吸引或短暂的激情碰撞，秉持"只求曾经拥有，不求天长地久"的态度，这种认知不仅忽视了爱情的深层价值，更可能导致情感关系的脆弱与破裂，给双方带来难以愈合的伤痛。

"执子之手，与子偕老"的美好愿景，深刻诠释了人类对永恒爱情的向往。它意味着恋人双方愿意在人生的漫漫长路中，共同经历风雨、分享喜悦，在相互扶持中实现自我成长与情感升华。这种强烈而持久的爱情，不仅是个人幸福的重要源泉，更是构建和谐家庭与社会的坚实基础，值得每个人以真诚与智慧去追寻、守护。

5. 互相依存性

爱情构建起恋人之间独特的情感生态，它交织着令人沉醉的痴迷与深沉持久的依恋，形成一种超越理性的情感羁绊。这种情感在时间的淬炼中不断沉淀，初期热烈如炽的痴迷逐渐升华为细腻绵长的依恋，化作日常生活中无处不在的牵挂。正如诗人里尔克（Rilke）所言，"爱是两座孤独灯塔的光芒交汇"，这种牵挂无关逻辑与现实，纯粹源于内心深处对对方的关切与珍视。

恋人会在深夜突然惊醒，只因莫名担忧对方的安危；即便知晓对方足够强大，仍会不自觉地将对方纳入自己的保护范围，这种近乎“神经质”的牵挂，正是爱情互相依存性的生动写照。

互相依存的爱情更是温柔的守护与全然的接纳。在真爱面前，无论男女都会卸下防备，展现出柔软脆弱的一面。这种温柔体现在对伴侣的疼惜与宠溺之中——愿意包容对方的小脾气，体谅对方的疲惫与脆弱，在对方需要时给予坚实的依靠。心理学中的“安全基地理论”指出，健康的亲密关系能为个体提供情感上的安全感，恋人在相互依存中成为彼此的避风港与力量源泉。在行动层面，双方会主动分担生活的压力，在事业发展、个人成长中相互支持；在生活细节里，从日常饮食起居到情绪状态，都给予细致入微的关怀，形成“你中有我，我中有你”的紧密联结。这种互相依存并非失去自我的依附，而是两个独立灵魂在爱中相互滋养、共同成长，在亲密与独立间找到完美的平衡。

知识链接

爱情的成分

美国心理学家斯滕伯格(Sternberg)提出的爱情三元理论，为解析人类复杂的爱情现象提供了科学框架。他指出，爱情由亲密、激情、承诺三种核心成分构成，这三种成分如同三角形的三个顶点，相互交织形成不同的爱情形态。

亲密是爱情中的情感纽带，涵盖信任、理解、关怀与支持等体验。恋人之间分享秘密、相互陪伴、给予情感慰藉的行为，都是亲密感的体现，它让双方在精神上彼此靠近，获得归属感。激情则源于浪漫吸引与性冲动，是爱情中强烈的生理与心理渴望，表现为对对方强烈的身体吸引力和情感激荡，驱动着个体想要与伴侣结合、融为一体。承诺包含短期与长期两个层面：短期承诺是决定去爱某人的主观意愿；长期承诺则体现为维持关系的决心，如忠诚、责任与投入，它赋予爱情稳定性与持续性。

基于这三种成分的不同组合，爱情可分为7种类型：

伴侣式爱情：由亲密与长期承诺构成，如相濡以沫的长久婚姻，或超越激情后沉淀的深厚情感联结，双方相互扶持，情感细水长流。

空洞式爱情：仅有承诺，缺乏亲密互动与激情火花，可能是出于责任、社会压力等因素维系关系，情感内核较为空虚。

愚蠢式爱情：激情与承诺的快速结合，常见于闪婚或“旋风式”恋爱，双方因强烈吸引迅速作出承诺，但未深入了解彼此，关系根基脆弱。

迷恋式爱情：纯粹由激情主导，类似“一见钟情”，充满狂热与冲动，但缺乏情感深度与长期规划，易转瞬即逝。

浪漫式爱情：兼具亲密与激情，恋人在情感与身体上相互迷恋，关系热烈甜蜜，却常因缺少承诺而难以抵御现实考验，难以长久维系。

喜欢式爱情：仅包含亲密成分，更接近真挚的友谊，双方彼此欣赏、信赖，但缺乏爱情中的激情与长期责任。

完美式爱情：激情、亲密、承诺三者兼备，是爱情的理想形态，如婚姻蜜月期般浓烈、亲密且坚定。然而，由于现实因素的影响，这种状态极难长期保持，往往是爱情历程中短暂而珍贵的高光时刻。

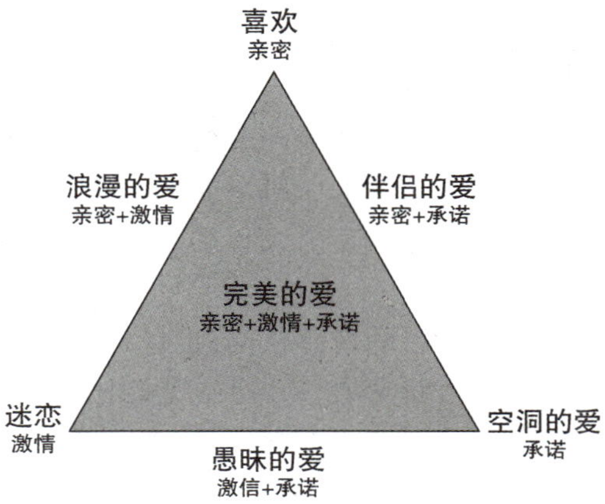

图 6-1

现代研究进一步拓展理论，认为爱情由性欲、情感、理想、义务四大要素构成。性欲作为生理基础，奠定了爱情的自然驱动力；情感是核心要素，融合身心体验，让爱情充满温度与深度；理想赋予爱情社会意义，指引双方在价值观、人生目标上达成共识；义务则以道德责任感为约束，确保爱情在社会规范中健康发展。这四大要素相互依存、协同作用，共同构筑起完整而成熟的爱情体系。

二、爱情的类型

（一）浪漫之爱：激情与幻想的交织

浪漫之爱宛如一场绚烂的烟火，以炽热的激情与天马行空的幻想为核心特质。处于这一爱情类型中的恋人，往往将对方置于理想化的神坛之上，眼中只聚焦对方的闪光点，不自觉地过滤掉现实瑕疵。这种情感高度重视仪式感与情感浓度，烛光晚餐、鲜花情书、星空下的誓言成为爱情的日常注脚；双方通过频繁的亲密接触、热烈的情感倾诉，持续制造浪漫氛围，沉浸于爱情编织的梦幻之境。

从心理学角度看，浪漫之爱初期的强烈吸引力，源于多巴胺等神经递质引发的兴奋与愉悦感，以及个体对完美亲密关系的投射。然而，若仅停留在表面的浪漫形式，缺乏深度的价值观碰撞与心灵对话，当激情随时间消退，这种爱情便容易因现实矛盾的冲击而瓦解。正如弗洛姆（Fromm）在《爱的艺术》中指出的，单纯基于激情的爱若缺乏理性与责任支撑，终将在现实考验中枯萎。

（二）伴侣之爱：岁月沉淀的温情

伴侣之爱恰似一坛陈酿的美酒，在时光流转中愈发醇厚。当浪漫之爱的炽热逐渐冷却，双方的关系便开始向更深层次的情感联结过渡。这种爱情以信任、理解与默契为基石，更注重长期陪伴与相互扶持。在伴侣之爱中，恋人不再执着于浓烈的情感表达，而是在生活的点滴细节中构建彼此的依赖——生病时的悉心照料、事业低谷时的鼓励支持、日常琐事中的默契配合，都是其生动注脚。

在婚姻关系中，伴侣之爱表现为共同承担家庭责任、规划未来蓝图。双方在柴米油盐的平淡中，依然能感受到对方存在带来的踏实与温暖。社会学家将其形容为“功能性亲密关系”，它既满足了个体对情感归属的需求，又通过分工协作实现生活目标，形成稳定而持久的情感共同体。

（三）利他之爱：无私奉献的崇高境界

利他之爱是爱情光谱中最纯粹、最具牺牲精神的类型。秉持这种爱情观的恋人，将对方的幸福置于自身利益之上，甘愿默默付出而不求任何回报。他们如同守护者般，时刻关注伴侣的需求与成长，甚至愿意为实现对方的理想放弃个人利益。这种爱情超越了利己本能，展现出人性中至善至美的一面。

利他之爱的形成，既源于对伴侣深厚的情感认同，也包含着对自我价值的特殊认知——通过成全对方，恋人实现了精神层面的自我满足。尽管在现实中，完全无私的利他之爱较为罕见，但它依然是许多人向往的爱情理想，正如泰戈尔笔下“让我的爱像阳光一样包围着你，又给你光辉灿烂的自由”，深刻诠释了这种爱情的无私与伟大。

三、爱情与个人成长

人际关系是个体实现社会化与自我完善的核心路径，而爱情作为人类亲密关系的极致形态，在大学生心理发展进程中发挥着不可替代的催化作用。其价值不仅体现在情感满足层面，更深入渗透到认知、情绪与社会适应等多重心理维度。

（一）自我认知深化：镜像中的自我重塑

恋爱关系为个体提供了独特的“心理镜像”。彭聃龄提出，个体通过他人反馈构建自我概念，而恋人作为关系中最亲密的“观察者”，其评价与互动能帮助大学生突破固有认知局限。例如，敏感型人格的学生常因过度自我否定陷入内耗，而伴侣基于理解与包容的正向反馈，如肯定其细腻观察力、鼓励表达真实想法，可逐步瓦解其负面认知框架，助力建立客观、积极的自我认知。这种自我重塑并非被动接受，而是在互动中主动反思与修正的过程，使个体更清晰地认识自身优势与成长空间。

（二）情绪管理能力提升：冲突中的心智淬炼

爱情中的矛盾与分歧是情绪管理的天然训练场。依据彭聃龄的情绪调节理论，恋爱中的争吵、观念分歧本质上是情绪触发事件，个体需通过认知重评、表达抑制等策略进行调节。例如，面对因生活习惯差异引发的矛盾，理性的情侣会尝试换位思考，将愤怒情绪转化为对彼此需求的理解，主动协商解决方案。这一过程不仅强化了情绪识别与表达能力，更培养了延迟满足、理性决策等高阶情绪智力，使个体在未来面对其他压力源时，能更从容地驾驭情绪。

（三）社会适应能力增强：角色博弈中的多维成长

爱情要求个体在多重社会角色间寻求动态平衡，这一过程显著促进社会适应能力发展。大学生需同时协调恋人、学生、子女等角色：既要在恋爱中学会妥协与合作，又要保证学业投入，还要妥善处理家庭关系。例如，通过与伴侣共同制订学习计划、分担家务责任，既能提升时间管理与协作能力，又能深化对责任与边界的理解。这种角色协调经验迁移至职场与社交场景后，可帮助个体更高效地应对复杂人际关系，实现从“校园人”到“社会人”的平稳过渡。

爱情如同精密的心理实验室，为大学生提供了试错、反思与成长的真实情境。通过在亲密关系中的持续探索与实践，个体得以在认知、情绪与社会适应等领域实现系统性发展，最终完成从青涩到成熟的蜕变。

四、大学生常见爱情认知误区的心理学解析

（一）将爱情视为生活的全部：情感天平的失衡与自我迷失

部分大学生在坠入爱河后，如同被卷入情感的旋涡，将爱情置于生活的绝对中心，让恋爱关系占据几乎全部的时间与精力。他们减少甚至放弃参与社团活动、专业竞赛等自我提升机会，疏远曾经亲密的朋友，对学业也逐渐懈怠，成绩下滑成为常见现象。这种极端化的投入，源于对爱情功能的过度放大，误将爱情视作填补生活空白、获取幸福感的唯一源泉。一旦感情出现波折，如遭遇分手或矛盾冲突，他们的整个生活体系便瞬间崩塌，陷入深度的痛苦与迷茫。这种认知误区不仅阻碍个人的全面发展，也会给恋爱关系带来沉重压力，最终可能加速关系的破裂，形成恶性循环。

（二）盲目跟风恋爱：群体浪潮中的迷失与情感错位

在大学校园里，恋爱氛围往往具有很强的感染力与传播性。当看到身边同学纷纷脱单，部分学生因担心自己“落单”而产生焦虑与不安。出于对孤独的恐惧、渴望融入群体的心理，或是单纯想体验恋爱的好奇，他们在未深入了解对方、未考虑双方性格是否契合、价值观是否一致的情况下，便仓促地开启一段恋爱关系。这种盲目跟风的恋爱，本质上是对自我情感需求的忽视，以及对恋爱关系的轻率对待。由于缺乏坚实的情感基础，此类恋爱关系极易因双方在相处中暴露出的种种不和谐而迅速走向终结，不仅浪费了彼此的时间与精力，还可能对双方造成情感上的伤害，留下不愉快的回忆。

（三）理想化爱情期待：完美幻想的破灭与现实冲突

受言情小说、偶像剧等大众文化的影响，不少大学生对爱情抱有过于浪漫、完美的幻想。他们在脑海中勾勒出理想爱情的蓝图，要求恋人在各个方面都契合自己的想象，期待恋爱过程始终充满甜蜜与激情，没有任何矛盾与争吵。然而，现实中的恋爱关系是复杂的，双方难免存在性格差异、观念分歧。当发现恋人存在缺点，或是恋爱生活出现摩擦时，这些大学生往往难以接受，产生强烈的失望情绪。这种理想化的爱情认知，使得他们无法以包容、理性的态度看待恋爱中的不完美，既影响了自身的情感体验，也容易给伴侣带来巨大压力，导致双方关系紧张，阻碍感情的健康发展。

第二节　恋爱的困扰与调适

心理故事会

故事一：猜忌迷雾中的破局之路

秋雨淅淅沥沥地敲打着图书馆的玻璃窗，晓薇盯着手机屏幕，锁屏界面的时间数字跳动得格外刺眼。从下午3点等到7点，男友陈默承诺的“实验结束就联系”始终没有兑现。她机械地刷新着聊天界面，指尖在冰凉的玻璃上划出凌乱的痕迹，脑海中不断循环播放着猜忌的片段：实验室的灯光下，陈默与某个女生并肩调试仪器；咖啡厅里，他正温柔地为别人推开玻璃门……

当陈默满身疲惫地发来消息解释时，积攒四小时的焦虑瞬间化作尖锐的指责。电话那头，晓薇声音发颤地质问："上周也是这样，前上周也是这样，你到底有没有把我放在心上？"陈默握着手机的手微微发抖，调试失败的挫败感与女友的误解交织，让他的耐心濒临崩溃："你为什么就不能体谅我一次？"争吵声在寂静的校园小路上回荡，惊飞了树梢栖息的夜鸟。

这场风波后，两人在心理咨询老师的引导下开始学习情绪管理。他们制作了"冷静卡"，每当矛盾升级就出示卡片暂停对话；晓薇尝试用"当你没及时回复消息时，我会担心你的安全，希望能提前知道你的日程安排"替代指责。三个月后的校庆晚会上，陈默在人群中一眼找到晓薇，笑着举起手机："这是我新做的日程共享表，以后每个重要时刻你都能'参与'。"

故事二：错位时间线上的双向救赎

凌晨2点的自习室，李然的手指在键盘上飞速敲击，屏幕蓝光映照着他眼下的青黑。手机震动，林悦发来的消息在对话框里显得格外孤单："今天是我们恋爱两周年纪念日。"他这才惊觉，自己竟把这个重要日子抛在了如山的文献和实验数据之后。

第二天清晨，林悦看着镜子里自己泛红的眼眶，突然意识到这段感情正在失衡。她带着亲手做的早餐来到实验室，轻声说："我们需要聊聊。"在洒满阳光的咖啡馆里，他们摊开笔记本，用甘特图规划未来半年：每周二、四、六晚7—9点是"恋爱专属时间"，周末上午共同学习，下午探索城市新角落。李然将论文进度表贴在书桌前，每完成一个阶段就画上爱心；林悦开始学习数据分析，在实验报告中发现新的乐趣。

半年后的毕业典礼上，李然的论文获评优秀，林悦收到心仪公司的录用通知。他们相视而笑，身后的梧桐叶沙沙作响，像是在为这段共同成长的感情鼓掌。

心理预热点

在恋爱的旅程中，大学生常常会遇到各种困扰。这些困扰不仅影响着恋爱关系的质量，也对个人的情绪和生活产生重要影响。了解常见的恋爱困扰，并掌握有效的调适方法，对维护健康的恋爱关系至关重要。

心理知识屋

一、常见恋爱困扰

（一）爱情错觉：迷雾中的情感误判

在情窦初开的年纪，缺乏恋爱经验的青年男女，或是情感细腻、内心敏感的人群，极易陷入"爱情错觉"的迷局。这种错觉源于外部信息的误读与内在认知的偏差，催生出一厢情愿的情感认知——个体单方面坚信某异性对自己怀有特殊情愫，或是认定双方存在命中注定的契合，甚至笃定主动示爱便能收获回应。

这种心理一旦形成，便会如同戴上了特殊滤镜，使个体以主观臆想解构对方的一切言行。心理学中的"投射效应"在此显露无遗：当产生错觉的一方陷入自我编织的浪漫幻想时，对方不经意的微笑会被解读为羞涩的心动，礼貌性的问候也会被赋予特殊含义。这种认知偏差导致其选择性关注那些符合内心期待的细节，自动过滤与之相悖的信息，在不断的自我暗示中强化错误认知。例如，将对方出于礼貌的帮助解读为深情的关怀，把偶然的同行误解为刻意的邀约，最终在错觉的迷雾中越陷越深。

破解爱情错觉的关键在于建立理性认知机制。首先需要打破“当局者迷”的状态，通过深呼吸、运动等方式平复激动情绪，以旁观者视角重新审视双方互动。具体而言，可对比对方与其他异性的交往模式：若对方对待自己的态度与他人无异，便需警惕错觉的可能性。其次，借助“他者视角”辅助判断，将内心困惑坦诚告知可靠的朋友或家人。作为局外人，他们往往能凭借客观立场指出认知漏洞，帮助当事人剥离主观臆想，看清关系的真实面貌。正如希腊哲学家赫拉克利特（Heraclitus）所言，“人不能两次踏入同一条河流”，在情感认知中同样需要避免被主观感受裹挟，唯有保持清醒与理性，才能避免在爱情错觉中徒增困扰。

（二）单恋：静默生长的隐秘情愫

单恋，俗称“单相思”，是爱情光谱中独特而酸涩的存在。它以单方面的倾慕与执着为显著特征，一方将满腔深情倾注于对方，却往往难以获得等量的情感回应。这种情感体验在人类的情感世界中极为普遍，几乎每个人都曾在生命的某个阶段，经历过或轻或重的单恋时刻，它如同暗夜中的星火，既闪烁着浪漫的微光，也暗藏着无人诉说的苦涩。

对于正处于情感丰富且自我意识快速发展阶段的大学生而言，单恋的发生有着特殊的心理土壤。一方面，他们内心充满浪漫幻想，习惯在脑海中勾勒理想恋人的完美形象，当现实中出现符合想象的异性时，极易将强烈的好感升华为炽热的爱慕。另一方面，由于心理调适能力尚不成熟，部分学生难以理性处理内心汹涌的情感，一旦陷入单恋，便容易沉浸在自己编织的情感世界中难以自拔。他们反复回味与对方相处的点滴细节，在幻想中构建与对方的浪漫情节，甚至将单恋对象过度理想化，忽略对方真实的性格与情感状态。

这种单方面的爱恋往往伴随着复杂的情绪体验，期待与失落交织，甜蜜与痛苦并存。当看到心仪对象时，会瞬间心跳加速、欣喜若狂；而意识到感情无法得到回应时，又会陷入深深的惆怅与自我怀疑。长期沉溺于单恋，若不能及时进行心理调适，可能会影响个人的情绪状态和正常生活，导致注意力分散、学习效率下降，甚至产生自卑、抑郁等负面情绪。因此，如何正确认识和处理单恋，是大学生在情感成长道路上需要学习的重要一课。

（三）失恋：破碎情感中的心灵震荡

失恋，作为亲密关系破裂后的情感创伤体验，往往裹挟着复杂而强烈的情绪风暴。当曾经紧密相连的情感纽带骤然断裂，个体通常会经历悲伤、愤怒、自我怀疑等多重负面情绪的冲击。心理学研究指出，这种情感创伤类似于经历重大丧失事件，大脑边缘系统会被激活，引发如焦虑、失眠、食欲减退等生理反应，同时认知层面也会出现对自我价值的深度质疑，例如反复思考“是不是我不够好”“为什么会被抛弃”。

部分人在失恋后会陷入持续性悲伤，表现为情绪低落、回避社交，甚至出现类似抑郁的症状。这种状态若长期持续，可能演变为临床抑郁，严重影响身心健康。而愤怒情绪则常以两种极端形式呈现：一种是向内攻击，将关系破裂的责任全部归咎于自身，陷入自我否定的深渊；另一种则是向外发泄，产生报复心理，试图通过破坏对方生活、传播负面信息等方式寻求心理平衡。这些极端反应不仅加剧自身痛苦，还可能对他人造成伤害，本质上是个体在面对情感失控时,因缺乏有效应对机制而产生的心理防御。

从发展心理学视角来看,失恋虽是痛苦的情感经历,但也是个体成长的重要契机。若能以理性态度应对,将其转化为自我反思与心理重建的过程,反而有助于深化对亲密关系的理解,完善自我认知体系。正如弗洛姆在《爱的艺术》中所言,真正的爱需要学习与成长的能力,失恋恰是检验与提升这种能力的关键节点。

(四)多角恋与关系混乱:复杂情感网络下的伦理困境与人际危机

在情感的复杂交织中,多角恋指涉及三人或更多个体的恋爱关系,这种非常规的情感模式往往成为道德争议、情感冲突与信任崩塌的温床。从伦理层面看,多角恋直接冲击传统婚恋观念中"一对一"的忠诚准则,引发关于责任归属、情感独占性的激烈争论。参与者可能面临社会舆论的谴责与自我道德认知的撕裂,陷入"追求自由情感"与"遵循公序良俗"的价值困境。

情感层面,多角关系天然蕴含着复杂的权力博弈与情感失衡风险。当一方对不同伴侣投入的情感程度、时间精力存在差异时,极易滋生嫉妒、猜忌等负面情绪。例如,某参与者因感知到伴侣对他人更为偏爱,可能陷入持续的焦虑与自我怀疑;而多方情感需求的同时满足,也常使核心参与者疲于应对,最终导致所有关系都难以得到深度滋养。

这种混乱关系更易引发激烈的人际冲突。当情感纠葛演变为利益纷争,如资源分配不均、关系承诺矛盾时,参与者可能从最初的情感倾诉转向互相指责,甚至爆发言语或肢体冲突。信任机制在多角关系中尤为脆弱,任何一方的隐瞒、欺骗或情感转移,都可能引发连锁反应,导致整个关系网络瞬间崩塌,不仅伤害个体情感,还可能波及共同的社交圈子,造成长期的人际关系裂痕。

(五)学业与恋爱失衡:成长天平上的两难抉择

在象牙塔的时光里,学业与恋爱如同双轨并行的人生课题,而部分学生却在两者的平衡中陷入困境。过度沉溺于恋爱甜蜜的学子,常因时间管理的失控而逐渐偏离学业正轨。清晨的图书馆空无身影,深夜的煲电话粥取代了挑灯夜读,原本制订的学习计划被约会行程不断挤压。久而久之,课堂上的知识难以消化,考试成绩也亮起红灯,不仅辜负了求学的初心,更可能影响未来的职业发展与人生规划。

与之相对,另一部分学生则被沉重的学业压力裹挟前行。他们将恋爱视为消耗精力的负担,在面对恋人的关心时敷衍回应,错过纪念日、忽略情感交流成为常态。这种对亲密关系的忽视,让伴侣在一次次失望中感受被冷落,曾经炽热的情感逐渐冷却,最终导致双方关系疏离。学业与恋爱的失衡,本质是个体未能在责任与情感间找到动态平衡,既阻碍了个人成长,也损伤了珍贵的感情联结。

(六)社交压力、沟通障碍与信任危机:亲密关系中的隐形冲突

1. 社交压力:关系中的无形枷锁

在亲密关系中,社交压力常以多种形式悄然渗透。伴侣间交友范围的差异往往成为矛盾导火索——一方频繁参与社交活动、拥有广泛的异性好友,可能引发另一方的不安与猜忌;而公共场合中的亲密度争议更易成为舆论焦点,过于亲昵的行为可能引发他人非议,过于疏离又会被质疑感情亲疏。这些来自外部社交圈的评判与比较,不断加重恋人的心理负担,使原本轻松的相处蒙上焦虑的阴影。心理学中的"社会比较理论"在此体现得淋漓尽致,个体在无形的社交

压力下，容易陷入自我怀疑与关系审视的恶性循环。

2. 沟通障碍：情感裂痕的催化剂

沟通不畅堪称亲密关系的头号杀手，而“友情与爱情边界”的模糊认知更易加剧矛盾。许多情侣因缺乏有效沟通，将伴侣与异性的正常社交误读为情感越界，或是将恋人的关心当作束缚，导致误会丛生。这种认知偏差源于双方缺乏坦诚的交流与换位思考：一方未能清晰表达自身需求与边界，另一方则习惯性地以自我视角解读对方行为。久而久之，细小的误会不断累积，最终演变成难以调和的矛盾，让亲密关系陷入信任危机。正如马歇尔·卢森堡（Marshall B. Rosenberg）在《非暴力沟通》中强调，清晰的表达、专注的倾听与共情的理解，是破除沟通障碍的关键所在。

3. 信任危机：恋爱关系中的隐形裂痕

信任，作为恋爱关系得以稳固存续的基石，如同精密仪器中的轴承，一旦磨损便会引发整个系统的失衡。在现实的情感实践中，信任危机却如同挥之不去的阴霾，频繁侵蚀着亲密关系的健康肌理。

从情感心理层面剖析，安全感的缺失是滋生信任危机的温床。部分恋人在恋爱中对伴侣的言行呈现过度敏感状态，心理学中的“投射性焦虑”在此尤为显著——他们将内心的不安与恐惧投射到伴侣的日常行为中，把伴侣与异性的正常社交活动曲解为潜在威胁。例如，伴侣与同事讨论工作、参加正常社交聚会，都会被无端联想为情感背叛的征兆，进而引发争吵与矛盾。这种因安全感匮乏导致的过度猜疑，本质上是个体将对关系不确定性的焦虑，转化为对伴侣的不信任。

此外，过往的情感创伤与个人性格特质，也在潜移默化中影响信任的建立与维系。经历过背叛、欺骗等负面情感体验的人，容易形成“防御性认知模式”，在新的关系中不自觉地预设对方存在不忠的可能；而性格中本身带有多疑特质的个体，即便伴侣行为无可指摘，也会习惯性地怀疑对方动机。当信任的裂痕悄然出现，情侣间的相处模式会发生根本性转变：日常交流充斥着试探与猜忌，曾经的亲密无间被相互防备取代，最终导致关系在猜忌的重压下分崩离析。信任危机不仅是情感联结的破坏者，更是对双方心理与情感健康的严峻考验。

（七）个人发展与恋爱的冲突：成长路上的平衡之困

大学生活如同一场充满挑战的修行，学业精进、职业蓝图绘制与兴趣潜能挖掘构成个人成长的关键维度，而恋爱带来的甜蜜与牵挂同样需要倾注心力。当人生的两大重要课题在同一时空交汇，两者间的张力与矛盾便不可避免地凸显，成为横亘在青年学子面前的现实难题。

部分学生在热恋中陷入“情感优先级错位”的困境，将恋爱置于绝对中心。他们为了与恋人共度更多时光，频繁缺席课堂、放弃学术竞赛机会，甚至熬夜煲电话粥而荒废学业。这种过度投入短期内或许能维系情感热度，却在长期内造成学业成绩滑坡、专业能力滞后等连锁反应，不仅威胁到未来的职业发展，更可能让恋爱关系因现实压力而产生裂痕。心理学中的“时间分配理论”揭示，过度倾斜的时间投入会打破生活的平衡，导致个体在重要领域的能力发展受阻。

与之相反，另一部分学生则走向“功利化成长”的极端。他们将大学视为纯粹的自我提升竞技场，把恋爱简单定义为“消耗精力的干扰项”。当备考、实习、科研等任务接踵而至时，他们习惯性压缩与恋人相处的时间，忽视伴侣的情绪波动与情感诉求。这种“以自我为中心”的发展模式，虽能在学业或事业上取得阶段性成果，却让亲密关系在一次次冷落中逐渐降温。伴侣长期处于情感需求未被满足的状态，容易滋生失望、孤独等负面情绪，最终可能导致关系疏离甚至破裂。

如何在追逐个人理想与守护爱情之间找到平衡点，本质上是对大学生时间管理能力、情感智慧与价值排序的综合考验。这不仅关乎当下的生活质量，更深刻影响着个体的长远发展与幸福感知。

（八）家庭与社会因素的影响：无形框架下的恋爱困局

恋爱关系从来不是真空状态下的情感联结，家庭的价值取向与社会文化的无形规训，如同隐形的丝线，悄然编织着青年群体恋爱选择的框架。这些外部因素不仅塑造着个体的恋爱认知，更在现实层面深刻影响着亲密关系的走向。

家庭作为个体情感启蒙的摇篮，其态度往往成为恋爱决策的重要砝码。当家长对子女的恋爱对象提出经济条件、地域背景、学历层次等要求，或直接反对恋爱行为时，情侣往往陷入“情感忠诚”与“家庭孝道”的两难境地。心理学中的“权威认同效应”在此体现得尤为明显——子女在面对父母的否定时，容易产生强烈的心理冲突：既渴望维护亲密关系，又担忧违背家庭期待引发矛盾。这种压力可能导致部分学生选择隐瞒恋情、被迫分手，或是在恋爱关系中背负沉重的心理负担，难以享受纯粹的情感体验。

社会环境同样以潜移默化的方式重塑着大学生的恋爱观。社交媒体上充斥的“网红式恋爱模板”、校园中盛行的“恋爱攀比风”，以及消费主义裹挟下的“仪式化爱情标准”，共同构筑起扭曲的恋爱价值坐标系。当周围同学频繁展示精心策划的约会、昂贵的礼物时，部分学生可能因“同辈压力”仓促开启一段恋情；当社会舆论将“颜值”“物质条件”作为衡量爱情的首要标准，年轻人的择偶偏好也容易偏离情感内核。这种盲目跟风的恋爱行为，本质是对社会评价体系的被动迎合，不仅难以收获真挚的情感，更可能导致个体在不断追赶所谓“标准”的过程中迷失自我。

（九）性心理困扰：隐秘角落的认知迷雾与情感挣扎

在青春萌动的大学时光里，性心理困扰如同隐匿在心底的暗礁，悄然冲击着许多学生的内心世界。由于性教育的相对滞后与传统观念的束缚，大学生群体常因对性相关议题缺乏科学认知，陷入不必要的焦虑与自我怀疑之中。

对婚前性行为与同居的态度，成为横亘在许多情侣间的情感难题。一方面，社会文化中保守观念与开放思潮的激烈碰撞，使部分学生既渴望亲密接触，又担心违背传统道德准则而遭受指责；另一方面，对意外怀孕、健康风险的担忧，进一步加剧了心理压力。不少情侣在面临是否跨越身体界限的抉择时，陷入矛盾与纠结——害怕拒绝会伤害伴侣感情，而接受又可能引发内心的不安与愧疚。

手淫这一正常的性探索行为，也常因错误认知蒙上沉重的道德枷锁。受部分网络信息误导或传统观念影响，许多学生将其视为“不道德”“羞耻”的行为，即便在了解科学知识后，仍难以摆脱潜意识中的负罪感。这种心理负担不仅影响个体的自我接纳，长期压抑甚至可能导致焦虑、抑郁等心理问题，严重干扰正常的学习与生活。

性心理困扰的根源，本质上是科学知识缺位与社会观念冲突的双重结果。打破这些认知迷雾，需要系统的性教育普及与开放包容的社会环境，帮助大学生以理性、健康的态度认识性与亲密关系，从而驱散内心的阴霾，实现身心的和谐发展。

二、恋爱困扰的调适策略

（一）心理教育与知识普及：构筑情感健康的认知防线

在青年成长的关键阶段，系统的心理教育与知识普及如同导航灯塔，为学生拨开情感迷雾、筑牢心理防线。通过科学性教育与抗挫折教育的双线并行，帮助学生构建理性认知框架，实现身心的健康发展。

1. 科学性教育：破除性认知迷雾，树立健康价值观

性教育的缺失往往导致学生在探索自我与亲密关系时陷入迷茫。高校应通过多元化渠道构建科学的性教育体系：开设性健康通识课程，系统讲解生理知识、安全防护及亲密关系伦理；举办专家讲座，结合案例剖析婚前性行为、同居等现实议题，引导学生树立责任意识与边界感。例如，在性健康课程中融入互动式情景模拟，让学生在角色扮演中学习如何沟通性需求、拒绝越界行为；邀请医学专家开展艾滋病防治、意外妊娠预防等专题讲座，破除因知识匮乏产生的恐惧心理。这种理论与实践结合的教育模式，不仅能帮助学生掌握必要的健康知识，更能培育尊重、责任、平等的性价值观，从根源上减少因无知导致的情感困扰与行为偏差。

2. 抗挫折教育：重塑情感韧性，守护心灵成长

失恋作为情感成长中的必经之路，若缺乏正确引导，极易演变为心理创伤。抗挫折教育旨在帮助学生建立理性的情感认知与积极的应对策略：通过团体辅导、主题班会等形式，引导学生正视失恋带来的痛苦情绪，理解悲伤、愤怒等反应的合理性；运用认知行为疗法，帮助学生打破“失恋＝自我否定”的错误思维定式，重新认识自身价值。例如，组织“失恋叙事分享会”，鼓励学生以叙事疗愈的方式重构情感经历，将挫折转化为成长养分；建立心理咨询绿色通道，为深陷失恋痛苦的学生提供专业干预，通过情绪疏导、目标重建等方式，帮助其走出心理阴霾。正如心理学家马丁·塞利格曼（Martin Seligman）提出的“心理弹性理论”，通过系统的抗挫折教育，学生能够培养出更强的情绪复原力，在未来的情感道路上以更成熟的心态应对挑战。

（二）提升沟通能力：搭建情感联结的桥梁

有效的沟通如同恋爱关系中的“情感解码器”，能将误解转化为理解，将矛盾消融于共识。在亲密关系的维护中，沟通能力的提升需要从倾听、表达与互动三个维度系统构建。

1. 共情式倾听：让理解先行

倾听不仅是接收声音，更是建立情感共鸣的关键。情侣间应营造安全的表达环境，避免在对方倾诉时随意打断、急于辩解或转移话题。心理学中的“积极倾听”技巧在此尤为重要：通过眼神交流、点头回应等非语言信号传递关注，用复述、提问等方式确认理解，例如“你刚才提到对未来规划感到焦虑，是担心职业方向和我们的发展节奏不一致吗？”这种专注且带有共情的倾听，能让对方感受到被尊重与接纳，为后续沟通奠定信任基础。

2. 非暴力表达：用感受代替指责

表达的艺术在于将冲突转化为需求沟通。许多情侣在争吵时习惯使用“你总是迟到”“你从不关心我”等指责性语言，这种“贴标签”式表达容易激发对方防御心理。依据马歇尔·卢森堡的非暴力沟通理论，可采用“观察+感受+需求+请求”的结构化表达模式。例如，将“你又忘记纪念日，根本不在乎我”转化为“这次纪念日没有收到你的祝福（观察），我感到有些失落（感

受)，因为我很重视我们之间的仪式感(需求)，下次可以提前一起规划庆祝方式吗？(请求)"这种表达方式聚焦自身体验而非批判对方，更易引发建设性对话。

3. 定期深度沟通：预防矛盾的防火墙

建立常态化的情感交流机制，能将潜在矛盾化解于萌芽状态。情侣可约定专属的"沟通时间"，分享近期的生活经历、情绪波动与未来计划，在彼此的成长轨迹中寻找新的共鸣点。这种持续的信息交换不仅能增进相互了解，更能通过共同制定目标、规划未来，强化关系的稳定性。例如，每周一次的"约会复盘"，既能回顾甜蜜瞬间，也能坦诚交流相处中的困惑，让亲密关系始终保持鲜活与韧性。

(三)建立和维护信任：筑牢亲密关系的基石

信任如同恋爱关系中的隐形纽带，其建立与维系需要双方以真诚为底色、用行动浇筑根基。在充满不确定性的情感互动中，信任体系的构建不仅关乎关系的稳定，更是双方心灵深度联结的关键。

1. 以坦诚为基石，构建信任框架

诚实透明是信任生长的沃土。情侣间需主动打破信息壁垒，无论是日常行程、社交动态，还是内心真实想法，都应保持开放的沟通态度。尤其在与异性交往时，主动报备关键信息，如聚会背景、相处细节，既能避免因信息差引发猜忌，也是对伴侣情感安全感的有力回应。这种"主动示诚"的行为，本质上是通过减少不确定性，为信任关系注入确定性力量。心理学中的"自我暴露理论"指出，适度且对等的信息分享，能快速拉近心理距离，促进信任关系的深化。

2. 以尊重为边界，守护信任空间

尊重彼此的隐私与个人空间，是信任得以持续生长的必要条件。过度的控制欲，如私自查看对方手机、强行介入社交圈，表面上是对关系的重视，实则是对信任的侵蚀。健康的信任关系应当允许双方保有独立的精神世界与社交边界，支持对方发展个人兴趣、维护友谊网络。当伴侣感受到自身的独立性被尊重，便会产生被认可、被接纳的心理满足，从而更愿意主动维系信任关系。

3. 以行动为养分，滋养信任根系

信任的建立非一朝一夕之功，需要通过持续的情感投入与行动支持来巩固。日常相处中，及时回应对方需求、信守承诺、在困难时刻给予坚定支持，这些微小却真实的举动如同养分，不断浇灌信任的根系。当信任遭遇危机时，更需双方以理性克制情绪，通过深度对话直面问题根源。运用"非暴力沟通"技巧，聚焦"感受-需求-解决方案"，而非相互指责，共同制订重建信任的具体计划，例如设定关系契约、增加相处质量等，逐步修复裂痕，让信任在解决问题的过程中焕发新生。

(四)平衡个人发展与恋爱：双向奔赴中的成长协奏曲

在人生的黄金发展期，恋爱与个人成长并非非此即彼的选择题，而是可以相互赋能的共生关系。构建恋爱与个人发展的动态平衡，需要双方以理性规划为舟，以相互支持为桨，在追逐理想的航程中携手前行。

1. 明确发展共识，锚定成长坐标

健康的恋爱关系应当建立在双方对个人发展价值的共同认可之上。情侣间需坦诚沟通职业规划、学业目标与兴趣追求，将对方的成长愿景纳入关系蓝图。例如，一方计划考研深造，另一方筹备创业项目，双方可通过定期复盘目标进度、分享阶段性成果，既保持对彼此事业的参与感，又避免因目标差异产生隔阂。这种将个人理想与关系发展深度绑定的模式，能够有效消解潜在矛盾，为平衡关系奠定认知基础。

2. 科学时间管理，划分成长刻度

合理的时间分配是实现平衡的核心策略。情侣可运用“时间四象限法”，将学习、工作等重要事务与约会、休闲进行结构化安排，例如，约定工作日晚间为专属学习时段，周末预留固定约会窗口，既保证专业能力提升，又维持情感联结热度。心理学中的“承诺一致性原理”表明，通过共同制定并遵守时间契约，不仅能增强计划执行力，还能在相互监督中深化信任关系，让时间管理成为关系经营的纽带。

3. 转化关系动能，共绘成长轨迹

真正优质的恋爱关系应当成为个人成长的催化剂。情侣可通过“成长型互动”实现双向赋能：共同报名技能培训课程，在学习中互补短板；组队参与学科竞赛，将竞争压力转化为协作动力；甚至创建“读书打卡”“健身挑战”等日常约定，将碎片化相处时间转化为自我提升契机。这种将情感需求与成长需求深度融合的模式，既能让恋爱关系充满新鲜感，又能在相互激励中实现认知迭代与能力跃迁，最终达成“1+1>2”的共生成长效应。

（五）理性应对外部压力：穿越舆论迷雾的关系掌舵术

在恋爱关系的航行中，家庭与社会的舆论浪潮常成为干扰方向的暗流。大学生需以理性为罗盘、以独立思考为船舵，在多元声音的裹挟下坚守本心，方能驶向情感的理想彼岸。

1. 解码家庭声音：在理解与坚守间寻找平衡

家庭的态度往往承载着代际价值观的碰撞。面对父母的反对或建议，应避免陷入非对抗即盲从的极端。首先需以共情视角解读背后动机——家长对地域、学历等条件的考量，本质上是对子女未来幸福的深切关切。可运用“非暴力沟通”拆解分歧：先承认父母担忧的合理性，再结合自身情感体验与发展规划，用具体事例说明关系的稳定性。例如，针对家长对异地恋的顾虑，可通过展示双方共同制订的未来计划、阶段性见面安排，将抽象的情感承诺转化为具象化解决方案。若分歧源于认知偏差，则需耐心科普现代恋爱观，逐步消解代际隔阂。

2. 抵御社会洪流：构建独立的价值锚点

社交媒体营造的恋爱模板、校园内盛行的攀比风气，极易引发群体无意识的价值迷失。大学生需建立“批判性接收”的信息处理机制：面对网络推崇的“仪式化恋爱标准”，可通过追问“这种形式是否符合我们的消费能力与情感需求”进行理性筛选；面对同龄人炫耀式的恋爱展示，以“关系适配性”替代“形式完美度”作为评判标准。正如心理学家卡尔·罗杰斯（Carl Rogers）提出的“自我一致性理论”，当个体的行为与内在价值观保持一致时，方能获得真正的心理满足。通过定期进行“关系复盘”，双方共同审视感情内核是否偏离初心，确保关系发展始终契合真实需求。

3. 重构应对策略：建立压力转化机制

外部压力若处理得当，可转化为关系升级的催化剂。情侣可将家庭建议转化为改进契机，如针对家长提出的职业规划问题，共同制定能力提升方案；面对社会舆论的质疑，通过公开稳定

的相处模式建立信任背书。同时,构建"压力缓冲带",如约定专属的"舆论屏蔽时间",在二人世界中专注情感交流,避免外部杂音过度干扰亲密关系。这种将压力解构、转化、隔离的策略,既能增强关系韧性,又能促进双方心智的共同成熟。

恋爱中的困扰是成长过程中的必经之路。通过正确认识困扰的根源,并采取有效的调适策略,大学生不仅能够解决恋爱中的问题,维护健康的恋爱关系,还能在这个过程中提升自己的人际交往能力和心理素质,收获成长与幸福。

知识链接

好感与爱情:情感迷雾中的辨别与抉择

在青春的人际交往中,许多人容易陷入情感认知的误区——将异性间的好感误判为爱情。好感与爱情虽有交集,但本质截然不同。好感是人际交往中自然产生的欣赏与愉悦,它可能成为爱情萌发的土壤,却并非必然转化为爱情。若过早将好感当作爱情,轻率地表白或行动,往往会给双方带来困扰与伤害。尤其是当面对如溪水般绵长的微妙情愫,以及与亲密友情高度相似的朦胧情感时,精准区分二者显得尤为关键。

1. 判断爱情的标准:深度情感联结的表征

爱情是一种具有强烈排他性与深度奉献性的情感。当真正坠入爱河时,个体往往呈现出显著的情感特征。

(1)极致的奉献意愿:愿意为对方克服艰难险阻,将对方的幸福置于自身利益之上,甚至产生"赴汤蹈火"的冲动;

(2)强烈的独占欲:对伴侣与其他异性的亲密接触感到嫉妒,渴望在情感上完全拥有对方;

(3)持续的情感牵挂:生活中几乎所有场景都会不自觉联想到对方,对方的喜怒哀乐时刻牵动着自己的情绪;

(4)本能的保护欲:看到对方遭遇困境或被他人指责时,会产生强烈的保护冲动,主动承担起守护与支持的责任。

这些特征共同勾勒出爱情的浓烈与深刻,它不仅是情感的交融,更是心灵的深度绑定。

2. 好感或友情的标准:理性欣赏与平等关怀

相较之下,好感与友情更偏向于理性与平和的情感体验。

(1)纯粹的欣赏态度:基于对方的能力、性格或特质产生认可,不伴随情感独占需求;

(2)开放的社交包容:能够坦然接受对方与他人建立亲密关系,甚至乐于为其拓展社交提供支持;

(3)平等的互助关系:双方在互动中保持独立性,提供帮助或关怀更多源于友好与善意,而非情感依赖。

这种情感以尊重和理解为基石,注重彼此的成长与陪伴,更强调关系的轻松与自在。

在情感萌芽阶段,保持理性与冷静至关重要。当察觉到内心的情感波动时,不妨对照上述标准审慎判断。若确认彼此间仅有友情,应珍视这份纯粹的情谊,以恰当的方式维系;若明确感受到爱情的存在,则可通过真诚的沟通确认心意。无论结果如何,都应以尊重和包容的态度对待对方,避免因情感处理不当破坏关系。毕竟,爱情与友情皆是人生珍贵的情感财富,理性的辨别与妥善的处理,方能让每一段关系都绽放出独特的光彩。

第三节　健康的恋爱心理和行为（包括性心理）

心理故事会

故事一：双向奔赴的信任成长之路

深秋的校园里，枫叶纷飞，林悦和周然的爱情故事正在悄然生长。林悦在过往的感情经历中遭受背叛，这段创伤如同一道无形的枷锁，让她在新恋情中时常感到不安。每当看到周然与异性交流，她的内心便泛起阵阵涟漪，甚至不自觉地想要查看对方的手机。然而，林悦深知这种行为不仅会伤害彼此的感情，更会阻碍这段关系的健康发展。

一个静谧的夜晚，林悦鼓起勇气，向周然敞开了心扉："亲爱的，每次看到你和女生讨论项目，我的心里就会莫名地焦虑。其实我知道，这是我过去经历留下的阴影，并不是因为不信任你。我不想让这种负面情绪影响我们的关系，所以想和你坦诚地聊一聊。"周然静静地倾听着，眼神中满是理解与心疼。他握住林悦的手，温柔地说："谢谢你愿意和我说这些，我完全理解你的感受。不如我们一起制定一个'信任约定'，以后每周找个固定时间，互相分享彼此的社交动态。遇到和异性合作的情况，我也会第一时间告诉你，这样你会不会安心一些？"

从那以后，林悦努力克服内心的恐惧，尝试用信任代替猜疑。而周然也始终信守承诺，用实际行动证明自己的可靠。有一次，林悦无意间看到周然手机里有女生发来的感谢消息，她没有像以往那样陷入无端的猜忌，而是笑着调侃道："看来我们周同学魅力不小呀！"两人相视而笑，那一刻，信任的种子在他们心中生根发芽，茁壮成长。这段经历让他们明白，健康的恋爱关系需要双方坦诚相待，共同努力克服内心的障碍。

故事二：携手同行的成长协奏曲

图书馆的暖光下，苏瑶专注地翻阅着专业书籍，指尖轻轻划过书页。这时，一阵轻快的脚步声打破了宁静，陈远抱着篮球，笑容灿烂地走了过来。两人因一次偶然的相遇而结缘，从此，爱情的旋律在他们的生活中奏响。

然而，现实的压力很快摆在了他们面前。苏瑶作为学霸，面临着繁重的学业任务和考研的巨大压力；而陈远作为篮球队长，每天都要进行高强度的训练，还要带队参加各种比赛。忙碌的生活让他们见面的时间越来越少，矛盾也逐渐浮现。

为了平衡学业与爱情，他们决定共同制订"双轨成长计划"。工作日的晚自习时间，他们各自沉浸在知识的海洋中，专注于学习。学习结束后，即使再疲惫，他们也会通过电话分享当日的收获和感悟，在交流中感受彼此的陪伴。周末上午，苏瑶化身小老师，耐心地辅导陈远学习高数，帮助他攻克一个又一个难题；下午，陈远则带着苏瑶来到篮球场，教她投篮、运球，在挥洒汗水中增进感情；傍晚时分，是专属于他们的浪漫约会时间，漫步在校园的小道上，诉说着彼此的心事。

在苏瑶备战考研的关键时期，陈远主动承担起更多约会规划的任务，精心安排每一次见面，只为给苏瑶创造一个安静舒适的复习环境。而苏瑶也没有忽视陈远的热爱，她会在比赛前为他加油打气，比赛结束后认真制作战术分析表，用行动支持他在篮球道路上追逐梦想。

功夫不负有心人，在他们的共同努力下，苏瑶成功保研，离自己的学术梦想更近了一步；陈远带领球队在省级篮球赛事中取得优异成绩，个人也收获了成长与荣誉。这段恋情不仅没有成为他们前进道路上的阻碍，反而化作强大的动力，推动着他们携手迈向更美好的未来，奏响了一曲动人的成长协奏曲。

心理预热点

健康的恋爱心理与行为，不仅是大学生情感成熟的重要标识，更是其人格完善与社会化发展的关键环节。这既要求大学生深入理解情感互动中的心理机制，掌握沟通、信任与尊重的艺术，也要以科学理性的态度认知性心理，树立责任意识与边界意识，在亲密关系中实现身心的和谐发展与共同成长。

心理知识屋

一、健康恋爱心理的核心要素

（一）追求思想与精神的契合：构建情感共鸣的深层联结

健康的恋爱绝非停留在外貌吸引或激素驱动的浅层互动，而是以思想与精神的同频共振为根基。双方在价值观、人生目标、社会认知等层面的一致性，构成了关系持久发展的稳定框架。当伴侣间共享相似的价值取向——无论是投身公益事业的社会责任感，还是对终身学习的执着追求，这种志同道合的联结能让双方在面对生活挑战时形成强大合力。例如，某高校环境工程专业的情侣因共同参与环保项目结缘，在研发新型污水处理技术的过程中，既攻克了学术难题，也让感情在并肩奋斗中不断升温。这种基于共同理想的情感模式，印证了心理学家弗洛姆所言“爱是两个独立个体的结合，而非相互依存”的深刻洞见。

（二）建立平等与尊重的关系：夯实关系稳定的信任基石

平等与尊重是健康恋爱关系的核心支柱。理想的亲密关系中，双方保持完整独立的人格，既享受情感联结带来的温暖，又尊重彼此的个体差异与边界。这种尊重体现在生活的细微之处：不随意干涉对方的社交圈选择，接纳对方的兴趣爱好差异，在决策时充分征求并尊重对方意见。沟通作为关系维护的纽带，需遵循“非暴力沟通”原则——以“观察+感受+需求+请求”的结构化表达替代指责。例如，当一方因加班疏忽约会时，伴侣可尝试这样表达：“你连续三周加班爽约（观察），我感到有些失落（感受），因为我很重视我们的相处时光（需求），下次能否提前告知日程变化？（请求）”这种平等对话模式，既能化解矛盾，又能持续巩固信任基础。

（三）具备理性决策能力：校准情感航向的认知罗盘

理性决策能力是辨别健康恋爱的关键标尺。个体需学会区分短暂的迷恋与持久的爱情，通过客观评估关系的适配性与可持续性，避免陷入盲目情感投入。美国心理学家斯滕伯格的爱情三元理论（亲密、激情、承诺）为此提供了科学分析框架：当情侣运用该理论评估关系时，既能识别激情消退后的真实需求，也能审视双方在长期承诺上的共识程度。例如，某对恋人通过对照理论模型,发现彼此虽具备强烈激情与亲密感,但在职业规划与家庭愿景上存在分歧,从而理性选择调整相处模式或重新审视关系走向。这种将感性体验与理性思考相结合的决策方式,能够帮助个体在情感迷雾中保持清醒,作出对双方负责的成熟选择。

(四)守理性之边界:理性与感性交织的亲密关系进阶之道

在亲密关系向纵深发展的历程中,健康的恋爱行为恰似精密的交响乐演奏,需要理性与感性两种旋律的和谐共鸣。伴侣双方将“知情同意”这一核心原则深植于情感互动的每个环节,将理性思考融入亲密关系的关键抉择:当涉及身体亲密时,他们摒弃模糊不清的暗示,通过坦诚直白的“性沟通”确认彼此意愿——不仅探讨生理需求,更深入交流心理预期与情感顾虑;同时,主动学习并正确使用科学避孕措施,将保护彼此健康视为不可推卸的责任。面对同居、订婚等重大人生决定,双方会共同绘制可行性蓝图,既评估经济基础、职业规划等现实要素,也考量情感成熟度、家庭融合度等感性指标,在数据与温情的碰撞中达成共识。

这种审慎的态度绝非对浪漫的消解,而是爱意的深度诠释——正如用堤坝约束水流方能避免泛滥,理性边界的存在恰恰为亲密关系的持久发展保驾护航。心理学家约翰·戈特曼(John Gottman)提出的“激情-理性平衡理论”在此得到生动印证:真正健康的亲密关系,既需要激情点燃情感的热度,也需要理性构筑安全的框架。当情侣们以理性为锚、以感性为帆,便能在亲密关系的海洋中,驶向既有温度又具深度的理想彼岸。

(五)担责任之重责,锻造关系压舱石:以责任为锚,筑牢恋爱关系的稳固根基

责任意识是健康恋爱关系中永不沉没的压舱石,它赋予情感联结以重量,让关系在风浪中始终保持航向。在现实生活的考验面前,责任绝非抽象的概念,而是具象为一系列温暖且坚定的行动:当伴侣陷入职业低谷,另一方不仅用拥抱驱散阴霾,更化身“职场军师”,利用自身资源协助修改简历、拓展人脉;异地恋的情侣们以共享日程表为桥梁,用每日早安晚安的坚持、每月跨越山海的奔赴,将地理距离转化为情感浓度的试金石。

面对家庭反对、外界诱惑等狂风骤雨,健康恋爱中的双方会自动构筑起“命运共同体”的坚固壁垒:他们共同拆解长辈顾虑,用实际行动证明感情的可靠性;面对诱惑时,以对彼此的忠诚为铠甲,将外界干扰转化为关系凝聚力的催化剂。这种责任担当更浸润在生活的细枝末节——按时赴约是对伴侣时间的尊重,信守承诺是维护信任的基石,为长远发展主动调整个人规划则是对关系未来的郑重托举。正如航海者依靠压舱石抵御风暴,负责任的恋爱行为让亲密关系在岁月的航行中,始终朝着幸福的方向破浪前行。

(六)融多元社交,编织关系支持网——破界共生,让恋爱在社交生态中蓬勃生长

健康的恋爱不应是封闭的二人孤岛,而应成为与外界良性互动的活力生态系统。深谙此道的情侣们主动打破亲密关系的边界,以开放姿态构建多层次社交网络:他们既能在周末化身“露营搭子”,与对方好友在篝火旁畅谈人生,增进对伴侣社交人格的理解;也能在春节时融入对方家庭,通过包饺子、唠家常的烟火日常,触摸伴侣成长的文化脉络。这些跨圈层的社交实践,不仅拓宽了情感认知的维度,更让双方在他人眼中的彼此形象里,发现爱情新的注解。

与此同时,健康恋爱中的个体始终保持独立社交的生命力。他们各自深耕兴趣社群——有人在读书会中探寻思想共鸣,有人在骑行俱乐部释放运动激情,这种“和而不同”的社交选择,既避免因过度依赖而产生的关系内耗,又为恋爱注入源源不断的新鲜灵感。当伴侣带着各自社

交圈的见闻与思考回归二人世界，那些不同视角的碰撞、多元价值观的交融，如同春雨般滋养着思考土壤，让亲密关系在更广阔的社会联结中，持续绽放出蓬勃的生命力。正如生态系统因物种多样性而繁荣，开放包容的社交模式，正是恋爱关系保持活力的永恒密码。

课堂活动

恋爱双方兴趣相投情况自测表

【测试说明】

本测试旨在通过双方对活动偏好的差异，评估兴趣契合度。注意事项：男女需独立作答，避免交流答案；完成后对照计分规则计算总分，分数越低表明兴趣匹配度越高。

问卷：活动偏好选择

在下列活动中，分别选出你最喜欢的 2 项和最厌恶的 3 项（可在对应选项打√）：

——户外运动（登山、骑行、徒步）

——阅读/写作/文学讨论

——观看电影/话剧/艺术展览

——烹饪/烘焙/美食探店

——电子游戏/桌游/剧本杀

——旅行/探索新城市

——健身/瑜伽/舞蹈

——科学研究/学术探讨

——手工制作（绘画、陶艺、DIY）

——社交聚会/派对

——安静独处/冥想

——志愿服务/公益活动

——金融投资/商业分析

——养宠/园艺/照料动植物

——音乐演奏/乐器学习

计分规则：

1. 基础分：45 分。
2. 加分项：若一方“最喜欢的活动”是另一方“最厌恶的活动”，每项加 15 分。
3. 减分项：

（1）双方“最喜欢的活动”重合，每项减 10 分；

（2）双方“最厌恶的活动”重合，每项减 5 分。

4. 最终得分：基础分±加分项±减分项。

结果评定与建议：

70 分以上：兴趣极不相投

建议：正视差异，尝试从对方偏好中寻找潜在共鸣点（如一方爱运动、一方爱独处，可共同规划“户外野餐+阅读”组合活动）。

50~69 分：兴趣不相投

建议：重点培养 1～2 项共同新爱好（如一起学习摄影、尝试双人运动），逐步扩大交集。

40～49 分：一般

建议：利用未选项目探索可能性，例如双方均未排斥“旅行”，可规划短途出游，在实践中发现共同兴趣。

30～39 分：兴趣相投

建议：巩固现有共同爱好，同时保持各自独立兴趣空间，避免过度同质化。

29 分以下：兴趣极相投

建议：珍惜默契，可深度合作完成目标（如共同创作艺术作品、参与团队运动），进一步强化情感联结。

【补充提示】

测试结果仅为参考，真实关系中主动磨合的意愿比“分数”更重要。若分数不理想，可围绕未选项目展开对话（如“你对志愿服务怎么看？”），许多潜在共同点可能藏在“中立选项”中。爱情需要双方共同培育，兴趣差异亦能成为彼此成长的窗口。

知识链接

错误恋爱心理剖析

1. 自卑心理：自我价值的错位认知

在亲密关系中，部分人常陷入自我否定的旋涡。女生可能因容貌焦虑质疑自身吸引力，担忧身材不够完美；男生则容易因体型不够健硕、学业成就不足或经济条件有限，产生“配不上对方”的自卑感。这种心理误区源于对个人价值的片面评估——过度放大自身短板，却忽视了性格魅力、共情能力等独特优势。部分人试图通过无底线讨好取悦伴侣，频繁送礼物，无条件妥协，实则是自卑心理的外化表现。心理学研究表明，这种失衡的相处模式不仅难以维系感情，反而会降低自身在关系中的吸引力，形成恶性循环。

2. 嫉妒心理：情感认知的失衡陷阱

嫉妒常被视为爱情的特殊注脚，适度的情感在意能体现对亲密关系的珍视。当看到伴侣与异性的亲密互动时，产生轻微的情绪波动属于正常心理反应。部分人会通过策略性疏远、展现异性吸引力等方式，试图重新唤起伴侣关注。但需要警惕的是，爱与嫉妒并非简单的线性关系。研究显示，过度的嫉妒往往源于强烈的占有欲而非深层爱意——这类人将伴侣视为私有物品，对任何潜在“威胁”反应过激，甚至通过监控社交账号、限制人身自由等极端方式控制对方。

面对嫉妒情绪，需进行理性拆解：首先审视自身是否存在过度敏感、缺乏安全感的问题；其次排查是否存在误解，通过坦诚沟通消除猜疑；同时尊重伴侣的社交边界，允许对方保有独立的私人空间。建议将注意力转移至自我提升，通过学习新技能、拓展兴趣爱好充实生活，既能增强自信心，也能为关系注入新活力。当嫉妒情绪脱离理性轨道，便可能演变为摧毁亲密关系的利刃，唯有以理性与信任为盾，方能守护健康的情感联结。

3. 猜疑心理：亲密关系中的信任杀手

无端猜疑如同潜伏在感情深处的蛀虫，悄然侵蚀着恋人之间的信任基石。这种心理不仅会摧毁充满依赖的亲密感，更可能驱使当事人做出极端行为——从反复检查伴侣手机，到实施盯梢、跟踪等侵犯隐私的举动，将原本美好的爱情异化为令人窒息的情感牢笼。心理学研究指出，过度猜疑往往源于个体的自我认知偏差:因缺乏安全感与自我价值认同,试图通过掌控对方行踪来填补内心的不安,却不知这种行为恰恰加速了关系的破裂。

猜疑心理具有极强的主观性与偏执性。陷入猜疑的人常陷入“证实偏差”陷阱,选择性过滤有利于打消疑虑的信息,将对方的正常社交解读为背叛信号,把沉默当作默认心虚。当感情投入出现不对等时,这种心理会进一步加剧——付出更多的一方容易产生心理失衡,将对方的正常情绪起伏误解为情感淡漠,陷入“越猜疑越不安,越不安越猜疑”的恶性循环。值得注意的是,社会文化对女性“重情”的刻板印象,使得女性群体更容易背负猜疑的标签,但实际上猜疑心理并无明显性别差异,任何缺乏信任基础的关系都可能滋生此类问题。

破解猜疑困局需要双管齐下:一方面,个体需通过自我成长重建安全感,将注意力从过度关注伴侣转向自我价值实现,通过学业精进、事业突破等方式增强自信心;另一方面,建立健康的沟通机制至关重要——定期进行深度坦诚的对话,主动分享日常行踪与社交动态,用实际行动消解无端猜忌。唯有以信任为舟、以沟通为桨,方能穿越猜疑的迷雾,驶向稳固的情感彼岸。

二、健康性心理与行为

(一)科学认知与知识普及:驱散性观念的认知迷雾

性心理的健康发展,始于科学认知体系的构建。个体需系统掌握性生理结构、生殖健康知识,以及性心理发展的阶段性规律,从而打破因信息匮乏产生的认知误区。例如,通过学习弗洛伊德的性心理发展理论、霭理士(Ellis)《性心理学》中的科学阐述,能够理解性行为的自然属性,消除对婚前性行为、同居等现象的污名化认知。当前高校开设的“大学生性心理健康教育”课程,结合豆丁网等平台的专业PPT资源,系统讲解性传播疾病预防、生殖系统保健等知识,帮助学生建立理性客观的性观念,有效缓解因无知引发的焦虑与负罪感。这种科学认知的普及,如同点亮一盏明灯,指引青年群体在探索性与亲密关系的道路上避开认知暗礁。

(二)责任意识与道德约束:筑牢性健康的安全防线

健康的性心理不仅需要知识储备,更需责任意识与道德准则的双重护航。在亲密关系中,尊重与自愿是不可逾越的底线——双方应始终确保性行为建立在完全自愿、平等沟通的基础上,同时主动采取安全防护措施,如正确使用避孕工具、定期进行健康检查。某高校开展的“性健康与责任”主题工作坊颇具借鉴意义:通过情景模拟、案例研讨等形式,引导学生深入思考“拒绝权的边界”“意外情况的应对”等现实议题,强化责任担当。这种教育模式让学生明白,负责任的性行为不仅关乎个人健康,更是对伴侣、对生命的尊重。当责任意识内化为行动准则,性心理发展方能步入良性轨道。

(三)平衡情感与生理需求:谱写亲密关系的和谐乐章

性作为亲密关系的重要维度,需与情感深度达成动态平衡。健康的性心理要求个体摒弃将性工具化、物化的错误观念,认识到亲密行为应是情感交融的自然表达,而非单纯的生理满足。心理学研究表明,当性与情感、信任、尊重紧密结合时,个体的心理满足感与关系满意度将显著提升。例如,情侣间通过坦诚沟通性需求与偏好,在情感共鸣的基础上探索身体的亲密,既能增强情感联结,又能促进性心理的健康发展。这种将情感与生理需求有机统一的理念,如同交响乐中的指挥棒,协调着亲密关系的各个声部,最终奏响和谐美妙的乐章。

（四）心灵守护：构建性心理健康的防护体系

性心理健康的维护需要主动干预与持续关注。当遭遇性观念冲突（如代际认知差异）、性挫折（如失恋后的自我怀疑）等困境时，个体应打破“耻感壁垒”，及时寻求心理咨询师、校医院医生等专业支持。认知行为疗法（CBT）在此类情境中具有显著效果——通过重构不合理认知，帮助个体摆脱因性困扰产生的焦虑、抑郁等负面情绪。同时，建立健康的性心理还需培养自我觉察能力：定期审视自身性心理状态，警惕网络不良信息对性观念的误导，在开放包容与理性判断间找到平衡，最终实现性心理与整体心理健康的和谐共生。

三、两性恋爱心理差异

（一）择偶差异：多维视角下的性别偏好分化

在择偶行为的底层逻辑中，男女两性展现出截然不同的价值取向与心理机制，这种差异既植根于生物学本能，又深受社会文化建构的影响。

1. 女性：现实考量与理想追寻的双重变奏

女性在择偶时往往呈现出“理性锚定+感性憧憬”的复合特征。从现实维度出发，她们更倾向于将伴侣的经济实力、职业发展潜力作为重要评估指标——这种选择并非物质主义的体现，而是源自对家庭责任与后代养育的长远考量。心理学研究表明，女性在进化过程中形成的“资源偏好”，本质上是为保障繁衍安全的本能选择。但与此同时，相较于外貌条件，女性更注重伴侣的内在品质：幽默风趣的谈吐能消解生活压力，强大的事业心折射出责任感，细腻的情感共鸣能力则可满足精神需求。这种对“情绪价值”的重视，使得女性在择偶时往往将伴侣的共情力、沟通能力置于核心位置。

然而，大众文化的塑造也在潜移默化中影响着女性的择偶标准。影视剧中完美恋人的形象、社交媒体上的浪漫叙事，容易催生“理想化情结”，导致部分女性将伴侣的学历、外貌、经济条件等要素进行过度叠加，形成脱离现实的择偶清单。加之社会比较心理作祟，女性群体中普遍存在“择偶参照效应”——当看到同龄人收获优质伴侣时，会不自觉抬高自身标准，甚至陷入“匹配焦虑”，这种心理机制在一定程度上加剧了婚恋市场中的供需错位。

2. 男性：视觉驱动与支配心理的交织映射

男性择偶偏好呈现出鲜明的生物性与社会性交织特征。从生物学角度看，男性对女性外貌、身材的关注源于进化过程中对生育健康的本能筛选，光滑的肌肤、匀称的体型等视觉信号，往往与良好的基因质量形成关联认知。社会文化进一步强化了这种偏好，现代审美体系中对“女性美”的标准化塑造，使得男性在择偶时更容易将外貌作为首要判断标准。

在社会角色期待的影响下，男性普遍存在“配偶价值梯度”心理——倾向于选择综合条件略低于自身的伴侣，以维护传统性别秩序中的主导地位。这种心理在学历、职业等领域尤为明显，“女强男弱”的搭配常引发社会舆论的质疑，导致部分优秀女性在婚恋市场中面临“高不成低不就”的困境。值得注意的是，这种现象正在发生代际转变：Z世代男性群体中，追求精神契合、认可伴侣事业成就的比例显著提升，反映出性别观念变革对择偶标准的重塑作用。

两性择偶差异的本质，是生物本能、社会文化与个体意识共同作用的结果。理解这种差异，不仅有助于打破婚恋中的认知壁垒，更能为建立平等健康的亲密关系提供心理指引。

（二）恋爱态度的差异：情感投入的性别光谱

在恋爱态度的光谱上，男女两性呈现出截然不同的情感投射模式与行为表现。这些差异既源于大脑神经机制与激素水平的生理差异，也折射出社会性别角色规训的深刻影响。

1. 女性：沉浸式的情感倾注与关系中心化

女性在恋爱中往往展现出“情感沉浸式”特征，将亲密关系置于生活的核心位置。催产素主导下的大脑活动，使女性更倾向于通过肢体接触、深度对话等方式强化情感联结，对伴侣的情绪波动具有高度敏感性。这种情感投入一旦达到热恋阶段，常引发显著的社交重构——女性会主动减少与原有社交圈的互动，将闺蜜聚会、兴趣社团活动让位于二人世界，甚至出现“恋爱脑”现象：在多巴胺的作用下，判断力与批判性思维暂时弱化，对伴侣的缺点选择性忽视。心理学中的“关系自我理论”指出，女性在亲密关系中更易将伴侣特质融入自我认知，这种深度的情感卷入虽能带来强烈的幸福感，却也潜藏着失去个体独立性的风险。

2. 男性：理性框架下的情感表达与价值坚守

男性的恋爱态度常呈现“理性锚定+情感释放”的二元特征。睾酮素水平使男性在情感表达上更为克制，即便陷入热恋也能保持相对清晰的现实判断。他们更注重通过实际行动而非言语表达爱意——加班后默默带回的晚餐、为解决问题而制订的详细计划，都是男性独特的情感叙事。社会文化对“阳刚气质”的塑造，使男性在亲密关系中存在“情感表达悖论”：既渴望展现温柔体贴的一面，又担忧过度亲昵会削弱自身的支配感与权威性。因此，男性更倾向于将恋爱视为精神同盟的构建过程，追求与伴侣在事业规划、兴趣爱好等层面的深度共鸣，这种“心理同频”带来的亲密感，远比肢体接触更能满足其情感需求。研究显示，男性在恋爱中较少因伴侣意见改变固有价值观或人生规划，展现出更强的行为自主性与心理韧性。

两性恋爱态度的差异，本质上是生物本能与社会文化共同形塑的结果。理解这种差异并非为强化性别对立，而是为了在亲密关系中建立更包容的沟通模式——女性可通过保持社交独立性避免过度依赖，男性则需学习更细腻的情感表达，最终在差异中寻得情感投入的理想平衡点。

（三）追求爱情形式的差异：含蓄与热烈的情感表达分野

在爱情追求的行为图谱中，男女两性呈现出截然不同的表达范式：女性倾向于用含蓄委婉的方式编织情感网络，而男性则多以直接热烈的姿态发起情感攻势。这种差异既源于生物进化赋予的本能驱动，也深受社会性别文化的长期规训。

1. 女性：构建情感迷雾的迂回艺术

女性在爱情追求中往往扮演“情感迷雾构筑者”的角色。社会文化对“矜持女性气质”的塑造，使她们习惯将真实情感包裹在含蓄的表达方式之下。面对心仪对象时，她们更擅长运用眼神交汇、话题试探、主动制造偶遇等间接策略传递好感——在咖啡厅刻意坐在对方附近，通过分享日常琐事引发共鸣，却始终保留情感表达的“安全距离”。这种克制并非源于缺乏勇气，而是精心设计的情感博弈：一方面，欲拒还迎的态度能激发男性的征服欲，延长情感探索的过程；另一方面，模糊的情感信号为自己保留了多重选择空间，避免因过早暴露心意而陷入被动。心理学中的“不确定性吸引理论”指出，女性制造的情感迷雾，本质上是通过维持关系中的神秘感，提升自身对异性的吸引力。

2. 男性：直抵核心的情感冲锋策略

男性在爱情追求中更倾向于采取“直接进攻型”策略。睾酮素带来的冒险倾向与社会文化赋予的“主动追求者”角色定位，促使他们在心动瞬间迅速付诸行动。一旦发现吸引自己的对象，男性往往通过直白的言语赞美（“你今天很漂亮”）、主动的肢体接触试探（自然地帮忙拎包），甚至直接发起约会邀请等方式，快速推进关系发展。这种表达方式虽缺乏迂回美感，却能高效传递情感信号。研究显示，男性在恋爱初期的肢体接触频率比女性高出43%，这种直接的情感表达在部分文化语境中被视为“男子气概”的体现。然而，这种策略也存在风险——过度急切的追求可能让女性感到压迫，反而削弱吸引力。

两性在爱情追求形式上的差异，恰似两种独特的情感语言。女性的含蓄与男性的热烈并非对立，而是互补共生的关系模式。当双方理解并接纳这种表达差异，便能在情感互动中建立更顺畅的沟通渠道，让爱情在彼此理解的土壤中蓬勃生长。

（四）情感表现的差异：语言与行动的性别叙事分歧

在亲密关系的情感剧场中，男女两性以截然不同的叙事方式演绎着爱的故事。女性擅长用隐喻编织情感密码，男性则倾向于用直白构建情感逻辑，这种差异既源于大脑语言处理机制的生理区别，也折射出社会性别角色对情感表达的规范。

1. 女性：编织情感密码的隐喻叙事者

女性的情感表达如同精心编织的丝线，充满暗示与留白。社会文化赋予的“温柔贤淑”角色期待，使她们习惯将真实心意藏匿于委婉的表达之中。面对求爱时，一句“再考虑看看”可能暗含期待，一次羞涩的低头或许藏着应允。这种含蓄的表达方式在神经科学层面得到解释：女性大脑的边缘系统更为发达，使其对情感语境的敏感度高出男性30%，从而更擅长通过语气、表情等非语言信号传递深层情绪。但这种细腻的表达模式也常引发沟通困境——当男性以字面意义理解话语时，极易错过“我没事”背后的委屈、“随便”之下的真实偏好，导致情感错位。

2. 男性：奉行直白准则的行动派叙事者

男性在情感表达上更像简洁的说明文，追求信息传递的高效性。睾酮素对大脑语言中枢的影响，使得男性更倾向于直接表达需求与态度。在恋爱场景中，他们用“我喜欢你”代替迂回试探，以主动规划约会代替暗示邀约。社会对“男儿有泪不轻弹”的文化规训，进一步强化了这种克制的情感表达风格，使男性更习惯将爱意转化为实际行动——默默修理好女友损坏的电脑、雨天突然出现的伞，都是他们特有的情感注脚。然而，这种行动至上的表达逻辑，往往与女性对语言确认的需求形成冲突。研究显示，女性对伴侣的情感言语需求频率比男性高出62%，当男性未能及时回应“你爱我吗”的追问时，容易引发女性的情感焦虑。

两性情感表现的差异犹如不同频段的信号，若缺乏调频理解，极易造成沟通杂音。女性需要学习更直接的表达策略，减少情感密码的复杂性；男性则需提升情感解码能力，关注话语背后的情绪暗流。唯有当双方学会翻译彼此的情感语言，才能真正实现心意相通的深度联结。

心灵鸡汤

如何准确判断对方是否倾心于你

在与适龄异性的交往过程中，某些行为细节往往是情感的真实映射。当对方频繁出现以下特征时，很可能意味着爱意正在悄然萌芽。

1. 主动创造接触契机：对方会以各种理由接近你，或是借故闲聊几句，或是托你帮忙，又或是借用物品。这些看似偶然的相遇，实则是对方精心设计的“邂逅”，背后藏着渴望与你建立更深联系的期待。

2. 默默关注你的动态：一旦心生好感，对方的目光便会不自觉聚焦于你。即使不能时刻相伴，也会密切留意你的日常行踪，尤其是你与其他异性的互动情况。这种关注并非出于好奇，而是源自内心深处的在意与牵挂。

3. 主动寻求情感共鸣：对方会频繁将自己的兴趣爱好与你比较，试图寻找共同话题，并逐渐向你的喜好靠拢。例如，得知你热爱阅读后，对方也开始分享读书心得；发现你痴迷集邮，不久后便购置集邮册，开始学习集邮。这种主动"求同"的行为，正是希望通过兴趣共鸣拉近彼此距离。

4. 巧妙展现真实自我：交谈中，对方会自然地分享个人经历、家庭背景和生活故事，看似随意的聊天，实则是在向你敞开内心世界。特别是当女性主动透露这些细节时，往往是情感信任的重要信号。

5. 坦然接纳相处沉默：与你相处时，对方不会因冷场而感到尴尬，反而能平静地享受沉默时光。这种坦然背后，是对方更珍视与你相伴的状态，而非单纯的言语交流。此时的沉默，或许是对方沉浸在美好遐想中，也可能是在期待你进一步的情感回应。

6. 牢记你的点滴细节：对方会格外留意你说过的话、做过的事，并能在日后不经意间提起。这份细致入微的关注，源自内心深处的重视，说明你在对方心中占据着特殊位置。

7. 关注你的家庭情况：爱你的人不仅在意你，还会渴望融入你的生活圈子，尤其是你的家庭。他们会通过各种方式了解你的家庭背景和成员关系，思考如何更好地适应你的家庭环境。若对方在深入了解后仍积极与你交往，很可能是在认真规划未来。

8. 关心你的生活状态：对方会格外关注你的穿着打扮、生活习惯，并真诚地提出建议。这种"干涉"并非控制欲作祟，而是希望你变得更好，符合其心中理想伴侣的形象。

9. 流露亲密互动行为：成年人往往只在亲近的人面前展现轻松随性的一面。当对方在你面前表现出孩子气的举动，或是不自觉流露出撒娇、依赖的姿态，特别是女性出现这类行为时，极有可能是情感依赖的体现。

感情的表达往往藏在细节之中。这些行为虽不能作为判断爱情的绝对标准，但可以作为重要参考。若想确认彼此心意，不妨在日常相处中用心观察，同时也可通过真诚沟通，让朦胧的情感逐渐明朗。

心理推荐

1. 影音素材：银幕上的情感心理镜像

(1)《傲慢与偏见》

推荐理由：《傲慢与偏见》：简·奥斯汀笔下的19世纪英国爱情故事，通过伊丽莎白与达西先生从偏见误解到心灵契合的过程，生动诠释了健康恋爱心理中价值观共鸣的重要性。两人跨越阶级差异与主观臆断的情感转折，展现了思想深度对亲密关系的决定性作用，为现代观众提供了审视恋爱中"首因效应"与"刻板印象"危害的经典范本。

(2)《恋恋笔记本》

推荐理由：《恋恋笔记本》以老年回忆为线索的爱情电影，将浪漫叙事与心理学原理深度融合。男女主跨越家庭阻挠、战争分离的坚守，印证了斯滕伯格爱情三元理论中承诺对关系维系的关键意义，同时也揭示了激情退去后，共同回忆与深度陪伴对情感延续的滋养作用。

(3)《他其实没那么喜欢你》

推荐理由：《他其实没那么喜欢你》多线叙事解构现代恋爱中的情感误区，通过不同角色在暧昧、单恋、婚姻中的困境,揭示了错误恋爱心理的典型表现——如过度自我欺骗、情感依赖等。影片以犀利视角戳破“恋爱幻想泡沫”,帮助观众建立理性的恋爱认知框架。

(4)《被嫌弃的松子的一生》

推荐理由:《被嫌弃的松子的一生》以悲剧美学呈现不健康恋爱心理的毁灭性后果。女主松子从缺爱到盲目讨好的心理演变,深刻映射出低自尊、情感投射等心理问题对亲密关系的扭曲作用,成为反思“讨好型人格”在恋爱中危害的绝佳案例。

2. 书籍:理论与实践的恋爱心理指南

(1)《亲密关系》

推荐理由:作为心理学领域的权威教材,本书系统阐释了恋爱从萌芽到成熟的全周期心理机制。通过实证研究揭示吸引力法则、沟通模式、冲突解决策略等核心要素,将斯滕伯格爱情理论、依恋理论等融入现实案例,为理解恋爱心理提供科学框架。

(2)《爱的艺术》

推荐理由:弗洛姆跳出传统浪漫叙事,从哲学与心理学视角解构爱的本质。书中提出“爱是一种需要学习的能力”,深入分析自恋型、交易型等不健康爱情模式,引导读者建立以“给予、责任、尊重”为基石的健康恋爱观。

(3)《非暴力沟通》

推荐理由:虽然并非专门探讨恋爱关系,但其“观察-感受-需求-请求”的沟通模型,为解决恋爱中的冲突提供了实操性方法论。通过案例演示如何避免指责、化解情绪对立,帮助情侣建立平等、真诚的对话模式。

(4)《男人来自火星,女人来自金星》

推荐理由:以幽默比喻阐释男女思维差异,系统分析两性在情感表达、需求满足、冲突处理等方面的不同模式。通过对比男性的“洞穴机制”与女性的“情感倾诉需求”,帮助读者打破性别认知壁垒,实现有效沟通。

(5)《亲密陷阱:爱、欲望与平衡艺术》

推荐理由:资深婚姻咨询师佩瑞尔聚焦亲密关系中的欲望消退问题,提出“在熟悉中寻找陌生感”的创新理论。书中对长期关系中情感与性需求的矛盾剖析,为应对恋爱倦怠提供了全新视角。

心理修炼

一、案例分析题

案例:大学生小王和小李交往半年后,小王发现小李频繁查看自己手机,并要求每天汇报行踪。当小王提出异议时,小李表示“因为太爱你才会担心失去你”。两人因此频繁争吵,关系逐渐紧张。

问题:

1. 分析小李行为背后可能存在的错误恋爱心理。
2. 如果你是辅导员,将如何引导两人建立健康的恋爱关系?

二、实践拓展题

与伴侣共同完成“兴趣相投情况自测表”,结合测试结果制定1~2个培养共同爱好的计划。

第七章 家庭心理

导读

家庭，是我们生命的起点，也是心灵的港湾。它不仅为我们提供物质支持，更是塑造人格、影响心理健康的核心力量。从呱呱坠地到独立成人，家庭中的每一次对话、每一种互动模式，都在潜移默化中构筑着我们的心理世界。然而，家庭关系并非总是一帆风顺，代际冲突、沟通障碍、心理问题的代际传递等现象，时常成为困扰家庭成员的难题。

本章将深入探讨家庭心理的奥秘，带领你解锁家庭治疗的关键技术，如结构家庭治疗、叙事治疗、体验式干预等，剖析家庭支持力的构成与提升策略，同时探索家校协同创新实践如何为大学生心理健康保驾护航。通过真实案例与理论结合，你将学会从心理学视角审视家庭关系，理解个体心理问题背后的家庭系统因素，并掌握改善家庭互动、增强家庭支持的实用方法。无论是未来从事心理学相关工作，还是希望改善自身家庭关系，本章内容都将为你提供宝贵的启示与指引。

学习目标

1. 知识目标

系统掌握家庭治疗的核心理论与技术(如结构家庭治疗、叙事治疗等),清晰理解家庭支持力的构成维度,熟悉家校协同干预的创新模式。

2. 能力目标

能够运用家庭治疗技术分析家庭关系问题,设计针对性的家庭支持提升方案;具备解读家庭心理档案、识别家庭系统风险的能力;学会在家校沟通中运用同理心与专业知识,促进家校协同合作。

3. 技能目标

通过案例分析、角色扮演等实践活动,将理论知识转化为解决实际家庭心理问题的能力;尝试在家校场景中应用所学策略,提升家庭与学校的心理健康支持效能。

思政目标

1. 价值引领:引导学生树立正确的家庭观,深刻认识家庭在个人成长中的重要意义,强化家庭责任感与社会责任感,理解家庭和谐对社会稳定的基础性作用。

2. 人文关怀:培养学生尊重不同家庭文化背景的意识,倡导包容、平等、共情的家庭沟通理念,促进代际理解与社会和谐。

3. 家国情怀:通过家庭心理与社会心理的联结,引导学生认识到家庭是社会的细胞,家庭心理健康是社会精神文明建设的重要组成部分,激发学生关注家庭、服务社会的使命感。

第一节 家庭因素概述

心理故事会

不同家庭画卷:三种命运背后的心理密码

深秋的图书馆泛着冷意,21岁的小林蜷缩在角落,手机屏幕上母亲发来的“别担心钱,安心读书”的消息,与他购物车里迟迟不敢结算的二手教材形成刺痛的反差。作为单亲家庭的独子,他早已习惯在食堂兼职到闭餐,用攒下的零钱补贴学习开支。每当小组讨论时同学提议聚餐,他总会借口有事推脱——那些看似随意的消费场景,对他而言都是难以承受的压力源。经济的困窘如同无形的枷锁,不仅限制了他的物质选择,更在他心底筑起一道自卑的高墙,让他在人群中始终保持着小心翼翼的疏离。

与此同时,在城市另一端的高档公寓里,小雨正机械地重复着钢琴考级曲目。身为企业高管的父母刚刚结束对她月考成绩的训斥,客厅墙上挂满的竞赛奖杯在冷光灯下泛着寒意。“你要像邻居家的孩子一样优秀”“这点压力都承受不了将来怎么办”，这些话语如同循环播放的录音，日夜侵蚀着她的自信。过度严苛的教养方式和永无止境的期待，让她在看似完美的生活中逐渐窒息，甚至开始对最爱的钢琴产生生理排斥反应。

而在老城区的教师家属院里，小哲正和父母围坐在餐桌旁热烈讨论着社会热点。作为教师的父亲用苏格拉底式的追问引导他独立思考，母亲则时不时递上切好的水果，温和地补充不同视角。每逢考试失利，家庭会议从不以批评收场，而是变成一场充满欢笑的“失败经验分享会”。这种民主包容的家庭文化，赋予了他直面挫折的底气——他最近正在策划一场校园公益活动，筹备过程中遇到的种种困难，反而成了他锻炼能力的舞台。

三个故事、三段迥异的成长轨迹，折射出家庭系统的复杂生态：小林家庭的经济压力与单亲结构相互作用，塑造了他敏感坚忍的性格；小雨家庭的权威教养方式与优渥物质条件形成悖论，催生了她的焦虑与自我怀疑；小哲家庭的民主氛围与教育背景，则滋养出他乐观开放的心态。这些鲜活的案例印证了，家庭因素从来不是单一变量，而是如精密的齿轮般相互咬合，在个体的心理世界刻下或深或浅的烙印，最终编织成独一无二的生命叙事。

心理预热点

家庭作为个体社会化进程中最初且最核心的社会环境，犹如塑造人格的摇篮与滋养心灵的土壤，其内部结构、互动模式及功能特征相互交织，共同构筑起一个精密且动态的生态系统。家庭结构奠定系统的基础框架，从核心家庭的紧密联结到单亲家庭的独特挑战，不同形态决定了个体早期社会关系的构建方式；互动模式则如系统的运作纽带，父母的教养风格、成员间的沟通频率与冲突处理策略，持续影响着个体情感表达与人际交往能力的形成；而功能特征作为系统的动力源泉，无论是经济支持、情感养育，还是价值观传递，都在潜移默化中为个体的心理发展注入关键养分。这些要素并非孤立存在，而是以协同联动的方式，通过日复一日的家庭生活场景，对个体的认知模式、情绪调节能力及社会适应水平产生深远且贯穿终生的影响，甚至在某些关键节点成为塑造个体心理韧性或脆弱性的决定性力量。

心理知识屋

一、家庭结构

家庭结构作为家庭系统的基础框架，本质上是家庭成员组成形式与关系网络的具象化呈现，其形态差异深刻影响着个体早期成长环境与心理发展轨迹。常见的家庭结构类型呈现多元化特征：核心家庭以父母与未婚子女构成稳固三角关系，情感交流直接且资源分配集中，为子女营造出相对规律的成长节奏；单亲家庭则因父母一方的缺失，促使子女更早承担生活责任，在培养独立性的同时，也面临情感支持维度单一、社会压力感知较强等现实挑战；重组家庭需经历多组原生家庭关系的融合重构，成员间身份认同的重塑过程中，极易出现角色边界模糊、情感归属困惑等心理适应问题；而多代同堂的大家庭模式，凭借丰富的代际支持资源与传统价值传承，为个体提供深厚的文化滋养，但也可能因代际观念冲突、教养方式分歧等，导致青少年产生自我认知矛盾。这些结构性差异不仅体现在家庭日常分工与资源配置中，更通过长期的情感互动，在个体性格塑造、人际关系处理等方面留下深刻印记。

二、经济状况

家庭经济状况作为物质基础，以“隐形之手”的方式深刻影响着大学生的成长轨迹与心理状态。经济条件的差异不仅决定了学生在教育资源获取、生活保障及社会参与等方面的机会，更会在长期的生活体验中形成独特的心理烙印。对于来自贫困家庭的学生而言，有限的经济资源往往意味着需要面对学习资料短缺、生活质量受限、社交活动参与不足等现实困境。这些客观压力容易催生自卑、焦虑等负面情绪——他们可能因无力承担集体活动开支而产生社交退缩，或因担忧家庭经济负担而陷入对未来发展的持续焦虑。此外，经济压力还可能引发对自我价值的怀疑，使部分学生在与经济条件优渥的同龄人比较中，产生心理落差与不安全感。而家庭经济状况良好的学生，虽拥有更丰富的物质支持与发展机会，但也可能面临更高的期待压力，或因过度依赖物质资源而缺乏独立应对挫折的能力，同样对心理健康产生潜在影响。

三、家庭氛围

家庭氛围犹如浸润个体心灵的无形场域，是家庭成员在长期互动中共同编织的情感网络，通过情绪表达、沟通模式与冲突处理机制得以具象化呈现。这种独特的家庭“气候”不仅塑造着个体当下的心理状态，更会在潜意识层面形成持久的情感印记。在和谐民主的家庭环境中，成员间坦诚的情绪表达构建起安全信任的情感纽带，开放包容的沟通模式赋予个体充分的自我表达空间，而理性平和的冲突解决方式则为其提供了处理矛盾的示范样本。这种良性氛围如同温暖的心理港湾，滋养着个体的自尊与归属感，助力其发展出积极稳定的情绪调节能力和良好的社会适应性。

反之，充斥着紧张、冷漠或频繁冲突的家庭氛围，则会成为心理压力的滋生土壤。成员间压抑的情绪表达容易形成情感隔阂，单向度或暴力化的沟通方式可能导致个体自我价值感被削弱，而无序的冲突处理过程更会让个体长期处于焦虑不安的应激状态。长此以往，青少年可能出现情绪调节障碍，表现出焦虑、抑郁等内化性问题，或通过攻击性言行等外化方式释放压力，甚至在成年后延续不良的人际互动模式，影响其亲密关系与社会融入能力。家庭氛围的差异，正是通过这种潜移默化的情感浸润，在个体心理发展的关键阶段刻下深刻的生命烙印。

四、教养方式

父母的教养方式犹如塑造个体心理与行为的模具，不同风格在子女成长过程中刻下独特印记。民主型教养强调尊重与引导的平衡，父母既设定合理规则，又鼓励子女表达想法，在这种环境下成长的大学生往往拥有较高的自我效能感，善于独立思考与解决问题。溺爱型教养则以过度保护与无条件满足为特征，父母常包办子女生活事务，导致大学生缺乏生活自理能力与责任意识，易形成依赖型人格，面对挫折时心理韧性不足。

专制型教养以严格控制与高压惩罚为核心，父母要求子女绝对服从，这种环境下成长的大学生，可能因长期压抑真实情绪，将愤怒转化为攻击性倾向，或因自我价值感长期被否定而滋生自卑心理。此外，忽视型教养表现为情感关注与教育投入的双重缺失，子女易产生孤独感与不安全感，在人际关系与自我认同发展上出现障碍。不同教养方式通过日复一日的互动，塑造着大学生的性格特质、价值观念与应对压力的方式，成为影响其心理健康与社会适应能力的重要因素。

五、家庭功能

家庭功能作为维系家庭成员身心健康与社会适应的核心机制，本质上是家庭系统满足成员生理、心理及社会发展需求的综合能力体现。这一功能体系主要涵盖三大维度：经济支持功能为个体提供物质生存保障与发展资源，稳定的经济基础能够减轻成员的生存焦虑，反之长期的经济压力可能导致个体因物质条件差而产生自卑心理；情感养育功能通过家庭成员间的关爱、共情与接纳，构建起安全的情感依恋关系，若家庭情感纽带薄弱或出现疏离，个体易陷入孤独与情感缺失的困境；社会化教育功能则通过家庭规则、价值观念的传递，帮助个体习得社会规范与人际交往技能，功能失调的家庭可能因教养失当或价值观冲突，阻碍个体的社会化进程。

当家庭功能健全时，各维度相互协同，形成良性循环，为成员营造稳定、包容的成长环境，助力其建立健康的自我认知与心理韧性。反之，若家庭功能失调——无论是因经济危机引发的生存焦虑，还是情感淡漠导致的心理疏离，抑或是教育失当造成的社会化偏差——都可能成为个体心理问题的诱因。例如，长期处于经济困境的家庭，子女可能因资源匮乏而产生学业倦怠；情感疏离的家庭环境，则易使个体在人际交往中表现出敏感、回避等防御性特征，这些都印证了家庭功能对个体心理健康的深远影响。

六、家庭文化

家庭文化是家庭系统中最具渗透性与传承性的精神内核，以价值观、信仰体系、传统习俗等形式构建起独特的家庭精神图腾，通过代际传递与日常浸润，深刻形塑着个体的认知模式、价值取向与行为准则。作为一种隐性教育力量，家庭文化既包含对勤奋、诚信等普世美德的倡导，也涵盖家族特有的生活哲学与处世之道。

在重视教育的家庭文化中，父母往往通过言传身教树立学习榜样，将“知识改变命运”的信念融入日常生活场景——或是设立家庭学习时间，或是通过奖励机制强化学习动力，这种文化氛围能够有效激发子女的内在学习动机，使其将学业追求视为自我价值实现的重要途径。而强调集体主义的家庭，常以家族荣誉、亲缘纽带为核心，通过节日团聚、家族事务共商等传统习俗，培养个体“小我服从大我”的责任意识。子女在这种环境中成长，更容易发展出合作精神与利他行为，在面对集体利益与个人利益冲突时，倾向于优先考虑家庭与群体需求。此外，宗教信仰浓厚的家庭通过仪式活动与教义传递，为成员提供精神寄托与价值指引；艺术氛围强烈的家庭则可能通过审美熏陶，塑造子女独特的创造力与感知力。家庭文化如同无形的精神基因，在个体成长的每一个关键节点发挥着深远且持久的影响。

七、父母受教育程度与职业背景

父母的受教育程度与职业背景如同家庭生态系统中的“隐性资源”，以潜移默化的方式影响着子女的心理发展与成长轨迹。在教育研究和生活观察中发现，部分接受过高等教育的父母，由于学习和知识积累的经历，往往在育儿过程中展现出更开阔的视野和多元化的教育理念。他们更倾向于尝试平等对话的理性沟通模式，愿意倾听子女的心声，在家庭事务决策时给予孩子表达观点的机会，这种亲子互动方式为培养孩子的独立思考与批判性思维提供了有利条件。

此外，部分高学历父母凭借其知识储备和分析能力，更擅长运用认知引导的方式，引导孩子深入分析问题、探究本质，而非单纯依靠家长权威解决问题，这在一定程度上有助于孩子提升情绪调节和解决实际问题的能力。当然，育儿理念和方式受到多种因素综合影响，不同家庭都有其独特的教育智慧与温暖，都在以各自的方式助力孩子成长。

父母的职业背景同样对家庭环境产生显著影响。从事教师、心理咨询师等职业的父母，凭借其专业领域积累的教育经验与心理知识，能够敏锐捕捉子女的情绪变化，提供更系统、专业的心理支持。例如，教师家庭往往拥有规律的学习引导机制与浓厚的知识探索氛围，不仅有助于提升子女的学业表现，还能培养其终身学习的习惯；而医护人员家庭则可能通过严谨的职业态度，塑造子女细致、坚忍的性格特质。反之，从事高强度、高压力职业的父母，可能因时间精力有限，导致亲子互动频率降低或质量下降，间接影响子女的情感需求满足与心理安全感建立。这些差异充分表明，父母的教育与职业背景通过家庭互动模式与资源供给，成为影响大学生心理健康与人格发展的重要潜在因素。

这些家庭因素并非孤立地发挥作用，而是彼此渗透、相互制约，如同精密运转的齿轮般协同运作，共同构筑起动态且有机的家庭生态系统。家庭结构的变动会重塑家庭氛围，如单亲家庭中亲子互动模式的改变可能引发情感交流方式的转变；父母的教养方式既受其教育程度影响，又与家庭经济状况密切相关，经济压力较大的家庭可能不自觉采用更为严苛的教养策略。而家庭文化作为隐性纽带，贯穿于其他要素之中，潜移默化地影响着家庭成员的行为逻辑与价值判断。这种多维交互的复杂性意味着，任何单一因素的变化都可能引发系统的连锁反应，对个体心理发展产生复合效应。只有深入理解家庭因素间错综复杂的关联，才能精准剖析其对个体心理的深层影响机制，从而为家庭治疗的方案设计、干预策略制定提供坚实的理论支撑，助力构建更科学有效的心理健康支持体系。

课堂活动

解码家庭生态系统

一、活动目标

1. 帮助学生直观理解家庭结构、经济状况、教养方式等因素的多元性及其交互作用。
2. 通过角色扮演与案例分析，提升学生对家庭因素影响心理发展的觉察能力。
3. 促进学生反思自身家庭环境，培养对家庭关系的理性认知。

二、活动流程

（一）导入环节：家庭拼图

1. 任务：发放彩色卡纸与贴纸，要求学生用图形拼出“理想中的家庭”和“现实中的家庭”，允许用抽象符号表达（如用断裂的线条代表冲突，同心圆代表亲密关系）。

2. 分享：随机邀请 3~4 名学生展示作品，简要说明图形寓意，引出“家庭因素如何影响我们的心理与行为”的讨论。

（二）核心活动：家庭实验室

1. 情景卡抽取：准备 12 张情景卡，每张卡设定不同家庭背景（如“核心家庭，父母为教师，经济中等，民主教养方式”“单亲家庭，母亲打零工，专制教养方式”等），每组抽取 2 张。

2. 角色扮演：4 人一组，根据抽到的情景卡，分别扮演家庭中的父亲、母亲、大学生子女及邻居，围绕“大学生面临学业挫折时家庭的反应”进行即兴表演。

3. 观察员分析：其他小组作为观察员，填写“家庭因素分析表”，从家庭结构、经济压力、教养风格等维度记录角色的语言与行为，推测这些因素对大学生心理可能产生的影响。

（三）深度讨论：因素交织的“蝴蝶效应”

1. 小组汇报：各小组结合表演与观察，分享对家庭因素交互作用的发现（如“经济压力可能强化专制教养方式”）。

2. 教师引导：用思维导图板书关键结论，强调家庭因素如同生态系统，任一变量的改变都可能引发连锁反应。

（四）自我探索：我的家庭图谱

1. 绘制图谱：发放空白画布，指导学生用颜色、符号绘制“家庭因素关系图”，标注家庭结构、父母职业、典型互动场景等元素，并用箭头标注因素间的关联（例如：“父亲高压工作—陪伴时间减少—亲子关系疏离”）。

2. 匿名分享：将图谱折叠后随机交换，抽取 3~5 份进行匿名解读，其他学生尝试基于图谱推测该家庭可能对个体心理产生的影响，最后由原作者揭晓答案并补充细节。

三、总结升华

1. 金句共鸣：展示名言“家庭是人生的第一个课堂”，结合活动案例说明家庭因素对人格塑造的深远意义。

2. 行动倡议：布置课后任务“家庭访谈计划”，鼓励学生采访一位家庭成员，了解家庭故事背后的心理密码，下节课分享感悟。

四、材料准备

1. 彩色卡纸、贴纸、马克笔、空白画布。

2. 家庭情景卡（打印塑封）、家庭因素分析表。

3. 思维导图板书模板（可使用 PPT 投影）。

第二节　家庭因素对大学生心理的影响

心理故事会

故事一：被“牺牲式母爱”压垮的优等生

凌晨 2 点的自习室泛着冷白的灯光，苏晴盯着屏幕上未完成的论文，指尖因过度用力而泛白。手机弹出母亲的消息：“今天接了 3 份钟点工，给你攒下学期的学费，别担心钱，一定要拿奖学金。”这样的信息她每天都会收到，字字句句像沉重的铅块，压得她呼吸不畅。从高中起，母亲就辞去稳定工作，靠打零工供她读书，那句“妈这辈子就指望你了”的口头禅，早已成为她脖颈上无形的枷锁。

进入大学后，苏晴强迫自己每天只睡 4 个小时，不敢参加社团活动，不敢生病，甚至不敢多花一分钱买辅导资料。她总觉得，只有用优异的成绩才能偿还母亲的牺牲。长期的高压下，她开始频繁失眠，一到考试就心跳过速、呼吸困难。最终，她被诊断为焦虑症。家庭经济的重负与情感捆绑，让曾经开朗的她变得沉默寡言，陷入“只有成绩好才配被爱”的自我怀疑中。

故事二：在“完美家庭”里窒息的钢琴少女

陈悦的人生，在外人眼中是完美的范本：父亲是企业高管，母亲是大学教授，家中摆满了她从幼年到高中获得的奖杯和证书。然而，这份“完美”背后，是令人窒息的高压。从6岁起，她的日程表就被父母精确到分钟：清晨5点练功，放学后参加奥数班，周末还要上英语演讲课。每一次比赛、每一场考试，父母都要求她必须名列前茅。

进入大学后，陈悦依然保持着“优等生”的完美形象，可私下里，她常常躲在宿舍的被子里无声痛哭。一次专业课考试失利后，这个曾在国际舞蹈比赛中获奖的少女，突然对最爱的舞蹈产生了恐惧——只要听到音乐，就会不受控制地颤抖。专制型教养带来的过度控制，让她丧失了自我价值感，陷入“没有成就就失去意义”的自我否定深渊。

故事三：重组家庭里的“双面人生”

在大学学生会的活动现场，李浩总是人群中最活跃的存在。他幽默风趣，总能轻松化解矛盾，赢得同学们的喜爱。然而，每当夜幕降临，回到空荡荡的宿舍，他就会陷入长时间的沉默，整夜刷手机直到精疲力竭。

李浩的父母在他12岁时离异，三年后父亲再婚，并带来一个同父异母的妹妹。在新家庭里，他努力扮演着“懂事哥哥”的角色：主动承担家务，把零花钱让给妹妹，即便受了委屈也从不抱怨。他害怕提出任何要求，生怕被贴上“不懂事”的标签。这种长期的情绪压抑，让他在人际交往中逐渐形成了讨好型人格——即便被同学过度索取，他也不敢拒绝。重组家庭的身份认同困境，让他始终在“融入”与“疏离”间痛苦挣扎，内心充满孤独与不安。

故事四：温暖港湾里的“心理铠甲”

与前三位同学不同，林晓的大学生活充满了阳光与活力。她来自一个普通的双职工家庭，父母经营着一家小小的超市。每天放学回家，父亲总会和她一起讨论当天的学习难题，用超市的纸箱制作思维导图；母亲则会变魔术般端出她最爱吃的糖醋排骨，笑着说：“尽力就好，爸爸妈妈永远支持你。”

家庭民主平等的氛围，让林晓养成了乐观自信的性格。大一时，她主动竞选班长，带领班级组织了多次公益活动；面对同学间的矛盾，她总能理性沟通，巧妙化解。遇到挫折时，父母的鼓励和支持，就像温暖的铠甲，让她在面对挑战时始终保持积极的心态。

这四个故事，折射出家庭因素对大学生心理影响的复杂性与多样性。经济压力、教养方式、家庭结构、情感氛围……这些看似普通的家庭元素，如同细密的丝线，在不经意间编织着每个孩子的心理世界，深刻影响着他们的自我认知、情绪管理和人际交往能力。

心理预热点

家庭因素如同细密的经纬线，在个体成长过程中持续编织着心理发展的底色。进入大学阶段，这些早期形成的家庭印记不仅不会消失，反而在新环境的冲击下，以更复杂的方式影响着大学生的心理状态、行为模式与社会适应能力。

心理知识屋

一、人格塑造

家庭作为个体人格形成的“第一熔炉”，其教养模式与互动氛围如同精密的铸造模具，在潜移默化中雕琢着每个人独特的性格特质。溺爱型教养方式下，父母往往以孩子为绝对中心，无条件满足其物质与情感需求，甚至代替子女解决生活难题。这种过度保护容易让个体形成自我中心主义，在人际交往中缺乏换位思考能力，难以理解他人感受，且因长期缺乏独立应对问题的机会，导致责任意识淡薄，面对挫折时往往表现出脆弱的心理承受力。

与之形成鲜明对比的是民主型教养方式，父母既注重规则与引导，又尊重子女的自主选择与想法。他们通过平等对话与协商，鼓励孩子表达观点，并在适度的范围内允许试错。这种教育模式犹如肥沃的土壤，滋养出个体的独立人格：孩子在自主决策的过程中培养出判断力与行动力，在家庭责任的分担中建立起责任感，在开放包容的沟通环境中发展出良好的情绪管理能力与社会适应力。由此可见，家庭早期的教养实践不仅奠定了人格发展的基石，更深远影响着个体成年后处理人际关系、应对生活挑战的思维与行为模式。

二、情绪健康

家庭作为个体情绪调节能力的“孵化器”，其内部互动模式与资源供给直接塑造着大脑情绪管理的神经通路。在情感忽视的家庭环境中，父母对子女情绪信号长期缺乏回应，导致个体难以建立正常的情绪认知框架，进而发展出“述情障碍”。这类学生往往无法准确识别自身情绪状态，更难以用语言表达内心感受，如同被剥夺了情绪“解码器”，只能将负面情绪积压在心底。长期的情绪压抑不仅会加剧孤独感，还会显著提升抑郁风险，甚至影响其成年后在亲密关系中的情感沟通能力。

家庭经济压力则像一双无形的手，持续搅动着大学生的情绪池。经济困难的学生不仅需要承受物质条件差带来的生活压力，还可能因无法参与集体消费活动而产生社交孤立感，长期累积的自卑心理会进一步导致自我效能感降低，甚至出现“习得性无助”。反之，经济优渥的家庭若缺乏正确引导，子女可能因过度依赖物质满足而产生空虚感，面对挫折时心理韧性不足，表现出脆弱的“蛋壳心理”。更值得关注的是，部分家庭通过“牺牲式付出”供子女读书，这种沉重的情感捆绑会让大学生背负强烈的愧疚感，将学业成绩与家庭命运过度关联，进而产生巨大的心理负担。

三、社会适应中的隐形枷锁

家庭互动模式如同镌刻在个体心灵深处的隐形代码，深刻影响着其社会适应能力的发展轨迹。在过度保护的家庭环境中，父母往往以“为你好”为名，替子女扫清成长道路上的一切障碍，这种“温室式”教养方式看似给予了无微不至的关怀，实则剥夺了子女直面挑战的机会。当这些学生步入大学，骤然失去家庭庇护，面对学业竞争、人际矛盾等现实挫折时，常不自觉地启动“退行”心理防御机制——他们或是像孩童般依赖师长、室友解决问题，或是在遭遇困难时选择逃避，用哭闹、抱怨等幼稚方式宣泄情绪。这种行为模式不仅阻碍个人成长，更使其在集体生活中陷入孤立无援的境地。

家庭沟通模式则是塑造个体“心智化能力”的关键土壤。心智化能力指理解自身与他人心理状态、意图及情感的能力，而家庭沟通障碍会严重阻碍这一能力的发展。在沟通不畅的家庭中，父母与子女间或是充斥着命令式对话，或是长期缺乏有效交流，导致个体难以习得解读他人非语言信号、捕捉情绪变化的能力。步入大学校园后，这类学生往往因“读不懂”他人的言外之意或社交暗示，在人际交往中频繁误判情境，或是过度敏感、产生不必要的误解，或是因缺乏共情能力而引发他人反感，最终陷入人际关系紧张的恶性循环。这些隐形枷锁如同无形的绳索，束缚着大学生融入社会的步伐，凸显出家庭因素对社会适应能力的深远影响。

四、学业与职业选择

家庭对大学生学业与职业轨迹的影响，恰似一只无形的手，在理想与现实的碰撞中塑造着个体的发展方向。当父母将未竟的理想或过高的期待强行投射到子女身上，看似殷切的关怀实则成为沉重的精神负担。例如，被要求“必须考入顶尖院校”“未来必须从事稳定职业”的学生，长期处于高压之下，即便取得优异成绩，也难以获得真正的成就感，反而逐渐对学习产生抵触情绪，陷入“被动学习—机械完成任务—丧失学习热情”的恶性循环，最终导致学业倦怠。这种倦怠不仅体现在成绩下滑，更表现为对知识探索的兴趣枯竭，甚至影响到未来的职业发展潜力。

而家庭支持的缺失同样会在职业选择中埋下隐患。缺乏鼓励与引导的学生，往往难以建立清晰的自我认知与职业目标。他们既无法从家庭中获取关于职业世界的有效信息，也得不到试错与探索的心理支持，面对专业选择、实习机会时，容易陷入迷茫与自我怀疑。例如，部分学生因家庭忽视其兴趣特长，盲目选择热门专业，却在学习过程中逐渐丧失动力；还有些学生因父母否定其职业理想，被迫放弃热爱的领域，即便顺利就业，也可能因缺乏内在驱动力而难以在工作中获得满足感。家庭支持不足带来的职业自信缺失，如同迷雾笼罩前行的道路，让大学生在人生关键抉择时刻举步维艰。

五、家庭文化

家庭文化如同镌刻在心灵深处的精神基因，以代代相传的价值观、信仰体系与行为准则，为个体构筑起最初的认知框架。然而，当大学生踏入充满多元思潮的大学校园，家庭文化与社会文化的剧烈碰撞，往往在其内心掀起一场静默却深刻的“价值革命”。

在强调集体主义的传统家庭中，“家族荣誉高于一切”“个人需求让位于家庭利益”的观念根深蒂固。这类学生进入大学后，常面临集体责任与个人追求的撕裂感：他们可能因无法拒绝长辈安排的家族事务，而错失参与社团竞选、交换项目等个人发展机会；或是在小组作业中过度承担责任，只为维护“顾全大局”的家庭教导，却压抑了自身的创造力与表达欲。这种矛盾持续发酵，易导致自我价值感模糊，陷入“我究竟该为谁而活”的困惑。

宗教信仰浓厚的家庭同样会给大学生带来独特的心理挑战。当课堂上的科学理论、校园里的多元文化与家庭传承的宗教教义产生冲突时，部分学生可能经历信仰动摇的痛苦过程。他们既无法轻易割舍家庭赋予的精神寄托，又难以忽视新思想的冲击，这种认知失调可能引发存在性焦虑——对生命意义、道德准则的持续质疑，甚至导致社交退缩或情绪抑郁。

更具张力的是家庭对人生重大选择的期待与个人理想的博弈。有些家庭将职业成功狭隘定义为“体制内工作”“高收入岗位”，当子女怀揣艺术创作、公益事业等“小众”梦想时，两代人的价值冲突便一触即发。这种矛盾不仅撕裂大学生的内心世界，更可能引发家庭关系的持续紧张：子女在愧疚与反抗间反复挣扎，父母则因观念差异陷入失望与焦虑，最终形成情感对峙的僵局。家庭文化与社会文化的碰撞，本质上是个体重构自我认知的必经之路，却也成为无数大学生在心理成长中难以回避的“阵痛战场”。

家庭因素对大学生心理的影响恰似流动的江河，而非凝固的雕塑。从初入校园时对新环境的适应，到面临专业选择、人际交往的困惑，再到毕业前夕的职业规划焦虑，家庭烙印始终与个体成长经历交织共振。例如，原生家庭中压抑的沟通模式，可能在大学集体生活中引发更强烈的社交回避；而家庭早期培养的心理韧性，则能帮助学生在学业挫折中快速调整心态。这些影响会随着大学生社会角色的转变、阅历的丰富不断重塑——曾经因经济压力产生的自卑，可能在勤工俭学获得成就感后逐渐消解；与父母的代际冲突，也可能因独立生活后彼此理解加深而缓和。

这种动态性提示我们，剖析家庭因素的影响不能停留在静态观察。对于大学生而言，觉察家庭因素与当下心理状态的关联，如同掌握一把自我认知的钥匙，有助于打破负面循环；对高校心理健康教育工作者和家庭干预者来说，把握这些动态变化规律，便能在学生出现心理困扰时，精准定位关键影响因素，制定个性化的支持方案。无论是通过家庭关系工作坊引导沟通改善，还是借助心理咨询帮助学生重构认知，唯有理解家庭影响的演变逻辑，才能真正实现“治标更治本”的心理健康支持。

知识链接

依恋理论

依恋理论由英国心理学家约翰·鲍尔比(John Bowlby)于20世纪60年代提出，后经玛丽·安斯沃斯(Mary Ainsworth)等人发展完善，是理解早期亲子关系如何塑造个体终身心理模式的核心理论。该理论指出，婴儿在0~3岁与主要照顾者(通常为母亲)的互动质量，会形成不同类型的依恋模式，并内化为个体成年后的“内部工作模型”——一种潜意识中对自我、他人及人际关系的预期框架。

安全型依恋的形成依赖于照顾者及时、稳定的情感回应。当婴儿啼哭时能得到温柔安抚，需求被敏锐感知，他们会建立起“我值得被爱”“他人值得信任”的积极认知。这类个体在成长过程中展现出更强的情绪韧性，在面对压力时既能主动寻求支持，也能保持独立应对问题的能力，成年后在亲密关系中往往表现出自信、包容的特质。

与之相对，回避型依恋的形成常源于照顾者长期忽视或拒绝婴儿的情感需求。婴儿为减少被拒绝的痛苦，逐渐学会压抑对亲密接触的渴望，发展出“依靠自己才是安全的”防御机制。成年后，他们在人际关系中习惯保持情感距离，避免过度依赖他人，甚至在伴侣表达亲密时表现出回避或冷漠。

焦虑型依恋则多见于照顾者回应不稳定的环境中——时而热情关怀，时而突然抽离。婴儿因此产生强烈的不安全感，形成“必须时刻保持警惕才能获得爱”的认知。成年后，这类个体在亲密关系中常表现出过度依赖与控制欲，对伴侣的细微变化高度敏感，易因担心被抛弃而产生焦虑、愤怒等极端情绪。

大量纵向研究证实,不安全依恋模式与成年期的心理健康问题显著相关。例如,焦虑型依恋者在面对伴侣短期分离时,大脑杏仁核活跃度异常升高,触发过度的焦虑反应;回避型依恋者则可能因长期压抑情绪,增加抑郁与孤独感的风险。理解依恋理论不仅能解释个体在家庭、恋爱及社交中的行为模式,更为心理咨询与家庭干预提供了追溯心理问题根源的重要路径。

代际传递理论

代际传递理论最早由精神分析学家萨尔瓦多·米纽庆(Salvador Minuchin)和默里·鲍文(Murray Bowen)提出,后经家庭治疗领域学者不断完善发展。该理论揭示了家庭心理模式的"跨代遗传"机制,指出家庭中的创伤经历、教养风格与行为模式会如同隐性基因般在代际间持续复制与传递。这种传递不仅局限于显性的行为模仿,更渗透于情感表达、认知方式与价值体系的深层结构中。例如,在高压教养环境下长大的个体,即使内心抵触父母的教育方式,在成为家长后也可能因潜意识的"行为脚本"复刻,不自觉地对子女采用同样严厉的管教手段;经历过饥荒或贫困年代的父母,会将"生存焦虑"转化为极端节俭的生活方式,这种过度储蓄与资源匮乏的心理暗示,往往导致子女即便身处优渥环境,仍长期受物质焦虑的困扰。

然而,代际传递并非不可逆转的宿命循环。该理论强调"修正性体验"的干预力量——通过外部支持与内在觉醒,个体能够打破负面模式的延续链条。在专业心理咨询中,治疗师常运用叙事疗法帮助来访者解构原生家庭的影响,通过认知行为训练重塑情感反应模式;部分个体则通过自我觉察与持续学习,主动建立新的家庭互动规则。例如,一位曾因父亲酗酒而饱受童年创伤的成年人,通过参与互助小组与正念练习,不仅治愈了自身的心理创伤,更建立起温暖包容的教养方式,成功阻断了代际创伤的传递。这种从"被动延续"到"主动改写"的转变,印证了个体在家庭代际传递中的主观能动性与心理成长潜力。

第三节 家庭治疗及家庭支持力

心理故事会

故事一:被"隐形牢笼"困住的青春

深秋的心理咨询室里,20 岁的小雨蜷缩在沙发角落,指甲深深掐进掌心。作为重点大学的新生,她却被失眠、焦虑折磨数月,甚至连普通的课堂展示都能引发强烈的窒息感。在与父母的首次联合访谈中,家庭治疗师发现:从小学到大学,小雨的课程表由母亲定制,社交圈需经父亲审核,就连填报志愿时,父母也以"稳定"为由否决了她热爱的艺术专业。

治疗师运用结构家庭治疗技术,通过绘制家庭结构图,清晰呈现出亲子间过度紧密的边界——父母如同"过度生长的藤蔓",将孩子的生活空间层层包裹。在"边界重塑"环节,治疗师引导父母尝试"三天不干涉挑战":不检查手机、不追问行踪、不评价选择。起初,母亲焦虑得整夜失眠,父亲频繁翻看女儿的社交动态,但随着小雨独立完成社团活动策划、主动分享校园趣事,父母逐渐意识到:松开紧握的双手,反而让爱有了流动的空间。三个月后,小雨不仅重返课堂,还在校园摄影展上获得奖项,家庭相册里首次出现了她自信微笑的身影。

故事二：改写家庭叙事的“重生密码”

“我是多余的，这个家早就不需要我了。”面对父母离异的打击，大二学生小林的日记本上写满绝望。他开始逃课、酗酒，成绩一落千丈。家庭治疗师没有急于“解决问题”，而是运用叙事疗法，邀请小林用彩色画笔绘制“家庭故事地图”：蓝色代表父母相爱时的温馨，红色标注争吵爆发的节点，而空白处则象征他内心的迷茫。

“如果这个故事由你续写，你希望下一页是什么颜色？”治疗师的提问让小林愣住了。在后续的家庭会议中，父母放下成见，共同回忆抚养小林的点滴温暖，并承诺“离婚不离心”——每月固定举办“家庭日”，一起烹饪、爬山；母亲在孩子考试周悄悄送来炖汤，父亲则默默关注他的创业计划。小林逐渐明白：家庭不是非黑即白的选择题，破碎的拼图也能重组出独特的风景。当他在毕业典礼上拥抱父母时，三人的眼角都闪烁着释然的泪光。

故事三：一场改变命运的“角色互换实验”

“你根本不懂我！”小萱摔门而出的瞬间，母亲李女士瘫坐在地，泪水打湿了手中未送出的感冒药。在家庭治疗室里，治疗师提议母女进行体验式干预中的“角色互换”：李女士戴上棒球帽、反穿校服，扮演叛逆的小萱；而小萱则系上围裙，模仿母亲日常的“三连问”：“作业写完了吗？衣服穿够了吗？别和坏孩子玩！”

当“女儿”李女士对着“妈妈”小萱咆哮“别管我”时，真实的女儿突然红了眼眶：“原来我的任性会让您这么伤心……”而李女士在扮演中也崩溃痛哭：“我以为不断提醒是爱，却忘了你已经长大。”随后的“家庭雕塑”环节，母女用身体姿势摆出理想中的家庭关系——小萱站在中央，父母分别以半环抱的姿态守护两侧，既亲密又留有空间。如今，李女士的手机相册里多了许多“偷拍”：女儿在书桌前专注学习的侧影、一起烘焙时沾满面粉的笑脸，这些画面成了家庭重生的见证。

这些故事印证着家庭治疗的核心力量：心理问题的根源往往藏在关系的褶皱里，而家庭支持力的重建，正是撕开黑暗、照进希望的那束光。通过科学干预，每个家庭都能打破困局，在相互理解与支持中，重新书写温暖而坚忍的成长叙事。

心理预热点

家庭既是心理问题的潜在诱因，也蕴含着强大的治愈力量。家庭治疗作为一种系统性干预模式，通过重塑家庭互动机制、激活家庭支持力，为个体心理健康筑牢根基。其核心理念在于：改变家庭系统中僵化的关系模式，能够从根源上缓解成员的心理困扰，而家庭支持力的有效释放，则是预防与疗愈心理问题的关键防线。

心理知识屋

一、系统式家庭治疗：解码关系网络，重塑心灵生态

系统式家庭治疗是一种以系统论为基础的心理治疗方法，它将家庭视为一个有机的整体，强调家庭成员之间的互动模式、关系结构以及情感流动对个体心理和行为的影响。

系统式家庭治疗认为，家庭是一个由多个相互关联的部分组成的系统，每个成员的行为和心理状态都受到家庭系统整体的影响，同时也会对家庭系统产生作用。家庭系统中的问题往往不是由单个成员引起的，而是由于家庭成员之间的互动模式出现了问题，导致家庭系统的平衡被打破。

（一）常见治疗技术

1. 家谱图：透视家族心灵密码的三维“关系地图”

家谱图是系统式家庭治疗中的重要工具，由美国精神科医生默里·鲍文提出。它不仅是简单的家族关系图，更像是为家庭心理绘制的“CT 影像”，通过直观呈现三代及以上家庭成员间的关系网络、重大事件与情感模式，帮助我们洞悉家庭问题背后隐藏的代际密码。

（1）解码家族信息的符号体系：家谱图绝非普通的家族树状图，而是一套精密的符号语言系统。

①人物符号：用正方形代表男性，圆形代表女性，菱形标注性别未知；双线框突出治疗核心关注对象，虚线框标记已离世成员，不同形状的阴影还可表示特殊身份（如领养、继子女）。

②关系符号：实线粗细对应情感亲疏，锯齿线刻画矛盾冲突，波浪线象征不稳定关系；离婚、分居、再婚等关系变化，均有特定组合符号精准呈现。

③事件标记：五角星标注重大成就，骷髅头表示意外离世，锁链符号暗示成瘾问题；所有事件不仅标注时间轴，还通过箭头指向受影响的成员，清晰展现连锁反应。

④情感流向：彩色箭头揭示情感支持的方向，黑色箭头追踪权力传递路径，循环箭头则标记重复出现的互动模式，让隐性的家庭动力机制一目了然。

（2）抽丝剥茧的深度应用。

①代际传递追踪：当青少年因焦虑症接受治疗时，家谱图显示其母亲在同年龄段也曾出现抑郁症状，而外婆更是一生饱受分离焦虑困扰。通过时间线梳理发现，外婆幼年经历战乱与家人离散，这种创伤性体验以“过度保护”的方式传递给母亲，最终演变为对孩子学业和社交的高度焦虑。

②家庭结构诊断：某家庭呈现出倒置的“金字塔”结构——孩子与祖父母的关系线紧密缠绕，与父母的关系却稀疏如蛛丝。结合符号标注发现，父母长期异地工作，导致祖辈成为实际抚养人，这种结构错位直接引发亲子疏离、教育理念冲突等多重问题。

③矛盾根源挖掘：在频繁爆发争吵的家庭中，家谱图揭露了惊人的对称结构，夫妻双方原生家庭均存在酗酒长辈与暴力冲突史。这些未解决的原生家庭创伤，在新家庭中以相似的争吵模式不断重演。

（3）催化改变的神奇力量：绘制家谱图的过程本身就是疗愈的开始。当全家人围坐在一起，用符号重现家族故事时，那些曾被回避的家族创伤、隐藏的情感暗流、无意识的行为复制，都在可视化的图谱中无所遁形。曾经互相指责的父母，在看到祖辈传递的创伤链条后，眼中多了理解的泪光；陷入自我否定的孩子，发现某些行为模式并非个人缺陷，而是家族系统的产物。这种认知突破，为后续改变奠定了坚实基础，让家庭治疗真正实现从“解决表面问题”到“改写代际剧本”的跨越。

治疗师引导家庭成员用标准化符号标注代际间的关键信息，如双线代表紧密但过度融合的关系，虚线暗示疏离与情感断裂等。通过家谱图，家庭成员可以直观地看到家族中存在的模式和问题,以及它们是如何在代际间传递的,从而帮助他们更好地理解自己和其他成员的行为。

2. 循环提问:打破家庭互动“死循环”的对话密钥

在系统式家庭治疗中,循环提问就像一把精巧的“手术刀”,通过层层递进的连环追问,精准剖析家庭内部错综复杂的互动逻辑。治疗师不聚焦个体的内在矛盾,而是以关系为切入点,设计出环环相扣的问题链,引导家庭成员跳出“就事论事”的思维局限,从系统视角重新审视彼此的行为关联。

这类问题往往遵循“行为—反应—反馈”的循环逻辑。比如,面对孩子的厌学问题,治疗师可能会问:“当孩子说不想上学时,爸爸通常会怎么回应?妈妈听到爸爸的回应后会做什么?而孩子看到妈妈的举动,又会产生什么新想法?”又或是针对夫妻冲突场景提问:“上次争吵时,妻子提高音量后,丈夫的身体姿势有什么变化?丈夫的反应让妻子接下来做出了什么行为?这个行为又如何影响了丈夫后续的情绪?”

这些问题打破了线性因果的思维定式,让家庭成员突然意识到:原来自己的一个皱眉、一句抱怨,都可能像投入湖面的石子,在家庭内部激起层层连锁反应。例如,在某个家庭中,孩子因成绩下滑变得沉默寡言,父亲严厉批评后,母亲出于心疼与父亲产生争执,而孩子目睹父母争吵后更加自责,成绩进一步下滑。通过循环提问,一家人惊觉看似单一的学业问题,实则是家庭成员互动模式共同作用的结果。

循环提问不仅帮助家庭“看见”问题的系统性根源,更能催生改变的契机。当成员们意识到彼此行为的相互影响,便会开始主动调整回应方式。比如,父母学会在孩子受挫时先给予情感支持,而非急于指责;孩子也会尝试更积极地表达需求。这种基于系统认知的改变,如同转动家庭关系的“齿轮”,带动整个系统向良性方向运转。

3. 家庭雕塑:定格关系张力的“立体剧场”

家庭雕塑就像一场没有台词的沉浸式戏剧,通过具象化的肢体语言与空间布局,将家庭中隐秘的情感暗流与权力结构凝固成可触摸的“三维图景”。在治疗师的引导下,每位成员既是导演,也是演员——他们通过摆放彼此的站位、调整肢体姿态,将内心对家庭关系的感知转化为直观的舞台场景。

治疗现场,家庭成员会随机抽取角色卡,可能扮演自己,也可能代入其他家人的身份。随后,“导演”会通过调整站位远近、身体朝向、高低姿态等方式,构建出他们眼中的家庭关系。比如,孩子将父母摆放成背对背、中间间隔最远的位置,自己蜷缩在角落低头躲避;或是让强势的祖辈站在高处俯视众人,而其他成员则呈半圆形低头围聚。这些充满隐喻的场景中,有人紧绷的肩膀暗示着压力,有人刻意拉开的距离透露着疏离,有人倾斜的身体方向指向情感依附。

这种非语言的表达往往比言语更具冲击力。当父亲以旁观者视角,看到“自己”被塑造成冷漠严厉、拒人于千里之外的形象时,会首次意识到孩子眼中的自己与自我认知的巨大反差;而妻子在观察到自己无意识地将孩子拉向身边、与丈夫形成对峙阵营时,也会惊觉家庭权力结构已悄然失衡。更戏剧性的是,当成员互换角色,扮演父母的孩子用同样严厉的语气“指责”时,成年人往往能切身感受到那些话语带来的伤害。

家庭雕塑不仅是问题的放大镜,更是改变的催化剂。治疗师会在场景定格后,引导成员轮流站在不同位置,体验其他角色的视角与感受。这种身体力行的共情训练,能迅速打破成员间的防御壁垒,让他们以全新的理解重构关系认知。最终,当家庭成员共同参与调整雕塑场景,将紧绷的姿态转为放松、将背对转为面向、将疏离转为靠近时,改变已在这场无声的戏剧中悄然萌芽。

(二)系统式家庭治疗全流程

系统式家庭治疗如同一场精心规划的心灵修复之旅,通过三个紧密衔接的阶段,帮助家庭打破固有困局,重建良性互动生态。每个阶段都以系统论为指引,既关注个体心理状态,更聚焦家庭整体的动态平衡。

1. 评估阶段:绘制家庭关系的"全息地图"

治疗初期,治疗师化身"关系侦探",综合运用多种工具深度解码家庭系统。通过开放式访谈,倾听每位成员对家庭现状的描述与期待,捕捉言语背后的情感暗流;在家庭互动观察中,记录成员间的对话模式、非语言信号(如眼神回避、肢体紧绷),识别日常相处中的隐性冲突。

家谱图在此阶段发挥核心作用,通过梳理三代以上家族历史,标注重大事件、代际传递模式和情感联结强度,将家庭问题的深层根源可视化。例如,当发现孩子的焦虑症状与母亲家族的"过度保护"传统相关时,评估阶段便已为后续干预指明方向。

2. 介入阶段:激活家庭系统的"自愈程序"

基于评估结果,治疗师量身定制干预方案,综合运用循环提问、家庭雕塑、悖论干预等技术,引导家庭突破固有互动模式。

(1)循环提问:以"当孩子叛逆时,父母的反应如何影响孩子的下一次行为?"等连环追问,打破线性因果思维,帮助成员意识到自身行为对系统的连锁反应。

(2)家庭雕塑:通过角色扮演和空间排列,将抽象的关系矛盾转化为具象场景,如让成员直观感受家庭权力结构的失衡,或情感联结的断裂。

(3)悖论干预:对过度焦虑的父母提出"请在接下来一周内,每天增加一小时监督孩子学习",通过夸张指令暴露问题本质,促使家庭主动寻求改变。

此阶段强调全员参与,鼓励成员在安全的治疗环境中尝试新的沟通方式,逐步重建信任与协作机制。

3. 巩固阶段:构筑关系健康的"防护堤坝"

当家庭形成新的良性互动模式后,治疗进入巩固期。治疗师协助家庭将治疗中的改变转化为可持续的日常习惯。

(1)制定家庭契约:共同协商规则,如"每周一次无手机家庭会议""意见分歧时先倾听再表达",将新的沟通方式制度化;

(2)模拟压力测试:设置模拟冲突场景,检验家庭应对问题的能力,及时强化积极行为;

(3)建立应急机制:教授情绪急救技巧,如深呼吸法、暂停沟通原则,帮助家庭在未来冲突中自主调节。

通过定期回访与远程支持,确保家庭在脱离治疗环境后,仍能保持系统的稳定性和适应性。

系统式家庭治疗的终极目标,是让家庭成为成员心灵的避风港。通过系统性干预,不仅化解当下矛盾,更帮助家庭掌握自我调节的"密钥",在未来的挑战中持续保持动态平衡,实现个体心理健康与家庭和谐发展的双向赋能。

二、家庭支持力：心理韧性的“能量源泉”

家庭支持力是家庭成员间相互给予的情感、物质与认知资源，其强度与质量直接影响个体的心理韧性。研究表明，高支持力家庭中的成员在面对学业压力、人际矛盾时，更易展现出积极的应对策略，抑郁、焦虑风险显著降低。

（一）家庭支持力的构成维度

家庭支持力是家庭成员间动态流动的资源网络，通过情感、认知与行动的多维交互，为个体心理健康提供系统性支撑。其核心构成包括情感支持、信息支持和行为支持。

1. 情感支持：心理安全的“护城河”

情感支持以无条件接纳与共情为核心，通过语言与非语言的情感传递，构建个体的心理安全感。父母的倾听姿态（如专注眼神、耐心回应）、对子女情绪的精准识别（如“我能感受到你现在很焦虑”），以及“无论怎样我们都爱你”的价值确认，构成情感支持的底层架构。例如，当大学生因社团竞选失败陷入自我否定时，父母一句“你敢于尝试的勇气已经让我骄傲”，能有效缓解失败带来的羞耻感，避免其陷入“我一无是处”的认知偏差。

2. 信息支持：认知发展的“导航仪”

信息支持涵盖家庭传递的知识经验、社会规则与资源链接，帮助子女在复杂情境中作出适应性决策。父母分享职场人际边界的处理技巧、提供专业选择的行业洞察，或是祖辈传授应对挫折的生存智慧，均属于信息支持的范畴。例如，经济条件有限的家庭通过整合亲友网络，为子女提供实习机会或职业导师推荐，能显著降低其职业探索的试错成本；而父母对“心理健康不等于脆弱”的观念传递，可帮助子女消除对心理咨询的污名化认知，主动寻求专业支持。

3. 行为支持：现实困境的“行动力引擎”

行为支持通过具体行动直接回应个体需求，体现为资源投入、角色分担与共同参与。经济支持（如筹措学费、改善学习环境）、生活照料（如陪诊就医、协助时间管理），以及象征性支持行为（如全家佩戴特定饰品表达对患病成员的陪伴），均属于行为支持的范畴。例如，针对有社交焦虑的大学生，家庭通过定期组织小型亲友聚会，逐步扩大其社交舒适区；或在子女备考期间，父母调整作息共同营造安静的学习环境，以“陪伴式行动”传递“我们与你并肩作战”的信念。

三种支持维度相互嵌套、协同作用：情感支持为信息支持与行为支持奠定信任基础，信息支持为情感支持提供认知佐证，行为支持则将情感与认知转化为可感知的现实力量。一个高支持力的家庭系统，往往能在子女面临学业压力时，同步提供“情感安抚—经验分享—行动协助”的立体支持，形成心理韧性的强化闭环。

（二）提升家庭支持力的策略

家庭支持力的培育需要系统性、持续性的实践，通过构建开放沟通环境、强化情感联结纽带，并在必要时引入专业资源，激活家庭系统的内在潜能。具体可从以下三方面着手。

1. 建立开放沟通机制：搭建情感流动的“无障碍通道”

开放沟通是家庭支持力的根基。通过定期开展家庭会议，设置专属的“表达时间”，为成员创造安全、平等的对话空间。例如，每周日晚固定进行“家庭分享会”，要求每位成员轮流分享本周的收获与困扰，家长避免评判，以“听起来你很委屈，愿意多说一些吗？”的共情式回应，鼓励孩子坦诚表达。此外，可借助“情绪日记本”“家庭留言板”等工具，帮助不善言辞的成员以文字形式抒发情感，减少因沟通不畅导致的情感忽视或冲突积压，让家庭真正成为情绪的“避风港”。

2. 培养共同家庭仪式：浇筑情感联结的“凝固剂”

家庭仪式承载着集体记忆与文化认同，是强化情感纽带的重要载体。通过设计独特的家庭活动，将零散的互动转化为具有仪式感的情感锚点。例如，春节时全家共同制作传统美食、手写祝福卡片；每月一次的“家庭电影夜”，由成员轮流挑选影片并组织讨论；甚至日常的晚餐时间，规定“无手机交流”，专注分享生活点滴。这些仪式不仅创造共同经历，更传递“我们是彼此生命见证者”的深层意义，显著提升成员归属感与家庭凝聚力。

3. 寻求专业支持：引入家庭系统的“检修工程师”

当家庭矛盾升级为持续性冲突，或成员出现抑郁、焦虑等心理困扰时，及时借助心理咨询师、家庭治疗师的专业力量至关重要。专业人士能够通过家庭访谈、互动观察等方式，精准定位关系中的症结，例如识别代际传递的负面模式、修复破裂的沟通渠道。例如，针对因子女学业问题产生激烈争吵的家庭，治疗师可通过角色扮演、家谱图分析等技术，帮助父母理解自身教育焦虑的根源，引导家庭建立更科学的支持策略。这种“外力介入”并非否定家庭自身的修复能力，而是为家庭系统的优化提供专业工具与新的视角，推动其向更健康的方向发展。

家庭治疗与家庭支持力如同双轮驱动，前者聚焦问题解决，后者着眼预防与赋能。理解并善用这两种力量，不仅能帮助大学生化解当下的心理困境，更能为其终身心理健康奠定坚实基础。无论是治疗师手中的专业工具，还是家庭内部自然流淌的爱与信任，都在印证一个事实：健康的家庭系统，本身就是最好的心理疗愈场域。

课堂活动

“关系解码实验室”——家庭互动探索工作坊

一、活动目标

1. 知识传递：帮助学生理解家庭治疗核心技术（结构家庭治疗、叙事疗法、体验式干预）与家庭支持力的构成维度。

2. 能力培养：通过模拟实践，提升学生观察家庭关系、分析互动模式及应用干预策略的能力。

3. 情感共鸣：引导学生反思自身家庭关系，增强对家庭支持重要性的认知。

二、活动准备

1. 材料准备：

空白家谱图模板、彩笔、便利贴、A3 白纸。

情景卡（涵盖学业矛盾、职业规划冲突等典型家庭场景）。

2. 分组安排：6～8 人/组，推选组长与记录员。

三、活动流程

环节 1：破冰导入——我的家庭关键词（15 分钟）

活动内容：

学生用 3 个关键词（如“温暖”“压力”“争吵”）描述自己的家庭，并在小组内分享关键词背后的故事。每组推选 1~2 名代表进行全班分享。

引导提问:

"这些关键词如何影响你的情绪和行为?"

"你希望家庭关系发生哪些改变?"

环节 2:理论实践——家庭问题诊疗室(30 分钟)

情景模拟:

每组抽取一张情景卡(如"父母过度干涉志愿填报""孩子因抑郁拒绝沟通"),运用家庭治疗技术设计干预方案。

结构家庭治疗:绘制家庭结构图,分析权力与边界问题。

叙事疗法:讨论如何重构事件意义(如将"志愿冲突"解读为"两代人价值观的碰撞与融合")。

体验式干预:设计角色互换或家庭雕塑活动,直观呈现矛盾根源。

小组展示:每组用思维导图或情景剧形式展示方案,其他小组提问、补充。

环节 3:案例剖析——真实家庭的突围之路(20 分钟)

播放短视频案例:呈现一个因代际沟通问题引发心理困扰的家庭故事。

任务挑战:

学生分组讨论并回答以下问题。

1. 案例中家庭存在哪些支持力缺失?

2. 运用所学策略,提出至少 2 条具体改进建议。

教师点评:结合理论知识,提炼有效干预要点。

环节 4:行动规划——我的家庭支持计划(15 分钟)

个人反思:学生填写"家庭支持力提升清单",写下 1 个最想改善的家庭关系问题及行动计划(如"每周与父母进行 1 次深度对话")。

分享与承诺:自愿上台分享计划,其他同学给予鼓励与建议。

四、总结与延伸

1. 教师总结:回顾活动中的关键知识点,强调家庭支持力对心理健康的重要性。

2. 课后任务:

绘制个人家庭家谱图,标注代际关系模式与潜在问题。

尝试将课堂策略应用于实际家庭沟通,记录感受与变化。

五、注意事项

1. 尊重学生隐私,避免强迫分享敏感家庭问题。

2. 教师需把控时间,确保各环节紧凑推进。

3. 准备应急方案,如学生因讨论引发情绪波动,及时给予心理支持。

知识链接

家庭对大学生心理的影响呈现显著的"延迟效应"特征,早期家庭经历中的隐性影响因子(如教养方式、情感模式),常因大学阶段环境剧变(如独立生活、人际重构)而显性化。例如,原生家庭中过度保护的教养方式,可能在学生首次面临自主决策时引发强烈的焦虑与依赖冲突;

童年期情感忽视的经历,则可能在集体生活中加剧其社交回避倾向。为有效应对这一现象,干预工作需遵循三大核心原则。

1. 系统观原则:将个体心理问题视为家庭系统功能失调的外在表现,拒绝将学生简单"标签化"。例如,面对社交恐惧的大学生,不孤立评判其性格缺陷,而是通过家庭访谈、家谱图分析,探究是否存在代际传递的情感回避模式,或家庭中过度批评的沟通氛围。这种系统性视角强调家庭成员间的相互影响,将治疗焦点从"修复个体"转向"优化家庭互动机制"。

2. 发展性视角:认识到家庭关系具有动态演变的可能性,善用大学阶段的"关键事件"(如重大节日团聚、亲子共同参与的活动)作为修复契机。例如,利用寒假组织家庭旅行,在共同体验新环境的过程中,创造开放式沟通场景;或鼓励学生与家长共同参与线上心理课程,通过协作学习打破代际认知隔阂。这种以发展为导向的干预,旨在唤醒家庭系统的自我修复能力,将危机转化为关系重塑的机遇。

3. 文化敏感性:充分尊重不同家庭文化背景对心理行为的塑造作用。例如,农村多代同堂家庭可能因集体主义文化,呈现情感表达含蓄、决策高度统一的特点;而城市核心家庭更强调个体独立性。干预者需避免用单一标准评判家庭模式,而是以文化适配的方式设计方案:针对前者,可通过家族叙事疗法挖掘传统价值观中的积极元素;针对后者,则侧重引导家庭成员在保持边界的同时增强情感联结。这种文化敏感性确保干预措施既能直击问题根源,又能与家庭文化根基相契合,提升支持的有效性。

心灵鸡汤

你家,是生命中最温暖的港湾

家,是岁月长河中永不熄灭的灯塔,是风雨兼程时永远敞开的怀抱。它或许没有华丽的装饰,没有惊天动地的故事,却以最朴素的方式,承载着人类最本真的情感与最绵长的牵挂。

深夜加班后推开家门,玄关处永远亮着的一盏小灯,驱散了满身疲惫;生病卧床时,母亲熬煮的一碗热汤,带着药材的苦涩与掌心的温度,流淌进心底;哪怕只是一家人围坐餐桌,闲话家常,那些琐碎的日常,都在烟火气中编织成抵御世间风雨的柔软铠甲。家的温暖,藏在父亲沉默却坚定的支持里,藏在兄弟姐妹的打闹与扶持中,更藏在无数个平凡日夜的相互陪伴里。

生活的浪潮时常汹涌,职场的压力、人际的复杂、理想与现实的碰撞,都可能让人迷失方向。但无论走得多远,家始终是心灵的归处。在这里,无须伪装坚强,不必刻意完美,泪水有人擦拭,委屈有人倾听,伤痕有人抚慰。它接纳我们的所有模样——光鲜或狼狈,成功或失败,永远以最包容的姿态,给予重新出发的勇气。

岁月流转,家的形态或许会变:儿时的老房子可能拆迁,父母的青丝逐渐染白,兄弟姐妹也各自奔赴远方。但家的内核从未改变——那是刻进血脉的牵挂,是跨越山海的思念,是永远与我们命运相连的羁绊。

人生漫漫,家就是我们最坚实的后盾、最温柔的慰藉。它无声诉说着:无论世界如何喧嚣,总有一处角落,永远为你保留温暖与安宁。

心理推荐

1. 电影推荐:银幕上的家庭关系镜像

(1)《婚姻故事》

推荐理由:斯嘉丽·约翰逊与亚当·德赖弗主演的这部作品,以离婚诉讼为切入点,撕开亲密关系的温情面纱,细腻展现夫妻双方从相爱到对抗的心理嬗变。导演诺亚·鲍姆巴赫用长镜头捕捉争吵中的情绪爆发与沉默时刻的暗流涌动,揭示家庭矛盾背后的权力博弈、情感错位与沟通失效。影片不仅呈现了婚姻危机中的心理创伤,更探讨了如何在破碎中寻找和解与自我疗愈,是理解亲密关系心理学的绝佳样本。

(2)《房间》

推荐理由:改编自艾玛·唐纳修同名小说,讲述了一位母亲与被囚禁的儿子在狭小房间中相依为命的故事。布丽·拉尔森饰演的母亲通过虚构游戏世界,将恶劣环境转化为保护孩子心理的"安全岛",展现了家庭支持在极端情境下的强大力量。影片后半段母子回归现实社会的适应过程,进一步探讨了创伤后心理重建与家庭角色的转变,深刻诠释了家庭既是庇护所,也是心理复原的关键场域。

(3)《伯德小姐》

推荐理由:青春期女孩克里斯汀(绰号"伯德小姐")与母亲之间激烈的代际冲突贯穿全片。导演格蕾塔·葛韦格用幽默与泪水交织的叙事,展现了家庭中爱的表达方式错位——母亲严厉的管教背后是难以言说的牵挂,女儿的叛逆源于对自我认同的迫切追寻。影片精准捕捉了家庭关系中常见的沟通壁垒与情感矛盾,引发观众对亲子关系中理解与包容的深刻反思。

(4)《天伦之旅》

推荐理由:丧偶父亲弗兰克踏上寻找四散子女的旅程,却发现每个孩子都在用谎言粉饰生活困境。罗伯特·德尼罗细腻演绎了一位传统父亲从权威形象到理解者的心理转变,影片通过温情叙事揭示了家庭中"报喜不报忧"的情感困境,以及如何在坦诚与尊重中重建亲密联结,是探讨家庭沟通与代际理解的佳作。

2. 书籍推荐:理论与实践的家庭心理指南

(1)《原生家庭:如何修补自己的性格缺陷》

推荐理由:心理学博士苏珊·福沃德以大量真实案例,剖析了"有毒家庭"对个体心理的长期影响,如情感忽视、言语虐待、控制型教养等。书中不仅帮助读者识别原生家庭创伤的根源,更提供了系统的疗愈策略,从自我觉察到边界建立,引导读者打破代际传递的恶性循环,实现心理独立与人格重塑,是家庭心理学领域的经典自助读物。

(2)《关系的重建》

推荐理由:融合神经科学与心理学研究,本书从依恋理论视角解读家庭与亲密关系中的情感互动。作者通过分析安全型、焦虑型与回避型依恋风格在家庭中的形成机制,揭示了个体在家庭环境中习得的情感模式如何影响成年后的人际关系。书中提供了实用的依恋风格自测工具与改善建议,帮助读者理解家庭关系对情感模式的塑造作用,进而构建更健康的亲密联结。

(3)《热锅上的家庭》

推荐理由:家庭治疗领域的里程碑著作,以纪实性案例记录了布莱斯一家在治疗师引导下的蜕变过程。书中将家庭比喻为“情感系统”，通过剖析家庭成员间的权力结构、情感流动与矛盾冲突，展现家庭治疗的核心技术与实践路径。读者既能从中窥见家庭关系的复杂性，也能学习如何运用系统视角解决家庭矛盾，是理解家庭治疗理论的必读之作。

心理修炼

一、案例分析与实践

1. 案例分析题

案例：大二学生小张因父母长期争吵、互相指责，出现失眠、社交退缩症状，甚至产生退学念头。

运用家庭治疗的系统观原则，分析小张心理问题的家庭系统根源。

设计一套家校协同干预方案，结合“家长同理心训练营”与家庭支持力提升策略，帮助小张及其家庭改善关系。

2. 情景模拟题

假设你是家庭治疗师，面对以下场景，请写出干预思路：

场景1：高中生因父母过度管控志愿填报，与家庭矛盾激化，产生抑郁情绪。

场景2：大学生家庭突发经济危机，父母要求孩子辍学打工，孩子陷入两难。

二、反思与拓展

1. 论述题

结合自身家庭经历，分析家庭支持力对个人心理健康的影响，并提出至少2条改善家庭关系的具体行动计划。

从思政角度出发，阐述“家庭和谐”与“社会稳定”的内在联系，举例说明家庭心理教育对社会精神文明建设的意义。

2. 实践任务

绘制一份简化版家庭家谱图，标注三代人之间的关系模式、重大事件及情感联结，尝试分析代际传递的潜在影响。

第八章 情绪心理

导读

在人生的旅途中，情绪如同四季变换的天气，时而阳光灿烂，时而阴雨连绵。它不仅影响着我们当下的感受，更在潜移默化中塑造着思维方式、人际关系与人生选择。对于处于成长关键期的大学生而言，情绪的波动尤为显著——学业压力、社交困惑、未来规划的迷茫，都可能成为情绪起伏的导火索。本章将带领大家深入探索情绪心理的奥秘，从情绪的产生机制、典型表现，到科学的管理方法，帮助读者拨开情绪的迷雾，学会与情绪和谐共处，将其转化为成长的动力。无论你正被焦虑困扰，还是渴望提升情绪智慧，都能在本章中找到共鸣与启发。

学习目标

1. 知识目标

理解情绪的定义、分类及生理心理机制，掌握大学生常见情绪问题的表现与成因。

2. 能力目标

能够在学习、生活和人际交往中主动识别自身及他人的情绪信号，运用科学策略化解负面情绪，构建积极心态。

3. 技能目标

熟练运用情绪识别、评估和调节方法，如理性情绪疗法(RET)、情绪 ABC 理论等，增强情绪管理的实操能力。

思政目标

1. 价值引领：引导学生树立正确的情绪价值观，认识到情绪管理是个人成长与社会责任的重要组成部分，培养积极向上的人生态度。

2. 社会责任：通过情绪心理的学习，强化学生的同理心与共情能力，促进和谐校园与社会关系的构建，提升集体责任感。

3. 理想信念：帮助学生在情绪管理实践中坚定理想信念，在面对挫折与压力时厚植家国情怀，将个人情绪调节与社会价值实现相结合，培养坚忍不拔的奋斗精神。

第一节 情绪概述

心理故事会

暗夜里的两种星光：一场关于情绪的成长突围战

隆冬深夜，教学楼的灯光在寒风中摇晃。计算机专业的林然蜷缩在自习室角落，面前的电脑屏幕泛着冷光，未完成的 Python 代码像密密麻麻的荆棘，扎得他太阳穴突突直跳。手机弹出的课程群消息更让他呼吸急促——室友已经完成了大半作业。“肯定来不及了！我根本不是学编程的料……”他用力扯了扯头发，胃部传来痉挛般的疼痛，索性抓起薯片疯狂往嘴里塞，却越吃越觉得窒息。三个小时过去，代码依然停留在“Hello World”，而他的复习计划彻底泡汤。

隔壁教室，同专业的陈薇正把最后一张思维导图贴在墙上。她的桌面摆着一杯温热的姜茶，笔记本上用不同颜色的笔标注着任务优先级：红色标注的是明天要提交的 AI 课程论文，蓝色是后天考试的复习重点。当焦虑感袭来时，她会戴上耳机听五分钟白噪声，或是在走廊里练习深呼吸。“这个算法确实难，但正好检验一下这学期学的知识。”她主动在班级群发起“互助小组”，和同学分享解题思路。考试当天，她胸有成竹地在答题卡上写下答案，最终以专业前

10%的成绩收官。

情绪的连锁反应

现代脑科学研究发现,长期处于消极情绪状态时,大脑杏仁核会持续处于“警报模式”,抑制前额叶皮层的理性决策功能,使人陷入“越焦虑越低效”的怪圈;而积极情绪能激活大脑的奖赏回路,释放多巴胺等神经递质,不仅提升创造力,还能增强抗压能力。林然在焦虑中反复消耗精力,而陈薇通过情绪调节,让大脑始终保持在高效运转状态。

给年轻人的启示:你才是情绪的主人

大学四年,每个人都在经历属于自己的“期末周”——可能是社团活动与课业的冲突,可能是考研与就业的迷茫,也可能是人际关系中的困惑。这个故事揭示了一个关键真相:真正拉开差距的,往往不是天赋或努力,而是面对压力时的情绪管理能力。当我们学会用积极认知重构困境,把焦虑转化为行动的燃料,那些曾经看似难以逾越的高山,终将成为照亮前路的星光。正如陈薇在日记中写下的:“决定我们走多远的,不是脚下的路,而是心里的光。”

心理预热点

情绪作为人类与生俱来的心理特质,犹如一张细密交织的网,悄然渗透于生活的每个角落。它既可以化作春日暖阳,滋养身心、提升效率,也可能成为骤雨狂风,扰乱思绪、阻碍发展。从清晨醒来时的心情基调到深夜辗转时的情绪波动,从课堂上的思维活跃度到职场中的决策判断力,情绪始终扮演着隐形却关键的角色。它不仅深刻影响着我们的生理健康与心理平衡,还在潜移默化中塑造着学习状态与工作效能,堪称连接内在心理与外在行为的桥梁。

心理知识屋

一、情绪的定义与组成要素

人类的情绪世界宛如一幅色彩斑斓、层次繁复的瑰丽画卷,其丰富性与多变性使得精准定义成为极具挑战性的难题。自 19 世纪心理学发展为独立学科以来,众多学者围绕情绪本质展开了持续而深入的探索,逐步构建起多元且深邃的理论体系。

美国心理学家威廉·詹姆斯提出的詹姆斯-兰格理论,在情绪研究领域具有开创性意义。该理论打破传统认知,首次将情绪与生理反应紧密关联,提出情绪并非先于身体变化产生,而是个体对自身生理反应(如心跳加速、肌肉紧绷)的感知结果。例如,人们并非因为恐惧而颤抖,恰恰是在察觉到身体颤抖后,才意识到“自己正处于恐惧之中”。这一观点强调了生理变化在情绪形成过程中的核心地位,为后续研究开辟了全新视角。

美国心理学家斯坦利·沙赫特(Stanley Schachter)进一步拓展理论边界,提出情绪三因素理论。他认为,情绪的产生是刺激因素、生理唤醒和认知评价三者共同作用的结果。以登山者在野外遭遇野熊为例:野熊的突然出现(刺激因素)迅速激活人体交感神经系统,引发心跳加速、肾上腺素大量分泌等生理唤醒反应;而个体基于过往经验和当前情境,对这一状况作出“这是危险信号”的认知评价,最终整合形成恐惧情绪。该理论特别指出,即使生理反应相似,不同的认知解读也会导致截然不同的情绪体验。

在当代中国心理学界，被广泛认可的定义将情绪界定为个体内心活动过程中产生的心理体验，或是基于客观事物与主观需求匹配程度形成的态度反馈。当客观事物满足主观需求时，人们往往会产生愉悦、满足等积极情绪；反之，则可能引发失望、愤怒等消极情绪。这一定义既融合了生理与心理的交互作用，又突出了情绪作为主观体验的本质属性，为系统理解人类复杂的情感世界提供了坚实的理论框架。

综上所述，情绪是人类心理活动中复杂而精妙的现象，由生理唤醒、主观体验与外部表现三个相互关联的要素共同构成。三者彼此影响、协同作用，共同塑造了我们丰富多彩的情感世界。

（一）生理唤醒：情绪的物质基础

情绪产生时，人体会发生一系列由植物性神经系统主导的生理变化。面对威胁情境，交感神经迅速激活，促使肾上腺素大量分泌，引发心跳加速、血压升高、呼吸急促等反应，为个体应对危机提供能量支持；而在放松状态下，副交感神经则发挥调节作用，使身体逐渐恢复平静。这些生理变化不仅是情绪存在的“内在印记”，更为情绪的产生和维持提供了物质基础。研究表明，长期处于负面情绪状态下，持续的生理唤醒可能引发心血管疾病、免疫系统功能下降等健康问题，凸显了情绪与生理健康的紧密联系。

（二）主观体验：情绪的核心本质

主观体验是情绪最核心的组成部分，指个体对自身情绪状态的独特感知与感受。这种体验基于个人的认知、记忆、价值观与期望，具有强烈的个体差异性。例如，同样面对一场重要考试，有人因充分准备而充满自信，产生愉悦、兴奋的积极体验；有人则因过度担忧而陷入焦虑、紧张的消极情绪。即使处于相同情境，不同个体的主观体验也可能大相径庭。此外，主观体验还具有动态变化的特点，随着个体认知的改变或情境的转换，同一事件引发的情绪体验也可能发生转变。

（三）外部表现：情绪的直观表达

情绪不仅存在于内心世界，还会通过表情、语调、肢体动作等外显特征自然流露。高兴时嘴角上扬、眉眼舒展的笑容，愤怒时紧皱的眉头与提高的声调，悲伤时低垂的眼神和迟缓的动作，都是情绪的直观表达。值得注意的是，即便人们试图刻意掩饰情绪，细微的面部肌肉颤动、语气的微妙变化等“微表情”也可能泄露真实情感。在人际交往中，这些非言语的情绪表达成为传递情感信息的重要渠道，帮助人们理解彼此的内心感受，促进有效的沟通与互动。心理学研究显示，人类交流中超过 50%的信息是通过非言语方式传递的，充分体现了情绪外部表现的重要性。

二、情绪的产生机制

情绪的产生源于特定刺激的触发，这些客观刺激可分为外在刺激与内在刺激两类。外在刺激涵盖个体周围的人、事、物，例如老友重逢的喜悦、仇人相见的厌恶、高考失利的失落；内在刺激则包括身体的生理变化或心理的思维活动。这些外界诱因是情绪体验的直接触发点，但情绪的最终形成还与其他关键要素紧密相关。

人的需要是情绪产生的核心影响因素。客观刺激能否满足个体的需要，以及满足的程度，直接决定了情绪的性质。当事物符合个体的需要、动机与愿望时,往往会引发满意、愉悦等积极情绪体验;反之,若无法满足,则会催生愤怒、焦虑、恐惧等消极情绪。以高考为例,考入理想院校会带来强烈的喜悦感,而未能达到目标则容易使人陷入苦闷与悲伤之中。

此外,认知也是塑造情绪的重要维度。正所谓"境由心生",面对相同的情境,不同个体的认知差异会导致截然不同的情绪反应。例如,面对生活中的挫折,乐观者将其视为成长契机,能迅速平复沮丧情绪,保持内心安宁;而悲观者可能陷入消极情绪难以自拔。这表明,情绪不仅取决于客观事件本身,更与个体的心境、认知方式密切相关。

三、情绪的表现形式

日常生活中,我们都有过这样的切身体验:兴奋激动时,往往会面颊泛红、心跳加速、血压升高、呼吸急促;而处于极度恐惧状态下,又会出现面色苍白、心率放缓、血压下降、呼吸不畅的情况,甚至因肠胃蠕动减弱引发消化不良。这些现象充分表明,人的情绪变化主要通过生理反应、面部表情和行为动作三个维度得以展现。

(一)生理反应:情绪变化的内在"晴雨表"

情绪的波动会触发身体一系列连锁反应,涉及呼吸系统、肌肉组织和内分泌系统等多个生理层面。例如,情绪激动时,呼吸频率显著加快,心脏跳动更为剧烈;愤怒或突遭惊吓瞬间,血压会迅速攀升。在神经内分泌方面,当人处于紧张、兴奋状态时,肾上腺素分泌量大幅增加,进而引发血糖浓度上升、血压波动等一系列生理变化。这些身体信号如同精密的传感器,实时传递着情绪状态的变化。

(二)面部表情:情绪外露的直观"窗口"

面部是情绪表达最为直接的部位,细微的肌肉运动都能精准传递内心感受。眼睛作为心灵的窗户,其瞳孔大小会随着情绪自然调节:处于兴奋、恐慌等强烈情绪时,瞳孔直径可扩大至正常状态的四倍以上;眉毛同样是情绪的"显示器",喜悦时舒展上扬,忧愁时紧锁成"川"字。此外,肤色变化也能直观反映情绪:兴奋时满面红光,紧张时面红耳赤,恐惧时则面色苍白。除了面部肌肉与肤色,语音语调同样是情绪的"扬声器":喜悦时声调高昂、语速轻快,悲哀时语气低沉、语速迟缓,愤怒时则声如洪钟、音量骤升。

(三)行为动作:情绪释放的肢体"语言"

情绪不仅作用于生理和表情,还会外化为具有明显特征的行为动作。处于愉悦状态时,人们往往眉飞色舞、手舞足蹈,交谈时神采飞扬;而愤怒爆发时,可能攥紧拳头、大声怒吼,甚至出现摔砸物品、肢体冲突等冲动行为。这些肢体语言如同情绪的具象化表达,将内心感受通过动态行为展现得淋漓尽致。

四、情绪的分类

人类的情绪谱系极为丰富,包含数百种不同的情绪状态。这些情绪有的界限清晰、相互对立,如"爱"与"恨"的鲜明反差;有的则彼此交织、相互渗透,例如"悲愤"是悲痛中裹挟着愤恨,"恼怒"是愤怒中夹杂着懊恼;还有些情绪差异细微、难以界定,仅可凭借内心体悟感知,却难以用语言精准描绘。

（一）中国古代思想家的划分

我国古代对情绪的分类研究源远流长，形成了诸多独特见解。其中，最具代表性的分类方式有以下两种。

《礼记·礼运》的“七情”说：该典籍主张将人类情绪归纳为七种基本类型，即喜、怒、哀、惧、爱、恶、欲。这一分类系统涵盖了人类面对外界刺激时产生的主要情感反应，从愉悦的欢喜到憎恶的排斥，从对事物的渴望到恐惧的不安，全面勾勒出情绪的基本轮廓。

《内经》的“六志”说：中医经典著作《内经》提出好、恶、喜、怒、哀、乐的“六志”理论。此分类更强调情绪与人体生理、心理活动的关联，认为不同情绪会对身体机能产生特定影响，为中医情志致病理论奠定了基础。

（二）西方学者从生物进化的视角划分

西方学者从生物进化的视角出发，将情绪划分为基本情绪和复合情绪两大类。

1. 基本情绪

基本情绪是人类与动物共有的、无须学习即可自然产生的情感反应，在近代心理学研究中，喜悦、愤怒、悲哀和恐惧被普遍视为基本情绪的四种核心形式，亦称作原始情绪。这些情绪是人类情感表达的基础，具有强烈的生物本能属性与跨物种共性。

（1）喜悦：当个体需求得到充分满足时，便会产生愉悦的情绪体验。例如，经过长时间的刻苦学习，成功考入理想院校，实现个人目标，这种达成愿望的过程会引发喜悦感。依据程度差异，喜悦可细分为三个层次：满足是较为平和的积极感受，体现为需求得到初步实现后的欣慰；愉快是更强烈的情绪体验，伴随身心放松与满足感的提升；狂喜则是极致的喜悦状态，情绪达到顶峰，可能伴随生理与行为上的剧烈反应，如“范进中举”中因过度兴奋而发疯的情形。

（2）愤怒：当个人愿望受阻、目标无法达成时，愤怒情绪便会随之而生。愤怒产生时，人体会出现显著的生理变化，如心跳加速、呼吸急促、瞳孔放大、肌肉紧绷等，同时可能伴随面部涨红、握拳等外在表现。依据强度不同，愤怒可分为不满（轻微的不悦与抱怨）、生气（较为明显的负面情绪）、愤怒（情绪进一步升级，伴随冲动倾向）、激怒（强烈的情绪爆发，理智受抑制）、暴怒（完全失去理智，出现攻击性行为）等阶段。

（3）悲哀：悲哀的产生与个体失去具有重要价值的事物密切相关，如理想破灭、重要关系破裂（失恋、亲人离世）、失去珍贵物品等。这种情绪往往伴随着失落、痛苦与惋惜，根据程度不同，可表现为短暂的难过、持续的悲伤，甚至陷入深度抑郁状态。悲哀不仅是对失去的直接反应，还可能引发对过去的反思与对未来的迷茫。

（4）恐惧：恐惧源于个体感知或想象到潜在危险时产生的情绪反应。恐惧发生时，人体会出现一系列保护性生理反应，如肾上腺素分泌增加，导致心跳加速、面色苍白、冷汗淋漓、肌肉紧张、毛孔收缩等，同时可能伴随逃避或防御行为。恐惧的成因复杂多样，既包含先天因素，如人类对黑暗、陌生环境的本能恐惧；也涉及后天经验，如因过往失败经历产生的比赛怯场，或因创伤事件形成的特定恐惧（如恐高、社交恐惧）。

2. 复合情绪

复合情绪是由基本情绪相互交融、衍生而来的复杂情感体验。西方学者伊扎德（Izard）将复合情绪系统地归纳为三大类别：第一类是 2~3 种基本情绪的混合，通过不同情绪的叠加与交织,形成新的情感状态;第二类是基本情绪与内驱力、身体感觉的混合,将生理需求或身体感受与情绪结合,赋予情绪更丰富的内涵;第三类是感情-认知结构(特质)与基本情绪的混合,融入个体的认知模式与性格特质,使情绪表达更具个性化特征。基于此分类框架,复合情绪的种类可多达上百种,充分展现了人类情感世界的丰富性与复杂性。具体分类及示例如表 8-1 所示。

表 8-1　复合情绪分类及示例

分类维度	具体组合示例	典型复合情绪
基本情绪混合(2~3 种)	愤怒+厌恶+轻蔑	敌意
	恐惧+内疚+痛苦+愤怒	焦虑
	兴趣+愉快	愉悦兴趣
	痛苦+愤怒	愤懑
情绪-驱力结合	兴趣+性驱力	性趣
	疼痛+恐惧	痛恐(痛苦性恐惧)
	疲劳+厌烦	厌倦
	性驱力+兴趣+享乐	享乐性兴趣
情绪-认知结构复合	自卑+痛苦	自卑痛苦
	沉静+害羞	羞怯沉静
	多疑+恐惧+内疚	疑惧内疚
	活力+兴趣+愤怒	激越兴趣

以具体情绪为例,“敌意”是由愤怒、厌恶和轻蔑三种基本情绪组合而成,表现为对他人或事物的敌对、排斥与蔑视;“焦虑”则由恐惧、内疚、痛苦和愤怒交织产生,通常伴随对未来不确定性的担忧、自我责备,以及因压力引发的烦躁与不安。这些复合情绪不仅体现了人类情感的多维性,也反映出情绪产生机制中生理、心理与认知因素的协同作用。

(三)心境、激情和应激

依据情绪发生的强度、持续性和紧张度差异,心理学将情绪状态划分为心境、激情和应激三大类型。这三种情绪状态各具特征,对个体的认知、行为及身心健康产生不同影响。

1. 心境

心境是一种微弱、持久且具有弥散性的情绪体验状态,俗称“心情”。其显著特点在于不针对特定事物,而是如同柔和的滤镜一般,使个体以相似的情绪基调感知周围一切。例如,处于愉快心境时,人们会觉得世界充满美好——晨光显得格外温暖,鸟鸣也更加悦耳,日常行动轻快敏捷;而处于消极心境下,个体往往对周遭事物兴致索然,即便面对曾经喜爱的活动也提不起精神,甚至产生“心灰意冷”之感。

心境的持续时间差异显著,短则数小时,长可达数周、数月甚至更久。其产生通常与生活中具有重要意义的事件相关,如工作成就、人际关系变化、季节更替等。从功能角度看,积极心境能提升个体的活动效率与创造力,增强应对困难的信心,并对身心健康起到促进作用;消极心境则可能导致注意力分散、行动力下降,长期的焦虑、抑郁心境更会损害身体健康。

在快节奏、高压力的现代社会,人们常因工作负荷、生活琐事产生心理脆弱与情绪压抑。若无法通过合理途径释放负面情绪，这些不良心境可能像涟漪般扩散，影响他人情绪，形成“情绪传染”效应。例如，职场中领导的焦虑情绪可能蔓延至整个团队，导致工作效率下降；家庭中成员的负面心境也可能引发其他成员的不安。因此，培养乐观心境、掌握情绪调节技巧，是维护心理健康与和谐人际关系的重要能力。

2. 激情

激情是一种强烈爆发、短暂迅猛且伴随显著生理与行为反应的情绪状态。这类情绪通常由重大突发事件、剧烈矛盾冲突或强烈刺激引发，如突然获得巨额奖金、遭遇意外打击、目睹震撼场景等，其发作过程迅速，往往在短时间内达到高峰后快速消退。例如，运动员夺冠时的狂喜呐喊、比赛失利后的捶胸顿足，都是激情的典型表现。

激情具有双重属性。积极的激情能够激发个体突破常规，释放超乎寻常的潜能。许多青年艺术家、学者在激情的驱动下，灵感如泉涌，创作出极具价值的艺术作品或科研成果，在文学创作、艺术表演、科学探索等领域实现重大突破。然而，消极的激情则可能导致认知偏差与行为失控。当个体被愤怒、恐惧等负面激情支配时，分析判断能力下降，理性思维受限，容易做出冲动鲁莽的行为。例如，有人在暴怒状态下与他人发生肢体冲突，甚至酿成不可挽回的悲剧；在特定社会事件中，部分民众因高涨的爱国激情失去理性，出现抵制日货、非理性破坏日本品牌车辆等过激行为。

鉴于激情可能带来的复杂影响，学会合理引导与控制激情至关重要。个体需要在情绪爆发时保持对自我的觉察，通过深呼吸、暂停行动、转移注意力等方式缓和情绪强度，避免因一时冲动造成不良后果，真正成为情绪的主宰者，在激情与理性之间找到平衡。

3. 应激

应激是个体在遭遇意外事件、危险情境或重大压力源时，瞬间触发的高度紧张情绪状态。引发应激的因素复杂多样，涵盖自然灾害（如地震、火灾、洪水）、重大生活变故（亲人离世、失业、离婚）、环境剧烈变革（迁居异国、工作岗位重大调整）等。当应激发生时，人体会启动“战斗或逃跑”的生理反应机制，通过肾上腺素大量分泌、心跳加速、血压升高、肌肉紧绷等变化，迅速调动身体能量，以应对潜在威胁。

应激对个体的影响具有双重性。积极层面，适度应激能够激发个人潜能，促使器官功能暂时性增强，显著提升反应速度与决策效率，成为应对危机的自我保护机制。例如，消防员在火灾现场凭借应激反应迅速作出救援决策，医护人员在急救时保持高度专注与高效操作。然而，消极应激会导致认知功能紊乱，使人出现注意力涣散、思维僵化等问题，行为表现为慌乱无措、判断力下降，反而加剧困境。长期处于慢性应激状态下，更会引发免疫系统功能削弱、心血管疾病风险上升等健康问题。

面对应激时，个体的表现因生活阅历、性格特质与认知模式的差异呈现显著分化。两种极端反应尤为典型：一种是“僵滞型应激反应”，个体被突如其来的刺激击溃，出现惊慌失措、思维空白、行动迟缓等表现；另一种则是“卓越型应激反应”，当事人保持清醒冷静，能够急中生智、果断行动，完成超出日常能力范围的任务。以汶川地震为例，有人在灾难瞬间因极度恐惧丧失行动能力，也有人迅速组织救援，展现出惊人的勇气与应变能力。

五、情绪的功能

情绪不仅是内心感受的外在体现，更是对个体生命活动具有深远影响的重要心理机制，其功能主要体现在生理调节、生存适应、行为驱动与社会沟通四大方面。

（一）生理健康调节

情绪与人体生理系统紧密相连，能够通过神经系统、内分泌系统、免疫系统的协同作用，直接影响身体健康。例如，长期处于焦虑、抑郁等负面情绪状态，会促使交感神经持续兴奋，引发血压升高、心率异常等问题；同时刺激肾上腺皮质激素大量分泌，抑制免疫细胞活性，削弱机体抵抗力，增加患病风险。而积极情绪则能激活副交感神经系统，促进内分泌平衡，增强免疫功能，起到养护身心的效果。

（二）生存适应机制

从进化角度看，情绪是人类适应环境的重要工具。恐惧情绪能使人迅速识别潜在危险，触发“战斗或逃跑”反应，保障生命安全；愤怒可在遭遇侵犯时激发斗志，捍卫自身权益；喜悦则引导个体重复有益行为，巩固生存优势。这些情绪反应帮助人类在复杂环境中趋利避害，维持物种延续。

（三）行为动力激发

情绪如同内在的“驱动力”，能够直接影响个体的行动意愿与效率。积极情绪（如兴趣、热情）能提升创造力与探索欲，推动人们主动学习、追求目标；消极情绪（如压力、紧迫感）也可转化为行动动力，例如学生因考试压力而加倍努力复习。合理利用情绪能量，能够显著增强任务执行力。

（四）人际沟通桥梁

情绪是人类最直观的非语言交流方式。通过面部表情、肢体动作、语音语调等外在表现，人们能够快速传递情感信息，实现情感共鸣与社交联结。例如，微笑传递友好，哭泣表达脆弱，这些情绪信号帮助人们理解彼此需求，协调社会关系，促进群体合作与社会和谐。

知识链接

情绪与健康

情绪作为人类心理活动的重要组成部分，深刻影响着个体的身心状态与行为表现。积极情绪如同心灵的阳光，能够提升工作效能、滋养身心健康；而消极情绪则似阴霾，不仅降低工作效率，更会对身心发展造成负面影响。

一、消极情绪与健康

长寿研究学者胡兰夫德曾指出：“在所有对人体不利的因素中，最易导致短命与夭折的，莫过于不良情绪与恶劣心境。”这一观点揭示了消极情绪对健康的巨大威胁。我国古代医学典籍中也早有“内伤七情”的记载，如“喜伤心、怒伤肝、忧伤肺、思伤脾、恐伤肾”，生动阐述了情绪与脏腑健康的紧密关联。

1. 情绪与胃和十二指肠溃疡

消化系统对情绪变化尤为敏感。当人处于愉悦状态时，即使简单的食物也能品尝出美味；而在悲伤、忧愁时，即便面对珍馐佳肴也会食不知味。长期存在的焦虑、恐惧、愤怒等消极情绪，会导致大脑皮层调节功能紊乱，进而干扰胃肠正常活动，增加胃和十二指肠溃疡的发病风险。

科学研究也证实了这一关联。有学者通过 X 光透视与摄影技术观察发现，进食时处于愉快情绪状态，胃肠蠕动会明显增强，消化液分泌增多，有助于食物的消化吸收；而当个体情绪激动时，胃肠蠕动显著减弱，消化功能受到抑制。这种长期的消化功能失调。使得胃黏膜自我修复能力下降，最终可能诱发溃疡病变。

2. 消极情绪与冠心病

长期或剧烈的消极情绪如同隐藏在体内的“健康杀手”，能够严重扰乱心血管系统的正常机能，进而诱发心律不齐、心绞痛、高血压乃至冠心病等一系列心血管疾病，极端情况下还可能引发脑血栓、心肌梗死、心排血量等致命性病变。

现代医学研究表明，当人处于愤怒、痛苦等负面情绪时，体内交感神经系统会异常兴奋，促使动脉外周阻力显著增加，直接导致舒张压急剧升高；而在恐惧状态下，心脏为应对潜在威胁加速泵血，心肌梗死、心排血量大幅提升，进而引发收缩压升高。这些血压的剧烈波动会对血管壁造成持续性损伤，加速动脉粥样硬化进程，为冠心病的发生埋下隐患。

进一步的研究还发现，人格特质与心血管健康密切相关。具有 A 型人格特征的人群，如争强好胜、容易激动、长期处于高压状态且时间紧迫感强烈者，其体内的应激激素水平长期居高不下，血管壁在反复的压力冲击下更易出现病变；此外，过于耿直的人往往因情绪难以疏解，长期处于心理压抑状态；而胆小怕事者则可能因长期的焦虑、恐惧，导致自主神经功能失调。这些人群患高血压的风险均显著高于常人。由此可见，心理状态的稳定与否，与血压调控及心血管健康之间存在着直接且紧密的联系。

3. 消极情绪与癌症

众多医学临床案例显示，许多癌症患者在患病前都经历过长期的负面情绪困扰或遭受过重大的情绪打击。所以，有学者提出“情绪可能是癌细胞的促活剂”这一观点。传统医学也认为，诸如瘕、瘤、积聚等病症的病因，大多与情志失调存在关联。

消极的精神状态会通过影响人的高级神经活动，使机体生理功能下降，削弱人体对肿瘤的免疫能力。当存在其他肿瘤发生的内因（如遗传因素、基因突变等）和外因（如环境因素、生活方式等）时，这种消极情绪会促使机体的抗癌因素向致癌因素转化。例如，那些经常忍气吞声，压抑自己悲伤、愤怒、苦闷等情绪，不能及时将其疏导和发泄的人，得癌症的概率是一般人的三倍。因为他们过度克制自己，导致人体免疫功能降低，为癌症的发生创造了条件。

4. 消极情绪与内分泌

消极情绪对人体内分泌系统具有显著干扰作用，长期处于抑郁、焦虑、愤怒等不良情绪状态，会打破内分泌系统的动态平衡，引发一系列健康问题。作为人体重要的调节系统，内分泌系统通过分泌各类激素维持机体正常运转，而情绪波动能够直接作用于下丘脑–垂体–肾上腺轴（HPA 轴），导致激素分泌紊乱。

在皮肤状态上，内分泌失调会抑制黑色素代谢，导致皮肤暗沉、缺乏光泽；对于女性群体，长期负面情绪会干扰下丘脑分泌促性腺激素释放激素，进而影响卵巢功能，出现月经周期紊乱、经血量异常，严重时甚至诱发闭经。此外，情绪波动与皮肤疾病的关联性也极为密切。当人处于抑郁、惊恐、愤怒等状态时，神经系统会释放大量神经递质和炎症因子，直接刺激皮肤组织，诱发神经性皮炎、荨麻疹、斑秃等疾病。例如，神经性皮炎患者在情绪紧张时，瘙痒症状会显著加剧；斑秃发病往往与重大情绪打击后的免疫系统异常激活相关。临床研究还发现，少白发、白癜风、湿疹、银屑病等皮肤病症的发生和复发，同样受情绪因素的影响，长期心理压力会延缓皮肤损伤修复，加重炎症反应，使得病情迁延难愈。

二、积极情绪与健康

人类对积极情绪的探索可追溯至遥远的古希腊时期。古希腊哲学家亚里士多德将快乐（joy）和愿望（desire）列为最基础的情绪类型，他指出快乐与高兴同属愉悦的心理体验，这种早期认知为情绪研究奠定了重要基础。然而在随后的两千年间，相较于对消极情绪的深入剖析，积极情绪始终未得到应有的关注，其研究长期处于边缘地位，相关理论发展缓慢。直到20世纪80—90年代，积极情绪研究才迎来转机，逐步成为心理学领域的焦点。1998年，美国心理学家马丁·塞利格曼发起积极心理学运动，彻底扭转了学界研究方向。该运动倡导摆脱传统心理学聚焦"心理疾病与缺陷"的研究范式，转而关注人类的积极力量与内在潜能，将积极情绪（如喜悦、满足、自豪、兴趣等）视为提升心理健康、促进个人成长和构建幸福生活的核心要素。这一转变不仅推动了积极情绪理论的系统化发展，也为理解情绪与健康的关系开辟了全新视角。

1. 积极情绪与健康

积极情绪是个体在内外刺激满足自身需求时产生的伴有愉悦感受的情绪。它对身体机能有着诸多益处。

（1）调整身体机能：能使身体机能达最佳状态，防止心率、心血管活动和血压升高等不良反应。欢乐心情可加深呼吸，充分供应氧气，促进血液循环，调节心肺功能。良好情绪还能促进腺体活动，使激素和消化液等分泌旺盛，有益健康。

（2）预防疾病：积极情绪可增强身体抵抗力，坚强、乐观、自信和冷静对待疾病，能通过大脑对丘脑、胸腺的调节，影响自主神经和内分泌功能，增加细胞免疫、体液免疫等功能。积极情绪主要通过提高免疫系统功能来促进生理健康，主观幸福感强的人，免疫系统工作更有效。以笑为例：笑是愉快心情的表现，能增强肺部呼吸功能，放松肌肉，减轻疼痛，促进胸腹部运动和血液循环，增加氧气供给，消除精神紧张，调节大脑神经系统功能以对抗压力。微笑时大脑释放的"内啡肽"可使人精神振奋、心情愉快。而且，大脑无法区分真实与装出的微笑，装笑也能让大脑释放快乐化学物质，久而久之，装笑可能变为真笑。

2. 积极情绪与压力应对

积极情绪如同心理的"弹性缓冲器"，能重塑个体对压力的认知与应对模式。

（1）认知视角的积极转向：积极情绪者倾向于以乐观豁达的态度看待问题，聚焦事物的积极面，弱化消极影响。例如，面对工作失误，积极者视为"经验积累的契机"，而消极者可能陷入"能力不足"的自我否定。这种认知差异直接决定压力感知的强弱。

（2）压力应对能力的提升：积极情绪能增强心理弹性，使人在压力下保持灵活适应力，如同弹性金属般"能屈能伸"却不被击垮。研究表明，积极情绪者更善于评估困难的可控性，以建设性方式解决问题，而非被动沉溺于焦虑。即使经历挫败，也能更快地从消极情绪中恢复，主动调整状态适应环境变化，展现出更强的心理韧性与斗志。

简而言之,积极情绪通过优化认知、强化心理弹性,将压力转化为成长动力,助力个体在逆境中保持积极前行的姿态。

3. 积极情绪与人际交往

积极情绪在人际交往中起着至关重要的作用,主要体现在以下几个方面。

(1)心态与接纳:积极情绪是幸福生活的源泉,拥有积极情绪的人更容易接纳他人的个性和错误,形成悦纳社会、自己和他人的良好心态,从而提高人际交往的成功率。

(2)沟通与理解:这类人能敏锐察觉他人情绪,准确表达自己的想法,促进有效沟通,让交流更加顺畅和深入。

(3)情绪与信任:他们具备较好的情绪控制能力,能给对方带来安全和信任感,使人更愿意与其交往。

(4)人格与资源:积极情绪的人在人格特质上更具开放性和外向性,在社会活动中更易欣赏和接纳他人,亲密性更高,能获得更多社会资源和成功的社会关系。

(5)行为与关系:他们会表现出更多亲社会行为,倾向于利他、慷慨和慈善,在工作中不仅能保证质量,还能与同事融洽相处,营造良好的工作氛围。

第二节　大学生的情绪

心理故事会

迷雾中的灯塔:小宇的焦虑突围之旅

深秋的图书馆穹顶下,大三学生小宇盯着电脑屏幕上闪烁的光标,指尖悬在键盘上方迟迟未落。考研倒计时日历鲜红刺目,班级群里不断弹出的大厂实习 offer 截图像尖锐的针,扎得他太阳穴突突直跳。周围同学步履匆匆,有人抱着专业书奔向自习室,有人西装革履赶赴面试,唯有他被困在“考研、考公、就业”的三岔路口,每一条路都看似通向光明,却又布满未知的荆棘。

“我好像被时代的浪潮推着走,却不知道该抓住哪块浮木。”深夜的寝室里,小宇蜷缩在桌前,台灯将他的影子拉得很长。他开始陷入恶性循环:白天强撑着上课,思绪却飘向“万一考不上研怎么办”;夜晚辗转反侧,刷着学长学姐的经验帖,越看越心慌,手机屏幕的冷光映照着他眼底的血丝。一次校级比赛的失利成了压垮“骆驼”的最后一根稻草——他在答辩环节忘词,下台后躲进卫生间干呕,喉咙里翻涌着酸涩的自我否定:“我果然一事无成,连这点小事都做不好。”

转机出现在心理咨询室暖黄的灯光下。辅导员推荐他参加“情绪解码”团体辅导课程,在这里,小宇经历了三重蜕变。

1. 情绪可视化:通过抽取“焦虑”“迷茫”“自我怀疑”等情绪卡片,他第一次将混沌的感受具象化,意识到“原来我的焦虑源于‘必须立刻作出完美选择’的执念”。

2. 认知重构辩论:在情景模拟中,他与同伴激烈讨论“暂时的迷茫是否等于失败”,逐渐明白人生是动态的旅程,而非非黑即白的选择题。

3. 创造性宣泄:在艺术疗愈环节,他用深蓝与赭红的丙烯颜料涂抹画布,那些纠缠的线条与色块，恰似内心翻涌的情绪，而当画笔落下最后一笔，紧绷的神经竟奇迹般地松弛下来。

三个月后，小宇的书桌上多了一张手写计划表：左侧列着“互联网运营实习”，右侧标注“公务员基础课程学习”，角落还贴着便签“每周完成 1 个数据分析小项目”。他不再执着于“最优解”，而是以行动替代空想：白天穿梭在写字楼实习，晚上在图书馆备考，周末跟着网课自学技能。“以前觉得迷茫是洪水猛兽，现在才发现，它不过是成长必经的迷雾。”小宇在学期总结会上分享道，窗外的阳光斜洒在他肩头，勾勒出少年人坚定的轮廓。

故事启示：小宇的经历如同千万大学生的缩影——在竞争激烈的时代浪潮中，焦虑与迷茫是青春的底色。但情绪从不是敌人，而是指引我们向内探索的信号灯。当我们学会正视情绪、拆解认知、积极行动，就能在迷雾中点亮属于自己的灯塔，找到穿越风暴的航线。

心理预热点

一般而言，在校大学生正处于从少年迈向成人的关键转型期，生理与心理发展呈现显著的阶段性特征。在生理层面，他们的身体发育已基本成熟，这种成熟不仅带来外在形态的变化，更催生出强烈的“成人感”与独立意识。他们渴望挣脱依赖，通过展现个人能力证明自身价值，热衷于以批判性视角审视周遭事物，在思想碰撞中享受怀疑、争论的过程，敢于冲破常规表达独到见解，处处彰显着青春特有的锐气与探索欲。然而，成长的进程往往充满矛盾与挣扎。受限于有限的人生阅历与实践经验，多数大学生尚未经历社会的全面锤炼，其抽象思维与辩证思考能力仍在发展阶段。这种认知与经验的不平衡，使得他们在分析问题时容易陷入主观化、片面化的误区，常以理想化视角解读现实，将复杂问题简单化处理。这些特质相互交织，最终塑造出大学生群体独特而复杂的情绪特征：既有蓬勃向上的热情与活力，又伴随着因认知偏差引发的敏感、冲动与迷茫，在理性与感性的拉扯中，书写着独属于青春的情绪篇章。

心理知识屋

一、大学生情绪的特点

大学生正处于人生发展的关键转型期，其情绪既充满青春活力与多元色彩，又因身心快速变化、环境适应压力等因素，成为情绪困扰的高发群体。受社会角色定位、知识储备水平、特定年龄阶段心理特征及身心发展状态等多重因素影响，大学生的情绪表现出鲜明的复杂性与独特性。

（一）情绪波动显著，易受外界干扰

大学生置身于学业竞争、人际关系、情感发展与职业规划的多维压力场中，情绪状态犹如海面的潮汐，极易因外界刺激产生剧烈起伏。在学业维度，考试失利不仅可能引发短暂的失落，更会触发强烈的自我怀疑与持续性焦虑，而竞赛获奖带来的成就感又能瞬间点燃自豪与兴奋；在社交场景中，一次小组讨论的意见分歧、课堂发言时的冷场，甚至朋友圈里的微妙互动，都可能成为情绪转折的节点——尴尬的社交经历可能演变为长期的自我否定，进而选择自我封闭。

这种情绪的高敏感性，本质上源于大学生身份转型期的心理特质。一方面，他们尚未完全

建立成熟的情绪调节机制；另一方面，对外部评价的高度在意使其将他人反馈与自我价值紧密绑定。无论是导师的一句批评、室友的态度变化，还是求职过程中的挫折，都可能成为情绪波动的导火索，导致他们在积极与消极情绪间频繁切换，甚至陷入情绪失控的困境。

（二）情绪的独特性表现

1. 丰富性与矛盾性交织

大学生正处于人生的“多维探索期”，其生活版图从单一的学业轨道，迅速拓展至恋爱关系、社团实践、职业规划等多元领域，这种身份与环境的剧变，使得情绪体验呈现出“多线程并行”的丰富性与“理想与现实碰撞”的矛盾性交织的独特图景。

在丰富性层面，大学校园犹如一座情感熔炉：课堂上攻克学术难题时的兴奋与成就感，恋爱中初次心动的甜蜜与争吵后的迷茫，社团活动中团队协作的热血与意见分歧的困扰，求职季面对竞争的焦虑与获得 offer 的欣喜……这些截然不同的情绪体验高频次交替出现，如同色彩斑斓的拼图，共同构筑起复杂而鲜活的情感世界。

而矛盾性则深深植根于大学生的身份困境。心理上，他们迫切渴望挣脱原生家庭与社会规训的束缚，追求思想独立与人格自主；但现实中，经济尚未完全独立、社会经验不足，又不得不依赖家庭支持与他人指导。这种“精神断奶期”的撕裂感，使得他们常陷入矛盾情绪的旋涡：既向往自由闯荡的勇气，又因未知的风险感到不安；既期待他人认可，又抗拒被评价束缚；既渴望建立亲密关系，又担心失去自我。例如，面对考研与就业的抉择时，有人既想通过深造实现理想，又因长期求学带来的经济压力而动摇，这种摇摆不定的心态正是矛盾情绪的典型写照。

2. 波动性与敏感性并存

处于自我认同探索关键期的大学生，其情绪如同精密的天平，极易因外界细微的风吹草动而剧烈摇摆。这一阶段，他们对他人评价的敏感度达到峰值，往往将外界反馈与自我价值直接关联，使得情绪成为外部评价的“晴雨表”。例如，在小组作业中收到的负面评价，可能让学生陷入自我怀疑，甚至全盘否定自身能力；社交媒体上的一条质疑留言，也可能引发强烈的情绪波动，从委屈、愤怒到自我否定，情绪状态在短时间内迅速转变。

生理与心理的双重变化进一步放大了这种波动性。一方面，青春期向成年期过渡过程中激素水平的波动，直接影响大脑神经递质的分泌，导致情绪调节能力相对薄弱；另一方面，认知发展尚未完全成熟，使得他们难以理性、全面地看待问题。这种身心状态的交织，使得大学生在积极情绪与消极情绪间频繁切换——上午可能因得到老师表扬而充满干劲，下午却因与朋友的一次小摩擦陷入低落。这种“过山车式”的情绪体验，不仅深刻影响个人的心理状态，也在一定程度上干扰着学习效率与人际交往。

3. 外显性与内隐性交替

大学生的情绪表达如同双面棱镜，在开放与封闭间交替折射出复杂的情感光谱。在日常社交场景中，他们往往展现出强烈的情绪外显性：通过朋友圈分享生活点滴、在社团活动中尽情释放热情、在网络社交平台上直抒胸臆，以张扬的方式彰显青春活力与个性主张。这种外放式表达既是寻求社会认同的心理需求，也是借助群体互动疏解情绪的本能反应。

然而，当面对触及内心深处的敏感议题时，他们又会迅速切换至内隐模式。家庭矛盾带来的挫败感、情感创伤引发的痛苦，或是对未来的迷茫焦虑，往往被刻意隐藏在谈笑风生的表象之下。这种自我封闭并非源于情绪淡漠，而是源于对“独立形象”的刻意维护——他们既渴望被理解，又担心暴露脆弱会被视作“不成熟”；同时，尚未系统掌握情绪调节技巧，导致其缺乏主动倾诉与寻求帮助的能力。这种外显与内隐的交替，使得大学生的情绪世界既充满感染力，又蒙上了一层难以穿透的迷雾，加剧了情绪管理的复杂性。

4. 冲动性与理智性博弈

大学生的情绪世界如同激烈的战场，冲动本能与理性思维在此展开持续交锋。受情绪强度支配时，他们往往展现出强烈的冲动性：课堂讨论中因观点分歧与同学激烈争执，甚至演变为肢体冲突；失恋后通过酗酒、熬夜等极端方式宣泄痛苦，陷入自我放纵的旋涡。这种冲动行为源于情绪调节机制尚未完全成熟，面对强烈情感冲击时，大脑的边缘系统（情绪中枢）迅速占据主导，抑制前额叶皮层（理性决策中枢）的功能，导致行为失控。

但与此同时，高等教育带来的知识储备与认知升级，又赋予他们理性思考的工具。随着阅历增长，大学生逐渐学会运用辩证思维分析问题：在情绪爆发前尝试深呼吸缓解紧张，或主动向师长、心理咨询师倾诉困惑；面对人际矛盾时，能够反思自身问题，尝试以沟通化解冲突。这种冲动与理智的动态博弈，恰是大学生心理成长的生动写照——他们在跌撞中学习驾驭情绪，在矛盾中实现心智成熟，逐步从情绪化反应走向理性化应对。

知识链接

情绪健康的六大核心标准

情绪健康是心理健康的重要基石，它不仅体现为情绪的稳定与积极，更表现为个体对情绪的有效认知、调节与表达。其核心标准可归纳为以下六个维度。

一、情绪诱因与反应的匹配性

健康的情绪反应须具备“因果对应性”：喜悦源自值得庆贺的事件，悲伤因遭遇挫折或失去而产生。例如，获得竞赛奖项时的兴奋、亲人离世后的悲痛，均属于合理的情绪反应。反之，若在失利后反常地表现出愉悦，或面对喜事却无动于衷，可能暗示情绪调节机制的异常。这种对应性是情绪健康的基础，反映个体对现实情境的准确感知与适应性反应。

二、情绪反应的适时适度性

情绪的强度与持续时间需与事件性质相匹配。例如，因生活琐事与同学发生争执，短暂的不悦或争论属正常反应，但如果因此持续数周冷战，甚至影响日常生活，则属于“过度反应”。情绪健康的个体能够根据情境灵活调整情绪强度，既不过度压抑，也不肆意宣泄，避免情绪失控对人际关系和身心健康造成伤害。

三、情绪状态的稳定性

稳定的情绪反映了大脑中枢神经系统的平衡与协调。健康的情绪波动具有“可控性”，如遭遇压力时虽会焦虑，但能较快平复；而情绪大起大落、毫无征兆的剧烈转变（如突然暴怒或崩溃），则可能预示心理调节功能的失衡。长期情绪不稳定不仅影响个人生活质量，还可能引发焦虑症、抑郁症等心理疾病。

四、积极情绪的主导性

以“愉悦感”为核心的积极情绪占据日常体验的主导地位，是情绪健康的重要标志。这种愉悦并非要求个体时刻保持快乐，而是指能够在大多数时间内体验到满足、平和与积极期待。

若长期被低落、沮丧、烦躁等负面情绪笼罩,甚至出现兴趣丧失、无价值感等表现,则需警惕抑郁倾向或其他心理问题。

五、情绪表达的恰当性

健康的情绪管理既包括“表达”,也包括“克制”。能够清晰、恰当地表达情绪(如通过沟通化解矛盾而非隐忍),是心理成熟的体现。例如,面对人际冲突时,既不压抑真实感受,也不恶语相向,而是以理性、平和的方式传递诉求。反之,过度隐忍或极端宣泄均可能导致情绪积压,损害身心健康。

六、情绪调节的有效性

情绪健康的个体能够“收放自如”:既不会被情绪完全左右(如冲动行事),也不会一味压抑情绪。面对负面情绪时,他们善于通过“建设性宣泄”进行调节,如通过运动释放压力、与亲友倾诉排解苦闷、培养兴趣转移注意力等。这种主动调节能力不仅有助于缓解当下情绪,更能预防长期压力引发的身心疾病,是高情商与心理韧性的直观体现。

这六大标准相互关联,共同构建起情绪健康的完整框架,为个体自我评估与心理调节提供了清晰的参考坐标。

二、影响大学生情绪的因素

大学生正处于生理与心理的双重转型期,情绪波动频繁是这一阶段的典型特征。在现代社会快节奏、高竞争与多元文化交织的背景下,学业压力、生活挑战与自我认知冲突相互叠加,极易催生消极情绪。其情绪变化主要受以下因素影响。

(一)心理发展的特殊性

大学生的心理发展尚未完全成熟,呈现出显著的波动性与矛盾性。这一阶段的他们思维活跃但情绪自控力较弱,面对问题时容易冲动决策,缺乏周全考虑;遭遇挫折时,又常因心理韧性不足而陷入沮丧。

从成长轨迹来看,多数大学生自小在家庭与学校的庇护下成长,社会阅历有限,对现实世界的复杂性缺乏认知,常将人生设想得过于理想化。进入大学后,他们被迫直面“心理断乳期”的多重矛盾:一方面,强烈渴望摆脱家庭依赖、追求独立;另一方面,生活自理能力、社会适应能力的不足又使其难以完全脱离外界支持。这种“独立需求”与“依赖惯性”的冲突,加剧了情绪的不稳定性。

在学习与自我认知层面,大学生普遍怀揣强烈的求知欲,却因缺乏清晰的职业规划与学习目标,容易陷入迷茫;自我意识的觉醒使他们渴望展现个性、证明价值,但现实中的学业竞争、社交比较又可能引发自卑心理。例如,部分学生因高考光环进入大学后,面对高手云集的环境产生强烈的落差感,进而陷入自我怀疑。

在人际交往领域,缺乏社交经验与技巧的问题尤为突出。初入大学的新生常因不适应集体生活、难以处理宿舍矛盾或社团人际摩擦,导致关系紧张。当内心的困惑与委屈无法有效排解时,负面情绪便不断累积,最终可能演变为压抑、焦虑等心理困扰。

(二)学校教育的影响

当前我国高等教育体系中,教育理念与实践模式的局限性对大学生情绪健康形成潜在挑战。长期存在的“重智育轻素养”倾向，将教育重心过度倾斜于知识传授与学业成绩，相对忽视非智力因素（如情绪管理、人格塑造、社会适应能力）的培养，导致学生在心理韧性与综合素质发展上存在短板。这种教育导向与大学生自我成长需求的错位，使得部分学生即便学业优异，仍在面对人际矛盾、职业选择等现实问题时陷入情绪困境。

校园生活的多重压力进一步加剧了学生的负面情绪体验。高强度的学业竞争、复杂的人际关系处理、单调的课余生活，加之未来发展方向的不确定性，共同构成了情绪波动的温床。例如，部分高校课程设置与教学方式仍沿袭传统模式，存在“内容陈旧、方法单一”的问题：理论性课程占比过高，实践与创新能力培养不足；大班授课模式导致师生互动有限，难以满足个性化学习需求。同时，部分高校硬件设施滞后、文体活动匮乏，校园管理模式缺乏灵活性与人文关怀，使得学生难以获得归属感与成就感，进而产生压抑、倦怠等消极情绪。

值得关注的是，校园环境中的“隐性压力源”同样不容忽视。从个人外在条件（如身高、容貌）到家庭经济状况，从学业能力差异到生理健康问题，这些因素都可能成为情绪困扰的导火索。例如，经济条件较差的学生可能因无力参与集体消费活动而产生自卑心理；身患慢性疾病或存在生理缺陷的学生，也可能因担心被歧视而陷入自我封闭。一旦遭遇学业挫折、人际冲突等事件，这些潜在压力便会集中爆发，引发强烈的情绪波动，导致苦闷、愤怒、自我否定等负面情绪蔓延。

（三）社会变革与大众传媒的影响

在社会快速转型的时代浪潮下，多元价值观的激烈碰撞与生活方式的剧烈变迁，正以前所未有的强度冲击着大学生的精神世界。市场经济的竞争法则、消费主义的价值导向、传统与现代观念的冲突，共同构成了复杂的社会心理环境。面对不断加速的社会节奏与日益激烈的生存竞争，大学生群体普遍承受着高强度的心理应激——从就业市场的“内卷化”竞争，到社会阶层流动的现实压力，这些超出预期的变化极易引发心理失衡，导致焦虑、迷茫等负面情绪持续累积。长期处于应激状态不仅干扰中枢神经系统的正常调节功能，更可能诱发抑郁、强迫等心理障碍，印证了美国精神分析学家哈内“环境适应不良导致心理变态”的经典论断。

大众传媒与网络文化的兴起进一步加剧了情绪问题的复杂性。在信息爆炸的时代，短视频、社交媒体等平台加速传播碎片化内容，既拓宽了大学生的认知视野，也带来了大量未经筛选的信息冲击。一方面，网络上多元文化思潮的涌入（如功利主义、虚无主义）与现实社会的部分负面现象（如职场潜规则、社会不公报道）交织，容易使尚未形成成熟价值观的大学生陷入认知混乱，滋生悲观、失望等消极情绪；另一方面，虚拟社交中的“信息茧房”效应与攀比之风，进一步放大了个体的焦虑感——从同龄人光鲜生活的“人设展示”，到网络舆论的极端化表达，都可能误导大学生形成片面的认知，陷入自我否定与价值迷茫。若缺乏有效的引导与心理调适，这种消极情绪的持续累积将逐渐固化为负面思维模式，严重影响心理健康与社会适应能力。

三、大学生常见的情绪困扰

在身份转型与环境剧变的双重挑战下，大学生群体面临着复杂且多元的情绪困境，这些问题不仅深刻影响心理健康，更可能干扰学业发展与社会适应。

（一）孤独：人际交往困境中的心灵孤岛

孤独感是大学生群体中最为普遍的消极情绪，尤其在大一新生群体中表现得尤为突出。从心理学角度来看，孤独源于个体与他人在空间距离或心理距离上的隔阂，进而导致情感联结与有效沟通受阻。

对于异地求学的学生而言，离开熟悉的成长环境无异于一场“情感迁徙”。他们告别了故乡的风土人情、亲友的陪伴支持，骤然踏入陌生的城市与校园，语言习惯、饮食文化的差异，加之缺乏稳固的社交网络，使得孤独感如影随形。初入大学的课堂上，面对陌生的面孔；深夜宿舍里，思念着千里之外的家人，这种对归属感的强烈渴望与现实人际联结缺失的反差，常常引发持续性的孤独体验。不过，随着时间推移，当他们逐渐适应新环境、结识志同道合的朋友、融入集体生活，这种孤独感会逐步得到缓解。

值得注意的是，孤独感并非仅存于远离家乡的学生中。即便身处繁华都市、穿梭于熙熙攘攘的人群，部分大学生依然会因人际关系的疏离而陷入孤独困境。现代社会快节奏的生活方式与网络社交的虚拟化，使得校园内的人际交往趋于表面化：宿舍成员间各自忙碌、社团活动中缺乏深度交流，或是因性格差异、利益冲突导致心理隔阂，都可能让学生在看似热闹的环境中，依然感到内心的孤单与无助。长此以往，持续的孤独感不仅会影响心理健康，还可能引发抑郁、社交恐惧等更严重的心理问题。

1. 成因分析

（1）理想追求与现实的错位引发的孤独：部分大学生因对精神世界的执着追求，在现实环境中陷入孤独困境。这种孤独源于理想与现实的价值冲突，具体表现为三种典型形态。

宗教信仰与世俗的割裂：怀有宗教信仰的学生，可能因精神追求与周围人群的主流价值观存在差异，在日常生活、社交场景中感到难以获得共鸣。例如，严格遵循宗教教义的生活方式（如斋戒、祷告）可能不被理解，甚至遭到误解，从而产生“置身人群却格格不入”的孤独感。

道德标准与社会现实的反差：具有强烈道德感的学生，往往对社会中的功利主义、投机行为持批判态度。他们坚守人格尊严与处世原则，却因与部分人价值观相悖，在集体中被视为“不合群”。这种“众人皆醉我独醒”的清醒感，反而加剧了其孤立无援的心理体验。

精神自由与现实束缚的矛盾：追求独立思考、艺术创作或哲学探索的学生，常因思维方式与大众认知不同而感到孤独。他们渴望突破常规，却在校园或社交中难以找到深度对话的对象，如同“高山流水觅知音”的困境，最终只能在自我世界中寻求慰藉。

（2）个性特质导致的自我封闭与人际隔阂：人格特质与行为模式的差异，也可能成为孤独感的催化剂。

自卑心理下的自我禁锢：因外貌、家庭背景或学业表现而自卑的学生，常将自己封闭在安全区内。他们害怕被否定、被拒绝，主动回避社交，逐渐形成“越孤独越自卑，越自卑越孤独”的恶性循环。例如，经济条件较差的学生因担心被他人轻视，选择不参与集体消费活动，进而错失建立关系的机会。

自傲心态引发的人际疏离：部分学生因才华、特长或过往成就产生优越感，习惯性贬低他人、忽视合作。这种态度使他们在集体中失去信任与支持，最终因无人愿意靠近而陷入孤独。例如，在小组作业中独断专行的学生，往往因过度自负导致团队关系破裂，沦为“孤家寡人”。

敏感性格催生的幻想性孤独：多愁善感、情感细腻的学生，容易因过度内省与共情陷入孤独的情绪旋涡。他们常将生活中的细微挫折（如他人的无心之言）放大为“被世界抛弃”的信号，如同林黛玉般以诗意的伤感审视周遭，最终将自己困在自设的孤独牢笼中。这种孤独并非源于真实的人际隔阂,而是心理投射与情绪渲染的结果。

2. 对策分析

(1)理想型孤独。平衡坚守与包容,寻找价值实现的最优路径:对于因精神追求产生孤独感的学生,首先需通过价值审视确认目标的意义,若理想与个人成长、社会价值相契合,则应坚定信念,将孤独转化为追求卓越的动力。同时,借鉴“君子和而不同”的处世智慧,以包容心态接纳多元价值观——不必强行改变他人,而是在尊重差异的基础上,通过行动潜移默化地影响周围环境。例如,热衷公益的学生可组建社团凝聚志同道合者,既避免与主流观念的冲突,又能在实践中实现理想,逐步消解孤独感。

(2)自卑型孤独。打破认知枷锁,重建社交自信:克服自卑引发的孤独,核心在于认知重构与行为重塑。当事人需识别并修正“我不配被喜欢”“我注定失败”等非理性思维,通过积极的自我暗示与具体成就积累重建自信。例如,从主动与室友打招呼、参与小组讨论等小事做起,逐步验证自身能力;记录每日微小成功(如完成一项作业、学会新技能),强化自我肯定。当个体以平等姿态参与社交时,会发现他人并非冷漠排斥,而是乐于回应真诚的交流,进而打破自我封闭的恶性循环。

(3)自傲型孤独。提升格局修养,构建良性人际联结:因自傲陷入孤独的学生,需从自我反思与共情能力培养入手。一方面,通过阅读、实践拓宽视野,认识到个人能力的局限性,理解“尺有所短,寸有所长”的道理;另一方面,主动学习倾听与换位思考,尊重他人的兴趣与观点。例如,在团队合作中放下优越感,虚心接纳不同建议,以谦逊态度向他人学习。当自傲转化为“不卑不亢”的傲骨时,既能赢得他人尊重,又能建立深度联结,最终摆脱孤立困境,在人际交往中实现自我提升。

(二)焦虑:现代心灵的隐形枷锁与破局之道

焦虑作为一种对未来潜在威胁的恐惧、担忧与忧愁情绪,本质上是个体对预期不良后果产生的应激反应。在快节奏、高压力的现代社会中,焦虑已成为人们生活的“常客”,尤其在面临重要抉择或挑战时(如考试、求职、社交),多数人都会产生不同程度的焦虑情绪。这种情绪不仅表现为内心的烦躁、压抑与愁苦,还会通过行为外化显露端倪——注意力涣散、坐立不安、失眠多梦等症状,都是焦虑发出的“求救信号”。

值得注意的是,焦虑并非全然有害。从进化论视角看,适度焦虑是人体的应激保护机制。例如,运动员在百米赛跑前的紧张感,会促使肾上腺素分泌增加、肌肉紧绷,从而调动全身机能进入“备战状态”,提升临场表现。然而,过度或持续性焦虑则会打破身心平衡,长期累积可能诱发心血管疾病、免疫系统紊乱等生理问题,甚至发展为焦虑症等心理疾病,严重干扰日常生活与社会功能。

大学生群体的焦虑来源呈现多元化与复杂化特征:既有现实焦虑,如考试挂科风险、就业竞争压力、恋爱关系矛盾;也存在想象焦虑,如对未来不确定性的过度担忧、社交场合中的自我否定。其中,考试焦虑尤为普遍,它由认知担忧(担心成绩影响前途、害怕他人评价)与生理反应(心跳加速、手抖出汗)共同构成,严重时可能导致考试发挥失常,形成“焦虑—失败—更焦虑”的恶性循环。

应对焦虑有以下多维策略。

1. 认知重构:重塑思维的锚点

学会区分“现实问题”与“想象灾难”,接纳焦虑是正常情绪反应,避免自我批判。通过苏格拉底式提问(如“最坏的结果是什么? 我能否应对?”)理性评估风险,将过度担忧转化为具体行动计划。例如,面对就业焦虑时,可拆解目标为“制作简历—投递岗位—模拟面试”,用行动替代空想。

2. 行为干预:构建身心的缓冲带

(1)主动暴露:直面引发焦虑的情境而非逃避,通过渐进式脱敏训练逐步降低敏感度,如害怕公众演讲的学生可从小组发言开始练习。

(2)情绪释放:借助倾诉、艺术创作(绘画、写作)等方式宣泄情绪;或通过冥想、深呼吸等放松技巧激活副交感神经系统,缓解生理紧张。

(3)运动调节:规律的有氧运动(跑步、游泳)能促进内啡肽分泌,改善情绪状态;文娱活动(观影、旅行)则可转移注意力,为心灵“充电”。

3. 社会支持:编织温暖的防护网

主动向亲友倾诉烦恼,或寻求心理咨询师的专业指导。社会联结不仅能提供情感支持,还能从他人经验中获取解决问题的新思路,帮助个体跳出焦虑的思维怪圈。

焦虑犹如一柄双刃剑,既能警示潜在危机,也可能成为束缚心灵的枷锁。唯有以理性认知为舵、积极行动为桨,方能在焦虑的浪潮中找到内心的平静与成长的力量。

(三)空虚:价值迷失下的心灵荒原

空虚作为一种“百无聊赖、闲散寂寞”的消极心理状态,本质上是个体内心精神世界的匮乏与目标感缺失的外在体现。在多元价值观激烈碰撞的当代社会,当人们难以锚定稳定的价值坐标时,便容易陷入这种“生活无意义感”的泥沼,表现为对日常事务丧失热情、回避责任,甚至产生“存在虚无”的困惑。

空虚感有以下两大核心成因。

1. 目标真空:人生追求的阶段性迷失

依据马斯洛需求层次理论,人类需求从生理、安全等基础层面逐步向自我实现攀升,而目标的设立与达成正是驱动这一进程的核心动力。许多大学生在高中阶段,因高考目标明确,即便承受高强度压力,仍能在“冲刺名校”的愿景中获得充实感。然而,踏入大学后,突然失去既定方向,加之部分高校缺乏系统性的生涯规划引导,学生往往陷入“目标间歇期”:既不明确学业深造、职业发展的具体路径,也未找到足以投入热情的兴趣支点,时间在无目的的消遣中流逝,进而滋生空虚与无意义感。

2. 理想崩塌:现实与期待的剧烈反差

当个体长期追逐的理想与现实发生断裂时,空虚感便会如潮水般涌入。部分大学生入学前受“大学天堂论”的浪漫化描述影响,对自由、丰富的校园生活抱有过高期待;但入学后,却遭遇学业压力、人际矛盾、资源局限等现实困境,这种“理想图景”与“真实境遇”的撕裂,容易引发强烈的失望情绪。此外,部分学生曾怀揣宏大的人生理想,如改变社会、实现特定价值,但在实践中因遭遇挫折或外界质疑而动摇信念,当理想的灯塔熄灭,内心便会留下巨大的精神空洞。

空虚感若长期蔓延，不仅会侵蚀学习动力与社交意愿，更可能引发抑郁、成瘾行为等严重心理问题。因此，重新建立清晰的目标体系、探索个人价值意义，成为摆脱空虚困境的关键路径。

（四）职业迷茫：未来不确定性引发的困惑

在社会快速变革与就业市场深度转型的背景下，职业迷茫已成为困扰当代大学生的核心情绪问题。就业市场的激烈竞争与职业选择的多元化形成鲜明对比，使大学生在职业规划中陷入“选择悖论”——既面临海量机会，又因信息过载与认知局限而迷失方向。

三大核心困境加剧了这种迷茫感。

1. 规划缺失

多数学生缺乏系统的职业探索与规划，对自身兴趣、能力与职业需求的匹配度认知不足。例如，部分学生仅凭热门专业或他人建议选择方向，却忽视个人特质，导致学习与就业脱节。

2. 实践断层

校园教育与职场需求的鸿沟，使学生难以通过实践积累有效经验。例如，实习机会不足、校企合作项目流于形式，导致学生对真实工作场景缺乏认知，面对职业选择时充满无力感。

3. 前景模糊

新兴行业的快速迭代与传统行业的转型升级，让学生难以预判职业发展趋势。例如，人工智能、新能源等领域的崛起带来机遇，同时也加剧了对“所学是否过时”的担忧。

这种迷茫不仅表现为对职业方向的犹豫不决，更衍生出“选择恐惧”与“机会焦虑”：面对考研、考公、就业、创业等多重路径，学生既渴望抓住机遇，又害怕决策失误，在反复权衡中消耗心理能量。长期的迷茫感若得不到疏导，易转化为持续性焦虑、自我否定，甚至引发抑郁情绪，严重影响心理健康与未来发展。

第三节　理性情绪疗法

心理故事会

小琳的社交突围之旅

9月的银杏刚染上金边，新生小琳却像蜷缩在壳里的蜗牛。作为从小在乡镇长大的“小镇做题家”，初入名校的她面对多元文化碰撞的校园，内心满是不安。在热闹的社团招新现场，她攥着宣传单在摊位前徘徊半小时，最终因害怕被评价“土气”而转身逃离；小组作业讨论时，她即便有想法也不敢开口，总担心“发言太幼稚会被笑话”。这种自我否定的念头如同藤蔓，渐渐缠住她的生活——她开始故意错过集体活动，甚至为躲避打招呼而绕远路，陷入“越退缩越孤独，越孤独越恐惧”的恶性循环。

某个雨夜，小琳在班级群看到室友们相约看电影却未邀请自己，蜷缩在床铺上无声流泪。辅导员发现她日渐低落的状态后，向她推荐了理性情绪疗法。首次咨询时，咨询师引导她用ABCDE模型拆解情绪困局。

A（激发事件）：被排除在室友活动外、课堂发言紧张忘词；

B(非理性信念):

绝对化要求:“我必须立刻融入集体,否则就是彻头彻尾的失败者”;

过分概括化:“一次冷场=我永远无法正常社交”“室友不邀请我=我完全不招人喜欢”;

糟糕至极:“大学交不到朋友=未来人生都会孤独失败”。

C(结果):心悸失眠、体重骤降10斤,甚至产生“退学回家”的逃避念头。

D(驳斥):咨询师以苏格拉底式提问层层深入:“室友没邀约,是否可能只是因为时间巧合?”“社交能力能否仅凭一次表现定义?”并引导小琳回忆高中时期,她曾因热心帮助同学被推选为班干部——这证明她并非“毫无社交价值”。

E(重建):小琳写下新信念:“融入需要时间,主动尝试就是进步”“被拒绝是社交中的正常概率,不代表我不值得被喜欢”。

带着这些信念,小琳开启了“微小而勇敢”的行动:她从每天和食堂阿姨微笑问好开始,到主动加入摄影社团的外拍活动;在小组讨论前,她会提前写下发言提纲,用“即使紧张也没关系”鼓励自己。三个月后的元旦晚会上,小琳第一次主动报名表演节目,尽管中途忘词,但台下此起彼伏的掌声让她红了眼眶。如今的她不仅拥有了固定的朋友圈,更在社团中担任策划工作。她在日记中写道:“原来困住我的从来不是他人的目光,而是内心的‘应该’和‘必须’。当我允许自己慢慢来,世界反而向我敞开了怀抱。”

故事启示:小琳的蜕变生动诠释了RET的核心价值——情绪的钥匙始终握在我们自己手中。生活中的挫折如同风浪,而非理性信念才是真正的暗礁。通过觉察、质疑与重构认知,每个人都能像小琳一样,从自我否定的迷雾中破茧而出,以更从容的姿态拥抱人生的无限可能。

心理预热点

在生活的漫漫长路中,我们常常被记忆的荆棘刺痛:总有一些往事如鲠在喉,难以回首;总有一些念头如影随形,挥之不去;总有一些情绪如乌云蔽日,无法释怀。那么,究竟该如何避免负面情绪成为生活的主宰?

有人认为,克制情感、做到“喜怒不形于色”是最佳选择。然而,这种观点值得商榷。情绪本是生命的底色,若刻意压抑,生活将失去灵动与鲜活。试想,若世间人人皆如精密运转的机器人,没有好恶之分、缺少七情六欲,世界该是何等苍白?

医学心理学研究表明,强行压抑情绪表露并非明智之举。当我们刻意压制愤怒、悲伤等负面情绪,将真实感受深埋心底,表面看似波澜不惊,实则暗流涌动——被压抑的情绪不会凭空消失,反而会转入潜意识,伺机寻找宣泄出口。若长期缺乏合理释放,这些情绪将如同困兽在体内横冲直撞,不仅可能引发焦虑、抑郁等心理问题,还会对免疫系统、心血管系统造成损害。正如一句谚语所说:“未表达的情绪永远不会消亡,它们只是被活埋,并将在未来以更丑陋的方式涌现。”

因此,情绪需要疏解而非堵截。在遭遇挫折时放声痛哭,在收获喜悦时开怀大笑,这些看似“失态”的瞬间,恰恰是心灵自我疗愈的过程。适度的情绪释放不仅能缓解心理压力,还能帮助我们建立更真实、更健康的自我认知。毕竟,允许自己成为有温度、有情感的“人”,才是对生命最温柔的善待。

心理知识屋

一、理性情绪疗法（RET）

理性情绪疗法(Rational-Emotive Behavior Therapy,简称为 RET)是由美国著名心理学家阿尔伯特·艾利斯(Albert Ellis)在 20 世纪 50 年代所创立的一种心理治疗方法,它是认知行为疗法(CBT)中极为重要的一个分支。该疗法的核心理论是“ABC 理论”,其主要目的在于通过帮助个体识别并改变自身的非理性思维模式,进而消除各种情绪和行为方面的障碍,最终帮助个体建立起更为健康、积极的心理模式。

(一)核心理论:ABC 理论

RET 强调,人的情绪和行为反应(C,Consequence)并非由激发事件(A,Activatingevent)直接导致,而是取决于个体对该事件的认知和评价所形成的信念(B,Belief)。具体来说:

1. A(激发事件)

A(激发事件)指的是在现实生活中客观发生的各种事件,例如在学业方面可能出现考试失利的情况,在人际交往中可能遭遇人际冲突等。这些事件是引发后续情绪和行为反应的起因。

2. B(信念)

B(信念)是个体针对所发生的事件进行的主观解释、评价以及由此形成的信念。这里的信念可以分为理性信念和非理性信念。理性信念通常基于客观事实,能够帮助个体以合理、积极的方式看待事件;而非理性信念则往往是不符合实际情况的、片面的或过度夸张的,会导致个体对事件产生不合理的认知和消极的情绪体验。

3. C(结果)

C(结果)主要包括个体在情绪方面的反应,如感到焦虑、抑郁、愤怒等,以及在行为上产生的后果,像逃避相关情境、出现攻击性行为等。

通过对 ABC 理论的理解可以发现,同样的激发事件 A,由于个体持有不同的信念 B,会导致截然不同的结果 C。这充分说明了个体的认知和信念在情绪和行为产生过程中起着关键作用。

(二)三类不合理信念

这些非理性信念往往会导致人们陷入不必要的情绪困扰之中。以下是对这些特征的进一步解释。

1. 绝对化要求

持有这种信念的人通常会对自己或周围的事物设定严格的、绝对的标准,认为事情必须按照自己所期望的方式发展。例如,认为“我必须在所有考试中取得满分”“朋友必须时刻理解我的想法”,或“生活必须一帆风顺”。这种思维模式将主观期望凌驾于客观可能之上,一旦现实未达预设标准,便会陷入强烈的挫败感与自我否定,衍生出焦虑、愤怒等负面情绪。

2. 过分概括化

这是一种以偏概全的思维模式,个体往往根据个别事件或局部情况,就对自己或他人作出全面的、负面的评价。例如,一次演讲失误便认定“我毫无社交能力,注定失败”;遭遇朋友拒绝后,便断言“所有人都讨厌我,我不值得被爱”。这种非理性信念会导致人们过度贬低自己或他人,忽视自身或他人的优点和其他积极方面,从而陷入自卑、沮丧或对他人的不满和怨恨之中。

3. 糟糕至极

持有“糟糕至极”信念的人,倾向于将事件后果无限放大为“灭顶之灾”。例如,考试失利后认为“人生彻底毁了,未来毫无希望”;与恋人争吵后,便觉得“感情无法挽回,余生都将痛苦”。这种非理性认知往往剥离了事件的真实影响,制造出不必要的恐惧与绝望,导致个体陷入情绪崩溃,甚至丧失解决问题的能力。

这些非理性信念如同扭曲现实的“滤镜”,使个体在面对生活挑战时,更容易陷入情绪内耗与行为退缩。通过识别并修正此类思维,是理性情绪疗法帮助人们重获情绪掌控力的关键路径。

二、治疗目标与步骤

(一)治疗目标

理性情绪疗法(RET)的核心目标在于重塑认知、修复情绪、优化行为,通过系统性干预帮助个体摆脱非理性思维的桎梏,实现心理健康的全面提升。

1. 认知重构

引导个体识别并挑战内心根深蒂固的非理性信念,通过逻辑思辨与实证分析,逐步瓦解绝对化要求、过分概括化、糟糕至极等思维误区,以客观、灵活的理性信念取而代之。

2. 模式重建

打破“非理性认知—负面情绪—不良行为”的恶性循环,构建“合理认知—健康情绪—适应性行为”的正向闭环。例如,将“我必须被所有人认可”转化为“我尊重他人看法,但无须苛求所有人满意”,进而减少社交焦虑,主动建立真实联结。

这两大目标相辅相成,旨在帮助个体不仅缓解当下情绪困扰,更培养长期的心理韧性与自我调节能力,实现从“被动应对问题”到“主动管理情绪”的转变。

(二)治疗步骤

1. Step1:诊断(识别 ABC)

先找出情绪问题的根源。治疗师和你一起分析:

A(激发事件):具体引发负面情绪的事,比如考试没考好、面试被拒;

B(非理性信念):你心里那些绝对化想法,像“我必须做到完美”“失败就代表我没用”;

C(结果):你出现的情绪(焦虑、沮丧)和行为(逃避、自我否定)。

通过梳理,你会明白:不是事情本身让人痛苦,而是我们对事情的看法导致了坏情绪。

2. Step2:驳斥(D,Dispute)

这是关键环节,治疗师用提问、辩论的方式,指出你想法中的不合理之处:

质疑绝对化:反问“是不是非得做到 100 分才叫优秀?”;

打破片面认知:提醒你回忆过去成功的经历;

戳破灾难化想象:分析“一次失败真的会毁掉未来吗?”。

通过理性对话,帮你发现自己思维的漏洞,主动反思。

3. Step3:重建(E,Effect)

推翻旧想法后,建立新的理性思维,并在行动中巩固:

信念更新:把"我必须成功"换成"尽力就好,失败也是经验";

实践行动:用新想法指导做事,比如制订计划解决难题;

效果验证:记录情绪和行为变化,感受理性思维带来的积极改变,学会自己调整心态。

三、常用技术与方法

理性情绪疗法(RET)通过认知、情绪、行为多维度协同干预,帮助个体打破非理性思维定式,构建科学的情绪管理模式。其核心技术与方法如下。

(一)认知干预:重塑思维根基

1. 辩论技术

借鉴苏格拉底式提问法,治疗师以连续追问引导个体反思非理性信念的逻辑矛盾。例如,针对"我必须在比赛中夺冠"的绝对化要求,通过"是否存在未夺冠但依然优秀的可能?""失败是否意味着能力彻底否定?"等问题,逐步暴露信念中的不合理性,促使个体主动修正认知偏差。

2. 认知重建

将带有强迫性的"必须""应该"等绝对化表述,转化为"希望""偏好"等弹性化表达。例如,将"我必须完美完成任务"调整为"我希望尽力做好,但偶尔失误也是正常的",通过语言模式的转换,降低个体对结果的苛刻预期,缓解焦虑与自我否定情绪。

(二)情绪与行为干预:强化实践验证

1. 放松训练

结合深呼吸法(如4-7-8呼吸技巧:吸气4秒、屏息7秒、呼气8秒)、渐进式肌肉放松(依次紧绷与放松身体各部位肌肉)等方法,帮助个体在情绪爆发时快速激活副交感神经系统,降低生理应激反应,为理性思考创造条件。

2. 行为实验

鼓励个体将新建立的理性信念付诸行动,通过"假设-验证"模式打破固有认知。例如,害怕社交的个体可设定"主动与陌生人交谈1次"的小目标,实际体验后会发现"他人并非都持否定态度",从而验证理性信念的正确性,逐步克服社交恐惧。

(三)家庭作业:巩固治疗成效

ABCDE自助表是理性情绪疗法(RET)中用于自我觉察与认知重构的核心工具,通过系统化记录与反思,帮助个体识别非理性信念、挑战认知偏差,并建立理性思维模式。其结构与填写说明如表8-2所示。

表8-2 ABCDE自助表

模块	含义	填写示例
A(Activating Event)	激发事件:客观发生的具体事件或情境(中性描述,避免主观评价)	期末论文被导师指出多处问题

续表

模块	含义	填写示例
B(Belief)	信念:对事件的主观解释、评价(区分理性与非理性信念)	非理性信念:"我肯定写不好论文,会被所有人嘲笑";理性信念:"反馈是改进的机会"
C(Consequence)	结果:事件引发的情绪反应(如焦虑、抑郁)与行为后果(如逃避、拖延)	情绪:极度焦虑、自我否定;行为:拖延修改论文,拒绝与他人讨论
D(Dispute)	驳斥:通过逻辑分析或事实依据,挑战非理性信念的不合理性	导师指出问题是否代表论文彻底失败?过去是否有过通过修改获得认可的经历?
E(Effect)	效果:建立新的理性信念,并记录情绪与行为的积极变化	新信念:"修改论文能提升能力,暂时不足是正常的";效果:主动与导师沟通,焦虑感降低

使用步骤与注意事项:

1. 客观记录 A:避免模糊描述(如"最近很倒霉"),需明确时间、地点、人物(如"2024 年 12 月 1 日,小组讨论时发言被同学反驳")。

2. 深挖 B 中的非理性信念:注意捕捉"必须""总是""完全失败"等绝对化、灾难化表述。

3. D 环节需理性辩论:通过反例举证(如过往成功经历)、概率分析(如"被嘲笑的实际可能性有多大")削弱非理性信念。

4. E 环节注重行动验证:将新信念转化为具体行动(如主动寻求反馈),并观察情绪与行为的改善,强化正向循环。

该表格可帮助个体在日常生活中持续训练理性思维,尤其适用于应对学业压力、人际矛盾等常见情绪困扰,逐步实现从"被动反应"到"主动调节"的心理成长。

适用人群:

适用于因非理性思维引发的焦虑、抑郁、自卑、人际冲突等问题,尤其适合具备一定认知能力的大学生、职场人士。

局限性:

对严重心理障碍(如精神分裂症)效果有限,需结合药物治疗。

要求个体具备一定的反思和逻辑能力,对文化程度较低或情绪极度失控者适用性较差。

四、应用案例——失恋抑郁干预

案例背景:大二学生小林与交往两年的恋人因异地问题分手,自此陷入持续性抑郁情绪。他将分手等同于"被抛弃",不断自我否定,认为"被抛弃=我毫无价值",不仅出现失眠、食欲不振等生理症状,还拒绝参与社交活动,甚至产生"再也不会有人喜欢我"的极端想法,严重影响学业与日常生活。

RET 干预过程:

1. 精准诊断:识别 ABC 模型

A(激发事件):恋人正式提出分手,结束两年的恋爱关系;

B(非理性信念):

绝对化要求:"恋人必须始终选择我,否则就是我彻底失败";

过分概括化："被抛弃说明我性格、外貌、能力全方面差劲，没有人会真心爱我"；

糟糕至极："失去这段感情，我的人生再也不会幸福"。

C（结果）：

情绪层面：深度抑郁、焦虑、自我厌恶；

行为层面：拒绝上课、回避朋友邀约、反复查看前任社交账号。

2. 逻辑驳斥：挑战认知偏差（D）

质疑绝对化：治疗师通过提问"恋爱关系是否存在 100%不分手的绝对标准？是否有人从未经历过失恋却依然幸福？"引导小林认识到分手是亲密关系中的常见现象，而非"个人价值的审判"。

打破片面化：通过回顾恋爱细节，帮助小林看到前任曾多次肯定他的体贴与责任感，证明分手并非因"一无是处"；同时列举朋友中"失恋后重获幸福"的真实案例，反驳"再也不会被爱"的论断。

拆解灾难化：分析"失恋"与"人生失败"的关联性，引导小林思考除了爱情，学业、友情、个人兴趣中是否仍有值得追求的目标。

3. 认知重建：构建理性信念（E）

新信念："分手是两个人的选择，不代表我失去被爱的资格"；"暂时的情感挫折是认识自我需求、学习沟通技巧的机会"；"幸福的人生包含多元维度，爱情只是其中一部分"。

行为实践：小林开始主动参与校园摄影社团活动，通过兴趣爱好重建自信；与朋友定期聚会，逐步恢复社交联结；制订学习计划，将注意力转移到专业能力提升上。

干预效果：经过两个月的持续练习，小林的抑郁情绪显著缓解，重新接纳自我价值，并将理性信念内化为应对挫折的思维方式。他总结道："曾经以为失去她就失去了全世界，现在明白，真正的成长是学会爱自己，再带着这份底气拥抱未来。"这一案例充分展现了 RET 通过重塑认知打破情绪困境的有效性。

课堂活动

ABCDE 自助表实战体验

一、活动目标

1. 帮助学生理解 RET 理论核心概念（ABC 理论）。
2. 掌握 ABCDE 自助表的使用方法。
3. 提升学生识别和调节非理性信念的能力。

二、活动准备

1. 材料：ABCDE 自助表模板（每人一份）、案例卡片（10~15 个典型案例）。
2. 教具：投影仪、白板、马克笔。
3. 分组：4~6 人一组，准备便签纸和彩笔。

三、活动流程

1. 理论导入

用"失恋抑郁干预"的案例演示 ABC 理论。

播放 1 分钟短视频（模拟社交冲突场景）。

引导学生讨论:“同样的事件,为什么不同人会有不同反应?”

2. 小组活动:案例分析

每组抽取 3 个案例卡片。

使用 ABCDE 自助表分析案例。

讨论:案例中的非理性信念是什么?如何进行有效驳斥?可以建立哪些理性信念?

3. 成果展示

(1)每组推选一名代表进行展示。

(2)重点说明:识别出的非理性信念、采用的驳斥方法、建立的理性信念,其他小组可以提问和补充。

4. 自我探索

(1)学生填写个人版 ABCDE 自助表。

(2)选择近期困扰自己的事件进行分析。

(3)教师巡视指导,提供必要帮助。

5. 分享与反馈

(1)自愿分享个人分析结果。

(2)教师总结常见非理性信念类型。

(3)强调:每个人都可以通过改变认知来调节情绪。

四、活动延伸

1. 布置课后作业:连续 3 天使用 ABCDE 自助表记录情绪事件。

2. 推荐阅读:《理性生活指南》(阿尔伯特·艾利斯、罗伯特·哈珀著)。

3. 设立班级“情绪树洞”,鼓励学生分享调节心得。

五、注意事项

1. 尊重学生隐私,不强迫分享个人案例。

2. 对内向学生给予更多鼓励和引导。

3. 教师需提前熟悉常见非理性信念类型。

4. 准备备用案例,防止活动冷场。

通过这样的课堂活动,学生不仅能够掌握 ABCDE 自助表的使用方法,更能在实践中学会运用理性情绪疗法调节自己的情绪,提升心理健康水平。

五、理性情绪疗法的意义

理性情绪疗法(RET)以“人并非被事件本身困扰,而是被对事件的认知所困”为核心理念,突破性地将情绪管理的主动权交还给个体——通过认知重构打破情绪与行为的恶性循环,赋予人们主动掌控内心世界的能力。这种“思维决定感受”的理论框架,不仅颠覆了传统“事件直接引发情绪”的认知,更为当代人提供了一套科学、实用的心理自助工具。

对于正处于人生关键转型期的大学生群体,RET 具有尤为显著的现实价值。面对学业竞争的高压、人际关系的复杂以及职业选择的迷茫,非理性思维(如“必须完美”“彻底失败”等极端认知)极易引发焦虑、抑郁等负面情绪。而 RET 通过系统化的认知干预,帮助学生识别并修正这些思维陷阱,逐步建立“弹性思维模式”:将“我必须保研成功”转化为“我努力争取,但结果并非人生唯一标准”;把“没人喜欢我”调整为“社交中存在差异,但我依然有独特价值”。这种转变不仅能即时缓解情绪困扰,更能培养学生长期的心理韧性,使其在未来面对职场压力、婚恋挫折等挑战时,依然保持理性应对的能力。

RET 的深层意义,在于揭示“理性战胜非理性”的心理成长路径。它证明,每个人都具备通过调整认知重塑人生的潜力——从被动承受情绪的“受害者”,转变为主动塑造心态的“掌控者”。这种赋能理念,不仅契合现代心理健康教育的核心目标,更为大学生在复杂多变的社会环境中筑牢心理防线、实现全面发展提供了有力支撑。

心灵鸡汤

美国专家推荐:11 个科学减轻心理压力的实用建议

一、锚定核心价值,聚焦重要目标

明确自己与家人的核心需求,优先为之努力。即使是微小的进展(如坚持每天学习 30 分钟),也能带来成就感,缓解因迷茫产生的压力。

二、构建支持系统,主动寻求联结

感到孤立时,及时向亲友倾诉。研究表明,10 分钟的真诚对话可显著降低皮质醇(压力激素)水平,效果优于被动服用镇静药物。

三、直面问题根源,主动化解矛盾

若压力源于职场冲突或人际摩擦,尝试以建设性态度沟通。例如,通过“我观察到……我感到……我希望……”的句式表达需求,减少对立情绪。

四、碎片化时间管理,转移焦虑焦点

排队、通勤等碎片时间易放大压力感。可提前准备轻松的音频节目、简短的冥想练习或趣味小游戏,用积极刺激替代消极思绪。

五、优化居住环境,利用色彩心理学

避免高刺激色:红色易激发焦虑,黄色可能加剧儿童躁动;

选择舒缓色调:淡蓝色、浅绿色等冷色系可降低心率,帮助平复情绪,建议用于卧室或书房。

六、深度倾诉烦恼,释放心理负荷

与信任的朋友进行“无评判倾诉”:专注表达感受而非寻求解决方案,往往在梳理过程中,问题的清晰度会自然提升,缓解 50%以上的心理负担。

七、提升倾听能力,减少沟通内耗

沟通中避免过早下结论,通过“复述对方观点+确认感受”的方式(如“你刚才说……,听起来你感到……”),降低误解概率,减少因冲突产生的额外压力。

八、重构时间管理,建立掌控感

若压力源于时间紧迫,尝试清晨提前 15 分钟起床,用于规划当日重点,避免仓促启动;运用四象限法则,将任务按“重要-紧急”分类,优先处理核心事项,减少“忙乱感”。

九、注入幽默元素,激活积极情绪

每周安排一次家庭喜剧观影或脱口秀欣赏,笑声可促进内啡肽分泌,提升免疫力的同时,直接阻断压力思维的恶性循环。

十、音乐疗法辅助，调节脑波状态

选择 α 波音乐（如自然白噪声、古典钢琴曲），每天聆听 30 分钟，可帮助大脑从焦虑的 β 波状态切换至放松的 α 波，尤其适合睡前减压。

十一、强化身体基础，提升抗压阈值

每周 3 次有氧运动（如快走、游泳、瑜伽），每次 30 分钟以上。运动不仅能释放内啡肽，还可通过规律性的身体掌控感，间接增强心理韧性。

心理推荐

1. 电影推荐：光影中的情绪疗愈之旅

（1）《头脑特工队》

推荐理由：皮克斯的经典动画以极具创意的视角，将人类情绪具象化为五位性格鲜明的角色——快乐（乐乐）、悲伤（忧忧）、愤怒（怒怒）、恐惧（怕怕）和厌恶（厌厌）。影片通过小女孩莱莉因搬家引发的情绪风暴，生动诠释了情绪并非对立存在，而是相互协作塑造人格的重要力量。观众能从中直观理解情绪的功能分化、记忆与情绪的关联，以及负面情绪在成长中的特殊价值，是理解情绪机制的绝佳入门之作。

（2）《美丽心灵》

推荐理由：改编自诺贝尔经济学奖得主约翰·纳什的真实人生，影片细腻刻画了他从天才数学家到精神分裂症患者的挣扎历程。纳什深陷幻觉与妄想的旋涡，却在妻子艾丽西亚的陪伴下，通过自我觉察与理性对抗疾病。电影不仅展现了精神疾病的复杂性，更深刻诠释了“心灵的美丽在于对抗黑暗的勇气”，适合探讨心理韧性与社会支持系统的疗愈作用。

2. 书籍推荐：文字里的情绪智慧指南

（1）学术经典：《情绪心理学：研究与应用》

推荐理由：系统整合了情绪领域的前沿理论与实证研究，从神经科学视角解析情绪的生理基础（如杏仁核在恐惧反应中的作用），结合认知心理学探讨情绪评价理论，并延伸至临床治疗、教育、职场等多场景应用。书中包含大量实验案例与图表，适合希望深入理解情绪科学机制的专业读者。

（2）认知重构：《伯恩斯新情绪疗法》

推荐理由：作为认知行为疗法（CBT）的经典科普读物，作者戴维·伯恩斯博士以“情绪源于认知”为核心，提供十大认知扭曲清单（如非黑即白、灾难化思维）和实操性情绪改善工具（如每日情绪记录、三栏法）。书中数百个真实案例与练习，帮助读者快速识别非理性信念，是缓解焦虑、抑郁等负面情绪的实用手册。

（3）情绪疗愈：《身体从未忘记：心理创伤疗愈中的大脑、心智和身体》

推荐理由：巴塞尔·范德考克博士结合 40 年临床经验，揭示了创伤如何改变大脑神经回路，并通过身体记忆持续影响情绪与行为。书中介绍了正念、戏剧治疗、眼动脱敏再处理（EMDR）等创新疗法，打破“谈话治疗万能”的误区，为理解创伤后应激障碍（PTSD）及身心疗愈提供了全新维度。

这些作品通过艺术叙事与学术剖析，从多维度揭示情绪的本质、影响与疗愈路径，帮助读者在共鸣与思考中深化对自我情绪的认知与掌控。

心理修炼

一、真实场景案例分析题

案例 1:社交焦虑困境

大学生小林性格内向,在班级破冰活动中因紧张沉默被同学调侃"不合群"。此后,他拒绝参加任何集体活动,认为"我肯定永远都无法融入,努力也没用",甚至出现失眠、食欲下降等症状。

分析任务:

(1)运用 ABC 模型拆解该案例,明确标注 A(激发事件)、B(非理性信念)、C(结果);

(2)指出小林存在的两种典型非理性认知偏差,并说明判断依据;

(3)设计一套包含认知调整与行为实验的干预方案。

案例 2:学业压力爆发

大三学生小陈同时面临考研复习、实习考核与毕业论文开题,某天因错过实习打卡被批评后,突然崩溃大哭,撕碎复习资料并宣称"我全都搞砸了,现在放弃还来得及"。

分析任务:

(1)从情绪的功能视角解释小陈情绪爆发的合理性;

(2)运用理性情绪疗法,撰写三段具有逻辑性的辩驳话术,直击其"糟糕至极"的认知误区;

(3)推荐两种科学的压力管理策略,并说明选择依据。

二、沉浸式实践应用题

1. 七日情绪追踪挑战

任务要求:使用 ABCDE 自助表,连续 7 天记录日常情绪事件(如与室友矛盾、课堂发言紧张等),重点完成:

识别至少三种不同类型的非理性信念(绝对化、片面化、灾难化等);

尝试运用苏格拉底式提问法进行自我辩驳;

记录新信念建立后情绪强度的变化(采用 1~10 分自评量表)。

2. 角色扮演工作坊

情景模拟:

场景 1:得知好友背后议论自己,感到愤怒与委屈;

场景 2:竞选学生会干部失败后,陷入自我否定;

场景 3:家人不支持职业选择,产生强烈挫败感。

实践任务:

(1)两人一组分别扮演求助者与咨询师,运用共情倾听+认知干预技巧进行对话;

(2)互换角色后,总结非理性信念识别与驳斥的关键话术;

(3)小组分享:哪些沟通技巧最能有效缓解负面情绪?

三、思辨论述题(培养高阶思维)

1. 结合《头脑特工队》中"悲伤情绪帮助莱莉完成心理重建"的情节,论述负面情绪在个体成长中的积极意义,并联系自身经历举例说明。

2. 对比分析情绪 ABC 理论与情绪的认知评价理论的异同,探讨二者如何共同揭示"认知影响情绪"的心理机制。

第九章 互联网与心理健康

导读

在数字技术深度渗透日常生活的今天，互联网早已超越工具属性，成为塑造人类认知、社交与心理状态的关键要素。对于心理发展尚未完全成熟的大学生群体而言，网络世界的海量信息、虚拟社交与娱乐模式，既为其提供了丰富的学习资源与情感表达渠道，也带来了前所未有的心理挑战——网络成瘾、信息过载焦虑、社交隔离感、虚拟形象与现实自我的冲突等问题日益凸显。本章将系统探讨互联网与心理健康的深层关联，帮助读者理解数字时代心理问题的成因与机制，掌握维护心理健康的科学方法，引导大学生在虚拟与现实交织的环境中实现身心平衡发展。

学习目标

1. 知识目标

掌握网络世界的心理学特征，熟悉网络心理障碍的形成机制、大学生常见的网络心理障碍类型。

2. 能力目标

能够识别自身或他人因互联网使用引发的心理异常信号，学会运用心理调适技巧缓解网络使用相关的焦虑、抑郁等负面情绪，掌握利用数字工具开展心理健康自助与互助的方法。

3. 技能目标

提升在网络社交、信息处理、娱乐消费等场景中的心理自我管理能力，能够制订个性化的网络使用与心理健康维护计划。

思政目标

1. 价值引领：引导学生树立正确的网络价值观，深刻认识网络空间与现实社会的同构性，增强网络行为的社会责任感与道德自律意识。

2. 文化自信：通过分析网络文化中的多元价值冲突，帮助学生坚定社会主义核心价值观，自觉抵御不良网络文化的侵蚀，弘扬积极健康的网络文化。

3. 使命担当：培养学生作为“数字公民”的使命感，鼓励其主动参与清朗网络空间建设，以理性、文明的态度传播正能量，在数字时代践行青年责任与担当。

第一节　网络心理概述

心理故事会

当虚拟照进现实的身份迷局

深夜的宿舍里，台灯下的小琳正对着手机屏幕反复调整角度，精心涂抹的口红在补光灯下泛着光泽。镜头前的她笑容自信，熟练讲解着最新的妆容教程，指尖快速滑动演示化妆技巧。弹幕不断飘过“姐姐好飒”“求口红色号”，点赞数持续攀升，这一刻，她是坐拥 10 万粉丝的美妆博主“琳酱”，是评论区里被追捧的焦点。

然而，当晨光穿透窗帘，现实世界中的小琳却判若两人。课堂上，她总是低头蜷缩在教室角落，老师提问时声音轻得像蚊子；社团活动中，她紧张地攥着衣角，不敢直视他人的眼睛。这种强烈的反差并非偶然——现实中的社交挫败感，让她在网络世界找到了情感出口。虚拟身份的成功带来的即时满足，如同成瘾性药物，逐渐蚕食着她对现实社交的信心。

转折点发生在一次校园义卖活动。当同班同学兴奋地指着她惊呼：“你是琳酱吧！我超喜欢你的视频!"小琳的脸瞬间涨得通红,结结巴巴地否认后,慌乱地逃离现场。那一刻,她内心的矛盾达到顶点:网络世界里光芒四射的"琳酱",与现实中怯懦自卑的自己,究竟哪一个才是真实的?

故事中的网络心理密码

1. 虚拟身份构建与自我呈现

小琳在网络中通过精心设计的内容,塑造了与现实性格迥异的"理想自我",这是网络心理中典型的身份虚拟化现象。网络的匿名性和符号化特征,允许个体突破现实约束,尝试不同的人格特质,满足自我表达与认同需求。

2. 情感补偿与现实疏离

现实社交中的挫败感,促使小琳在网络中寻求情感补偿。虚拟世界的即时反馈(如点赞、评论)带来的愉悦感,强化了她对网络的依赖,却导致现实社交能力进一步退化,形成虚实社交失衡的恶性循环。

3. 认知失调与自我认同困惑

两种身份的巨大反差引发小琳的自我认知冲突。网络形象的成功与现实自我的否定相互拉扯,使她陷入"真实自我"的认同危机,这是网络心理中常见的虚拟–现实认知割裂问题。

心理学启示:寻找虚实平衡之道

小琳的故事折射出网络心理的核心矛盾:虚拟空间既是自我探索的实验室,也是现实问题的放大镜。健康的网络心理状态,需要建立在虚实融合的自我认知基础上——接纳虚拟身份作为自我表达的延伸,而非逃避现实的替代品;利用网络社交的优势(如低压力沟通)锻炼现实社交技能,逐步弥合身份鸿沟;警惕过度依赖虚拟认同带来的心理代偿,始终以现实成长作为自我价值的核心锚点。

正如哲学家鲍德里亚(Baudrillard)在《拟像与仿真》中预言:"当虚拟与现实的界限消失,人类将面临自我认知的终极考验。"在这个全民触网的时代,唯有建立清醒的认知框架,方能在数字浪潮中锚定真实的自我坐标。

心理预热点

网络心理,是个体在互联网构建的虚拟空间中,因信息交互、社交活动、身份塑造等行为所产生的一系列心理现象及其规律的总和。在数字技术的驱动下,人们通过手机、电脑等终端设备,突破时空限制与他人、信息进行互动。这种独特的交互模式,催生出有别于现实世界的心理体验与行为模式。例如,一些平日里内向寡言的人,在网络社交平台上可能变得活跃健谈,展现出截然不同的性格特征,这背后正是网络心理机制在发挥作用。网络心理的研究,不仅关注个体在网络环境中的认知、情感与意志表现,还深入探索群体在网络空间中的心理动态,以及网络技术对人类心理发展的长期影响。

心理知识屋

一、互联网相关基础认知

（一）互联网定义

互联网(Internet),全称国际信息互联网络,是融合通信网络、计算机技术、数据库系统与智能终端设备的数字化信息交互体系。它以TCP/IP协议为基石,通过光纤、卫星等传输介质,将全球范围内的计算机设备互联互通,构建起一个跨越地域、文化与语言边界的虚拟信息空间。作为当代信息传递与资源共享的核心载体,互联网打破了传统信息传播的时空限制,让用户能够实时获取全球数据、实现远程协作,堪称人类社会数字化进程的里程碑。在中文语境中,“因特网”是其音译表述,而日常生活中提及的“网络”,通常也是特指这一全球性信息网络系统。

（二）网络及其特征

网络作为现代信息技术的集大成者,以独特的技术架构与交互模式重塑了人类的信息传播与社交形态,其核心特征深刻影响着数字时代的社会生态。

1. 开放性:打破时空桎梏的信息宇宙

网络以去中心化的架构构建起无边界的信息空间,彻底消解了地域、时间与行业壁垒。无论是亚马逊雨林的生态数据,还是敦煌藏经洞的千年典籍,用户均可通过终端设备实时获取。这种开放特性不仅推动全球知识共享,更催生出维基百科等全民共建的数字文化奇观,让每个接入者都成为信息的生产者与消费者。

2. 快捷性:瞬息万变的即时化浪潮

5G技术与云计算的深度融合,使信息传播速度突破物理局限。新闻事件从发生到全球热议仅需数秒,短视频平台的实时直播让“现场感”跨越时空。这种毫秒级的信息流转,重塑了人类的时间感知,推动社会进入“即时决策”的快节奏时代,也让热点话题呈现出“爆炸式扩散、闪电式更迭”的传播特征。

3. 隐匿性:虚拟身份下的心理重构

网络ID与匿名机制赋予用户重塑身份的自由,现实中的外貌、年龄、社会地位等标识被数字代码替代。这种身份隐匿性既为弱势群体提供了安全的表达空间,也滋生出网络暴力、虚假信息等乱象。用户得以卸下现实枷锁展现真实自我,同时也面临身份认知模糊与道德约束弱化的双重挑战。

4. 平等性:数字世界的平权乌托邦

在网络空间中,无论政要名流还是市井百姓,每个IP地址都享有平等的发声机会。论坛中的草根博主可与行业权威同台辩论,社交媒体的普通用户能凭优质内容收获百万关注。这种去身份化的平等交流,打破了现实社会的阶层壁垒,让知识与观点的碰撞摆脱权威垄断,形成多元共生的话语生态。

5. 互动性:双向赋能的社交革命

网络颠覆了传统媒体“单向传播”的模式,构建起用户与用户、用户与平台的多维互动体系。直播弹幕的实时反馈、电商平台的评价机制、在线课程的答疑互动,让信息传播从“独白”

转向“对话”。这种互动性不仅增强了用户参与感，更催生出“用户生成内容（UGC）”的新型创作模式，实现了传播主体与受众的身份融合。

6. 虚拟性：数字孪生的平行世界

依托计算机图形学与人工智能技术，网络创造出与现实世界平行的虚拟空间。元宇宙中的虚拟展厅、网络游戏的奇幻大陆、数字孪生城市的仿真场景，模糊了真实与虚拟的边界。这种虚拟性既为艺术创作与科技创新提供了无限可能，也引发了“数字沉溺”“虚拟身份依赖”等现实忧虑，促使人类重新审视真实与虚拟的价值关系。

7. 非中心性：分布式权力的网络哲学

区块链技术的分布式账本、P2P 网络的去中心化架构，从底层技术层面消解了传统的中心控制模式。在网络社区中，没有绝对的权威节点，信息通过节点间的对等连接实现自主流通。这种非中心性赋予个体更大的自主权，激发创新活力，但也带来监管难度提升、信息溯源困难等治理挑战。

这些特征相互交织，共同构筑起网络空间的独特生态，既为人类社会带来知识民主化、社交自由化的机遇，也引发了隐私保护、数字伦理等全新课题，持续推动着技术发展与社会治理的协同演进。

课堂活动

心理训练营：网络抵抗能力测试

测试说明：

下面是相关教育机构为研究大学生网络使用心理及行为状况而专门设计的测试题。本测试共 15 题，每题含 A、B 两个选项。A 代表具备一定网络抵抗能力，B 代表易受网络影响。请根据实际情况选择，无须过度思考。

测试题目：

1. 当我感到无聊时，会优先选择运动/阅读等现实活动而非上网。

  □A. 符合

  □B. 不符合

2. 学习时，手机消息提醒不会轻易打断我的专注度。

  □A. 能做到

  □B. 经常被干扰

3. 发现上网时间过长时，我能主动停止并调整计划。

  □A. 可以自控

  □B. 难以停下

4. 线下社交时，我很少频繁查看手机或参与网络聊天。

  □A. 专注现实交流

  □B. 习惯同步线上互动

5. 遇到压力或情绪问题时，我更倾向于向朋友倾诉而非沉迷网络。

  □A. 选择现实沟通

  □B. 依赖网络宣泄

6. 我清楚自己的上网目的，很少无目的地刷手机/浏览网页。

□A. 目标明确

□B. 常无意识沉迷

7. 网络娱乐（如游戏、短视频）结束后，我不会产生负罪感。

□A. 合理掌控时间

□B. 事后常后悔

8. 重要任务（如考试复习）前，我能严格限制非必要上网行为。

□A. 执行力强

□B. 容易拖延上网

9. 看到网络热点事件时，我不会轻易被信息洪流裹挟，保持独立判断。

□A. 理性思考

□B. 易随波逐流

10. 即使周围人都在上网娱乐，我也能坚持完成现实中的计划。

□A. 不受环境干扰

□B. 容易跟随他人

11. 我能区分网络虚拟成就与现实价值，不会过度依赖前者获得认同感。

□A. 认知清晰

□B. 在意网络评价

12. 断网或手机没电时，我不会感到焦虑或无所适从。

□A. 心态平和

□B. 明显焦虑

13. 上网过程中，我会主动设置时间提醒，避免超时。

□A. 自觉管理时间

□B. 经常忽略时间

14. 面对网络上的诱惑（如游戏更新、购物促销），我能冷静评估是否需要。

□A. 理性决策

□B. 容易冲动参与

15. 我认为现实生活的充实感远大于网络带来的即时快乐。

□A. 认同

□B. 更依赖网络快乐

结果解释：

A 选项≥12 个：抵抗网络能力较强，能合理掌控上网行为，虚实生活平衡较好。

A 选项 8～11 个：抵抗能力中等，需注意部分场景下的网络依赖倾向，可优化时间管理。

A 选项≤7 个：需警惕网络心理问题风险，选择 B 越多，越易受网络干扰，建议及时调整上网习惯，必要时寻求心理支持。

提示：测试结果仅作参考，关键在于通过觉察行为模式，主动培养健康的网络使用习惯。如需进一步指导，可结合专业心理咨询进行分析。

二、网络世界的心理学特征

（一）弱化的情感交流

在网络交际场域中，即便视频通话、语音聊天等技术迭代更新，以文字符号为主的交流模式仍占据主导地位。这种文本化的沟通方式使得视觉层面的微表情捕捉、听觉层面的语调感知等关键情感传递要素被大幅削弱。当我们隔着屏幕发送文字消息时，难以像面对面交流那样，通过对方的眼神变化、肢体动作、语气起伏来精准把握情绪状态，也无法及时给予拥抱、拍肩等具身化的情感回应，导致情感交流的深度与温度显著降低。

然而，电子邮件、即时通信软件、网络论坛等基于文本的交流工具，凭借操作便捷、成本低廉、突破时空限制等优势，依然成为网民思想互动的首选方式。它们虽简化了情感传递的路径，却也在一定程度上造成情感表达的扁平化，使得复杂的情绪往往被浓缩为表情包、符号组合或简短语句，容易引发误解或情感疏离，折射出网络交际中情感交流的独特矛盾性。

（二）文本成为沟通媒介

在网络社交的场域中，文本作为核心沟通载体，赋予网民前所未有的身份建构自由。不同于现实世界中个体身份被外貌、声音、社会地位等具象特征所锚定，网络用户能够基于文本符号自由塑造虚拟身份——既可化身与现实性格迥异的“理想自我”，通过精心设计的语言风格和人设故事构建全新形象；也可选择隐去真实信息，以匿名身份“潜伏”于网络空间，仅凭借文字表达参与社交互动。这种身份塑造的灵活性，使得现实世界中被高度关注的身份标签，诸如财富多寡、种族差异、性别特征等，在文本交流中被大幅弱化。由此，网络空间催生出独特的“网络民主”现象：无论贫富贵贱，每个 ID 都能平等地参与话题讨论、观点交锋，文本质量与思想深度取代现实地位，成为衡量话语权的核心标准。

（三）身份平等自由化

当个体接入网络世界，面对屏幕的那一刻，意识形态的转变悄然发生。在电子邮件的文字往来中，在聊天室的实时对话里，思想的碰撞不再受制于现实世界的种种束缚。虚拟空间打破了物理法则与社会规范的双重桎梏，为用户提供了超越现实的沉浸式体验——游戏玩家可以身着华丽虚拟服饰，在数字江湖中飞檐走壁、快意恩仇；虚拟社区用户能够一键创建或销毁虚拟事物，体验造物主般的掌控感。这种身份平等与行为自由的极致释放，使得网民得以暂时脱离现实身份的枷锁，在虚拟角色中探索多元自我，满足在现实生活中难以实现的心理需求。正是这种对现实规则的突破与重塑，构成了网络世界经久不衰的吸引力源泉，持续激发着人类对自由与想象的永恒追求。

三、网络与大学生心理需求

（一）积极需求

强烈的求知欲与好奇求新心理：网络以动态更新的信息生态与多元立体的传播形态，精准契合了大学生旺盛的求知本能。每日滚动的科技前沿动态、跨学科的知识科普视频、全球学者共享的研究成果，构建起永不落幕的知识博览会。例如，人工智能领域的最新论文、考古现场的直播揭秘、虚拟仿真实验的沉浸式体验，都能通过网络突破时空限制，激发学生探索未知的热情。这种信息的即时性与新颖性,不仅满足了他们对新知识、新观念的渴求,更在潜移默化中培养了终身学习的意识。

(二)消极需求

1. 逃避现实与压力转移心理

面对学业竞争、人际矛盾或未来规划的焦虑,部分大学生将网络作为逃避现实的避风港。网络游戏中的虚拟成就、短视频带来的即时娱乐、网络小说构建的幻想世界,成为缓解压力的替代性出口。这种逃避行为虽能短暂舒缓情绪,却容易形成心理依赖,导致现实问题被搁置,形成恶性循环。

2. 补偿性心理与虚拟身份满足

现实生活中难以获得的关注、认同或成就感,促使部分学生在网络空间寻求补偿。通过精心打造的社交媒体人设获取点赞,在虚拟社群中担任管理者角色,或在游戏中成为“大神”,以此填补现实中的自我价值缺口。然而,过度依赖虚拟身份带来的满足感,可能加剧现实与虚拟的认知割裂,削弱真实社交能力与自我接纳程度。

3. 从众跟风与社交认同需求

网络流行文化的快速传播极易引发大学生的从众心理。从打卡网红景点到跟风网络热梗,从参与流量明星的“打投”到追逐潮流消费,部分学生为融入虚拟社群而盲目跟从,甚至不惜超出经济能力或违背个人意愿。这种行为本质上是对社交归属感的过度追求,容易导致个体丧失独立判断,陷入无意义的群体狂欢。

4. 猎奇窥私与感官刺激需求

部分大学生受猎奇心理驱动,热衷于搜索未经证实的八卦消息、惊悚视频或极端言论。网络匿名性与信息监管漏洞,使得这类内容得以广泛传播。这种对刺激性信息的过度追求,不仅消耗大量时间精力,还可能扭曲价值观,降低对正常事物的兴趣阈值,加剧心理浮躁与焦虑。

四、网络对大学生心理健康的影响

(一)网络对大学生心理健康的积极影响

1. 激发创造性思维

网络如同一座永不闭馆的“数字智库”,海量开放的学术资源、前沿科技资讯与多元文化内容,持续冲击着大学生的认知边界。在线学术数据库中跨学科的研究成果、短视频平台的创意科普内容、设计社区的灵感案例,都能为学习研究注入新活力。在实践中,这种影响尤为显著:建筑系学生借助 VR 技术,能够突破平面图纸的限制,身临其境地穿梭于全球经典建筑内部,感受空间结构与光影设计的精妙;编程爱好者通过 GitHub 等开源代码社区,与世界各地的开发者协作开发项目,在思维的碰撞与技术的交流中,不断探索新的算法与应用场景。网络不仅打破了知识获取的壁垒,更通过多样化的互动与实践,有效激发了大学生的发散性思维,提升其解决复杂问题的能力,为创造性思维的培育提供了肥沃土壤。

2. 拓展人际交往

社交媒体、兴趣社群与在线协作平台打破地域限制,让大学生轻松结识不同专业、地域乃至国家的同龄人。在学习小组线上研讨中,不同思维模式的交流促进知识互补;游戏开黑、动漫论坛等垂直社群，则为有共同爱好的学生搭建了情感联结的桥梁。这种多元社交体验不仅丰富了人际网络，还帮助大学生理解文化差异，培养跨文化沟通能力，在虚拟与现实的社交互动中完善社交技巧。

3. 丰富情感交流

网络空间为大学生提供了更包容、私密的情感表达场域。匿名树洞类平台允许学生倾诉难以启齿的困惑；短视频与音乐分享功能成为情绪外化的窗口；即时通信工具的秒回机制与表情包互动，让情感传递更生动灵活。尤其对性格内向的学生而言，网络社交降低了表达压力，使其能更自在地抒发情绪，在双向情感交流中获得认同感与归属感。

4. 促进自我意识发展

通过网络学习、社交与实践，大学生得以从多维度观察自我、反思成长。在线课程学习中的薄弱环节反馈，帮助他们明确知识盲区；社交媒体上的他人评价与互动数据，成为自我形象的镜像参考；虚拟身份的尝试与切换，则让学生探索不同人格特质的可能性。这种动态的自我认知过程，推动他们主动调节行为模式，逐步形成更清晰、健康的自我概念。

5. 提供心理宣泄与援助途径

网络搭建起便捷的心理支持网络。当学生遭遇学业压力、情感困扰时，可通过匿名倾诉平台释放负面情绪，或在心理健康论坛获取同伴经验分享；各大高校与专业机构推出的线上心理咨询服务，突破时间与空间限制，让学生能及时获得专业干预。此外，心理健康科普账号、正念冥想 App 等工具，也帮助学生自主学习心理调适方法，增强心理韧性。

（二）网络对大学生心理健康的消极影响

1. 感官钝化与现实感知衰退

长时间沉浸于网络虚拟场景，大学生的感官系统逐渐适应了高刺激、快节奏的数字环境。短视频的碎片化信息轰炸、游戏的声光特效冲击，使大脑对现实世界的细微感知变得迟钝。部分学生出现“现实失焦”现象——难以专注于课堂讲授的细节、忽略生活中的自然景观，甚至对人际交往中的非语言信号（如眼神、肢体动作）感知力下降，造成感官体验的单一化与现实认知的弱化。

2. 学习浅表化与思维惰性

网络信息的快餐化特征易诱发“知识消化不良”。搜索引擎的即时答案、网络课程的倍速观看、学术论文的碎片化引用，导致部分学生形成依赖捷径的学习习惯。面对复杂问题时，他们更倾向于快速拼凑网络素材，而非进行系统性深度思考，逐渐丧失独立思辨与逻辑建构能力，出现学习浮于表面、知识体系松散的“快餐硬结”症状。

3. 社交异化与现实沟通障碍

网络社交的便利性掩盖了人际交往的复杂性。过度依赖虚拟社交的大学生，习惯通过表情包、预设话术进行交流，现实场景中的共情能力、临场应变能力显著退化。在网络中侃侃而谈，却在面对面沟通时词不达意；沉迷于虚拟社群的归属感，反而加剧现实人际关系的疏离感，导致社交能力发展失衡。

4. 情绪失序与情感冷漠化

虚拟世界的沉浸往往伴随现实情感的抽离。网络游戏的即时奖励机制、短视频的多巴胺刺激，使情绪体验趋于短暂化、表面化。长期沉迷者容易出现情感阈值升高，对现实中的亲情、友情缺乏触动，甚至滋生焦虑、抑郁等负面情绪。更有甚者，在网络匿名环境中释放攻击性言论，加剧情感冷漠与人际对立。

5. 自我认知偏差与价值错位

网络空间的虚拟成就极易催生自我认知扭曲。直播打赏带来的虚假认同、社交平台的点赞数据，让部分学生将虚拟形象等同于真实自我，产生盲目自信或过度自卑。此外，网络中充斥的消费主义、极端个人主义等思潮，与网络英雄主义的过度渲染，易使大学生价值观偏离正轨，混淆虚拟与现实的行为边界。

6. 行为失范与道德约束弱化

网络的匿名性与低门槛特征，降低了行为的道德成本。部分学生在网络世界放纵言行，参与网络暴力、学术抄袭、恶意刷评等不良行为，甚至将网络中的越界行为延伸至现实生活。这种行为失控不仅违反道德规范，更可能触及法律红线，对个人成长造成严重负面影响。

7. 人文素养缺失与发展失衡

过度依赖网络获取自然科学知识，容易导致人文素养培养的边缘化。算法推荐机制使大学生陷入“信息茧房”，主动屏蔽人文社科类内容，对历史、哲学、艺术等领域缺乏深入探索。长此以往，学生的批判性思维、人文情怀与审美能力发展受限，造成综合素质结构的失衡。

8. 价值观念扭曲与精神迷失

网络中泛滥的亚文化、极端言论，尤其是过度美化的网络英雄形象，正在重塑大学生的价值判断标准。部分学生盲目追捧虚拟世界的“成功人设”，将虚拟成就凌驾于现实责任之上；对网络热点事件缺乏理性思辨，容易被煽动性言论裹挟，导致价值取向偏离主流，甚至产生精神世界的虚无感与迷茫感。

知识链接

大学生网络使用现状及影响

1. 网络使用时间与频率

最新调研数据显示，大学生群体已深度融入数字生活，网络使用呈现高频、长时间特征。约85%的受访学生日均上网时长突破4小时，其中30%更是超过6小时，近乎全天“在线”。这种使用强度在周末及节假日尤为显著，“夜猫子”现象普遍——不少学生选择在深夜进行游戏、追剧或社交，打乱正常作息节律，折射出网络对日常生活时间分配的深刻渗透。

2. 网络活动类型

学习资料检索、社交媒体浏览、视频娱乐、线上购物构成大学生网络行为的四大支柱。但值得警惕的是，游戏娱乐与短视频消费正悄然蚕食大量时间资源：部分学生日均消耗2~3小时刷短视频、玩手游，在算法推荐的信息洪流中陷入“时间黑洞”。这种碎片化、高刺激的内容消费模式，导致部分学生出现注意力涣散、学习效率下滑等问题，甚至干扰正常的作息规律与学业规划。

3. 网络社交情况

网络已成为大学生维系社交关系的核心纽带，超90%的学生通过微信、微博、QQ等平台与亲友保持联系。然而，虚拟社交的繁荣背后暗藏隐忧：近40%的学生坦言，文字交流难以传递真实情感温度，过度依赖线上社交反而加剧孤独感。这种“线上热闹、线下疏离”的社交悖论，使得部分学生在虚拟与现实的社交场景切换中，产生身份认同困惑与情感联结障碍。

4. 网络依赖表现

约25%的学生显现出不同程度的网络依赖症状，具体表现为频繁刷新手机、难以自控上网时长，甚至在断网时出现焦虑、烦躁等戒断反应。这类群体面临多重风险：学业方面，因沉迷网络导致课程成绩下滑；人际关系层面，现实社交能力弱化；身体健康维度，长期久坐、熬夜加剧颈椎劳损与视力下降，形成恶性循环。

5. 心理感受

网络使用体验呈现显著的矛盾性：多数学生认可网络带来的信息获取便利与娱乐消遣价值，但近30%的学生也深刻感受到负面影响——高强度的信息过载导致注意力难以集中，虚拟社交的情感疏离引发情绪波动，对比社交媒体上的“理想生活”更易催生自我价值感缺失。这种心理落差促使越来越多学生开始反思网络使用习惯，寻求虚实平衡的生活方式。

第二节 大学生网络心理障碍及矫正

心理故事会

被算法困住的“数字囚徒”

凌晨3点，计算机专业大二学生张明的宿舍依旧亮着蓝光。他的手指机械地滑动着短视频，屏幕上不断跳出“AI绘画变现秘籍”“30天成为编程大神”的推送。三个月前，为寻找学习资料，他开始频繁使用短视频平台，却逐渐陷入算法编织的信息旋涡。起初是几分钟的知识分享，后来掺杂进游戏直播、娱乐八卦，直到现在，他每天花8小时刷视频，甚至上课、吃饭时也忍不住打开手机。

“明明知道在浪费时间，可就是停不下来。”张明的成绩从班级前十跌至倒数，身体也亮起红灯——颈椎僵硬、视力骤降、严重失眠。更可怕的是，他对现实社交产生抵触情绪：室友邀约聚餐，他借口“学习”推脱；课堂小组讨论时，面对同学的提问，他常常词不达意。当辅导员发现异常约谈时，张明才惊觉自己早已被虚拟世界吞噬，连最基础的现实沟通能力都在退化。更令人担忧的是，每当强制自己放下手机，他就会感到莫名焦虑，甚至出现手抖、心慌等戒断反应，这正是典型的网络成瘾症状。

与此同时，同校新闻系女生李悦则陷入另一种困境。她精心经营的社交媒体账号拥有2万粉丝，为维持“时尚博主”人设，她每天花费大量时间拍摄修图、设计文案，甚至借钱购买昂贵服饰道具。为了获得更多点赞和关注，她开始研究热门话题，刻意模仿其他网红的风格和语气。当评论区出现“照片太假”“穿搭老土”的负面评价时，她整夜失眠、自我怀疑，现实中变得敏感自卑，不敢直视他人目光。虚拟世界的虚假繁荣，正在摧毁她对真实自我的认知。她开始害怕面对现实中的自己，甚至产生了轻度抑郁倾向，原本开朗的性格逐渐变得孤僻。

而大一新生王浩则深受网络认知偏差的困扰。他经常浏览某些极端言论的论坛，受其影响，逐渐对社会产生了片面且消极的看法。在课堂讨论时，他常常发表一些偏激的观点，与同学发生争执。当老师提供客观的事实和数据试图纠正他的想法时，他却固执己见，认为这是“官方的说辞”。网络上碎片化的信息和极端的观点，让他失去了独立思考和理性判断的能力，陷入认知的误区无法自拔。

这些故事并非个例。在算法推荐与虚拟身份构建的双重作用下，无数大学生正在经历网络心理障碍的困扰——有人沉溺于即时满足的陷阱，有人迷失在虚拟认可的迷雾，还有人被错误的信息误导而不自知。而这些心理问题的蔓延，正悄然侵蚀着年轻一代的身心健康与现实发展，亟待引起社会各界的高度重视和有效干预。

心理预热点

随着互联网的深度渗透，网络已成为大学生学习生活的“第二空间”。据第 53 次《中国互联网络发展状况统计报告》显示，大学生群体互联网普及率高达 98.6%，日均上网时长超过 6 小时。在享受信息获取便捷性、社交多元化红利的同时，数字技术带来的双刃剑效应也日益凸显：网络成瘾、社交障碍、认知偏差等心理问题频发，严重威胁青年群体的身心健康。下面将从网络心理障碍的具象表现切入，深度剖析其形成机制，并基于个体、家庭、学校、社会协同治理视角，探索系统性矫正路径，为构建健康网络生态提供实践参考。

心理知识屋

一、大学生常见网络心理障碍类型

（一）网络成瘾障碍（IAD）

在数字时代的洪流中，网络成瘾已演变为侵蚀大学生心理健康的头号隐患，如同无形的枷锁束缚着年轻一代的身心发展。这种病理性依赖主要聚焦于网络游戏、短视频平台、社交网络等虚拟娱乐场景，呈现出典型的成瘾特征：一方面，成瘾者耐受性不断增强，就像服用药物的剂量需持续加大，他们需要不断延长上网时间、增加使用频率才能获得满足；另一方面，一旦暂时脱离网络环境，便会出现焦虑不安、情绪烦躁、失眠多梦等戒断反应，仿佛身体被抽离了重要支撑。

现实中，这类现象屡见不鲜。部分学生为了在网络游戏中冲击更高段位、完成限时任务，不惜通宵达旦，次日课堂上却昏昏沉沉，学业成绩一落千丈；还有些学生陷入短视频的“无限刷”循环，数小时蜷缩在屏幕前，任凭碎片化信息冲刷时间，回过神时才惊觉时光虚度，既荒废了学业，又因久坐与熬夜导致视力下降、颈椎劳损等健康问题。

从神经科学视角来看，长期沉迷网络会悄然重塑大脑的奖赏机制。当个体在虚拟世界中获得即时反馈——游戏胜利的音效、短视频的点赞提示、社交平台的消息红点，大脑的伏隔核区域会大量分泌多巴胺，带来短暂愉悦感。反复强化下，大脑逐渐适应这种高强度刺激，对现实生活中的正常奖励（如运动后的舒畅、学习进步的成就感）变得迟钝，最终陷入“虚拟愉悦—现实麻木”的恶性循环，严重影响认知功能与情绪调节能力。

知识链接

网瘾的表现特征与诊断标准

网络成瘾(Internet Addiction Disorder)作为数字时代特有的心理行为问题,具有明确的行为表现与临床诊断依据。其核心症状呈现出心理依赖、戒断反应及行为失控三大典型特征,具体表现如下。

一、心理依赖:难以抑制的使用冲动

成瘾者对网络形成强烈的渴求与冲动,表现为持续性地主动寻求上网机会。这种心理依赖超越普通的兴趣偏好,呈现出强迫性特质——即使在学习、工作、社交等重要事务与上网需求冲突时,仍难以抗拒网络的诱惑,将网络使用置于优先地位。

二、戒断反应:生理与心理的双重不适

当被迫减少或停止上网时,个体将出现一系列戒断症状:生理层面表现为头痛、失眠、肌肉酸痛等躯体不适;心理层面则伴随烦躁易怒、焦虑抑郁、注意力涣散等负面情绪。值得注意的是,部分成瘾者可通过转移至电视、电子游戏机等类似电子媒介,短暂缓解戒断反应,但这本质上仍是成瘾行为的替代性延续。

三、行为失控:多重维度的病理性改变

在实际网络使用中,成瘾者至少符合以下 5 项行为特征中的 1 项:

1. 耐受性增强:为获取同等满足感,不断延长上网时间,或增加游戏等级、社交互动频次等投入维度;
2. 自我控制失效:难以自主规划上网时长与内容,多次尝试限制使用却反复失败;
3. 认知偏差:明知网络使用已对学业、健康、人际关系造成负面影响,仍持续沉迷;
4. 兴趣转移:显著减少或放弃现实中的兴趣爱好、社交活动及娱乐方式;
5. 逃避心理:将网络作为逃避现实压力、排解负面情绪的主要途径,形成"问题—上网—暂时缓解—问题加重"的恶性循环。

诊断标准与类型划分:

依据《网络成瘾临床诊断标准》,确诊网络成瘾需同时满足病程标准与症状标准:

病程标准:平均每日连续使用网络时长≥6 小时,且该状态持续≥3 个月;

症状标准:同时具备上述心理依赖、戒断反应特征,并符合 5 项行为失控标准中的至少 1 项。

此外,网络成瘾可细分为五大类型:

1. 网络游戏成瘾:过度沉迷角色扮演、竞技对战等游戏,出现昼夜颠倒、荒废学业等行为;
2. 网络色情成瘾:无法自控地浏览、收集成人内容,影响正常性心理发展;
3. 网络关系成瘾:依赖虚拟社交平台建立情感联系,忽视现实人际关系;
4. 网络信息成瘾:强迫性搜索、囤积信息,难以区分有效知识与无效内容;
5. 网络交易成瘾:沉迷网络购物、虚拟物品交易或博彩行为,造成经济损失与心理负担。

这些分类有助于更精准地识别成瘾诱因,为后续干预治疗提供针对性方案。

(二)网络社交障碍

在虚拟与现实交织的社交图景中,大学生正深陷矛盾性社交困境——网络既是他们逃离现实社交压力的“避风港”，却也在潜移默化中成为侵蚀现实社交能力的“温床”。这种社交模式的异化，正以两种典型形态冲击着年轻一代的心理健康。

部分学生在网络世界中化身“社交达人”，借助文字表达的缓冲时间与表情包的情绪辅助，在社交平台、论坛社区中畅所欲言，甚至主导话题讨论。然而，当回归现实场景，面对真实的目光交汇与即时对话，他们却瞬间“失语”，掌心冒汗、思维卡顿，在面对面交流中陷入社交焦虑的旋涡。这种“线上线下分裂式社交”，本质上是用虚拟空间的低压力交流逃避现实社交的挑战，久而久之导致现实沟通技能退化，形成恶性循环。

另一部分学生则在网络社交的虚拟认可中迷失自我。为追求社交媒体上的点赞数量、粉丝增长，他们精心打造“完美人设”——朋友圈里光鲜亮丽的生活照、精心设计的文案、刻意营造的“高人气”形象，成为维系自我价值感的支柱。这种对虚拟认可的病态追求，使他们将大量时间耗费在内容编辑、数据关注与形象维护上，却忽略了现实中真诚的情感联结。当虚拟点赞无法填补内心空虚，反而因与他人“精致生活”的比较产生落差时，孤独感与自我怀疑便如潮水般涌来，进一步加剧价值认知的扭曲。网络社交本应是拓展人际关系的桥梁，却在过度依赖中异化为隔绝真实情感的屏障。

（三）网络认知偏差

在信息爆炸与算法统治的网络时代，大学生的认知体系正面临前所未有的冲击。网络信息的碎片化传播与精准推送机制，如同精心编织的“信息茧房”，悄然扭曲着年轻一代的思维方式与价值判断。

碎片化阅读成为常态，部分学生习惯通过搜索引擎获取“标准答案”，面对复杂问题时直接复制拼凑网络内容，逐渐丧失对知识的系统性理解与深度思考能力。这种“拿来主义”学习模式，导致知识储备零散化、思维逻辑断裂化，遇到无现成答案的情境时便手足无措。更严峻的是，算法推荐机制根据用户偏好持续推送同质化信息，进一步固化认知边界。当网络谣言裹挟情绪化表述、极端言论披上“揭秘”外衣时，缺乏批判性思维训练的学生极易被煽动，甚至成为不实信息的二次传播者。

网络空间中泛滥的消费主义、功利主义思潮，正以更隐蔽的方式侵蚀大学生的价值观。短视频平台上炫富内容的高频曝光、网红博主鼓吹的“躺赢”“暴富”捷径，与精心包装的“速成成功学”形成合力，冲击着传统的奋斗观与成才观。部分学生受此影响，盲目追求物质享受，将人生价值简化为财富积累，甚至质疑知识学习的意义，陷入“读书无用论”的认知误区。例如，一些学生沉迷于网络营销号宣扬的“30天逆袭”“零基础月入过万”神话，放弃课堂学习与专业深耕，最终在虚幻的成功幻想中荒废了宝贵的成长时光。这种认知偏差不仅阻碍个人发展，更可能动摇整个社会的价值根基。

（四）网络情绪障碍

在虚拟与现实的交织碰撞中，网络正成为重塑大学生情绪状态的“双刃剑”。长期浸润于信息洪流与虚拟社交场景，年轻群体的情绪调节系统面临前所未有的挑战，抑郁、焦虑等负面情绪如同暗涌，在网络生态的滋养下悄然蔓延。

网络暴力的匿名性与低成本特性，使其成为刺痛心灵的“隐形凶器”。当学生因发表不同观点、分享生活日常而遭受恶意攻击，密集的辱骂、诋毁与嘲讽如潮水般涌来时，其自尊心与心理防线极易崩塌。部分受害者出现自我否定、社交恐惧等症状，从“网络失语”演变为现实生活中的情感封闭，甚至陷入持续性的抑郁状态。更令人担忧的是，算法推荐的“情绪传染”效应加剧了负面情绪的扩散——当个体反复接触极端言论或焦虑性内容时，大脑杏仁核区域被持续激活，潜移默化中放大不安与恐惧情绪。

同时，社交媒体营造的“理想生活秀场”正制造着扭曲的比较标准。精心修图的旅行大片、奢华的消费场景、看似完美的人设展示，构建起脱离现实的“幸福模板”。大学生长期目睹这些经过滤镜修饰的“高光时刻”，不自觉将自己的真实生活与之对比，进而产生强烈的落差感。这种“虚拟完美-现实普通”的认知冲突，极易引发焦虑、自卑等负面情绪，部分学生甚至陷入“越比较越痛苦，越痛苦越沉溺”的恶性循环，最终发展为持续性情绪障碍，侵蚀心理健康的根基。

二、网络心理障碍的形成机制

（一）个体心理因素

大学生正处于身心剧烈变革的“心理断乳期”，自我认同的探索与价值观的塑造交织碰撞，这种特殊的发展阶段使其在面对网络诱惑时呈现出脆弱性与代偿性需求。在现实生活中，学业竞争的挫败感、社交互动的不适应，或是情绪管理的困境，都可能驱使学生转向网络寻求心理补偿。

对于学业表现不佳的学生而言，网络游戏中即时反馈的升级系统、竞技排名带来的虚拟成就，成为弥补现实挫败感的“精神鸦片”。每一次游戏胜利、角色进阶，都能激活大脑的奖赏中枢，短暂填补自我价值感的空缺；而性格内向、社交能力薄弱的学生，则将网络视为“安全区”——匿名性消除了现实社交中的目光压力，文字交流的缓冲时间赋予他们表达自信，从而形成对虚拟社交的路径依赖。此外，个体自控力的差异在网络使用中起到关键作用：低自控力人群难以抵御短视频的“无限刷”机制、游戏的“任务诱惑”，容易陷入“再玩五分钟”的拖延循环，最终突破时间与行为的边界，滑向网络成瘾的深渊。这种心理代偿机制如同饮鸩止渴，虽然暂时缓解了现实焦虑，却在长期依赖中加剧了虚拟与现实的认知割裂，形成恶性循环。

（二）家庭与学校环境影响

家庭与学校作为塑造大学生心理的核心场域，其教育模式的偏差正成为网络心理问题滋生的温床。家庭教养方式的失衡往往直接导致学生向网络寻求情感代偿：在高压控制型家庭中，父母严苛的规则与过高的期待迫使子女在虚拟世界中逃离现实束缚；而在忽视型家庭环境里，父母因工作忙碌或情感缺位，未能给予子女足够的关注与陪伴，网络便成为填补情感空缺的替代品——网络游戏的团队协作带来归属感，社交平台的互动评论满足被关注的渴望。这些代偿行为短期内缓解了孤独与压抑，却在长期依赖中加剧了现实人际关系的疏离。

学校教育体系的结构性缺陷同样不容忽视。许多高校虽配备了心理健康教育课程，但内容多聚焦于传统心理问题，对网络成瘾、虚拟身份认知等新兴议题缺乏系统性探讨；网络素养教育仍停留在基础的信息检索教学，未能深入培养学生的批判性思维与媒介辨别能力。这种教育缺位使得学生面对网络谣言、暴力言论或不良价值观冲击时，缺乏理性判断与自我保护意识。此外，部分学校过度强调学业成绩，忽视学生的心理健康与个性化需求，进一步压缩了学生在现实中获得成就感与情感支持的渠道，间接推动他们向网络寻求满足。

（三）网络环境的诱导性

网络平台的底层设计逻辑，正以精密的“成瘾算法”将用户困于数字牢笼。即时反馈机制通过游戏胜利弹窗、社交点赞提示、短视频自动播放等形式，制造持续的惊喜感，刺激大脑频繁分泌多巴胺，形成“行为-奖励”的条件反射。例如，短视频平台的“无限滑动”界面设计，配合算法推荐的个性化内容，模糊了时间感知，让用户在“下一个视频”的诱惑中不自觉陷入时间黑洞；网络游戏则利用任务系统、赛季排名等机制，将用户的游戏行为拆解为可量化的成就目标，持续提供阶段性奖励，不断强化用户的投入意愿。

算法推荐系统更是加剧了这种诱导性。它通过捕捉用户的点击、停留时长等数据，精准推送符合个人偏好的内容，形成“信息茧房”效应。用户在同质化信息的反复冲击下，认知逐渐固化，情绪也更易被极端内容或焦虑性话题所裹挟。此外，网络匿名性赋予用户“去责任化”的心理暗示，部分学生在虚拟身份掩护下，肆意宣泄攻击性言论、参与网络暴力，这种行为不仅伤害他人，更会因道德冲突与自我认知矛盾，加剧自身的心理负担。网络平台的商业逐利性与用户心理健康的矛盾，正将缺乏自控力的大学生推向心理失衡的边缘。

三、网络心理障碍的矫正策略

作为大学生，我们身处互联网浪潮的中心，在享受网络带来的便捷与乐趣时，也难免会遭遇网络心理障碍的困扰。无论是沉迷网络游戏、过度依赖社交平台，还是因网络信息过载产生焦虑，这些问题都可能影响我们的学习生活和身心健康。以下是一些从我们自身角度出发的矫正策略，希望能帮助大家重新找回对网络使用的掌控感。

（一）正视问题，主动寻求帮助

很多时候，我们不愿意承认自己存在网络心理障碍，总觉得“再玩一会儿没关系”“刷手机只是放松”，但其实这种逃避心理会让问题越来越严重。当意识到自己在网络使用上花费过多时间，甚至影响到正常作息、学习和人际交往时，要勇敢地直面问题。可以先和身边信任的同学、朋友倾诉，他们或许能从同龄人的角度给予共鸣和建议；也可以主动联系学校的心理咨询老师，专业人士能帮助我们更清晰地认识问题本质，制订个性化的矫正计划。不要害怕被批评或嘲笑，主动求助恰恰是改变的第一步。

（二）丰富现实生活，转移网络依赖

网络之所以容易让人沉迷，很大程度上是因为它填补了我们生活中的空虚。我们可以积极参与校园社团活动、体育运动或志愿服务，在与他人的实际互动中获得成就感和归属感。比如加入摄影社团，既能走出宿舍探索校园美景，又能结交志同道合的朋友；坚持跑步或打球，不仅能锻炼身体，还能释放压力，让自己的精力更多地投入现实世界。当现实生活变得充实有趣，对网络的过度依赖自然就会减少。

（三）提升媒介素养，增强信息辨别力

网络上的信息纷繁复杂，过载的内容容易引发焦虑和迷茫。我们需要提升自己的媒介素养，学会筛选和辨别信息。面对热点事件，不要急于跟风转发或情绪化评论，而是多方查证消息来源；对于容易引发比较心理的社交媒体内容（如他人展示的“完美生活”），要意识到这可能只是片面呈现，避免盲目攀比。同时，主动关注有价值的学习资源，比如在慕课平台上学习感兴趣

的课程、利用学术数据库拓展专业知识,将网络从娱乐工具转变为自我提升的助手。

(四)培养兴趣爱好,寻找替代满足感

挖掘和培养现实中的兴趣爱好,能为我们提供与网络不同的满足感。尝试学习一门乐器,在音符的跳动中感受艺术魅力;动手制作手工艺品,体验创造的乐趣;阅读经典书籍,在文字中拓宽认知边界。这些爱好不仅能转移我们对网络的注意力,还能带来持久的愉悦和自我成长,帮助我们摆脱网络心理障碍的束缚,以更积极健康的状态享受大学生活。

第三节 大学生网络应用能力培养

心理故事会

穿越数字迷雾的觉醒之旅——小宇的蜕变之路

凌晨2点的宿舍,小宇蜷缩在被窝里,手机屏幕的蓝光固执地刺破黑暗。短视频平台自动播放的猎奇内容如潮水般涌来,搞笑段子、热点八卦、炫富视频交替闪烁,他麻木地划动着屏幕,机械地重复着点赞、评论,全然不觉窗外的月光已悄然西移。曾经那个在课堂上积极发言、图书馆里埋头苦读的阳光少年,如今却在虚拟世界的旋涡中越陷越深——高数课上频频打瞌睡,专业课作业草草应付,甚至连与父母视频通话都成了火药味十足的争吵现场。他曾无数次在深夜立下戒网誓言,可每当指尖触碰到手机,所有决心便如春日残雪般消融。

转机出现在一次与辅导员的深谈后。当小宇拖着沉重的步伐走进“网络行为自我管理”团体心理辅导教室时,内心满是抗拒与不安。教室里柔和的灯光、围成圆圈的软垫座椅,还有其他成员略带拘谨的微笑,都让他感到陌生又忐忑。活动伊始的“图形寻伴”破冰游戏,意外打破了他的心理防线。当听到邻组女生哽咽着讲述因沉迷网络小说导致挂科留级的经历,当发现对面男生因熬夜刷直播而面色蜡黄的模样与自己如出一辙,小宇突然意识到,原来在这虚拟的数字世界背后,有无数同龄人正经历着相似的挣扎。

在后续的团体活动中,小宇逐渐被温暖而专业的氛围所感染。“网络利弊”辩论会上,他与队友们唇枪舌剑,从信息获取的便捷性谈到注意力碎片化的危害,激烈的思维碰撞让他开始重新审视网络这把“双刃剑”;“头脑风暴”环节里,同伴们分享的番茄工作法、Forest专注森林App等时间管理工具,以及用骑行、绘画等线下活动替代网络娱乐的创意方案,为他打开了新世界的大门;而最令他动容的,是老师通过情景模拟示范的非暴力沟通技巧。当他试着用“我信息”表达法向父母倾诉自己的困扰时,电话那头长久的沉默后,传来了母亲温柔的安慰与支持。

在小组共同制定监督契约的过程中,小宇主动承担起组长的角色。他带领组员设计了“数字排毒打卡表”,将每日娱乐类App使用时长严格控制在1小时内,并创建了线上学习互助群。每当有人想“破戒”时,群里立刻会跳出鼓励的表情包与暖心提醒。三个月后的期末表彰大会上,小宇作为进步学生代表站上讲台,手中的获奖证书映照着他自信的笑容。更令人欣喜的是,他重拾了搁置已久的摄影爱好,用镜头记录校园四季变换的作品还在校内展览中荣获一等奖。如今,作为“网络文明宣讲团”的骨干成员,小宇正用自己的故事照亮更多迷途者的方向,他常

说:“数字世界不应是困住我们的牢笼,而该是助力成长的翅膀。”

这个真实的故事深刻揭示:在网络时代,短暂的迷失并不可怕,关键在于能否拥有直面问题的勇气、寻求帮助的智慧,以及借助团体力量实现自我重塑的行动力。只要我们善用科学的方法与温暖的支持,就能穿越数字迷雾,在虚拟与现实的平衡中,书写属于自己的精彩人生篇章。

心理预热点

在数字技术深度融入学习生活的当下,大学生网络应用能力已成为关乎个人发展、社会文明建设的关键素养。这一能力体系不仅涵盖信息检索、数字工具运用等基础技能,更强调网络安全意识、跨文化沟通能力及行为自我管理等综合素养的协同发展。这一系列能力的协同发展,不仅助力大学生在数字浪潮中实现个人成长,更将为社会培育兼具专业素养与责任担当的新时代人才,推动网络空间成为文明互鉴、创新发展的沃土。

心理知识屋

一、大学生网络应用能力培养的重要性

在数字技术深度重塑社会生态的当下,大学生作为新媒体时代的“数字原住民”与网络空间的核心参与者,其网络应用能力的培养已上升为关乎个人成长、社会进步乃至国家战略发展的重要命题。随着5G、人工智能、大数据等技术的迭代演进,互联网已深度嵌入生产生活全场景,不仅重构了知识获取、社交互动与价值传播模式,更对大学生的信息处理能力、媒介批判思维和网络行为规范提出了更高要求。

从个人发展维度看,系统的网络应用能力培养能够显著提升大学生的数字生存技能。在知识获取层面,掌握高效的网络检索、数据挖掘与信息整合方法,可帮助学生突破传统学习边界,构建个性化知识体系;在实践创新领域,熟练运用各类数字工具进行内容创作、项目协作与成果展示,能够增强其职场竞争力与创新创业能力。更为关键的是,通过培养网络信息辨伪能力与批判性思维,学生得以在海量碎片化信息中保持理性判断,有效抵御网络谣言、虚假信息及不良文化的侵蚀,从而筑牢个人思想防线。

在社会文明构建层面,大学生群体的网络素养直接影响网络空间生态。作为网络文化的重要生产者与传播者,其文明上网意识与行为规范对净化网络环境具有示范效应。通过强化网络伦理教育与媒介素养培养,引导学生树立正确的价值观与责任感,能够激发其主动参与网络内容建设的积极性,推动形成理性平和、积极健康的网络文化氛围。这不仅有助于维护网络空间秩序,更是践行社会主义核心价值观、弘扬正能量的重要途径。

从国家战略高度审视,高素质的网络应用人才是数字中国建设的核心力量。在全球数字化竞争日益激烈的背景下,具备扎实网络技术能力、创新思维与国际视野的大学生群体,将成为推动技术创新、产业升级与文化传播的生力军。加强大学生网络应用能力培养,既是落实国家人才战略、增强数字经济发展内生动力的必然要求,更是提升国家网络空间治理能力、维护网络主权安全的重要保障。

因此,构建科学完善的大学生网络应用能力培养体系,既是顺应时代发展的教育革新,也是

培育担当民族复兴大任时代新人的关键举措。这一过程不仅需要高校深化课程改革、创新培养模式,更需要全社会协同。

二、大学生网络应用存在的问题

在数字化浪潮席卷的当下,网络已深度融入大学生活的每个角落,但随之而来的"问题性网络使用"现象也日益凸显。这类行为并非简单的网络使用,而是呈现出过度依赖、失控成瘾等特征,对大学生的身心健康、学业发展和人际交往产生显著负面影响。具体问题表现如下。

(一)网络娱乐成瘾倾向

网络游戏、短视频、直播等娱乐内容凭借即时反馈与强刺激性,极易让大学生陷入沉迷。部分学生为通关游戏、观看喜欢的视频,长期熬夜导致作息紊乱,甚至逃课、旷课,严重影响学业进度。有学生自述每天花费 8 小时以上在游戏中,课堂上注意力涣散、成绩断崖式下滑,现实社交能力也因过度沉浸虚拟世界而逐渐退化。

(二)社交平台过度依赖

社交媒体成为大学生社交的重要载体,但过度使用衍生出"点赞焦虑""人设经营"等心理问题。部分学生频繁刷新朋友圈、微博,为获取他人关注刻意打造虚假人设,当互动数据未达预期时,易陷入自我怀疑与情绪低落。此外,线上社交挤占现实沟通时间,使得部分学生在面对面交流时表达能力弱化,真实人际关系愈发疏离。

(三)信息过载与认知碎片化

网络海量信息带来知识获取便利的同时,也造成注意力分散与认知碎片化。学生在浏览新闻、短视频过程中,接收的多为碎片化知识,难以形成系统认知。部分学生存在"信息囤积症",收藏大量学习资料却无暇深入学习,反而因信息过载产生焦虑情绪,导致学习效率不升反降。

(四)网络行为替代现实活动

一些大学生将网络作为逃避现实压力的"避风港",用虚拟社交、网络游戏替代现实中的人际交往与实践活动。面对学业竞争、人际关系矛盾时,选择通过网络麻痹自我,长此以往,解决现实问题的能力逐渐丧失,陷入"越逃避越依赖,越依赖越无力"的恶性循环。

(五)网络社交衍生心理问题

网络匿名性与低约束性使得部分学生遭遇网络暴力、网络欺凌等负面事件。遭受言语攻击或隐私泄露后,部分学生出现焦虑、抑郁等心理创伤,甚至对社交产生恐惧。此外,网络中的虚假信息与极端言论也易误导大学生价值观,使其在现实生活中产生认知偏差。

三、大学生网络应用能力培养的内容

(一)信息意识培养

信息意识培养是大学生网络应用能力建设的基础,旨在帮助学生构建敏锐的信息感知与主动获取能力。通过系统化的网络应用学习,引导学生深度接触网络新闻、学术数据库、专业论坛等多元信息平台,培养其主动捕捉有价值信息的敏感度。在网络新闻实践中,鼓励学生建立多渠道信息获取习惯,通过关注主流媒体官方账号、行业权威资讯平台,及时了解时事动态与社会热点。同时,重点训练学生运用高级搜索技巧,如使用布尔逻辑运算符、限定文件类型与时间范围等,快速精准定位专业学习资料、前沿研究成果。此外,强化信息需求分析能力培养,使学生能够根据学习、科研或生活需求,明确信息检索目标,高效过滤冗余信息,实现从“被动接收”到“主动筛选”的思维转变,为知识积累与创新发展奠定坚实基础。

(二)计算思维培养

计算思维培养聚焦于提升学生运用数字化方法解决实际问题的核心能力。在实践教学中,以真实复杂的网络应用场景为案例,引导学生掌握设计高效搜索策略、深度剖析信息来源的系统方法。例如,通过模拟学术研究课题,要求学生制定分阶段搜索方案,运用关键词联想、语义扩展等技巧优化检索策略,提升搜索效率。同时,着重培养学生对网络信息的批判性分析能力,借助案例对比教学,让学生学会从信息发布主体权威性、数据完整性、逻辑严谨性等维度评估信息可靠性。此外,引入算法思维训练,指导学生理解信息推荐机制与数据处理逻辑,避免陷入信息茧房,增强对网络信息的自主掌控力。通过项目化实践,鼓励学生将计算思维融入学习生活,逐步形成以数据驱动、逻辑建模为特征的问题解决模式,实现网络应用从简单操作到深度创新的跨越。

(三)数字化学习与创新能力培养

数字化学习与创新能力培养旨在推动大学生突破传统学习边界,深度融合数字技术与知识创造。在实践路径上,积极引导学生探索多样化的数字化工具,鼓励运用数据可视化软件制作动态信息图表,将复杂的学术理论、社会现象转化为直观易懂的视觉语言;借助编程平台编写网络应用脚本,实现学习资源的个性化定制与高效整合。学校层面可构建“课程+实践+竞赛”三位一体的培养体系:开设“数字工具应用与创新实践”等理论与实操结合的课程,系统教授数字化工具使用方法与创新逻辑;定期举办数字化创意设计大赛、网络应用开发竞赛等活动,以赛促学,激发学生将创意转化为实际成果的热情;搭建校企合作实践平台,让学生在真实项目中锤炼创新思维与团队协作能力,提升数字化时代的核心竞争力。

(四)网络安全与责任意识强化

在数字化浪潮深度渗透学习生活的背景下,网络安全与责任意识的培养是大学生网络应用能力建设的核心基石。筑牢网络安全防线,需引导学生掌握系统化的防护技能:从基础的密码策略优化(如采用大小写字母、数字、特殊符号组合的强密码,定期更换登录凭证),到主动进行系统漏洞修复、安装正版防护软件;从识别钓鱼邮件、虚假网站的技术特征,到掌握数据加密存储与传输的安全操作。同时,强化法律知识普及,结合《网络安全法》《个人信息保护法》《数据安全法》等法规,通过典型案例剖析,让学生深刻认识网络侵权、数据泄露等行为的法律后果,提升依法用网的自觉性。在实践层面,指导学生养成规范操作习惯,如使用开源素材时严格遵循 CC 协议要求,在社交平台发布内容前细致设置隐私权限,切实规避法律风险与安全隐患。

责任意识培育则聚焦于塑造学生的“数字公民”主体身份。高校可创新教育形式,组建“网络文明宣讲团”,通过朋辈教育传递网络安全知识与文明用网理念;开展“虚拟身份伦理辩论赛”,引导学生辩证思考网络言行与现实责任的关系;设立网络安全实践项目,鼓励学生参与校园网络安全漏洞检测、网络舆情分析等活动,在实践中深化责任认知。通过多元教育形式,帮助学生认识到自身在网络空间的双重角色——既是信息的接收者与使用者,更是网络生态的建设者与维护者,从而主动抵制网络暴力、谣言传播、人肉搜索等不良行为,以理性态度与责任担当参与网络空间治理，共同构筑清朗有序的网络环境。

（五）网络社交与跨文化沟通能力建设

在数字技术重塑人际交往模式的当下，网络空间已成为大学生开展跨文化交流的重要场域。依托 LinkedIn、Research Gate 等专业化社交平台，学生得以突破地域限制，与全球顶尖学者、行业精英建立学术联系，深度参与国际前沿课题研讨；借助 Tandem、Hello Talk 等语言学习社区，大学生能够与来自不同文化背景的母语者实时互动，沉浸式体验多元文化。此类跨文化交流不仅拓宽了学生的国际视野，更为其搭建了理论与实践相结合的国际化学习平台。

在此过程中，网络社交礼仪与跨文化敏感性的培养显得尤为关键。一方面，需引导学生掌握不同场景下的网络沟通规范：在国际邮件往来中，应遵循简洁明晰、礼貌正式的书写格式，精准表达观点；在跨国团队协作项目里，需充分考虑时区差异，合理规划沟通时间，避免因作息冲突造成合作障碍。另一方面，强化跨文化认知教育，帮助学生理解不同国家的社交习惯、价值观念与文化禁忌。例如，通过案例分析与情景模拟，使学生了解部分国家对隐私保护的重视、宗教文化对沟通方式的影响等知识，避免因文化差异产生误解或冲突。通过系统化的能力培养，助力大学生成长为兼具专业素养与跨文化沟通能力的国际化人才，更好地适应全球化发展趋势。

课堂活动

网络行为自我管理团体心理辅导方案

一、活动目的

本方案采用团体心理辅导模式，聚焦网络心理障碍干预与行为管理能力提升。团体作为社会的微观缩影，能让参与者在群体互动中打破孤独感，通过发现同伴相似经历引发情感共鸣，有效缓解因网络心理问题产生的焦虑与自我否定。在安全包容的团体氛围中，成员间共享情感体验、行为模式，借助相互观察、模仿与监督，逐步建立健康网络使用认知，实现心理状态的正向改善与行为习惯的良性重塑。

二、活动准备

将印有不同几何图形（如圆形、三角形、正方形等）的卡片分装成若干组，确保图形种类与预设小组数量对应。活动伊始，为每位参与者随机发放一张卡片，要求其依据卡片图形寻找持有相同图案的成员，自主组成 5～8 人小组，随后围绕“网络使用过程中的心理感受”展开开放式交流，为后续深度互动奠定基础。

三、操作流程

1. 破冰与心理安全构建：选取热门网络游戏片段、趣味表情包或网络主题微电影等学生关注度高的素材作为导入，通过游戏化互动、趣味问答等形式，帮助成员放松身心，缓解因暴露网络心理问题产生的紧张与抵触情绪，初步搭建安全信任的团体心理环境。

2. 情感联结与共鸣激发：组织成员依次分享个人成长经历中与网络使用相关的关键事件，包括网络依赖形成过程、因网络产生的情感波动等。通过倾听与共情，促进成员间深层次的情感共鸣，增强团体凝聚力与归属感。

3. 辩证思辨与认知深化：开展“网络利弊”主题辩论会，引导成员从正反两方面系统分析网络对学习、社交、心理健康的影响。通过观点碰撞与论据论证，帮助成员跳出固有认知局限，形成对网络更全面、理性的价值判断。

4. 问题剖析与策略共创：运用“头脑风暴法”，组织成员对比网络人际交往与现实人际交往的差异，梳理两种场景下遇到的沟通障碍、情感疏离等问题，并从个人性格、社交技能、网络环境特性等维度进行归因分析。在此基础上，群策群力探讨改善网络与现实人际交往的具体策略，如建立线上沟通礼仪、提升现实社交主动性等。

5. 行为示范与实践演练：指导教师针对人际交往中的关键技能（如有效倾听、非暴力沟通、冲突化解等）进行标准化示范，并设置模拟场景（如网络社交矛盾调解、线下聚会交流），组织成员分组进行角色扮演，通过模仿学习与反复练习，将理论策略转化为实际行为能力。

四、活动任务

活动尾声，组织各小组围绕“网络行为自我管理”展开专题讨论，结合成员个人实际情况与团体交流成果，共同制订个性化的网络使用自律计划，涵盖上网时长控制、内容筛选标准、时间分配方案等内容。在此基础上，签订小组监督契约，明确成员间互相提醒、定期反馈的责任与义务，构建长效互助机制，推动网络行为自我管理从短期目标转化为长期习惯。

四、大学生网络应用能力培养的途径

针对大学生在网络使用中存在的娱乐成瘾、社交依赖、信息过载、行为失范等问题，网络应用能力的培养需聚焦“健康使用”“理性辨别”“高效利用”三大核心，从自我管理、技能提升、环境优化等多维度入手，帮助学生化网络为成长助力。具体可通过以下途径实现。

（一）强化自我管理，构建健康上网机制

针对娱乐成瘾与时间失控问题，需建立“计划—监控—反馈”的自律体系。学生可借助 Forest 专注森林、番茄 ToDo 等时间管理类 App，将学习任务与网络娱乐时段严格划分，例如设定“专注学习 45 分钟后，允许刷短视频 15 分钟”的规则；同时利用手机自带的屏幕使用时间统计功能，每周复盘网络使用数据，直观了解时间分配是否合理。此外，可通过制定现实目标清单（如考取证书、参与比赛）增强行动驱动力，将网络娱乐需求转化为学习动力，例如通过慕课学习技能后，在游戏中实践应用，实现“玩中学”。

（二）提升媒介素养，增强信息辨别能力

为应对信息过载与认知碎片化问题，学生需系统学习信息筛选与批判性思维方法。一方面，可通过选修“网络传播学”“信息检索与分析”等课程，掌握权威信息源查找技巧（如使用 CNKI、Web of Science 等学术数据库），学会利用 FactCheck、Snopes 等工具核查信息真伪；另一方面，在日常浏览中养成“三问”习惯：信息来源是否可靠？观点是否存在情绪化表达？是否存在逻辑漏洞？例如，面对网络热点事件时，先查证多方报道，再结合专业知识理性评论，避免被片面信息误导。

（三）拓展现实社交，平衡线上线下关系

针对社交平台过度依赖问题，需主动回归现实人际交往，降低虚拟社交带来的焦虑。学生可通过参与社团活动、志愿实践、团队项目等场景，在协作中建立深度人际关系；同时，尝试“断网社交”模式，例如与朋友聚会时约定暂存手机，专注面对面交流。此外，可将线上社交作为线下关系的延伸，例如利用社交媒体发起线下读书会、运动打卡活动，让网络成为联结现实情感的

桥梁，而非替代真实互动。

（四）挖掘学习功能，实现网络赋能成长

针对网络使用浅层化问题，需主动探索网络学习资源，将娱乐工具转化为成长平台。学生可利用 Coursera、中国大学 MOOC 等平台，免费学习国内外名校课程；通过 B 站知识区、知乎专栏接触跨学科知识，弥补课堂局限；借助 Notion、XMind 等数字化工具，将碎片化信息整理成系统笔记。例如，游戏爱好者可通过学习游戏设计原理、编程开发技术，将兴趣转化为职业技能，实现网络使用从“消费”到“创造”的升级。

心灵鸡汤

穿越信息迷雾，拥抱心灵晴空

在这个信息如潮水般奔涌的互联网时代，我们每个人都像在数字海洋中航行的小船。刷不完的短视频、看不尽的朋友圈、回不完的消息，有时会让我们感到疲惫又迷茫，甚至怀疑自己是不是不够好。

但请记住，屏幕里别人展示的“完美生活”，不过是精心剪辑的片段；那些铺天盖地的信息，也并非全部都值得我们为之焦虑。互联网就像一面镜子，它既能映照出世界的精彩，也会偶尔放大我们内心的不安。

真正的互联网心理健康，不在于永远保持“正能量”，而是学会在纷繁复杂的网络世界里，找到属于自己的锚点。当你感到被信息淹没时，不妨暂时放下手机，去触摸真实的阳光，感受微风拂过脸颊的温柔；当你因虚拟世界的比较而失落时，请多看看身边真实的美好，那些陪你欢笑、陪你流泪的朋友，那些努力生活的点点滴滴，才是最珍贵的宝藏。

互联网是工具，不是牢笼；是桥梁，不是高墙。愿我们都能以平和的心态拥抱数字时代，在网络的浪潮中保持内心的从容，既享受它带来的便利与快乐，也守护好自己独一无二的心灵花园。你远比自己想象的更强大，也远比屏幕里那些虚幻的参照更值得被爱。

心理推荐

1. 光影暗语：解码互联网时代的心理困局

（1）《网络谜踪》

推荐理由：《网络谜踪》以独特的电脑桌面视角展开叙事，工程师大卫在女儿玛戈特离奇失踪后，通过社交媒体、云存储、搜索引擎等数字痕迹抽丝剥茧。随着层层挖掘，他发现女儿光鲜的网络形象背后，隐藏着抑郁症困扰、校园霸凌等不为人知的心理困境，而网络社交中的虚拟身份与现实自我的巨大反差，成为推动剧情发展的核心矛盾。该片堪称互联网时代的心理悬疑范本，既展现了数字技术在信息追踪中的强大效能，更深刻揭露了网络对青少年心理健康的双面性——社交平台既能提供情绪宣泄出口，也可能成为加剧孤独、催生心理危机的温床。观影者不仅能跟随主角体验惊心动魄的探案过程，更能从中反思网络时代的亲子沟通方式与心理健康干预的重要性。

（2）《解除好友》

推荐理由：《解除好友》以封闭的视频聊天界面为舞台，六位好友在网络聚会中意外被神秘

账号“贝丝”加入。随着聊天推进，众人过往在网络上参与的霸凌行为被逐一曝光，神秘力量开始对他们展开血腥报复。影片巧妙地将网络匿名性、隐私泄露、群体冷漠等问题与恐怖元素结合，营造出令人窒息的紧张氛围。这部作品通过超自然叙事，具象化呈现了网络暴力对受害者及施害者的双重心理创伤。当角色们在虚拟空间中为自己的行为付出代价时，观众得以直观感受到网络世界中每一次恶意点击、每一句攻击性言论，都可能成为压垮他人心理防线的稻草，进而引发对网络道德责任与心理健康保护的深度思考。

(3)《她》

推荐理由：在近未来世界，孤独内向的信件撰稿人西奥多与人工智能操作系统萨曼莎相遇并相恋。随着情感逐渐升温，西奥多愈发依赖这段虚拟关系，甚至开始回避现实人际交往。影片细腻刻画了人机之恋中的情感纠葛，以及科技进步对人类情感认知、孤独本质的深刻影响。该片以极具诗意的镜头语言，探讨了数字时代人类的情感异化与心理需求。当人工智能能够精准模拟情感回应，现实人际关系中的脆弱与疏离被放大，观众将跟随主角的情感轨迹，重新审视互联网时代的孤独本质、情感寄托与心理健康的复杂关系，思考科技与人性的平衡之道。

2. 书页密钥：破解网络时代的心理密码

(1)《互联网心理学：寻找另一个自己》

推荐理由：本书汇聚了全球顶尖互联网心理学专家的前沿研究成果，从认知心理学、社会心理学、发展心理学等多元视角，深入剖析网络环境对人类心理与行为的重塑作用。内容涵盖网络身份认同、虚拟社交对现实人际关系的影响、网络成瘾的心理机制、信息过载时代的注意力管理等核心议题，并结合大量实证研究与真实案例，揭示互联网背后的心理运作规律。无论是对网络社交中“人设塑造”的困惑，还是对短视频沉迷现象的不解，本书都能提供科学的解释与应对策略。书中既包含严谨的理论框架，又不乏通俗易懂的实践指南，帮助读者洞察自身在网络世界中的心理状态，学会在虚拟与现实之间建立健康的心理边界，堪称数字时代的“网络心理生存指南”。

(2)《娱乐至死》

推荐理由：尼尔·波兹曼以电视时代为切入点，犀利指出媒介形式决定信息传播方式与公众认知模式。在娱乐化浪潮席卷下，政治沦为作秀舞台，新闻异化为搞笑段子，教育成为娱乐表演。这种“一切公众话语日渐以娱乐的方式出现”的趋势，正悄然瓦解人们的理性思考能力与深度阅读习惯，导致社会公共话语的浅薄化与价值体系的崩塌。尽管成书于电视媒介盛行时期，但其对娱乐化危害的警示在互联网时代更显振聋发聩。在短视频、直播等碎片化娱乐信息泛滥的当下，本书犹如一剂清醒剂，提醒读者警惕“娱乐至死”的陷阱，重新审视互联网内容对思维模式与心理健康的潜移默化影响，培养批判性接收信息的能力，守护理性思考与独立判断的精神家园。

心理修炼

一、案例分析题

大学生小李每天花费 8 小时以上刷短视频、玩手游，经常熬夜导致白天上课注意力不集中，成绩下滑明显。他尝试减少上网时间，但每次都因难以抗拒诱惑而失败。与父母沟通时，常因网络使用问题发生争吵，逐渐减少了与现实朋友的交往。

请结合本章知识回答：

1. 小李的行为符合网络成瘾的哪些诊断标准？
2. 可以采取哪些措施帮助小李改善现状？
3. 从团体心理辅导的角度，设计一个针对小李这类群体的干预方案框架。

二、互联网与心理健康实践活动

1. “数字排毒周”沉浸式体验活动

活动内容：组织学生开展为期一周的“数字排毒”挑战，参与者需严格限制非必要网络使用，如关闭娱乐类 App 通知、减少社交媒体浏览时长等。活动期间，每日记录情绪变化、时间利用效率及心理感受，并通过线下小组分享会交流体验。活动结束后，邀请心理学教师结合参与者日志进行分析，引导学生反思网络使用对心理健康的影响。

目标：帮助学生直观感受过度依赖网络带来的心理负担，培养自律意识与健康的网络使用习惯。

2. 网络心理情景剧创作与展演

活动内容：以班级或社团为单位，围绕网络成瘾、网络暴力、虚拟身份困惑等主题，创作并表演心理情景剧。参与者需深入调研真实案例，将网络心理健康问题融入剧情，通过角色扮演展现问题产生、发展及解决过程。展演后设置观众互动环节，由心理学专业师生现场点评，引导观众思考应对策略。

目标：通过艺术创作与观看，增强学生对网络心理问题的认知，提升共情能力与问题解决意识。

3. 网络信息“辨伪实验室”工作坊

活动内容：模拟网络信息复杂场景，向参与者提供包含谣言、虚假广告、情绪化言论等混合信息的素材包。学生需分组运用事实核查工具（如 Snopes、百度辟谣平台）、逻辑推理方法，对信息进行真伪鉴别，并撰写分析报告。工作坊最后由信息素养专家讲解信息辨别的心理学原理（如认知偏差、从众心理），强化学生的批判性思维。

目标：提升学生对网络信息的辨别能力，减少因信息过载或误导引发的焦虑、恐慌等负面情绪。

第十章 压力管理与挫折应对

导读

在高速运转的现代社会中，压力与挫折如同影子般伴随个体成长。对大学生而言，学业竞争、人际关系、职业规划等多重挑战交织，极易引发心理负荷超载与应对困境。本章聚焦“压力管理”与“挫折应对”两大核心议题，系统解析压力源的产生机制、挫折对心理的影响路径，结合积极心理学理论与实践方法，为学生提供科学调节策略。帮助读者理解压力与挫折的双重性——它们既是成长的阻碍，也是锤炼心理韧性的契机，引导读者以理性视角重构认知，掌握情绪疏导、资源整合与自我赋能的有效方法，实现从被动应对到主动成长的跨越。

学习目标

1. 知识目标

掌握压力与挫折的心理学定义、类型划分及作用机制，明晰消极应对与积极干预的本质区别。

2. 能力目标

能够将理论知识迁移至实际生活，针对学业压力、社交冲突、职业挫折等具体场景，制定个性化的调节方案，并通过实践验证效果。

3. 技能目标

学会识别自身压力源，掌握至少5种科学有效的压力管理技巧及挫折应对策略。

思政目标

1. 价值引领：引导学生树立“挫折即成长”的辩证思维，培育艰苦奋斗、自强不息的精神品格，坚定理想信念，强化社会责任意识。

2. 心理健康与思政融合：将抗压能力培养与社会主义核心价值观教育有机统一，帮助学生在化解压力、战胜挫折的过程中，塑造理性平和、积极向上的社会心态，筑牢心理与思想的双重防线。

第一节　如何培养良好的意志品质

心理故事会

故事一：敦煌女儿的半世纪守望

1963年，25岁的樊锦诗怀揣考古梦想，从烟雨江南奔赴西北荒漠。莫高窟的现实却如一记重锤：简陋的土坯房、匮乏的生活物资、与家人相隔千里的孤寂，甚至因水土不服频繁生病，鼻腔出血、皮肤干裂成为常态。面对导师“回北京发展”的善意劝诫，她站在洞窟斑驳的壁画前，指尖抚过千年岁月留下的纹路，毅然选择留下。

在随后的57年里，她经历了敦煌文物保护资金短缺、技术落后的至暗时刻。为推动壁画数字化工程，她四处奔走筹措资金，带领团队从零开始搭建数据库。面对国外专家“敦煌壁画无法数字化”的断言，她带领团队反复试验扫描参数、修复破损画面，终于在2016年让30个经典洞窟以高清数字形态“走出”敦煌。

意志启示：樊锦诗的坚守融合了高度的自觉性与坚忍性——她将个人理想与文化传承的使

命深度绑定，在漫长岁月中克制物质享受的诱惑，以“择一事终一生”的信念，将青春与热血镌刻进敦煌的漫天黄沙。

故事二：逆风奔跑的折翼飞人

1984年出生的苏桦伟因黄疸病引发脑痉挛，被诊断为“无法正常行走”。6岁那年，母亲潘健芬带他尝试田径训练，却遭遇接连不断的挫折：肌肉不协调导致频繁跌倒，难以控制的肢体抖动让跑步姿势异常笨拙。教练曾直言：“他不适合竞技体育。”

但苏桦伟和母亲并未退缩。为改善肢体控制力，他每天提前1小时到训练场进行平衡训练；为提升速度，他反复观看优秀运动员的比赛视频，模仿摆臂与步频。伦敦残奥会前夕，他因旧伤复发陷入低谷，却在病床上坚持进行康复训练。2012年赛场上，他以10秒52的成绩打破男子100米T36级世界纪录，冲过终点时，他张开双臂嘶吼的瞬间，诠释了永不言弃的力量。

意志启示：苏桦伟用行动诠释了自制力与坚忍性的完美结合——在生理缺陷与外界质疑的双重压力下，他克制退缩本能，以近乎偏执的自律投入训练，将劣势转化为超越自我的动力。

故事三：AI时代的科学长征

2016年，DeepMind团队向“蛋白质折叠问题”发起挑战。这一困扰科学界50年的难题，需要处理数亿条蛋白质结构数据，初期算法预测准确率不足40%。团队成员经历了无数个通宵调试，电脑崩溃、参数失效、模型坍塌成为家常便饭，甚至有人因压力过大产生自我怀疑。

关键时刻，团队展现出惊人的果断性与协作力：他们迅速拆分攻坚小组，一部分人优化深度学习框架，另一部分人创新数据标注方法。面对“数据量不足”的瓶颈，他们果断决定构建全球最大的蛋白质结构数据库。经过1327次算法迭代、数万次参数调整，AlphaFold在2020年国际蛋白质结构预测竞赛中，将预测准确率提升至92.4%，震惊全球科学界。

意志启示：AlphaFold的成功印证了群体意志的强大能量——在复杂挑战面前，果断决策、分工协作与持续迭代的精神，让团队突破了看似不可能的技术壁垒。

这些真实故事揭示：意志品质的淬炼并非一蹴而就，而是源于“明确目标的自觉性”“直面困境的坚忍性”“抵御诱惑的自制力”与“精准决策的果断性”的协同作用。无论是守护千年文明、挑战生命极限，还是攻克科学难关，卓越的意志都能成为照亮前路的火炬，引领个体在逆境中实现自我超越。

心理预热点

培养大学生的意志品质具有深远意义，不仅关乎个人成长，更对社会发展产生积极影响。强大的意志品质是大学生克服困难的利器，有助于大学生保持积极乐观的心态。当大学生群体普遍具备优良意志品质时，将形成积极向上的社会氛围，激励更多人勇于奋斗、追求卓越，对提升整个社会的精神风貌和文明程度具有重要推动作用。

心理知识屋

一、意志品质的核心内涵与价值

意志品质是个体在自我调节、目标实现过程中展现出的稳定心理特质，主要涵盖自觉性、果断性、坚忍性与自制力四大维度。四大要素既独立发挥效能,又彼此协同,共同构筑起个体应对复杂环境的心理防线。

自觉性是意志品质的方向指引,表现为个体对目标的清醒认知与主动规划能力。具有高度自觉性的人,能够穿透纷繁信息的迷雾,精准锚定个人发展方向,并将抽象愿景转化为可操作的行动方案。他们无须外部监督,便能自发调动资源、拆解任务,以坚定的执行力推进目标落地。例如,优秀学生制定的长期学习规划,或是职场人确立的职业晋升路径,均是自觉性的生动体现。

果断性是意志品质的决策中枢,考验个体在复杂情境下的应变能力。面对信息过载、时间紧迫的抉择时刻,果断者能够快速梳理关键线索,权衡利弊得失,以敏锐的洞察力和果敢的判断力作出精准决策。这种特质不仅体现在重大人生选择中,更渗透于日常小事的判断——如学生在多门竞赛间的优先级排序,或是团队领导者在突发危机中的快速响应。

坚忍性是意志品质的精神脊梁,彰显个体在逆境中的抗挫能力与持久耐力。面对学业瓶颈、职场挫折或生活困境,坚忍者秉持“行百里者半九十”的信念,将失败视为成长的阶梯,在反复试错中调整策略、积蓄力量。爱迪生经历千次实验失败终发明电灯,敦煌研究院学者在荒漠中坚守半个世纪守护文化遗产,皆是坚忍性的典范。

自制力是意志品质的约束机制,体现为对本能欲望与外界诱惑的理性克制。在娱乐至死的时代,拥有强大自制力的人能够抵御短视频、游戏等即时快感的侵蚀,将注意力聚焦于长期价值目标。无论是学者耐住寂寞深耕学术,还是运动员抵制美食诱惑坚持训练,背后都是自制力在发挥核心作用。

从个人发展维度看,良好的意志品质是贯穿人生全程的“心理资本”。在学业阶段,它助力学生攻克知识难关、培养终身学习习惯;进入职场后,成为突破职业天花板、实现价值跃迁的关键动能;面对生活挑战时,则化身为化解焦虑、重塑信心的精神支柱。从社会价值层面看,意志品质卓越的个体能够在群体中形成示范效应,带动团队攻坚克难,推动社会创新发展。更为重要的是,意志品质与心理健康存在深度关联:稳定的意志能够有效缓冲压力、抵御心理危机,而健康的心理状态又为意志培养提供持续动力,共同支撑起个体完整、健全的人格体系。

二、意志品质的阶梯式培养路径

(一)目标精细化拆解与分步推进

将宏大长远的目标分解为清晰可操作的阶段性小目标,构建“目标阶梯”。例如,对于计划考取专业资格证书的学生,可将备考任务细化到每日学习时长、每周知识模块,甚至具体到每日背诵的知识点数量。通过这种方式,每完成一个子目标都能带来即时成就感,持续强化自我效能感,逐步培养“积跬步至千里”的行动惯性。同时,建立可视化的目标进度表,定期复盘完成情况,根据实际进展灵活调整计划,确保目标始终具有挑战性与可达性。

这种拆解策略蕴含着深刻的心理学逻辑:一方面,即时性的小目标达成能够触发大脑的“奖励回路”,通过多巴胺的释放带来强烈成就感,持续强化“我能行”的自我效能感;另一方面,借助可视化进度追踪工具(如甘特图、时间轴看板、打卡类 App),个体可将抽象目标转化为具象的视觉反馈,直观感知进步轨迹,有效避免因看不到成效而产生的倦怠与放弃。例如,使用甘特图时,可通过不同颜色标注任务状态(绿色代表完成、黄色代表进行中、红色代表延迟),并设置里程碑节点(如“完成税法科目第一轮复习”),使整个目标推进过程清晰可控。

值得强调的是，目标阶梯并非僵化的教条，而是需要建立动态调整机制。建议每周进行“进度复盘会议”，对照计划核查执行情况：若提前完成任务，可适度提升下一阶段难度，激发潜能；若遭遇阻碍，则深入分析原因（如时间分配不合理、方法效率低下），及时优化策略。通过这种“计划—执行—反馈—迭代”的闭环管理，确保每个阶段的目标始终保持“跳一跳，够得着”的最佳挑战性，在循序渐进中稳步提升意志力与执行力，最终实现从量变到质变的突破。

（二）逆境模拟与抗压能力淬炼

逆境模拟训练通过创设可控的挑战性场景，将个体置于压力与困境中，以“心理练兵”的方式强化其应对挫折的能力。这一训练模式突破传统说教式教育，通过沉浸式体验激发内在潜能，让参与者在模拟或真实的困境中直面压力，逐步构建起强大的心理防线。

1. 模拟情境训练：在可控压力中积累实战经验

通过精心设计的模拟活动，如户外拓展中的攀岩挑战、野外生存演练，或是学术领域的“限时课题攻坚赛”，人为制造体力与心理的双重压力场景。例如，攀岩项目要求参与者在体能极限状态下，克服高空恐惧与肌肉疲劳，通过规划路线、调整呼吸完成登顶；学术攻坚活动则设定严格的时间限制与高难度研究课题，迫使团队成员在信息不足、时间紧迫的情况下协作突破。这些场景通过“压力预演”的方式，帮助个体提前适应困境中的焦虑情绪，学习在高压下保持冷静、制定解决方案，从而积累应对挫折的实战经验。

2. 真实困境锤炼：在社会实践中锻造意志品质

相较于模拟场景，真实的社会实践更能检验和提升个体的意志力。鼓励学生投身支教、社区服务、公益救援等活动，在艰苦的环境中直面现实难题：支教者可能面临教学资源匮乏、语言沟通障碍；社区工作者需处理居民矛盾、突发公共事件。这些真实困境没有预设的“正确答案”，要求参与者快速调动资源、灵活调整策略，并在长期坚持中培养“咬定青山不放松”的韧性。例如，在偏远山区支教的学生，不仅要克服生活条件的艰苦，还要通过持续的耐心教学与心理疏导，帮助当地学生建立学习信心，这一过程本身就是对意志力与责任感的深度锤炼。

3. 复盘与成长：将经历转化为心理资本

每一次逆境体验后，组织参与者进行深度复盘至关重要。通过“问题分析—策略总结—经验迁移”的反思框架，引导个体提炼应对困境的有效方法。例如，在攀岩活动后，可围绕“如何克服恐惧心理”“怎样优化行动路径”展开讨论；支教结束后，总结“如何与不同背景学生沟通”“如何解决资源不足问题”的经验。这种系统性反思不仅能将零散的经历转化为可复用的心理资本，更能帮助个体形成“挫折即成长机会”的积极认知，从而在未来面对真实挑战时，能够更从容地调用过往经验，实现从“被动应对”到“主动突破”的质变。

（三）自我监控与反思体系构建

构建科学的自我监控与反思体系，本质上是通过系统化的自我观察与深度思考，将无意识的行为模式转化为可优化的成长路径。这一体系以“认知觉醒”为起点，依托多样化的记录工具，构建起“觉察—反思—改进”的闭环机制，助力个体实现意志品质的持续迭代。

1. 多维度行为记录：搭建可视化自我认知框架

借助日记、时间日志、行为打卡表等工具，对日常行动进行全景式记录。例如，采用“三栏式日记法”：左侧栏记录当日目标与实际行动，中间栏分析目标达成或未达成的具体过程（如学习时分心刷手机的时段），右侧栏标注关键心理活动（如拖延时的焦虑情绪、完成任务后的成就感）。此外，可利用数字工具实现动态追踪，如使用 Forest 专注森林 App 统计专注时长，通过 Notion 建立习惯养成看板，将抽象的行为转化为可视化数据，帮助个体直观捕捉行为规律与薄弱环节。

2. 深度反思：穿透表象挖掘行为底层逻辑

每日或每周定期开展复盘，采用“5Why 分析法”对行为背后的动机与障碍进行层层剖析。例如，若发现自己频繁拖延学习任务，可连续追问：为什么拖延？→因为面对难题感到焦虑；为什么焦虑？→因为担心无法完成目标；为什么担心？→因为自我要求过高……通过这种方式，从表面的行为问题追溯到深层的心理根源，从而制定更具针对性的解决方案。同时，引入“成功事件分析法”，重点复盘那些克服诱惑、坚持完成目标的案例，提炼其中的关键策略（如使用番茄工作法集中注意力、通过同伴监督增强自制力），将偶然的成功经验转化为可复用的方法论。

3. 动态策略迭代：构建螺旋上升的成长闭环

基于反思结果，及时调整行动策略与目标规划。例如，若发现自己在晚上容易受社交媒体干扰，则将高强度学习任务调整至白天，并设置手机定时锁屏；若某次通过分解任务成功完成复杂目标，则将这一方法固化为长期策略。此外，建议建立“改进效果追踪表”，量化评估新策略的实施效果，若发现调整后效果不佳，再次启动反思流程，直至找到最适配的解决方案。这种持续优化的机制，使个体在每一次自我监控与反思中实现微小但扎实的进步，最终形成“习惯塑造意志，意志强化习惯”的良性循环。

（四）榜样引领与群体动力激发

人类的心理成长离不开社会环境的塑造，通过树立精神标杆与构建互助社群，能够将外部激励转化为内在驱动力，实现意志品质的加速提升。这一培养路径融合了榜样的精神感召与群体的协同效应，为个体提供多元维度的成长支撑。

1. 精神标杆塑造：从榜样叙事中汲取奋进力量

精选意志品质卓越的典型人物作为学习范本，通过多维度的叙事媒介激活情感共鸣。例如，阅读《苏东坡传》感受文豪屡遭贬谪却豁达乐观的人生态度，观看纪录片《徒手攀岩》体会极限运动者在无保护状态下挑战绝壁的坚毅与专注，或是聆听时代楷模的事迹报告，近距离感受科研工作者在“卡脖子”技术攻关中的执着坚守。这些真实案例通过具象化的场景呈现，将抽象的意志品质转化为可感知、可模仿的行为模式。在学习过程中，建议采用“深度拆解法”：分析榜样在关键时刻的决策逻辑（如屠呦呦筛选 2000 余种中药、历经 380 次实验失败仍不放弃的底层信念），提炼其应对困境的核心策略，并尝试将这些策略迁移到自身实践中，实现从“被动感动”到“主动行动”的跨越。

2. 互助社群构建：在群体协作中突破成长边界

组建以意志培养为核心目标的互助小组，通过“监督-分享-竞争”的三维机制激活群体动力。例如，建立“21 天习惯养成打卡群”，成员每日在群内汇报目标完成情况，互相点赞鼓励或提出改进建议；定期开展“逆境故事会”，分享各自在学业、生活中克服困难的经历，在倾听与共鸣中获得心理支持；设置阶段性的“意志力挑战竞赛”，如限时学习任务、早起打卡 PK，利用适度的竞争压力激发潜能。这种社群环境巧妙平衡了“压力”与“支持”：群体监督约束惰性行为，同伴经验拓宽解决思路,共同目标强化行动一致性,最终形成"一人掉队众人拉,一人突破众人学"的良性生态。

3. 双向赋能机制:实现个体成长与群体进化的共振

在榜样引领与群体协作的过程中,个体与环境形成双向塑造关系。一方面,榜样的精神力量与社群的集体智慧为个人提供成长养分;另一方面,个体在实践中取得的进步又反哺群体——当小组成员通过坚持晨跑养成自律习惯,其经验分享可能带动更多人加入运动行列,形成"滚雪球"式的积极效应。这种相互激励的模式,不仅加速个体意志品质的提升,更能推动整个群体形成积极向上的文化氛围,最终实现"独行快,众行远"的协同进化。

知识链接

甘特图

甘特图(Gantt Chart)由美国机械工程师、管理学家亨利·甘特(Henry Gantt)于20世纪初发明,作为项目管理领域的革命性工具,它通过直观的条状图表,将复杂的任务体系拆解为清晰的时间线与执行路径,在计划制订、进度跟踪和团队协作中发挥着核心作用。

一、核心要素与功能解析

1. 时间维度横轴:以线性标尺标注日期、周数或月份,为任务进度提供时间坐标,便于精准定位任务节点。

2. 任务列表纵轴:按层级或优先级排列具体任务,从宏观阶段(如项目筹备、执行、收尾)到微观子任务(如文档撰写、数据采集),形成结构化任务清单。

3. 进度条状图:通过横向条形的长度与位置,直观展示任务的起止时间、持续周期及当前进度;结合颜色编码(如绿色已完成、黄色进行中、红色延迟),实现风险预警可视化。

二、关键价值体现

1. 进度透明化:团队成员可实时查看任务进展,避免信息不对称导致的执行偏差。

2. 依赖关系管理:通过条状图的前后衔接,清晰识别任务间的逻辑关联(如任务B需在任务A完成后启动),优化资源调配。

3. 动态调整决策:对比计划进度与实际进度的差异,快速定位延误环节,为管理者提供决策依据,降低工期失控风险。

三、甘特图示例:注册会计师备考全周期管理

任务阶段	时间周期	具体任务	进度可视化
基础夯实期	第1~4周	每日3小时精读教材,完成会计、审计核心章节	■■■■■■■■■■■■(100%)绿色填充
模块突破期	第5~8周	每周攻克1个科目(税法/财管/经济法)	■■■■■■■■■■■■(100%)绿色填充
真题冲刺期	第9~12周	每周2套真题训练,建立错题分析档案	■■■■■■■■■■□□(80%)黄色填充+空白部分
模拟实战期	第13~14周	全真模拟机考,优化答题时间分配	□□□□□□□□□□□□(0%)空白未启动

四、工具选择与制作指南

1. 传统办公软件

(1)Excel:利用柱状图或条形图功能,手动设置任务起止时间;适合简单任务规划,可通过条件格式自动标记进度状态。

(2)PPT:插入形状绘制条形图,结合动画效果实现动态进度演示,适合方案汇报场景。

2. 专业级管理工具

(1)Microsoft Project:支持复杂项目建模,集成资源分配、成本估算、关键路径分析等功能,适用于大型团队协作。

(2)Trello/Notion:通过安装甘特图插件,将看板任务自动转化为时间轴视图,兼具可视化与敏捷管理特性,适合中小团队使用。

(3)Canva:提供海量甘特图模板,支持自定义配色、图标与数据可视化,适合追求设计感的个人或创意团队。

3. 标准化制作流程

(1)任务解构:将目标拆解为可执行的子任务,明确优先级与依赖关系。

(2)时间编排:设定每项任务的开始、结束日期,预留缓冲时间应对不确定性。

(3)可视化呈现:在工具中输入任务与时间数据,调整条形图样式与进度标识。

(4)动态更新:每周同步实际进展,用不同颜色或符号标记偏差,及时调整后续计划。

五、在意志培养中的创新应用

1. 个人成长管理:将长期目标(如减重10公斤、读完50本书)分解为每日/每周行动,通过甘特图量化进度,建立持续的自我激励机制。

2. 习惯养成追踪:记录健身打卡、早起挑战等习惯,直观呈现坚持天数与中断点,帮助分析行为模式,优化习惯养成策略。

3. 团队协作增效:在小组作业、科研项目中,通过甘特图明确成员分工与交付节点,增强责任感,提升整体执行力。

六、核心优势总结

甘特图通过将抽象目标转化为可视化时间矩阵,有效解决了目标模糊、执行碎片化等问题。它不仅帮助个体建立结构化的行动框架,更通过进度反馈机制持续强化自我效能感,将意志力培养从模糊的心理诉求转化为可量化、可追踪的具体行动,成为提升执行力与自律性的实用利器。

课堂活动

目标可视化——甘特图实战工作坊

一、活动目标

1. 学生能够理解甘特图的核心原理与应用场景。

2. 熟练掌握甘特图的制作方法,学会用其拆解目标、规划行动。

3. 通过实践应用,提升时间管理能力与目标执行意志力。

二、活动流程设计

1. 展示两个对比案例

案例 A:某学生未规划学习任务,导致考试前熬夜突击,成绩不理想。

案例 B:使用甘特图拆分复习计划,按阶段完成任务,最终高效备考。

2. 互动提问

"为什么案例 B 能更好完成目标?"

"如果是你,会如何避免案例 A 的问题?"

教师总结:引出甘特图"化抽象为具体"的工具价值。

3. 分组实战

(1)个人目标选择:学生从以下主题任选其一,或自定义目标。

①期末考复习计划(如两周内提升数学成绩);

②习惯养成(如连续 21 天每日阅读 30 分钟);

③小型项目(如策划一次班级活动)。

(2)制作步骤:

①用提供的 Excel 模板/手绘表格,将目标拆解为具体任务与时间节点。

②用不同颜色标注任务状态(如绿色:已完成;黄色:进行中;红色:未开始)。

(3)小组协作:4 人一组,互相检查甘特图的合理性,提出优化建议(如任务是否过细/过粗、时间分配是否均衡)。

4. 成果展示与点评

(1)随机抽取 3 组,每组派代表分享甘特图设计思路与预期效果。

(2)互动点评:其他小组从"目标拆解合理性""时间规划可行性""可视化清晰度"三个维度进行打分与建议。

(3)教师总结:针对共性问题(如任务拆分过笼统、未预留缓冲时间)进行针对性指导。

5. 行动计划与延伸

(1)个人承诺:学生将课堂制作的甘特图作为未来 1 个月的行动指南,填写目标执行承诺书。

(2)持续跟踪:建立班级"甘特图打卡群",每周日晚提交进度截图,教师定期反馈与鼓励。

三、活动材料准备

1. 甘特图 Excel 模板(含示例数据)、手绘空白表格。

2. 彩色马克笔、便利贴(用于小组讨论标注)。

3. 案例对比 PPT、工具操作演示视频。

四、注意事项

1. 对目标设定困难的学生,提供"目标拆解清单"参考(如将"提升英语"拆分为背单词、练听力等)。

2. 强调甘特图的灵活性,鼓励学生根据实际情况动态调整计划。

3. 对积极参与、计划合理的学生给予小奖品(如时间管理类书籍、定制打卡本)。

第二节　如何应对压力

心理故事会

小蚂蚁的大压力

暮色漫过玫瑰花丛时，奇奇正攥着比自己大三倍的面包屑，在布满露珠的叶片间踉跄爬行。它的触角微微颤抖，这已是今天第三次在搬运途中遭遇大甲虫。那些浑身油亮的庞然大物总爱用锯齿状的前足拍打地面，吓得整个蚁群四散奔逃。

“这样下去不行。”奇奇蜷缩在巢穴角落，看着仓库里日渐减少的食物，触须不安地扭动着。月光从巢穴缝隙漏进来，在同伴们疲惫的甲壳上投下细碎的银斑。老蚁长老用布满沟壑的前足拍了拍它：“孩子，压力就像暴雨前的乌云，我们不能被它压垮。”

第二天清晨，奇奇召集了几个机灵的伙伴。它们躲在蒲公英绒球后面，观察大甲虫的行动规律。“看！”最小的蚂蚁突然指着前方，“它们每次转弯都要停顿三秒钟！”奇奇的触角猛地竖起，它立刻组织起一支“闪电小队”——由最敏捷的工蚁组成，利用叶片搭建起曲折的通道，当大甲虫笨重地追来时，蚂蚁们早已顺着螺旋状的叶脉消失得无影无踪。

但高强度的工作还是让奇奇感到疲惫不堪。一个温暖的午后，它偷偷溜到溪边。潺潺的流水声中，奇奇发现鹅卵石缝隙里生长着一簇淡紫色的小花，花瓣上滚动的水珠折射出彩虹。它学着蝴蝶轻盈地在花丛间穿梭，感受着微风拂过触角的温柔，心中的焦虑竟慢慢消散。

当夜幕再次降临时，奇奇带着新的发现回到蚁巢。它教大家用触角轻触花朵释放香气，在搬运间隙跳起“减压舞蹈”。更重要的是，它们建立起“心事树洞”——每只蚂蚁都可以把烦恼写在叶片上，让晚风带走忧愁。

三个月后的月圆之夜，当大甲虫们再次来犯时，等待它们的是精心设计的陷阱。藤蔓织成的吊桥突然断裂，沾满黏液的花瓣让它们寸步难行。奇奇带领蚁群齐声高呼，用整齐的步伐震动地面，吓得大甲虫落荒而逃。

星光下，整个蚁巢沉浸在胜利的喜悦中。奇奇望着头顶璀璨的银河，终于明白：压力如同花园里的风雨，既能摧毁脆弱的嫩芽，也能浇灌出更坚韧的生命。而真正的勇气，是学会在风雨中为自己撑起一片花瓣，与同伴携手建造属于自己的彩虹。

心理预热点

压力对大学生的影响具有双面性，而缓解压力能有效扭转消极态势，助力身心健康与个人发展。适度压力能带来积极作用，如在考试、奖学金竞争等压力下，大学生会主动制订学习计划、钻研专业知识；参与社团竞选、比赛时，压力能锻炼其沟通、组织等综合能力；就业等压力还能促使大学生明确职业方向，提前做好发展规划。但过度压力易引发焦虑、抑郁等负面情绪，干扰作息造成健康问题，还会降低学习效率、影响人际交往。而积极缓解压力可有效改善这些状况，比如通过运动释放压力激素，改善睡眠与精神状态；向亲友倾诉或寻求心理咨询，能排解负面情绪，维护心理健康；培养兴趣爱好、进行冥想放松等，可帮助大学生集中注意力，恢复身心平衡，从而以更积极的心态应对学习与生活，进一步激发潜力，实现全面发展。

心理知识屋

一、压力

（一）压力的定义

在心理学领域，压力（Stress）被广泛界定为个体在遭遇具有威胁性的刺激情境时，身心系统产生适应性改变的紧张状态。这一概念包含“压力源”与“应激状态”两个相互关联的维度。

1. 压力源（Stressor）

压力源指引发压力体验的客观事件或环境因素，既包括急性压力源（如突发疾病、意外冲突），也涵盖慢性压力源（如长期高强度工作、经济困境）。例如，学生面临的期末考试、职场新人首次独立负责项目，或是家庭中持续的关系矛盾，均可构成压力源。

压力源作为引发个体压力反应的核心诱因，依据其性质与作用机制，可系统划分为心理性、身体性、社会性、文化性四大类别。这四类压力源相互交织，共同塑造着现代人复杂的压力体验。

（1）心理性压力源：内在冲突的自我博弈

心理性压力源于个体内在需求与现实的矛盾冲突，本质上是“理想自我”与“现实自我”的对抗。例如，职场人渴望晋升却因能力不足遭遇瓶颈，学生追求完美成绩却频繁失误，这种“求而不得”的心理落差会触发焦虑、自我怀疑等负面情绪。佛家所言的“怨憎会、爱别离”（指被迫面对厌恶之事、失去珍视之物），恰是心理性压力的生动写照。此外，多重目标间的选择冲突（如“事业发展”与“家庭陪伴”的权衡）、不合理的自我期待（如“必须时刻表现完美”），也是此类压力的重要来源。这类压力虽不直接作用于肉体，却可能通过心理暗示引发躯体化症状（如紧张性头痛、失眠）。

（2）身体性压力源：生理负荷的直接冲击

身体性压力源指直接损害躯体健康或干扰生理平衡的刺激。生理疾病（如慢性疼痛、重大手术康复期）、环境因素（如噪声污染、极端气温、空气污染），以及不良生活习惯（如长期熬夜、过度节食）均属此类。例如，长期暴露在高分贝噪声环境中，不仅会损伤听力，还可能引发烦躁、注意力涣散等心理问题；而突发疾病带来的身体不适与医疗压力，更会加剧个体的焦虑情绪。此类压力源的特点在于其客观性与即时性，需通过医学干预、环境改善或生活方式调整缓解。

（3）社会性压力源：时代浪潮下的集体困境

社会性压力源涵盖社会环境变动对个体造成的影响，是现代社会最普遍的压力来源。宏观层面，经济危机、政治动荡、社会文化冲突等大规模事件，会通过就业市场萎缩、安全感缺失等途径波及个体；微观层面，职场竞争加剧、人际关系矛盾、家庭结构变化（如亲人离世、婚姻变动）也会带来持续性压力。例如，互联网行业的“996 工作制”、城市人口高密度引发的社交疲惫，以及社交媒体催生的“同辈压力”，均属于社会性压力范畴。此类压力的复杂性在于其群体性与隐蔽性，往往需要个体与社会政策协同应对。

（4）文化性压力源：身份认同的跨界挑战

文化性压力源主要出现在个体跨越文化边界时，如移民、留学、跨国工作等场景。语言障碍、习俗差异、价值观冲突(如个人主义与集体主义的碰撞),会导致个体产生“文化休克”(Culture Shock)现象——表现为困惑、孤独、自我认同混乱。例如,留学生可能因不适应西方课堂的自由讨论模式而产生挫败感,移民家庭可能因代际文化差异引发亲子矛盾。此类压力的特殊性在于其文化根源性,需通过文化学习、身份重构与社会支持网络的建立逐步缓解。

四大压力源并非孤立存在,而是相互渗透、彼此强化。例如,社会性压力(如失业)可能引发心理性压力(焦虑抑郁),进而导致身体性压力(免疫力下降)。全面认识压力源的类型与作用机制,是制定个性化压力管理策略的关键前提。

2. 应激状态(Stress State)

应激状态是个体面对压力源时产生的生理与心理反应集合。生理层面,身体会启动“战斗或逃跑”反应,表现为心跳加速、血压升高、肌肉紧绷;心理层面,则伴随紧张焦虑、注意力涣散、情绪波动等主观感受。长期处于应激状态还可能引发睡眠障碍、免疫力下降等健康问题。

压力的产生并非简单的线性因果,而是个体与环境动态交互的结果。同样的事件(如公开演讲),对不同人可能产生截然不同的压力感受——这取决于个体的认知评价(是否将其视为威胁)、应对能力(是否具备演讲技巧)以及社会支持系统(是否获得鼓励)。理解压力的双重属性,有助于我们从源头识别压力源,并针对性地调节应激反应,实现科学的压力管理。

(二)压力的反应

压力作用于个体时,会引发生理、心理、行为三个层面的连锁反应,这些反应既包含机体的自我保护机制,也可能在过度刺激下损害身心健康。

1. 压力下的生理反应:机体的自我防御与过载预警

压力性质不同,生理反应机制存在显著差异。短期急性压力触发机体的“战斗或逃跑”应急模式,由自主神经系统主导,表现为心跳加速、血压骤升、肌肉紧绷、唾液分泌减少(口干)等症状,这些反应旨在快速调动能量,应对即时威胁。例如,面对突发的交通险情,身体会瞬间进入警觉状态,以提升反应速度。而长期慢性压力则会持续激活下丘脑-垂体-肾上腺轴(HPA轴),导致皮质醇等应激激素长期高水平分泌,进而引发免疫系统功能下降、内分泌紊乱、心血管负担加重等复杂生理变化,甚至诱发高血压、胃溃疡等疾病。此外,压力源类型也会影响生理反应倾向:遭遇威胁时,身体多呈现亢奋状态;而面对分离或丧失(如亲人离世、失业),则常表现为活动减少、疲倦嗜睡,这是机体在情绪耗竭后的自我修复尝试。

2. 压力下的心理反应:从警觉提升到认知崩塌

压力对心理状态的影响呈“倒U形曲线”规律:适度压力能增强大脑警觉性,提升注意力与思维敏捷性,催生“急中生智”的积极效应,例如学生在考试压力下高效复习,职场人在截止日期前迸发创造力。然而,当压力超过阈值,个体心理防线将逐渐瓦解:情绪层面,焦虑、抑郁、烦躁等负面情绪持续蔓延,严重时可发展为焦虑症或抑郁症;认知层面,过度压力会干扰信息处理能力,导致注意力涣散、记忆力下降、决策失误增加,出现“急昏了头”“茫然无措”等现象。美国学者帕特里克(Patrick)的经典实验印证了这一规律:在平静状态下,大学生能迅速找到实验室出口;但当冷水冲击、电击、强光等多重刺激叠加时,受试者因高度紧张陷入混乱,反复尝试已验证过的错误路径,暴露出压力过载对理性思维的破坏作用。

3. 压力下的行为反应:适应性调整与代偿性失控

行为反应是个体应对压力的外显表现,既可能是适应性策略(如主动寻求帮助、调整目标),也可能演变为代偿性行为(如过度进食、酗酒、沉迷网络)。例如,面对工作压力时,有人通过运动释放情绪,有人则选择熬夜加班透支身体;长期焦虑的个体可能通过购物、游戏暂时逃避现实,形成恶性循环。此外,压力还可能引发退缩性反应,如社交回避、拖延任务,本质上是个体在心理资源耗竭后的被动防御机制。这些行为虽能暂时缓解压力,但长期依赖反而会加剧问题的复杂性,需通过科学干预实现良性调整。

(三)压力与健康:矛盾统一体中的辩证关系

压力如同双刃剑,在个体身心健康的发展进程中呈现"双重效应"——既可能成为激发潜能的催化剂,也可能演变为损害健康的隐形推手。这种矛盾性决定了压力管理的核心在于把握"度"的平衡。

1. 压力对健康的积极赋能

(1)生理与心理功能的"激活剂"

适度压力是维持生命活力的必要元素。从进化角度看,人类机体已形成对压力的适应性机制:轻微的压力刺激(如适度运动带来的肌肉负荷、学习新知识产生的认知挑战)能激活神经内分泌系统,促进多巴胺、内啡肽等有益激素分泌,提升情绪兴奋性与认知效率。心理学研究证实,完全缺乏压力的环境会导致个体产生"低唤醒状态",表现为倦怠、空虚、目标感缺失,就像长期处于恒温环境的植物会丧失抗逆能力。

(2)良性压力:成长的助推器

良性压力(Eustress)指能带来积极心理体验的压力源,如备考冲刺、职业晋升挑战等。这类压力赋予生活意义感与成就感,促使个体突破舒适区。例如,学生在考试压力下高效梳理知识体系,职场人在项目截止日期前迸发创新思维。发展心理学研究指出,儿童早期适度经历挫折(如学习走路时的跌倒、同伴竞争中的失败),能促进大脑前额叶皮层发育,增强情绪调节与问题解决能力;成年后,经历过良性压力的个体往往展现出更强的心理韧性,更易适应复杂环境变化。

(3)意志力培养的"磨刀石"

对于大学生群体,适度压力是锤炼意志品质的重要契机。在学业竞争、社团工作、人际关系处理中遭遇的挑战,能推动个体主动学习时间管理、情绪调节策略,进而培养自制力与坚忍性。例如,参与学科竞赛的压力促使学生制订严谨的备赛计划,反复试错的过程则强化了抗压能力,最终实现从"应对压力"到"利用压力"的认知升级。

2. 压力对健康的消极影响

当压力超越个体承受阈值,将转化为"恶性压力(Distress)",从生理、心理、社会功能三个层面侵蚀健康。

(1)生理层面:长期高强度压力导致皮质醇持续分泌,干扰免疫系统正常功能,增加心血管疾病、消化系统溃疡等患病风险;

(2)心理层面:引发焦虑症、抑郁症等情绪障碍,甚至导致认知功能衰退;

(3)社会层面:表现为人际关系疏离、职业倦怠,严重时可能引发自伤或攻击性行为。

值得警惕的是,现代人常因多重压力源叠加(如学业、经济、社交压力并存),在无意识中陷入压力过载状态,使"有益刺激"异化为"健康杀手"。

理解压力的双重属性,是构建科学压力管理策略的前提。个体需学会区分良性压力与恶性压力，通过主动调节压力强度与应对方式，将压力转化为促进成长的正向动力。

课堂活动

压力圈

一、活动目标升级

1. 深度觉察：通过可视化工具精准识别个人压力源，区分压力强度与类型。
2. 策略共创：基于群体共性压力，协同设计个性化与普适性结合的减压方案。
3. 心理赋能：在分享与互助中缓解孤独感，增强应对压力的掌控感与信心。

二、优化版操作流程

1. 压力可视化：绘制专属“压力同心圆”

材料升级：提供带注释的压力圈模板（示例如下），标注不同圈层代表的压力强度（大圈：重度压力；中圈：中度压力；小圈：轻度压力）。

图 10-1 压力圈

填写引导：

（1）用不同颜色笔区分压力类型（红色：身体性；蓝色：社会性；黄色：心理性）。

（2）在圈旁标注压力引发的躯体症状（如头痛、失眠），用阴影涂色在身体轮廓图对应位置。

2. 压力溯源：多维归因分析

（1）小组头脑风暴：每组围绕 3～5 个高频压力源，用“鱼骨图”分析法拆解成因（例：“学业压力”由课程难度、时间管理不足、自我期待过高共同导致）。

（2）科学归因提示：发放压力源分类清单，引导成员区分客观因素（如课程量）与主观认知（如“必须全优”的不合理信念）。

3. 经验共享：跨组压力对话

（1）小组拼图汇报：每组聚焦 1～2 个共性压力（如“社交焦虑”“未来规划迷茫”），结合案例分享应对策略。

（2）压力拍卖会：将未解决的压力问题写在卡片上“拍卖”，其他组竞拍并提供解决方案，活跃讨论氛围。

4. 方案生成：共创减压锦囊

策略矩阵表：按“紧急应对”“长期改善”“资源支持”三类汇总有效策略（表 10-1）。

表 10-1　压力应对策略矩阵表

压力类型	紧急应对策略（即时缓解）	长期改善策略（习惯培养）	资源支持策略（外部借力）	效果预估
考试焦虑				
社交恐惧				
职业规划迷茫				
家庭关系冲突				

5. 反思升华：成长感悟书写

（1）双栏反思表：左侧记录活动中获得的 3 个新认知（如“原来拖延是逃避压力的表现”），右侧制订 1 个本周实践计划（如“用甘特图拆解论文任务”）。

（2）匿名树洞墙：设置便签墙，成员可匿名写下仍困扰自己的压力，由其他成员匿名留言鼓励或建议。

三、活动延伸设计

1. 压力追踪日记：发放连续 7 天的压力记录表，监测干预效果并调整策略。

2. 互助小组结对：根据相似压力源分组，定期开展线上/线下支持活动。

3. 减压资源库：汇总活动中提及的优质工具（如冥想 App、时间管理模板），共享至班级群。

通过结构化工具、沉浸式互动与持续追踪，帮助参与者从“发现压力”走向“管理压力”，真正将理论转化为可落地的行动方案。

二、压力管理的多元策略

压力管理，本质上是以主动干预为核心，通过科学策略调节身心状态、优化问题解决效率，从而保障个体目标实现的系统性心理实践。其核心特征在于“主动出击”——区别于被动应对压力，压力管理强调提前识别压力源、预判潜在风险，并运用认知调整、行为干预等手段将压力转化为成长动力。从更深层视角看，压力管理的本质是自我管理，它要求个体在复杂情境中精准调控情绪、优化行动策略，最终实现身心平衡与目标达成的双重提升。

对于大学生群体而言，掌握压力管理技能是应对学业竞争、人际适应、职业规划等多重挑战的必修课。以下从心态塑造、认知重构、行动优化等维度，构建系统化的压力管理方案。

（一）构建积极心态：以乐观信念筑牢抗压防线

面对生活中不可避免的压力，“态度决定体验”——积极的心态不仅能缓冲压力冲击，更能将挑战转化为成长契机。大学生需从两方面强化心理韧性。

（1）培养成长型思维：将压力视为“提升能力的机会”而非“难以逾越的障碍”。例如，面对繁重的课业压力，可将其解读为锻炼时间管理与知识整合能力的实践场域。

（2）践行乐观主义生活哲学：通过日常积极暗示（如每日写下 3 件感恩小事）、正向自我对话（如用“我正在逐步解决问题”替代“我永远做不好”），重塑对生活的感知模式。正如英国作家萨克雷所言："生活是一面镜子，你对它笑，它就对你笑；你对它哭，它也对你哭。"当个体以开放、乐观的态度拥抱生活，压力带来的焦虑感将被转化为探索未知的热情，灰暗的挑战也会显露出其蕴藏的成长价值。

（二）正确认识对待压力：以勇气为刃，破压力之局

在大学生活的多元挑战中，学业竞争、社交适应、未来规划等压力源常交织涌现，许多学生将"应对压力"视为艰巨任务。然而，真正的困境往往源于"逃避心态"——当个体从心理层面抗拒压力，不仅会放大负面情绪，更可能陷入"压力—逃避—压力加剧"的恶性循环。这种心态比压力本身更具破坏性，因为它阻断了个体与压力的良性互动，错失了在挑战中成长的契机。

破解之道在于直面与接纳。压力本质是生活赋予的"成长邀请函"，每一次挫折都暗含能力提升的密码。例如，面对考试失利的压力，若选择逃避，只会加剧焦虑；而主动分析原因、调整学习策略，则能将压力转化为改进动力。心理学研究表明，主动应对压力的个体，其心理韧性与问题解决能力显著高于被动回避者。正如尼采所言："那些没有消灭你的东西，会使你变得更强壮。"大学生唯有以开放、勇敢的姿态拥抱压力，将其视为自我突破的跳板，方能在挫折中淬炼出更强大的心理内核。

（三）改变不合理的信念：重构认知，释放心理潜能

美国心理学家阿尔伯特·艾利斯（Albert Ellis）提出的ABC理论，揭示了压力感受的深层机制：诱发性事件（A）并非情绪与行为结果（C）的直接诱因，真正起决定性作用的，是个体对事件的信念与评价（B）。例如，同样面对社团竞选失利，有人将其解读为"能力不足的证明"（不合理信念），从而陷入自我否定；有人则视为"积累经验的机会"（合理信念），保持积极心态。

不合理信念通常具有绝对化要求（如"我必须事事完美"）、过分概括化（如因一次失败否定全部能力）、糟糕至极（如"考不上理想学校人生就完了"）三大特征，容易引发焦虑、抑郁等负面情绪。而合理信念则强调客观辩证，注重过程而非结果，允许自身存在不完美。例如，将"我必须拿一等奖学金"调整为"我会尽力争取，同时总结经验为下次作准备"，能有效缓解学业压力。

大学生可通过"认知日记法"实践ABC理论：每日记录压力事件（A）、当时的想法（B）及情绪反应（C），并对照不合理信念的特征进行分析与修正。长期训练后，个体将逐步形成理性认知模式，客观看待人生压力，从而在面对挑战时保持情绪稳定与行动从容。

（四）适时觉知和调整自身生理状态：构建压力预警与自我调节系统

生理反应是压力最直观的"晴雨表"——当个体处于应激状态时，身体会自发启动防御机制，表现为心跳加速、呼吸急促、肌肉紧绷等信号。这些生理变化虽属机体的本能保护反应，但长期持续则可能损害健康。因此，构建"压力预警—自我调节"闭环机制，是大学生实现科学压力管理的关键一环。

1. 建立压力预警系统：从无意识应激到主动觉察

（1）识别个性化压力信号：每个人在压力下的生理反应存在差异，有人表现为肠胃不适，有人则出现失眠或情绪波动。建议通过"压力日志"记录自身典型反应。例如，每当面临考试压力时，是否会伴随头痛、手心出汗等症状？通过持续追踪，建立专属的"压力反应清单"，作为早期预警的参照指标。

(2)培养身心联结的觉知力:借助正念练习提升对身体细微变化的敏感度。例如,每日花5分钟专注感受呼吸节奏、肌肉松紧,在日常活动中(如走路、用餐时)随时觉察身体状态,及时捕捉压力初现的信号。

2. 强化生理自我调节:从被动应激到主动干预

当压力预警被触发时,需立即启动生理调节策略,打破"压力-生理紧张"的恶性循环。

(1)呼吸调控法:采用"4-7-8呼吸法"(吸气4秒,屏息7秒,呼气8秒)或"腹式呼吸",激活副交感神经系统,快速降低心率与皮质醇水平。

(2)渐进式肌肉放松:从脚部开始,依次收紧—放松全身肌肉群,配合深呼吸,逐步释放身体紧绷感。

(3)环境干预:短暂脱离压力源,通过散步、听音乐、接触自然等方式,利用环境变化中断应激反应。

这种自我调节本质上是"生物反馈"的自主实践——无须依赖专业设备,仅凭个体对自身生理信号的敏锐觉知与主动干预,即可实现压力水平的动态调控。长期坚持,不仅能有效缓解即时压力,更能提升身体的抗压韧性,使个体在面对挑战时保持从容稳定的身心状态。

(五)构建自己的社会支持系统:编织温暖有力的心灵防护网

心理学研究证实,社会支持是缓解压力的天然缓冲器。当个体孤立应对压力时,负面情绪与应激反应会被持续放大;而完善的社会支持系统则如同心理"免疫系统",通过情感共鸣、信息共享与实际援助,显著降低压力对身心健康的负面影响。对于大学生而言,构建多层次、高质量的社会支持网络,是提升抗压能力的重要策略。

1. 拓展支持网络:搭建多元联结桥梁

社会支持系统的核心在于"多元性"。

(1)家庭纽带:主动与父母、亲人沟通,分享学习生活中的困惑,从亲情中汲取情感力量。

(2)朋辈互助:通过社团活动、学习小组结识志同道合的伙伴,建立相互鼓励、共同成长的友谊。

(3)师生联结与社群融入:利用学业指导、心理咨询等渠道向老师寻求专业建议与人生指引,同时积极参与公益组织、兴趣俱乐部,在集体活动中获得归属感与社会支持。

2. 深化关系质量:以真诚促进双向互动

有效的社会支持不仅依赖关系数量,更取决于联结的深度。

(1)学会主动求助:打破"报喜不报忧"的心理屏障,在面临压力时坦诚表达需求,例如向朋友倾诉焦虑情绪、向老师请教学业难题。

(2)培养共情能力:在给予他人支持的过程中提升情感联结,例如主动关心朋友近况、为遇到困难的同学提供帮助。

(3)尊重差异与边界:接纳他人观点与处事方式,避免过度依赖或强加期待,维护健康的人际关系生态。

3. 激活支持效能:让联结转化为行动力

社会支持的价值需通过"主动使用"得以实现。

(1)情感宣泄:在情绪低落时,通过倾诉释放压力,获得他人的理解与安慰。

(2)资源整合:借助他人经验与建议优化行动策略,例如向学长请教考研规划、与同学组队攻克学习难题。

(3)共同行动:与支持者协作完成目标(如组建学习打卡小组、参与社会实践),在合作中增强信心与归属感。

一个充满信任与温暖的社会支持系统,不仅能在困境中提供即时援助,更能通过长期的情感滋养,塑造个体积极乐观的心态与直面挑战的勇气,最终成为抵御压力、守护心理健康的坚实后盾。

(六)合理地进行压力宣泄:为情绪找到健康出口

当心理压力持续累积,及时、合理的宣泄是恢复心理平衡的关键。如同高压锅需要安全阀释放蒸汽,人类也需要通过科学的方式释放负面情绪,避免压力对身心造成持续性损伤。大学生可结合自身特点,选择以下积极有效的压力宣泄方式。

1. 社交倾诉:在人际联结中释放情绪

倾诉是最直接的压力释放途径。无论是向信任的亲友敞开心扉,还是通过心理热线与陌生人对话,甚至是对着空房间大声呐喊,都能有效缓解精神紧绷感。日本心理学研究证实,女性通过"唠叨"(即倾诉)释放情绪,可显著减轻心理负担;这种方式同样适用于男性——打破"男儿有泪不轻弹"的刻板印象,主动分享困扰,既能获得他人建议,也能通过情感共鸣重建心理平衡。

2. 书写表达:在文字流淌中治愈自我

对于不善言辞或注重隐私的个体,"书写疗法"提供了私密而安全的宣泄渠道。通过日记记录情绪波动、创作诗歌抒发感受,甚至只是随意涂鸦,都能将抽象的焦虑转化为具象的表达。英国医学研究发现,手术患者通过书写内心感受,可激活免疫系统加速康复;同理,大学生在书写过程中梳理思绪,能更清晰地认识压力根源,实现自我疗愈。

3. 情绪释放:以哭泣打破心理防线

哭泣并非脆弱的象征,而是人体天然的"情绪排毒"机制。医学研究显示,压力引发的紧张情绪可通过哭泣有效缓解:眼泪中含有因压力产生的化学物质,释放这些物质能直接减轻中枢神经系统的负担。调查数据显示,女性更常通过哭泣释放压力,这或许是其平均抗压能力高于男性的原因之一。打破"抑制哭泣"的心理枷锁,允许自己在必要时宣泄情绪,是维护心理健康的重要一步。

4. 运动解压:用身体活力驱散心理阴霾

剧烈运动是将压力转化为动能的高效方式。通过跑步、游泳、搏击等有氧运动,身体在释放压力荷尔蒙的同时分泌内啡肽,带来天然的愉悦感;近年来兴起的"运动消气中心",则通过专业指导的击打、呐喊等行为,帮助个体安全释放攻击性情绪。对于大学生而言,每天30分钟的慢跑、周末的登山活动,或是加入校园健身社团,都是将压力转化为健康生活方式的有效途径。

选择压力宣泄方式时需遵循"积极、无害、可持续"原则,避免通过酗酒、暴饮暴食等消极方式暂时逃避,而是以长期有益身心健康的方式释放情绪。当压力得到及时疏导,个体才能以更轻松的姿态重新投入学习与生活,实现真正的自我调节。

（七）学习自我放松训练：掌握身心减压的“主动开关”

自我放松训练是对抗压力的核心技术之一，通过系统化的身心调节程序，帮助个体主动降低生理唤醒水平，重建内在平衡。这种训练并非简单的休息，而是通过有意识地调控呼吸、肌肉与思维，打破“压力—紧张”的恶性循环，使身心从应激状态回归至稳定与安宁。

1. 常见放松训练方法解析

（1）渐进式肌肉放松法：通过“收紧—放松”的循环，系统性释放全身肌肉的紧张感。从脚部开始，依次收紧腿部、腹部、手臂等部位肌肉，保持5~10秒后突然放松，同时配合深呼吸，感受紧绷感随呼气排出体外。这种训练能直接缓解因压力导致的肌肉僵硬，同时通过身体反馈调节情绪状态。

（2）调息放松法：以呼吸为锚点，专注调节气息节奏。推荐使用“4-7-8呼吸法”（吸气4秒，屏息7秒，呼气8秒）或“腹式呼吸”（吸气时腹部隆起，呼气时腹部收缩），将注意力从繁杂思绪转移至呼吸本身，激活副交感神经系统，快速降低心率与焦虑水平。

（3）意象放松法：借助想象力构建安宁场景，如阳光沙滩、静谧森林或温暖小屋。在脑海中细致描绘画面细节（如海浪声、树叶沙沙响），同时配合缓慢深呼吸，使身心沉浸于虚拟的放松情境中，有效阻断压力源的干扰。

（4）音乐放松法：选择节奏舒缓、旋律平和的音乐（如古典钢琴曲、自然白噪声），在聆听过程中专注感受音符流动，允许身体随音乐节奏自然放松。研究表明，特定频率的音乐（如α波音乐）可直接调节脑电波，帮助大脑进入放松状态。

2. 训练实践与效能提升

自我放松训练需遵循“规律、专注、坚持”原则：建议每日固定时段练习（如晨起或睡前15分钟），排除干扰，全身心投入训练过程。初期可能难以快速进入状态，但随着练习深入，个体将逐渐掌握主动调节身心的能力，使放松训练成为对抗压力的“随身工具包”。无论是面对考试焦虑、人际冲突，还是日常的疲惫与烦躁，都能随时启动训练程序，为身心按下“重启键”。

知识链接

积极的减压方式

面对生活中的压力，选择积极、建设性的减压方式不仅能缓解当下焦虑，更能提升长期抗压能力。与借酒消愁、沉迷网络等“破坏性减压”不同，积极减压强调主动干预、身心协同与自我成长，通过科学策略将压力转化为自我完善的契机。以下从8个维度，系统梳理高效且可持续的减压路径。

1. 直面问题：以行动打破压力循环

真正的减压始于直面问题而非逃避。当压力源于学业困境、人际矛盾或职业迷茫时，需以理性思维拆解问题。精准界定问题，明确压力源的本质，比如“论文进度滞后”而非笼统的“学业压力”；评估解决方案，基于现实条件筛选可行性策略，避免陷入“理想化”或“自我否定”极端；分步骤执行，将复杂任务拆解为具体行动，如“每天完成500字论文”，通过小目标积累成就感。例如，面对社交恐惧时，可通过“参与小型聚会—主动发起对话—组织社交活动”的渐进式行动，逐步突破心理障碍。

2. 情绪与行为管理：筑牢内在防线

有效的减压需兼顾情绪调节与行为自控。进行情绪觉察与疏导，运用情绪日记记录压力下的情绪波动，通过正念冥想或深呼吸暂停负面情绪蔓延；优化行为习惯，减少酒精、熬夜等短期缓解但长期损害健康的行为，建立规律作息与健康饮食；进行主动心理暗示，用"我正在逐步解决问题"替代"我不行"，强化积极自我认知。

3. 运动赋能：激活身心自愈力

运动是天然的"压力解药"，尤其推荐低强度持续性运动。慢跑与快走时，通过有节奏的呼吸，如"三步一吸、三步一呼"，配合意念放松，想象压力随汗水排出，激活内啡肽分泌；篮球、羽毛球等团体运动既能释放能量，又能通过社交互动缓解孤独感；瑜伽、普拉提等功能性训练注重身心联结，可有效改善肌肉紧张与焦虑情绪。

4. 艺术疗愈：唤醒感性力量

沉浸于文艺世界能重塑对生活的感知。采用音乐疗法，选择 α 波音乐，如班得瑞自然音效，或古典钢琴曲，通过频率共振调节脑电波；观看治愈系电影，如《小森林》，阅读励志小说，在共鸣中获得情感慰藉；通过绘画、诗歌等艺术创作将抽象情绪转化为具象表达，实现心理宣泄。

5. 自然疗愈：在天地间重获平衡

与自然接触是缓解压力的高效方式。周末选择森林公园、湖畔步道进行近郊徒步，通过观察植物生长、聆听鸟鸣，重建与自然的联结；远离电子设备，体验露营，在星空与篝火中释放城市生活的疲惫；参与园艺活动，种植花草、照料绿植，在培育生命的过程中感受平静与希望。

6. 户外挑战：在突破中释放潜能

户外拓展或探险活动兼具减压与成长双重价值。攀岩与溯溪过程中，在克服地形障碍里突破心理恐惧，提升自信心；团队定向越野通过协作完成任务，增强社交信任与集体归属感；荒野生存体验能让人学习基础野外技能，在极简环境中反思生活本质。

7. 榜样激励：从他人故事中汲取力量

阅读人物传记或观看纪录片，能为压力应对提供启发。从历史人物视角，学习苏轼"竹杖芒鞋轻胜马"的豁达，或王阳明龙场悟道的坚忍；参考当代榜样案例，如马斯克突破技术瓶颈的创新思维，或残奥运动员逆境重生的勇气；观察身边"抗压达人"的日常习惯，将可复制的经验融入自身生活。

8. 专业求助：为心灵按下重启键

当压力持续且自我调节失效时，及时寻求专业支持。通过心理咨询，运用认知行为疗法（CBT）、正念疗法等技术，系统性调整思维模式；借助专业量表，如 SCL-90 症状自评量表进行心理测评，评估压力水平，制定个性化干预方案；参与压力管理工作坊等团体辅导，在集体互动中获得情感共鸣与实用技巧。

积极减压并非单一策略的应用，而是需结合个体特点，将问题解决、身心调节、社会支持与精神成长有机融合。通过长期实践，个体不仅能有效缓解即时压力，更能构建起抵御未来挑战的心理韧性，实现从"被动应对"到"主动成长"的质变。

第三节　如何面对挫折

心理故事会

故事一：破茧成蝶的芭蕾舞者

19岁的小雨自5岁起便踮起脚尖追逐芭蕾梦，练功房的镜子映照着她日复一日的旋转与跳跃。然而，高三那年一场意外的踝关节骨折，如同命运的休止符——主治医师严肃警告：若继续高强度训练，不仅无法重返舞台，甚至可能落下终身残疾。从云端坠入谷底的小雨，将自己锁在黑暗的房间里，撕碎了所有演出服，任凭"舞蹈生涯就此终结"的绝望啃噬内心。

转机始于某个深夜，一段轮椅舞蹈表演视频在小雨的手机屏幕上亮起。画面中，失去双腿的舞者用残缺的肢体勾勒出生命的张力，她们脸上迸发的自信光芒，像一道闪电劈开了小雨内心的阴霾。在家人的鼓励下，她开始尝试现代舞训练，从零学习用躯干与手臂表达情感。康复训练的疼痛与转型初期的挫败没有击退她，反而让她在融合芭蕾基础与现代舞自由表达的过程中，开创出独特的肢体语言。三年后，小雨带着原创舞蹈作品《重生之舞》站上省级艺术展演舞台，当追光灯照亮她舒展的身体，台下雷鸣般的掌声不仅献给她的舞蹈，更献给她直面挫折的勇气。

故事二：代码与青春的逆袭之路

计算机专业的小林曾是校园里的"学霸"，大二那年，他满怀壮志带领团队冲击全国大学生数学建模竞赛。然而，比赛结果公布时，他们的作品连三等奖都未能获得。看着朋友圈里其他团队的庆功照片，小林陷入了长达数月的自我否定：上课盯着代码发呆，拒绝参加任何竞赛活动，甚至开始怀疑自己是否适合这个专业。

辅导员发现异常后，带小林参观了学校的创新创业实验室。在那里，他看到学长学姐将失败的项目代码重新拆解优化，最终孵化出国家级创新项目。深受触动的小林主动联系原团队成员，在老师的指导下，用整整两周时间逐行分析比赛代码，发现因忽略时间序列预测模型的误差修正，导致整体结果偏差。这次挫折成为他的转折点——他加入学校的算法研究社团，每天泡在实验室研读论文、调试代码。次年，小林带着改进后的智能交通流量预测模型重返赛场，不仅斩获全国一等奖，更将研究成果落地应用，为校园交通拥堵问题提供了创新性解决方案。

心理预热点

在短视频平台算法推送机制下，大学生每日接收的"成功叙事"呈现指数级增长：同龄人保研清北的经验分享、百万粉丝博主的光鲜日常、创业团队融资千万的新闻报道……这些经过精心包装的"高光时刻"，与自身面临的挂科危机、求职碰壁等现实挫折形成强烈反差。如何帮助大学生打破算法营造的认知茧房，建立"允许不完美"的成长型思维，避免陷入"别人的人生 vs 自己的失败"的心理困境，成为心理健康教育的新课题。

心理知识屋

一、挫折概述

（一）挫折的含义

挫折，通俗而言恰似行路时骤然撞上的“钉子”，它不仅会阻滞前行的脚步，还可能带来疼痛与伤痕。在心理学领域，挫折的定义聚焦于个体主观体验与反应机制，被视为个体在追求特定目标的过程中，遭遇超出自身应对能力或被主观认定为难以逾越的阻碍与干扰，致使内在需求无法得到满足、行动动机被迫中断，进而引发的复杂情感体验与行为反应。

这一过程如同精心规划的旅程突遇风暴，探险家被困于未知险境。当学生为考试倾注数月心血却未能取得理想成绩，求职者历经多轮面试仍与心仪岗位失之交臂，创业者投入大量资源却遭遇项目失败，这些场景中，个体的预期目标与现实结果之间形成强烈落差，失望、焦虑、沮丧等负面情绪随之涌现，甚至可能伴随退缩、逃避等行为表现。值得注意的是，挫折的产生既受客观阻碍强度的影响，也与个体对困难的认知评估密切相关——同一种情境，在不同人眼中可能具有截然不同的“挫折感”，这也使得挫折成为极具个体差异的心理现象。

（二）挫折的构成要素

从挫折的定义出发，其构成可拆解为三个紧密关联的要素，共同塑造着个体的挫折体验。

1. 挫折情境

作为引发挫折的客观基础，它涵盖一切阻碍个体需求满足的内外部条件，既包括具象的人、物、事件（如考试失利、人际冲突），也涉及宏观的自然灾难或社会环境限制。值得注意的是，挫折情境可能源于个体的主观想象——比如因过度担忧而预设的“被拒绝”场景，这类想象往往比实际挫折更具破坏力，容易在心理层面无限放大困难，加剧焦虑情绪。

2. 挫折认知

这是个体对挫折情境的主观解读与价值判断，既包含对现实困境的理性分析，也涉及潜意识中的情感投射。认知过程受个人经历、思维模式、自我认知等因素影响，例如面对失业，有人将其视为职业转型契机，有人则认定是人生彻底失败，不同认知直接决定应对策略的差异。

3. 挫折反应

指个体在挫折情境下产生的情绪波动与行为表现，涵盖消极（如抑郁、攻击）、积极（如反思、调整）和中性（如短暂沉默、观察）三类反应。例如考试失利后，有人选择自暴自弃，有人主动寻求辅导，也有人平静接受结果并制订新计划。

在三要素中，挫折认知占据核心地位，直接决定挫折反应的性质与强度。以失恋为例，不同个体的反应差异显著：有人因“失去恋人等于失去全部价值”的认知陷入极端痛苦，有人则将其视为重新认识自我的机会，快速走出阴霾。这印证了面对相同挫折情境，认知的差异会塑造截然不同的心理与行为轨迹。

二、挫折的心理防御

当个体直面考试失利、人际冲突等挫折事件，或是经历亲人离世、失业等重大应激时，内心往往会掀起烦躁、焦虑、痛苦的情绪风暴。为缓解这些负面体验，人们会本能地启动心理自我保护机制，其中，心理防御机制作为关键的心理调适方式，在维持心理平衡中发挥着核心作用。

心理防御机制是弗洛伊德精神分析理论的重要基石，指个体处于挫折或冲突引发的紧张情境时，通过有意识或无意识的心理策略，消解烦恼、舒缓不安，最终重建内心秩序的适应性心理倾向。这一机制普遍存在于日常生活中，就像身体在受伤时会自动启动免疫反应，人的心理也具备一套应对精神创伤的“免疫系统”。

从心理学视角来看，人类天生具有一种心理倾向：当主观认知与客观现实发生矛盾时，会自发采用易于接受的方式重新诠释矛盾，以此减轻痛苦、维持情绪稳定。例如，面对竞赛失利，有人将其解读为“积累经验的宝贵机会”，通过积极归因调整心态；也有人选择回避事实，将失败归咎于“运气不好”或“规则不公”。前者运用积极心理防御机制，在直面问题中实现自我成长；后者依赖消极心理防御机制，虽能暂时缓解焦虑，却可能因逃避问题而陷入恶性循环，使潜在矛盾不断积压，最终引发更严重的心理困扰。

（一）积极的心理防御机制

1. 升华

升华是最具建设性的心理防御机制，它能将个体内心深处不被社会接纳的本能冲动（如攻击性欲望、性冲动），或因生活挫折产生的负面情绪，转化为更高级、被社会认可的目标与行为，以创造性活动实现自我超越。这种转化如同将地底奔涌的岩浆，导引为照亮前路的璀璨焰火，使挫折与压力升华为推动个人成长与社会进步的强大动力。例如，具有暴力倾向的人通过投身拳击、摔跤等竞技运动，在规则框架内合理释放攻击性内驱力，既能强身健体，还可能在体育领域取得成就；热衷表达批判观点的人，则以成为专业评论家为目标，将犀利言辞转化为有价值的行业见解。在艺术创作领域，升华机制的作用尤为显著：歌德在饱受失恋痛苦时，将浓烈情感倾注于《少年维特之烦恼》的创作，塑造出震撼人心的文学经典；司马迁遭受宫刑后，忍辱负重、发愤著书，以一部“史家之绝唱，无韵之《离骚》”的《史记》，为后世留下宝贵的历史文化遗产。这些案例充分证明，升华不仅能帮助个体走出心理困境，更能创造出超越个人痛苦的精神财富。

2. 幽默

幽默是以智慧为桥梁，通过轻松诙谐的方式化解矛盾与冲突，既清晰传递个人观点与情感，又避免双方陷入尴尬境地的高级心理调适能力。学会自嘲的人，往往具备成熟的自我认知与社会适应力——他们能以豁达态度直面自身不足，在笑声中拉近与他人的心理距离，同时借助幽默营造的轻松氛围，自然地寻求社会支持。例如，面对考试失误时，一句“这次是为下次满分探路”既能缓解自身压力，也能以乐观形象赢得他人鼓励，将挫折转化为前进的轻松动力。

3. 认同

认同是个体通过效仿比自己更优秀的对象（如名人、榜样、师长），消解现实焦虑并强化自我效能感的心理机制。通过心理上“共享”榜样的成功经验或特质，个体能弥补自身不足，增强自信。例如，大学生以科学家为榜样，将对方的钻研精神内化为自身学习动力；或是在社交中模仿优秀同学的沟通方式，提升人际交往能力。这种对榜样的认同并非简单复制，而是结合自身特点的积极转化——将羡慕转化为行动力，通过设定具象目标（如“像某位学者一样严谨”），使思想与行为更贴合社会期待，从而在主观上构建“可达成”的成功路径，尤其在面对能力瓶颈时，成为突破自我的关键心理支撑。

4. 补偿

补偿是个体面对生理或心理缺陷导致目标受阻时，主动寻求替代性满足、重建心理平衡的防御机制。这一过程犹如在暗夜中寻找新的光源，通过转换实现路径，将劣势转化为成长契机。例如，先天外貌平凡的女学生，凭借不懈的学业追求，以优异成绩收获认可，在知识领域重塑自我价值；著名指挥家小泽征尔因手指伤病被迫放弃钢琴梦想后，毅然转向指挥领域，以独特的艺术风格蜚声国际。这些案例印证了积极补偿能激发强大的成就动机，不仅帮助个体克服缺陷、增强安全感，更能重塑自信，实现心理韧性的跨越式提升。

然而，补偿机制若运用不当，可能演变为自我麻痹的陷阱。当事业受挫的人选择借酒消愁，将酒精依赖作为逃避现实的手段，短暂的麻痹反而加剧内心冲突，使挫折感与日俱增；又如因社交能力不足而沉溺虚拟世界的人，虽能获得暂时的心理慰藉，却在脱离现实的过程中进一步削弱适应能力。这警示我们：唯有以建设性方式弥补缺陷——如通过学习新技能、培养健康爱好——才能真正实现自我超越，将补偿转化为推动成长的良性动力。

5. 压制

压制是个体在面临强烈情绪冲动或矛盾冲突时，主动选择暂时性克制，以谋求更理性解决方案的心理策略。当愤怒、焦虑等情绪汹涌而至，即刻爆发可能引发不可控的后果，此时压制如同给情绪装上"缓速阀"——例如在激烈的人际争执中，当事人选择暂时沉默离场，待心绪平复后，再以冷静的态度分析矛盾根源、协商解决办法。与压抑不同，压制并非否定或压抑内心真实感受，而是基于对长远利益的考量，暂时搁置冲动，通过延迟行动保留理性决策空间，使问题解决更具建设性，因而被视为积极的心理防御方式。

6. 预谋

预谋是个体凭借敏锐的洞察力预判潜在危机，通过提前规划、制定预案化解风险的心理防御机制。这一过程如同在风暴来临前加固堤坝，将可能出现的挫折或不适扼杀在萌芽状态。例如，大学生在重要考试前系统梳理知识漏洞、模拟考场情境，或在求职季来临前主动积累实习经验、优化简历，都是运用预谋策略增强抗风险能力的体现。通过"未雨绸缪"式的主动规划，个体不仅能降低负面事件发生的概率，更能在危机真正降临时，凭借预先准备的应对方案从容化解，将潜在挫折转化为成长契机。

7. 利他

利他是一种将个人价值实现与社会价值创造相融合的积极心理防御机制，通过主动关怀、帮助他人，个体在满足他人需求的过程中获得自我满足，达成"双赢"的良性循环。这种心理机制的本质在于将个体的情感投射与社会联结相统一，使助人行为成为消解内心冲突的有效途径。当人们投身于利他活动时，不仅能通过服务他人获得情感反馈，更能在付出中重新审视自我价值，实现心灵的净化与成长。例如，处于失恋痛苦中的个体，往往深陷自我否定与情绪内耗的困境。而当他们选择将注意力转向外界，在银行门口主动帮扶行动不便的老人推开沉重的大门时，老人真诚的感谢与信任，会瞬间打破封闭的负面情绪循环。这种善意互动不仅让对方感受到温暖，更能让助人者重新发现自身的积极品质与共情能力，在利他行为中获得情绪疏解，减轻失恋带来的痛苦，实现从自我关注到社会联结的心理转变。这种心理防御机制充分体现了人类社会属性与心理需求的深度契合，在利他过程中完成自我疗愈与精神升华。

(二)消极的心理防御机制

1. 否认

否认是个体通过有意识或无意识地拒绝承认现实中引发焦虑、痛苦的事件,以此逃避心理冲突的原始防御机制。这种心理策略如同在意识层面筑起一道屏障,强行阻断个体与痛苦现实的联结,例如遭遇亲人离世的人反复念叨“这不是真的”,或是考试失利的学生坚称“成绩肯定登记错了”。这种否认虽能在短期内缓冲冲击,为个体争取情绪缓冲的时间,但本质上是对问题的回避,无法真正解决矛盾。

当现实压力突破心理防线,被长期压抑的痛苦往往会以更强烈的形式爆发。例如,长期否认自身健康问题的人,在病情恶化后可能陷入极度恐惧与无助;拒绝承认感情破裂的一方,在关系彻底终结时可能遭受更沉重的打击。“眼不见为净”“掩耳盗铃”正是这种机制的生动写照,其过度使用不仅阻碍问题解决,还可能导致个体与现实脱节,甚至成为部分精神疾病患者的病理性防御方式,最终加剧心理危机。

2. 投射

投射,又称外射,是个体将自身难以接纳的冲动、欲望或特质,无意识地转移到他人或外部事物上的心理防御机制。这种心理现象如同戴着有色眼镜观察世界,将自己内心深处的负面情感“投射”为外界的恶意,例如“以小人之心度君子之腹”的猜忌,或是“五十步笑百步”的自我开脱,都是典型的投射表现。在无意识状态下,个体通过这种方式将内在冲突外化,暂时缓解自我否定的焦虑,但却严重扭曲了对现实的认知。

投射机制虽能在短期内减轻心理压力,却会带来多重负面影响。一方面,它干扰个体对客观事实的判断,使人们难以准确评估自身与他人的关系;另一方面,过度投射极易引发人际矛盾——当不良青年将自身的自卑转化为对外界“瞧不起自己”的愤怒,或是敏感的大学生把他人的善意曲解为挖苦,不仅破坏人际关系,还会陷入自我强化的负面循环。在极端情况下,精神疾病患者的症状中也常出现投射现象:迫害妄想症患者将内心的敌意与恐惧,外化为坚信他人意图加害自己的幻觉,导致认知与现实严重脱节。这种防御机制本质上是对问题的逃避,不仅无助于个人成长,反而可能加剧心理困境。

3. 退行

退行是个体在遭遇挫折或压力时,放弃成熟应对方式,退回到早期发展阶段的心理与行为模式,采用幼稚、原始的手段处理现实问题。这种防御机制如同心理上的“时光倒流”,试图通过重现童年时期的行为,获取安全感与关注。例如,原本已学会自主如厕、独立生活的儿童,在二胎弟妹出生后,突然出现尿床、吮吸拇指等婴幼儿行为,本质是通过“退化”唤起父母的关心,缓解被忽视的焦虑。

退行现象不仅存在于儿童群体,成年人也常不自觉地陷入其中。初入大学的新生在学生会竞选失利后,选择绝食、旷课、终日昏睡;女学生因同学嘲笑而频繁出现“进教室就腹痛”的躯体化反应——这些看似无意义的行为,实则是潜意识中对挫折的逃避:用拒绝面对现实的方式,回避竞争失败或社交创伤带来的痛苦。然而,退行本质上是对问题的消极回避,它不仅削弱个体的现实应对能力,还可能导致认知偏差、意志消沉。若个体长期依赖退行机制,甚至将其作为主要的应激反应模式,不仅无法解决实际困境,还可能演变为持续性的心理障碍,阻碍人格的健康发展。

4. 压抑

压抑是心理防御机制中最基础的运作方式，指个体将意识层面无法接纳的观念、情感、冲动，或具有威胁性的痛苦经历，自动抑制到潜意识领域，以避免直面焦虑与恐惧。这种“心理屏蔽”看似让个体“遗忘”了痛苦，实则将冲突封存于潜意识深处，如同埋在地下的火种，虽暂时看不见火光，却可能在未来以伪装形式爆发。

例如，经历亲人突然离世的人，可能在短期内“选择性遗忘”创伤场景，表面维持正常生活，但在深夜梦境中反复重现相关片段，或在特定日期突然陷入不明原因的情绪崩溃；曾遭受校园霸凌的学生，可能压抑对施暴者的愤怒，却在成年后对某些相似情境产生莫名恐惧，甚至出现社交回避行为。日常生活中，偶尔的“说漏嘴”“失态”或梦境中的荒诞情节，往往也是被压抑内容的变相释放——潜意识通过这些渠道突破防御，提醒个体正视未解决的心理冲突。

压抑虽能在短期内维持心理平衡，却并非真正的疗愈。长期压抑负面情绪或创伤经历，可能导致情感麻木、躯体化症状（如不明原因疼痛），甚至诱发焦虑症、抑郁症等心理疾病。健康的心理调节需要适度觉察与疏导，而非一味将痛苦“推入”潜意识的深渊。

5. 合理化

合理化，又称文饰作用，是个体无意识地用看似合理实则牵强的理由，为自身难以接纳的情感、行为或动机进行辩解，以减轻内心焦虑、维护自尊的心理防御机制。这种自我说服常以扭曲现实的方式实现，例如家长将暴力管教美化为“打是疼骂是爱”，本质是通过虚假的合理化解释，逃避对不当行为的反思。

常见的合理化表现有三种形式：

其一为“酸葡萄效应”，即当个体无法实现期望目标时，便贬低目标的价值。如体育能力较弱的学生宣称“只有四肢发达的人才热衷运动”，通过否定目标意义来平衡内心失落。

其二是“甜柠檬效应”，指个体在未达成预期时，反向抬高现状的价值。例如不善歌舞的女大学生，以“独爱安静”为由回避才艺展示，将自身短板转化为“清高”的个性标签。

其三为“推诿归因”，个体将失败责任推卸给外部因素。如考试失利的学生不归咎于自身准备不足，反而指责老师教学水平或试题超纲，通过转移责任来逃避自我否定。

适度运用合理化机制，能在短期内缓冲挫折带来的冲击，帮助个体接纳现实。但长期依赖这种“自圆其说”的心理策略，会阻碍对问题本质的反思，导致个体陷入自我欺骗的循环，不仅无法真正解决矛盾，还可能削弱面对现实的勇气，成为个人成长与进步的绊脚石。

6. 转移

转移是指个体将无法直接宣泄的情绪、意图或态度，从原始对象转向替代目标的心理防御机制。当直接表达可能引发危险（如违背社会规范）或自我压抑时，个体通过“迁怒”行为释放心理压力，以缓解焦虑。例如，孩子在遭受母亲责罚后，因无法反抗权威，转而踢倒身边板凳，将对母亲的愤怒投射到无生命物体上；职场新人受上司训斥后，将不满发泄在宠物或家人身上，都是典型的情绪转移现象。

这种防御机制在大学生群体中尤为明显，特别是性格内敛、自我效能感较低的个体。例如，被教师当众批评的学生，不敢直接反驳，却将负面情绪发泄在无辜的同学身上；竞赛失利的学生，因难以接受失败，通过摔砸物品来释放挫败感。尽管攻击对象发生转移，但冲动的性质与潜在诉求并未改变——个体通过变相攻击行为,完成情绪的替代性释放。然而,过度依赖转移机制不仅无法解决根本问题,还可能破坏人际关系、加剧内心冲突,甚至形成恶性循环,使个体陷入情绪失控的困境。

7. 反向

反向是一种高度扭曲的心理防御机制,个体将潜意识中不被自我或社会接纳的欲望、情绪,以完全相反的态度或行为表现出来。这种“表里不一”的心理现象,本质是对真实自我的深度压抑。例如,内心极度自卑的人,往往通过刻意炫耀成就、夸大自身优势来掩盖脆弱;对异性充满好奇与向往的青少年,反而表现出冷漠、轻蔑的态度,用排斥行为掩饰内心渴望。这些行为如同戴上与真实情感相悖的面具,表面的张扬或抗拒实则是对深层焦虑的反向补偿。若长期依赖反向机制,真实自我与外在表现的矛盾将不断加剧,导致自我认知严重扭曲,甚至诱发心理障碍,这也是部分精神疾病患者常见的病理特征。

8. 抵消

抵消是个体通过象征性、重复性的行为,试图弥补或消除内心因不当行为产生的愧疚与焦虑。当个体做出违背道德或伤害他人的举动时,会下意识地采用某种仪式化行为进行“赎罪”。例如,因工作忙碌疏忽孩子成长的父母,频繁用物质补偿(如购买昂贵礼物、满足一切消费需求)来缓解愧疚感;考试作弊的学生,可能在事后加倍殷勤地帮助同学,试图用善意行为“抵消”错误。尽管这些补偿行为无法真正改变已发生的事实,却能暂时安抚内心的不安。然而,过度依赖抵消机制会使个体陷入“犯错—补偿”的循环,回避对问题根源的反思,最终导致自我欺骗与心理内耗,阻碍人格的健康发展。

9. 幻想

幻想是个体在现实困境或情绪压力下,通过构建虚拟场景暂时逃离现实的心理防御机制,典型表现为“白日梦”或沉溺于想象世界。例如,学业受挫的青少年在网络游戏中塑造“无所不能”的虚拟角色,通过操控角色获得现实中缺失的成就感与认可;职场新人因社交焦虑,在幻想中预演完美的人际互动场景,以缓解真实社交中的紧张。

幻想能为情绪提供短暂的“避风港”,在挫折面前起到心理缓冲作用,尤其在个体缺乏现实应对能力时,可暂时维系心理平衡。但长期依赖幻想替代现实行动,会形成恶性循环:沉迷幻想的大学生可能因逃避学业压力而网络成瘾,用虚拟成就麻痹自己,却在现实竞争中愈发退缩;习惯性通过“白日梦”回避矛盾的人,会逐渐丧失对真实问题的解决能力,导致社会适应力显著下降。

心理防御机制如同双刃剑:积极机制(如升华、幽默、利他)能引导个体在挫折中成长,将压力转化为动力;而消极机制(如否认、投射、幻想)虽能暂时缓解焦虑,却可能使人陷入更深的心理困境。学会识别并主动运用成熟的心理策略,以理性态度直面现实挑战,才是提升心理韧性、实现自我发展的关键。唯有在接纳与行动中寻求平衡,才能在挫折中淬炼出更强大的内心,从容应对生活的风雨。

三、大学生提高挫折承受力的方法

人生难免遭遇挫折,而挫折承受力的提升,是大学生打磨意志、适应社会的必修课。以下从认知、心态、能力等维度,提供具体方法。

(一)树立正确的挫折认知

个体对挫折的应对方式,本质上由认知决定。大学生需从三方面重塑认知。

1. 接纳挫折的普遍性

挫折是人生常态,而非“例外”。就像四季更迭中必有风雨,成长道路上必然伴随学业压力、人际冲突、目标受阻等挑战。例如,考研失利、竞赛淘汰等经历,是多数人都会经历的“成长关卡”,而非个人“失败标签”。

2. 理解挫折的两重性

(1)消极面:可能引发焦虑、自我怀疑,甚至暂时阻碍目标实现。

(2)积极面:如考试失利可倒逼学习方法优化,失恋能促进情感认知成熟。正如尼采所言,“杀不死我的使我更强大”,挫折能锤炼心理韧性,提升问题解决能力。

3. 认知挫折的暂时性

一时的挫折不等于永恒失败。高考落榜者可能通过考研逆袭,创业初期亏损者或许在调整模式后成功。将挫折视为“阶段性状态”而非“终极结果”,能避免陷入“灾难化思维”。例如:某学生竞选社团负责人失败后,未沉溺于失落,而是分析自身组织能力短板,主动参与管理培训,次年成功当选。这正是将挫折视为“成长契机”的典型认知转变。

(二)正确认识自我与评价自我

当代大学生因缺乏丰富社会阅历与艰苦磨砺,常对自我认知存在偏差——或高估能力导致目标脱离实际,或低估潜力陷入自卑退缩。这种认知错位,在复杂社会竞争中易引发挫折感与心理失衡。因此,建立客观的自我认知体系至关重要。

1. 动态分析自身优劣势

结合学业目标与职业规划,系统性梳理能力图谱:擅长逻辑思维的理工科学生,可聚焦科研或技术岗位;富有创造力的文科生,可探索创意策划领域。同时,正视短板(如沟通能力不足、抗压性较弱),通过针对性训练(参加演讲社团、实习抗压项目)弥补,而非回避或否认。

2. 弹性调整期望与目标

依据外部环境(如就业市场需求、行业竞争态势)与内在状态(知识储备、心理能量)动态校准目标。例如,计划进入头部企业的学生,若短期内能力差距较大,可先设定“进入中小型企业积累经验”的阶段性目标,避免因“非大厂不可”的执念引发持续挫折感。目标设定遵循“跳一跳够得着”原则,既保有挑战空间,又确保努力具有可实现性。

3. 挫折后的认知复盘

遭遇失败时,避免陷入“我不行”的整体性否定,转而进行“具体归因”:考研失利是因信息收集不全还是复习方法低效?面试落选是专业技能不足还是临场发挥问题?通过拆分问题维度,将挫折转化为“认知升级”的反馈契机,而非自我否定的依据。例如:某学生多次竞选学生会职位未果,反思后发现自身优势在于专业成绩而非组织协调,遂将精力转向学术竞赛,最终斩获国家级奖项。这一过程印证了“认清自我—调整方向—突破局限”的良性循环。

(三)确立合理的自我归因

在生活中,人们对于成功与失败的归因倾向,会对自身的心理承受力产生重大影响。心理学家的研究表明,在归因方面,有些人倾向于将其归结为外部情境因素,认为外部那些复杂且难以预料的力量是决定成败的关键;而另一些人则倾向于内部本性归因,即觉得自身的努力和能力才是影响事情发展及行为结果的主要因素。比如,有的学生总是把失败归咎于外在因素,像运气不佳、考卷难度过大、评分过于严格或者教师教学水平不高等,却不努力去克服困难、改变失败的处境。还有的学生总是把失败归因于自身能力不足或努力程度不够,从而容易自我埋怨、自我责备,给自己带来挫折感和心理伤害。这两种习惯性的归因方式,都无法找出导致挫折的真正原因,对个体战胜挫折毫无帮助。

因此,大学生首先要学会从多方面收集与事件相关的信息,弄清楚困难产生的原因。其次,要学会进行合理的归因,避免片面性,实事求是地承担责任,克服要么过度承担、要么完全推诿责任的倾向,防止因过度自责而产生挫折感。最后,要积极采取措施,主动改变挫折情境因素,以便有效应对挫折。例如,在学习过程中若发现最近学习效率不高,在分析原因之后,除了解决自身内在问题外,还可以尝试改变学习地点、调整学习时间,或者改变学习科目的顺序、优化学习结构等,以此避免因学习效率不高而给自己带来压力和困扰。

(四)构建成熟的心理防御机制

心理防御机制是指当挫折发生时,人在内部心理活动中所采用的有意或无意地摆脱挫折带来的心理压力、减轻精神痛苦、维持正常情绪、平衡心理的各种自我保护方式。心理防御机制具有积极和消极两方面的意义。积极方面在于,它能让主体在遭受困难与挫折后,减轻或消除精神压力,恢复心理平衡,甚至激发主观能动性,激励主体以顽强的毅力去克服困难、战胜挫折;消极方面则是,主体可能会因压力的缓解而自我满足,或者出现退缩甚至恐惧的情绪,进而引发心理疾病。

心理防御机制通常能起到缓冲心理挫折、减轻焦虑情绪等作用,还能为人们寻找战胜挫折的方法提供一定的时间契机。大学生在受挫后,应尽可能运用积极的心理防御机制,如升华、认同、幽默、补偿等。升华这种心理防御机制,能使大学生在遭遇挫折后,将内心的痛苦转化为一种动力,进而投入有益的生活和学习中,这无疑是面对挫折时的最佳选择。补偿、认同、幽默等心理防御机制,能够让大学生获得心理平衡,维护自尊,减轻内心的痛苦和焦虑,因此也是受挫后较为理想的心理防御方式。此外,合理的情绪宣泄也是缓解大学生心理紧张和焦虑、保持其身心健康的有效途径。总之,构建成熟的心理防御机制,不仅有助于大学生提升自身的心理健康水平,还有利于大学生自信心的培养和意志力的磨炼。

(五)建立和谐的人际关系

心理学研究证实,当个体与他人共同置身于挫折压力情境时,消极情绪体验能够得到显著缓解。这一“群体缓冲效应”揭示了人际关系在心理调适过程中的关键作用。对大学生而言,面对挫折时,除主动进行自我调节外,构建良好的人际支持网络同样不可或缺——来自朋友、家人的理解、鼓励与实际帮助,不仅能有效缓解心理压力,更是提升挫折承受力的重要支撑。

人际交往本质上是思想与情感的双向互动过程。在沟通与协作中,人们通过相互理解、彼此信赖,建立起稳定的情感联结,满足人类与生俱来的情感需求。从更深层次来看,良好的人际关系还能满足归属需求(如融入集体的安全感)、情谊需求(如亲密关系带来的幸福感)与认可需求(如他人肯定带来的价值感),这些社会性满足构成了个体心理韧性的重要基石。

实践中,善于倾听的朋友能提供情绪宣泄的出口,阅历丰富的长辈可给予理性建议,志同道合的伙伴则能形成共同克服困难的合力。例如，备考失利的学生在与同学组建学习小组、互相监督后重拾信心；因社交焦虑困扰的学生，通过参与社团活动逐步建立起稳定的社交关系，有效缓解了心理压力。由此可见，构建和谐的人际关系不仅是情感需求的满足途径，更是提升大学生挫折应对能力的长效机制。

（六）积极的自我暗示

自我暗示是极具影响力的心理调控策略，它通过含蓄、间接的方式，在潜意识层面迅速作用于个体的思维与情绪。消极的自我暗示如同恶性循环的导火索——当受挫者反复对自己念叨“我真没用”，这种负向心理暗示会不断强化自我否定，加剧信心缺失，甚至使个体陷入自我设限的困境。例如，演讲失败后持续自责“我永远都做不好当众表达”，可能导致后续回避所有公开场合，进一步削弱能力发展。与之相反，积极的自我暗示则是激发心理潜能的“助推器”。通过有意识地传递正向信息，如“我在不断进步”“这次挫折是成长的垫脚石”，能够唤醒个体的自尊心与自信心。当面对学业压力时，用“每天多掌握一个知识点，我就离目标更近一步”替代焦虑情绪，能显著提升心理韧性；在竞赛失利后，以“失败暴露了不足，反而让我有改进的方向”进行自我鼓励，可将挫折转化为前进动力。长期坚持积极自我暗示，不仅能增强个体直面挑战的信念，更有助于塑造强大的心理承受力，让大学生在挫折中实现螺旋式成长。

心灵鸡汤

致在压力中前行的你

亲爱的同学，你是否也有过这样的瞬间？深夜图书馆的灯光下，为堆积如山的课业焦头烂额；求职路上，一次次碰壁后的自我怀疑；或是在人际关系中，小心翼翼却仍感到孤独无措。压力与挫折就像突然而至的暴雨，打得人猝不及防。

但请记得，这些经历不是人生的判决书，而是成长的勋章。每一次与压力的对抗，都是在锤炼你的韧性；每一次从挫折中站起，都在拓宽生命的厚度。就像种子破土前要冲破黑暗的束缚，蝴蝶展翅前要经历破茧的挣扎，你此刻的坚持，正悄然积蓄着改变的力量。

别害怕暂时的迷茫与疲惫，允许自己偶尔停歇，但别停下向前的脚步。试着把大目标拆解成小行动，把焦虑转化为具体计划；也别忘了向身边的人伸手，老师的建议、朋友的拥抱或许就能带来温暖的慰藉。

你远比自己想象中更强大，那些打不倒你的，终将让你成为更好的自己。风雨过后，终会遇见属于你的彩虹，而这段与压力和挫折博弈的旅程，也将成为你青春岁月里最闪耀的篇章。

心理推荐

1. 电影之光：逆袭与突破的生命叙事

（1）《垫底辣妹》

推荐理由：影片以真实故事为蓝本，讲述了原本成绩垫底、沉迷玩乐的高中女生沙耶加，在老师坪田的引导和家人的支持下，通过一年时间的刻苦努力，成功考入日本顶尖学府庆应大学的逆袭故事。影片不仅展现了一个女孩从迷茫到觉醒的成长历程，更刻画了师生间的温暖情谊与家庭的包容力量。它用细腻的叙事告诉观众，无论起点多低，只要拥有坚定的目标和持续的努力,就能实现人生的蜕变。适合因学业压力、自我怀疑而陷入困境的学生群体,帮助他们重拾信心,相信努力的价值。

(2)《摔跤吧！爸爸》

推荐理由:影片以印度女性的成长困境为背景,讲述了前摔跤冠军马哈维亚打破性别偏见,将两个女儿培养成世界级摔跤冠军的故事。女儿吉塔在训练和比赛中不断遭遇失败、质疑与自我怀疑,但她在父亲的教导下,学会从挫折中汲取经验,最终实现了自我超越。影片通过家庭亲情与个人奋斗的交织,探讨了挫折对个人成长的意义,以及面对挫折时应有的坚忍态度,适合各个年龄段的观众,尤其是在追求梦想道路上遭遇阻碍的人,能从中获得坚持与突破的力量。

2. 书页之智:心灵淬炼的成长指南

(1)《少有人走的路》

推荐理由:本书是一本兼具专业性与可读性的心理学著作,作者结合自身多年心理治疗经验,深入探讨了自律、爱、成长与信仰等人生核心议题。书中指出,人生本就是一场充满艰辛与挑战的旅程,心智成熟的过程必然伴随着痛苦与挣扎,但通过面对而非逃避这些困难,我们才能实现真正的成长。书中提出的自律四原则(推迟满足感、承担责任、忠于事实、保持平衡)以及对爱的深刻解读,为读者提供了应对生活压力、克服挫折的实用方法与哲学思考,帮助人们在困境中找到内心的平静与力量。

(2)《非暴力沟通》

推荐理由:在面对压力与挫折时,良好的沟通往往是缓解情绪、解决问题的关键。本书提出了一种全新的沟通模式,通过"观察、感受、需要、请求"四个要素,帮助读者清晰表达自己的内心世界,同时以同理心倾听他人,避免因语言暴力引发的冲突与误解。书中大量的案例与实践练习,使读者能够快速掌握非暴力沟通技巧,将其应用于家庭、职场、社交等各种场景,有效改善人际关系,减少因沟通不畅带来的心理压力,从而以更平和、理性的心态应对生活中的挑战。

心理修炼

一、理论巩固型

1. 概念辨析

请用自己的语言解释"压力源"与"挫折"的区别,并各举一个大学生活中的实例。

分析"积极心理防御机制"和"消极心理防御机制"的本质差异,说明过度依赖消极机制可能带来的后果。

2. 归因练习

情景:小李在演讲比赛中忘词,表现失利。

请分别写出"外部归因""内部归因""合理归因"的表述,并说明不同归因方式对后续行为的影响。

二、实践应用型

假设你在某门重要课程考试中挂科,请按照以下步骤制订应对计划:

(1)分析挫折产生的主客观原因;

(2)选择2种积极心理防御机制,说明如何应用;

(3)列出3项短期行动(如寻求老师辅导)和1项长期目标(如调整学习方法)。

三、情景模拟辩论

辩题："面对挫折时，自我调节比他人帮助更重要/他人帮助比自我调节更重要"。

分小组进行辩论，要求结合心理学理论与实际案例支持观点。

四、反思拓展型

1. 个人成长日记

记录近一周内让你感到压力或挫折的事件，用"ABC 理论"复盘过程，并思考：如果重来一次，你会如何调整应对方式？

2. 创意实践

设计一个属于自己的"压力释放工具箱"，包含至少 5 种个性化减压方法（如听特定音乐、绘制情绪涂鸦等），并说明每种方法的心理学原理。

第十一章 大学生生命的意义

导读

在青春与迷茫交织的大学时光里，生命的意义如同迷雾中的灯塔，既引人探寻又充满困惑。当代大学生身处价值多元、信息爆炸的时代，面临学业压力、职业竞争与人生选择的多重挑战，时常陷入“我为何而活”“生命的价值何在”的哲学追问。本章以心理学、社会学与哲学的跨学科视角，系统探讨生命意义的内涵、死亡认知的重要性、幸福的构建路径，旨在帮助大学生拨开思想迷雾，找到属于自己的生命坐标，在成长历程中书写有温度、有深度的人生答卷。

学习目标

1. 知识目标

掌握生命意义的多维内涵，理解死亡的必然性与偶然性特征，熟知积极心理学中幸福构建的理论框架。

2. 能力目标

能够利用工具进行自我探索，学会将抽象的生命意义转化为具体的行动规划。

3. 技能目标

通过情景模拟、小组讨论、实践打卡等活动，培养批判性思维与自我反思能力，形成科学的生命认知方法论。

思政目标

1. 责任担当：通过对生命意义的深度探讨，激发学生的社会责任感，鼓励其在服务社会中实现人生价值。

2. 精神塑造：培育积极向上的人生态度，增强心理韧性，帮助学生构建抵御虚无主义、功利主义的精神防线，成长为有理想、敢担当、能吃苦、肯奋斗的新时代青年。

第一节 生命及其意义

心理故事会

故事一：绝境中寻光的逐梦者

林宇是个来自小县城的大学生，家境贫寒，父母靠微薄的收入供他上学。刚进入大学时，大城市的繁华和同学们丰富的见识，让他产生了强烈的落差感，内心极度自卑。他开始沉迷游戏，试图在虚拟世界里寻找安慰，成绩一落千丈，还挂了好几门课。

一次偶然的机会，学校组织了一场山区支教活动。林宇抱着打发时间的心态报名参加。到了山区后，眼前的景象让他大为震惊。破旧的教室、渴望知识的孩子，还有那片虽然贫瘠却充满生机的土地，都深深触动了他。

在支教过程中，林宇结识了一个叫小辉的孩子。小辉家境困苦，父母常年在外打工，他跟着年迈的爷爷奶奶生活，但即便如此，小辉每天都要走几公里山路来上学，对学习的热情从未减退。有一回，小辉兴奋地拉着林宇，指着天空说："老师，我长大了要走出大山，去看看外面的世界，也要像你一样，回来帮助更多的人。"那一刻，林宇望着小辉坚定的眼神，想到自己之前浑浑噩噩的状态，羞愧不已。

回到学校后，林宇彻底改变了。他不再沉迷游戏，而是努力学习专业知识，积极参加各种实践活动提升自己。他利用课余时间做兼职,不仅解决了自己的生活费用,还时常给山区的孩子们寄去学习用品。面对学习和生活中的困难,他总会想起小辉,想起那片山区,这些回忆给了他坚持下去的动力。林宇逐渐明白,生命的意义在于为他人带来希望,在于不断突破自我,追逐梦想。

故事二:用爱延续生命的使者

苏悦是医学院的一名大学生,性格开朗,热心公益。一次,她在学校组织的献血活动中,了解到造血干细胞捐献可以拯救血液病患者的生命,心中便种下了一颗爱的种子。她主动报名加入了中华骨髓库,成为一名造血干细胞捐献志愿者。

一年后,苏悦接到通知,得知自己与一名白血病患者配型成功。这个消息让她既紧张又激动,紧张的是对捐献过程不了解,激动的是自己有机会拯救一个生命。然而,当她把这个决定告诉家人时,却遭到了强烈反对。父母担心捐献会影响她的身体健康,未来的生活也可能受到影响。

苏悦没有动摇,她耐心地向父母科普造血干细胞捐献的知识,解释这对患者来说是生的希望,经过多次沟通,父母最终被她的坚持和爱心打动,选择支持她。

捐献前,苏悦严格按照医生的要求调整作息和饮食,加强锻炼。捐献那天,她怀着忐忑又坚定的心情走进采集室。当看到自己的血液缓缓流出,她知道,这是生命的礼物,正被送往需要它的地方。

几个月后,苏悦收到了患者的感谢信,信中表达了对她的感激以及对生命的重新热爱。那一刻,苏悦真切地感受到,自己的一个小小善举,能给他人带来如此巨大的改变,生命因为这份付出而更有意义,她也更加坚定了继续在公益道路上走下去的决心。

心理预热点

生命,是宇宙间最为神奇而又复杂的现象,从无垠宇宙中一颗蓝色星球上最初的原始细胞,到如今形态万千、生机勃勃的万物生灵,生命的演化历程跨越了数十亿年的漫长时光。它不仅是生物学上新陈代谢、生长繁殖的过程,更蕴含着深刻的哲学、社会与文化内涵,关乎每一个个体对自我存在的认知,以及对世界的理解与探索。人类对宇宙的好奇促使我们不断探索太空,从古代的观星术到现代的航天技术,从哥白尼的日心说到人类登上月球,每一次突破都拓展了我们对生命存在空间的认知。在艺术领域,画家们用画笔描绘世间的美景与情感,音乐家们用音符谱写动人的旋律,文学家们用文字记录生活的点滴与感悟,他们通过艺术创作表达对生命的热爱与赞美,让生命的意义在艺术的殿堂中熠熠生辉。

心理知识屋

一、认识生命

(一)生命概述

生命是一个由出生、成长、衰老至死亡构成的连续、动态且发展的过程,涵盖新陈代谢、生长、发育、遗传、变异、感应、运动等核心特征。恩格斯从生物学视角指出："生命是蛋白体的存在方式,这个存在方式的重要因素在于与其周围的外部自然界的不断新陈代谢,而且这种新陈代谢一旦停止,生命也就随之终结,结果便是蛋白质的解体。"这一定义深刻揭示了生命的物质本质——具有新陈代谢功能的蛋白体是生命存在的基础,明确生命是以物质为载体的生物体存在形态。

生命是世界存在与发展的根基,正是万千生命的存在,才赋予世界蓬勃生机。其中,生长和发育是生命延续的基本历程,而新陈代谢作为生命最本质的特征,更是一切生命现象的基石,支撑着生物个体的生存与种群的繁衍。在自然界的生命序列中,人类具有独特地位:既保留着生物生命的普遍性特征,如呼吸、进食等生理需求;又彰显出独有的生命特质——能够进行复杂的思维活动、创造文明成果,在改造自然与社会的过程中,实现生命价值的升华。

(二)生命结构和存在形态

人的生命由形体性(生物性)、心理性(精神性)和社会性三个核心要素构成,对应衍生出生理活动、心理活动与社会活动三种生命表现形式。三者相互依存、层层递进,共同构筑起人类生命的完整内涵。

1. 生物性存在与生理活动

作为自然界的有机组成部分,生物性是人类生命的基础属性,也是精神性与社会性发展的物质前提。人类以自然生理机体的形态存在,其生长、发育与衰老过程严格遵循生物学规律。从婴儿时期的本能进食,到成年后的新陈代谢,再到老年阶段的机能衰退,生老病死等生理现象是所有个体无法回避的生命轨迹。在这一层面,人类与其他生物共享相似的生存需求与物质代谢机制,体现出生命的自然共性。

2. 精神性存在与心理活动

人类区别于其他生物的本质特征,在于对精神世界的主动建构与超越。人不仅追求物质生存,更通过自我意识、价值判断与意义追寻,赋予生命人文内涵:通过职业规划实现自我价值,通过道德实践履行社会责任,通过艺术创作表达情感体验。这些精神活动催生出复杂的心理过程——从认知、情感、意志的内在博弈,到对生命意义的哲学思辨,都彰显着人类生命独有的理性光辉与道德升华。精神性的存在不仅提升了生命的维度,更使人类得以突破生物本能的局限,在文化传承与文明创造中实现永恒价值。

3. 社会性存在与社会活动

人的本质是一切社会关系的总和。社会性存在决定了个体必须通过参与社会活动实现生命价值:从家庭中的情感联结,到职场中的分工协作;从社区服务中的责任担当,到社会变革中的主动作为,人类在与他人的互动中构建身份认同、获取生存资源、创造社会价值。这种社会性赋予个体应对复杂环境的智慧与韧性:面对生死抉择时展现出的勇气,遭遇得失起伏时保持的豁达,本质上都是社会化过程中形成的价值观念与心理韧性。通过社会活动,个人生命得以突破个体局限,在更广阔的群体与历史维度中获得意义延伸。

课堂活动

生命线

一、活动目的

1. 自我洞察：通过可视化的生命轨迹绘制，引导学生梳理过往经历，深度反思生命历程中的关键事件与情感体验。

2. 价值澄清：在回顾与展望中，帮助学生明确个人生命的意义，思考目标追求与人生价值的关联。

3. 成长规划：以生命线为指引，激发学生主动调整人生方向，制定行动策略，实现生命价值的提升。

二、操作流程

（一）准备阶段

1. 发放 A4 白纸、彩笔等工具，营造安静、私密的活动环境。

2. 引导语示例："请将这张白纸视为你的人生画卷，现在，让我们用一条线勾勒出属于自己的生命轨迹。"

（二）绘制过程

1. 绘制生命线：在纸张中央画一条水平直线，右侧标注箭头。左端标注出生年份，右端根据个人预期标注预估死亡年龄（如 80 岁），并在对应位置标记当前年龄节点。

2. 回顾过往：按时间顺序梳理生命中的重要事件，如升学、获奖、亲人离世等。将带来积极感受的事件标注在线条上方，负面事件标注于下方，用不同颜色或符号区分事件重要程度。

3. 展望未来：想象未来 5~10 年的目标与可能经历，同样按情感属性分布在线条上下方，如"考上研究生""完成环球旅行"等。

4. 完善细节：补充事件发生的具体时间、关键人物，或添加简短感悟。

（三）分享与讨论

1. 分组交流：3~5 人一组，分享自己的生命线故事，倾听他人经历。

2. 集体探讨：教师引导思考共性问题，如"哪些事件塑造了现在的你？""未来目标中最看重什么？"。

三、活动考核与引导

（一）思考问题

1. 从生命线的起伏中，你发现了哪些人生规律？哪些事件对个人成长影响最深？

2. 对比过去与未来的规划，当前的生活状态是否符合你的预期？存在哪些需要调整的方向？

3. 当看到生命线终点时，你对"有限生命"产生了怎样的认知？这将如何影响你的当下选择？

（二）深度启示引导

1. 时间管理：通过事件密度分析，引导学生思考如何合理分配时间，聚焦核心目标。

2. 抗挫能力：从负面事件的分布中，总结应对挫折的经验，探讨转化危机的方法。

3. 价值排序：根据未来规划的优先级，帮助学生明确个人价值观，避免盲目追逐他人标准。

四、注意事项

1. 尊重隐私：强调分享自愿原则，对敏感事件给予充分包容。

2. 正向引导：对绘制出较多负面事件的学生，通过提问挖掘事件背后的成长意义，避免陷入消极情绪。

3. 延伸行动：建议学生将生命线转化为书面计划，定期复盘调整，实现从认知到行动的转化。

二、生命的特征

（一）不可逆性与不可换性

生命自胚胎形成的那一刻起，便遵循着“生长—成熟—衰老—消亡”的单向轨迹，如同奔涌向前的江河，无法逆转回溯。衰老的细胞无法重返新生状态，逝去的光阴无法再度复返，这种不可逆性构成了生命进程的基本法则。同时，生命具有绝对的个体私属性：每个人的生命体验都是独一无二的存在，无法通过交换、复制或替代而重现。正如世界上不存在两片完全相同的树叶，每个生命个体的遗传基因、成长环境与人生经历，都使其成为不可复刻的孤本。

（二）有限性与不可再生性

生命的存续具有明确的时间边界，从蜉蝣的朝生暮死到人类的百年光阴，所有生命形态都无法突破“有限存在”的本质。更重要的是，生命一旦消逝便不可逆转——当人体生理机能停止运转，生物活性彻底消散，曾经鲜活的生命将回归无机物质，分解为碳、氢、氧等基础元素，融入自然界的物质循环。这种不可再生性警示着人们：生命是一次性的珍贵旅程，每一个当下都无法重来。

（三）有价性与创造性

生命的初始状态本无固有价值，但在社会实践与个体行动中，它逐渐被赋予多元意义：对自我而言，生命是实现理想、追求幸福的载体；对他人而言，生命是情感联结、相互支撑的纽带；对社会而言，生命是推动文明进步的基石。尤其对人类而言，生命的独特价值更体现在创造性上——通过科技创新、艺术创作、思想探索等活动，人类将生命能量转化为物质与精神财富，从古老的金字塔到现代的航天科技，从《诗经》的诗句到量子物理理论，每一次创造都在拓展生命的维度，使个体价值在超越时空的成果中获得永恒。

这些生命特性共同构成了人类生存的基本语境：不可逆性促使人们珍视当下，有限性激发对永恒的追寻，而有价性与创造性则驱动着个体不断探索生命意义，在有限的时光里创造无限的可能。

三、生命的意义

卢梭曾言：“生命本身没有任何价值，它的价值在于怎样使用它。”生命对于每个人而言都是独一无二的存在，其珍贵性不言而喻。然而，生命的价值并非由长度丈量，而是由其深度与广度决定。正如古人所云：“草木有气而无知，禽兽有知而无义，人则有气、有知且有义。”这种本质差异，使得人类与生俱来便拥有追问“我是谁”“人生的意义何在”的本能。

人类与动物的根本区别，在于对生命意义的主动探寻。当我们仰望星空思索存在的价值，当我们叩问内心追寻活着的意义,便是在以独属于人类的精神特质,赋予生命超越生存本能的内涵。生命的终极价值,在于持续的自我发展与成长:从知识的积累到心智的成熟,从品格的塑造到境界的升华,每一次自我突破都在丰富生命的维度。同时,生命的意义更延伸至对社会价值的创造——通过科技创新推动文明进步,凭借艺术创作滋养人类心灵,依靠道德实践传递温暖善意。正是在个人成长与社会贡献的交织中,生命绽放出真正的光彩,成就充实而丰盈的人生。

(一)追求自我发展,促进自我成长

自我发展与成长是生命意义的根基,亦是生命价值升华的核心路径。从认知的拓展到人格的完善,从技能的精进至心灵的丰盈,生命的每一次突破都在重塑个体的存在维度。这一过程绝非简单的量变积累,而是通过持续的自我反思、主动学习与实践磨砺,实现从生理本能到精神超越的质变。当个体在知识探索中突破认知边界,在困境挑战中锤炼意志品质,实则是在以生命之力书写独属于自己的成长史诗。这种自我完善不仅赋予生命深度与厚度,更成为创造社会价值的内在驱动,使生命意义在个体的持续进化中愈发清晰。

(二)创造社会价值,促进社会进步

生命的价值从来不是孤立的存在。作为社会关系的总和,个体的生存与发展始终与时代脉搏同频共振。从袁隆平用杂交水稻技术解决全球粮食危机,到南丁格尔以护理事业守护生命健康,无数实践证明:唯有将个人生命融入社会发展的洪流,在服务他人、回馈社会的过程中,自我价值方能得到真正彰显。社会价值的创造不仅体现在科技突破、文化传承等宏大叙事中,也蕴含于日常点滴的善意传递——教师的谆谆教诲、医生的仁心仁术、志愿者的无私奉献,每一份微小的付出都在编织社会进步的经纬。这种个体与社会的双向赋能,让生命的意义在更广阔的维度中获得永恒。

(三)为了目标不懈努力,过充实的人生

生命意义的追寻本质上是对理想自我的持续建构。它始于对生命价值的深度思考,落脚于具体而坚定的人生目标。这些目标或关乎个人成长,或指向社会责任,如同暗夜中的灯塔,为生命航程指引方向。从学生时代为学业拼搏,到职场生涯追求事业突破,再到人生暮年投身公益传递温暖,每个阶段的目标设定与实现过程,都赋予生命清晰的节奏感与充实感。而责任的担当则是生命意义的重要注脚:当个体主动肩负起对家庭的关爱、对职业的坚守、对社会的承诺,在克服困难与履行使命中,方能真正领悟"生命因奋斗而精彩,因奉献而崇高"的真谛,让有限的生命绽放出无限的光彩。

知识链接

珍爱生命

1. 生命意识的培养

在社会快速发展的背景下,部分大学生群体出现生命意识薄弱、价值取向偏移等问题。受多元文化冲击与物质主义思潮影响,他们对生命的认知与态度发生显著变化:部分学生将个人利益凌驾于集体价值之上,弱化爱国主义与社会责任感;沉溺于物质享受,忽视艰苦奋斗精神的传承;情感表达趋于冷漠,过度依赖虚拟社交,现实人际交往中缺乏真诚沟通。网络游戏成瘾现

象尤为突出，一些学生深陷虚拟世界，逃避现实生活中的情感体验与责任担当，甚至出现价值观早熟、行为功利化的倾向。更令人担忧的是，享乐主义导致部分学生将时间消耗在无意义的娱乐活动中，面对学业压力、情感挫折时，因缺乏理性应对能力，极易冲动行事，甚至以极端方式结束生命，暴露出生命教育的紧迫性与必要性。

生命本质上是一个由孕育、出生、成长、衰老至死亡构成的连续过程。从母体中胚胎的神奇孕育，到成长过程中社会与家庭的悉心培育，每个生命的诞生都是自然馈赠、社会协作与家庭关爱的结晶。这种来之不易的生命旅程，值得我们以感恩之心珍视每一天的生活。同时，生命的独特性决定了每个个体都具有不可复制的价值，大学生应当以包容开放的态度接纳自我与他人，尊重生命的差异性与多样性。唯有树立正确的生命意识，摒弃轻视、伤害生命的错误观念，以敬畏之心对待生命，方能在生命的不同阶段中，充分体验成长的喜悦、挫折的磨砺与奉献的价值，真正实现生命的意义与价值。

2. 生命价值的认知

从哲学视角审视生命价值，生命的成长绝非仅停留于物质形态的存续，更在于精神世界的丰盈与升华。正如亚里士多德所言："他们活着是为了吃饭，而我吃饭是为了活着。"这一经典对话深刻揭示了生命价值的本质差异——庸常者将生存局限于物质满足，而真正的生命意义在于超越本能，在精神追求中实现自我超越。生命的真谛，不仅在于生物意义上的"存活"，更在于赋予存在以独特的价值与意义。

生命是一个动态演进、生生不息的创造性过程。它遵循"运动即生命"的法则，却又超越单纯的生理代谢，在持续运动中孕育新思想、创造新价值。对大学生而言，这种创造性特质尤为显著：他们通过科研创新探索知识边界，通过艺术创作表达情感哲思，通过社会实践回馈社会。每一次创造都是对生命意义的主动追寻，是对自我认知的深化与超越，更是将个体生命融入人类文明进程的桥梁。

在多元思潮激荡的时代背景下，大学生更需锚定精神坐标，树立远大理想与崇高信念。这不仅要求他们抵御功利主义、享乐主义的诱惑，更需主动探索人生价值的深层内涵：通过自我反思明晰优势与不足，以持续学习实现自我完善；以积极态度直面生活挑战，在奉献与奋斗中彰显生命价值。认知生命价值、追求自我超越，既是当代大学生的权利，更是不容推卸的时代责任——唯有如此，方能在有限的生命旅程中，书写属于自己的意义篇章。

第二节 生活的基础

心理故事会

故事一：小林的失衡螺旋

凌晨3点，台灯下的小林盯着电脑屏幕上未完成的论文，胃里传来阵阵隐痛。这个连续三个月靠泡面度日的大三学生，此刻却被班级群里"周末密室逃脱AA拼团"的消息刺痛——他默默关掉对话框，把蜷缩在椅子里的身体又往里缩了缩。奖学金的微薄收入不仅要覆盖学费，还要补贴家用，物质的匮乏像无形的枷锁，逐渐禁锢了他的精神世界。他开始用"社交无用论"自我麻痹，却在深夜反复咀嚼孤独；曾经热衷的学术讨论变得遥不可及，取而代之的是对自我价值的持续否定。这种物质与精神的双重压迫，最终演变为恶性循环：社交退缩加剧了孤独感，焦虑情绪引发肠胃功能紊乱，而健康状态的恶化又进一步削弱了心理韧性，让他在自我怀疑的泥沼中越陷越深。

故事二：阿雅的生态重构

毕业季的就业寒潮中，阿雅的求职简历石沉大海，手机相册里密密麻麻的面试笔记与凌晨4点的校园照片，记录着她濒临崩溃的时刻。转机始于一次偶然的夜跑——当汗水浸透衣衫，晚风拂过发梢，紧绷的神经第一次得到松弛。她开始规律健身，用多巴胺对抗焦虑；主动预约学校心理咨询室，在专业引导下拆解职业认知的迷雾；更鼓起勇气参加校友行业沙龙，在前辈们的经验分享中重建社会联结。这个过程中，阿雅逐渐领悟：坚持晨跑强健的不仅是体魄，更是对抗挫折的底气；与咨询师的深度对话不仅理清了职业方向，更重塑了认知框架；而新建立的人际网络，不仅提供了内推机会，更成为情感共鸣的港湾。当四大生活基础维度开始协同发力，她终于突破困局，在获得理想 offer 的同时，完成了从自我怀疑到自信成长的蜕变。

这些发生在象牙塔中的真实故事，如同多棱镜般折射出生活基础要素的复杂交互。它们提醒我们：心理状态从来不是孤立存在的孤岛，而是物质、精神、社会与健康四大维度持续互动的动态产物。每一次心理波动的涟漪背后，都暗藏着生活生态系统的平衡与重构。

心理预热点

对于正处于人格塑造关键期的大学生群体而言，校园生活中的诸多经历——无论是面对学业压力时的迷茫、人际交往中的困惑，还是自我认知重构阶段的成长突破——本质上都是物质保障、精神追求、社会联结与身心健康基础要素与心理需求相互作用的具象化呈现。当物质条件的局限与心理期待产生落差，当精神追求的虚无感遭遇现实冲击，当社会支持网络的断裂引发孤独体验，或是当健康状态的波动影响情绪调节能力时，心理生态系统便会打破平衡，进而衍生出各种适应性挑战。

当我们以"心理生态建设"的视角重新审视生活基础的构筑，便会领悟到：心理健康的真谛绝非对负面情绪的简单消解，而是在物质资源的约束边界内、复杂人际关系的交织网络中、持续不断的成长挑战下，主动构建起一套稳固且灵活的心理支撑体系。这恰似搭建建筑脚手架——每一根支架都需要精准定位、相互支撑，既能抵御外界冲击，又能辅助自我向上生长。在这个过程中，学业压力、人际矛盾、价值困惑等人生风雨，都不再是需要逃避的危机，而是检验心理架构强度的试金石，推动我们不断校准认知偏差、加固价值根基，最终实现心理生态系统的动态平衡与持续进化。

心理知识屋

一、物质基础：心理安全感的底层支撑

物质条件虽植根于生理生存领域，却如同土壤般滋养或侵蚀着心理世界的根基，深刻影响着个体的安全感建构与自我价值认同。在物质与心理的交互场域中，资源的多寡与使用方式，

往往成为左右心理状态的关键变量。

(一)经济压力的心理投射机制

对于经济拮据的学生群体而言,学费筹措与生活开支的现实压力,犹如悬在头顶的达摩克利斯之剑,极易催生出强烈的自卑与持续性焦虑。这种“生存性焦虑”不仅表现为对基本生活保障的担忧,更延伸至对未来发展机会的恐惧——无力承担实习交通费用、错过专业培训资源、因经济限制被迫放弃竞赛机会等,都会加剧个体的失控感。神经科学研究表明,长期处于经济压力下的大脑,其杏仁核会持续处于高活跃状态,过度激活应激反应系统,进而增加抑郁、焦虑等心理疾病的发病风险。

与之形成鲜明对比的是,主动进行物质资源管理能显著提升心理掌控感。当学生通过申请奖学金、参与勤工俭学等方式改善经济状况时,收获的不仅是物质回报,更重要的是在“目标设定—行动执行—成果获取”的闭环中,实现自我效能感的跃升。某高校调研显示,超过70%的兼职学生表示,赚取第一笔收入时获得的成就感,有效缓解了经济压力带来的无助感,增强了对生活的积极预期。

(二)物质极简主义的心理疗愈价值

在消费主义浪潮席卷下,盲目跟风的物质攀比正悄然扭曲当代人的价值认知。心理学中的“狄德罗效应”揭示:当人们获得一件新物品后,会不断配置与其相适应的物品以达到心理平衡,这种无休止的物质追逐不仅造成资源浪费,更在无形中构筑起沉重的心理负担。将“物品拥有量”错误等同于“自我价值”的认知偏差,使得部分学生陷入“消费—空虚—再消费”的恶性循环,加剧内心的不安全感与焦虑情绪。

与之相反,践行适度断舍离、建立理性消费观,能够为心灵开辟出珍贵的喘息空间。通过梳理真实需求、减少非必要消费,个体得以挣脱物质的束缚,将注意力重新聚焦于自我成长与精神追求。研究证实,长期坚持极简生活方式的群体,其情绪稳定性评分较对照组高出23%,更能在简单生活中体验到从容与满足,实现从物质依赖到精神自主的跨越。

二、精神基础:心理韧性的核心源泉

精神世界犹如心灵的灯塔,其明亮程度与稳定性,直接决定着个体穿越挫折迷雾、锚定生命意义的能力。在物质丰裕与信息爆炸的时代,精神基础的构筑不仅关乎情绪调节,更成为抵御存在性危机、塑造完整人格的关键防线。

(一)价值观冲突下的心理震荡

当代大学生正置身于多元价值观激烈碰撞的旋涡中心。功利主义推崇的“结果导向”与理想主义坚守的“价值纯粹”时常形成尖锐对立,消费主义宣扬的“即时享乐”与传统道德倡导的“延迟满足”持续拉扯。这种价值失序极易引发“存在性焦虑”——当“绩点至上”的内卷文化将学习异化为机械竞争,当社交平台的虚拟认同取代真实自我探索,许多年轻人陷入目标虚无的困境。某高校心理健康中心数据显示,因“找不到努力意义”前来咨询的学生占比逐年攀升,他们看似忙碌却内心空洞,成绩优异却难掩价值迷茫,这种“空心病”本质上是精神根基松动后的意义危机。

（二）意义建构的心理赋能机制

积极的精神建构本质上是主动赋予生活意义的过程。依据心理学“自我决定理论”，当个体行为与内在价值观深度契合时，将激发出强大而持久的内在动机。例如，投身乡村支教的学生，在帮助留守儿童的过程中，将个人成长与社会价值创造性融合；专注科研创新的学子，在攻克技术难题时体会到超越功利的智性愉悦。这种“意义感”不仅提升当下的心理满足，更在面对挫折时转化为强大的心理资本——当个体坚信行为的价值，暂时的失败便成为通向目标的阶梯，而非否定自我的证据。研究表明，具有明确意义感的人群，其抗压能力较平均值高出 41%，抑郁风险显著降低。

（三）信仰体系的心理缓冲功能

广义的信仰体系，既包含宗教精神寄托，也涵盖对知识真理的执着追求、对艺术审美的极致探索、对科学规律的永恒追问。以哲学思维为例，当斯多葛学派“控制二分法”（区分可控与不可控事物）融入认知框架，个体便能将挫折视为锤炼心性的契机；当文学作品中对人性光辉的描绘成为精神坐标，孤独时刻也能获得情感共鸣。这种信仰体系犹如心灵的“减震器”，通过认知重构将负面事件转化为成长养分。脑科学研究显示，长期保持精神追求的个体，其前额叶皮层对情绪的调节能力更强，面对压力时杏仁核的过度反应得到有效抑制，从而展现出更高水平的心理弹性。

三、社会基础：心理归属感的关系网络

作为社会性生物，人类的心理健康本质上深植于复杂的关系网络之中。社会联结并非简单的人际互动叠加，而是通过情感共鸣、信息共享与资源互助，构筑起个体心理世界的安全边界与意义源泉。这种关系网络的质量，如同精密的情绪调节系统，持续影响着我们的心理状态与行为模式。

（一）社交困境中的恶性循环机制

在大学校园的社交场域中，部分学生因过度担忧负面评价而主动疏离集体，这种社交回避看似减少了即时焦虑，却在长期维度上形成恶性循环。神经科学研究显示，持续的孤独状态会激活大脑前扣带回皮层，触发与生理疼痛相似的“社会疼痛”反应，导致血清素水平下降，显著增加抑郁风险。与之形成鲜明对比的是，高质量的社交互动具有强大的疗愈效应：当与朋友进行深度谈心或参与团队协作时，大脑会分泌催产素，这种“信任激素”不仅能缓解焦虑，更通过增强人际安全感，构建起抵御压力的心理屏障。以校园兴趣社团为例，基于共同爱好形成的联结，天然降低了社交中的表演性与防御性，使个体能以更真实的状态获得情感滋养。

（二）社会支持系统的危机干预功能

由家庭、朋辈群体与导师构成的社会支持网络，堪称个体心理防线的“应急响应系统”。当学业挫折、情感困扰等危机事件发生时，向信任对象倾诉的过程，本质上是启动“情绪卸载-认知重塑”的双重修复机制。研究证实，将负面情绪转化为语言表达，能有效降低杏仁核的激活程度，使理性思维重新占据主导。更重要的是，社会支持网络不仅提供情感慰藉，更通过多元视角的信息输入，帮助个体打破认知局限。依据“创伤后成长理论”，在充足的社会支持下，危机事件反而可能成为自我认知升级的催化剂——那些曾被视为灾难的经历，经过关系网络的解构

与重构，最终转化为心理韧性的增长点。

（三）虚拟社交的双面影响效应

在数字时代，社交媒体构建的虚拟关系网络正深刻重塑人际互动模式。过度依赖线上社交容易陷入“虚假联结”的陷阱：海量的点赞、评论营造出热闹的社交假象，却难以替代面对面交流中眼神接触、肢体语言传递的真实情感。哈佛大学研究表明，每日使用社交媒体超过3小时的大学生群体，抑郁发生率较低频使用者高出60%，这种“群体性孤独”现象揭示了虚拟社交的悖论——技术的便捷性反而加剧了心灵的疏离感。破解这一困境的关键，在于建立线上线下互补的社交策略：通过线下活动建立深度信任关系，利用线上平台维持情感联结，在虚拟与现实的平衡中，构建真正滋养心灵的社会支持网络。

四、健康基础：心理稳态的生理基石

生理与心理并非彼此孤立的个体，而是通过神经内分泌系统形成精密的反馈回路，构建起相互影响、协同作用的有机整体。身体状态如同土壤，滋养或侵蚀着心理世界的根基，而心理变化也会通过神经传导、激素分泌等路径反作用于生理机能。

（一）睡眠剥夺的心理连锁反应

在快节奏的大学生活中，熬夜刷手机、赶作业成为不少学生的日常。这种行为看似只是牺牲睡眠时间，实则会对心理状态造成严重冲击。正常情况下，人体的昼夜节律通过松果体分泌褪黑素调节，维持血清素、多巴胺等神经递质的平衡。一旦睡眠节律被打破，血清素分泌紊乱，直接导致情绪调节能力下降，使人更容易陷入焦虑、烦躁的负面情绪。临床研究数据显示，连续一周睡眠不足6小时的个体，出现抑郁症状的风险提升45%。建立规律作息，如固定在23点前入睡，不仅能让身体得到充分休息，更能帮助大脑恢复神经递质的正常分泌，为心理稳定筑牢生理基础。

（二）运动干预的心理疗愈机制

运动对心理健康的积极作用远超单纯的强身健体。当人体进行有氧运动时，大脑会分泌内啡肽，带来“跑步者的愉悦感”，同时促进BDNF（脑源性神经营养因子）的合成，帮助修复受损的神经细胞，增强大脑的抗压能力。有研究表明，每周保持3次30分钟有氧运动（如跑步、游泳）的大学生群体，其心理抗压能力比久坐群体高出32%。运动不仅能改善生理机能，更能打破因长期负面情绪导致的心理“僵滞状态”，通过身体的激活带动心理状态的转变，是应对拖延、低落等情绪的有效方式。

（三）身心联动的自我调节策略

正念冥想、呼吸练习等身心调节技巧，巧妙利用了生理与心理的联动机制。以“冥想”为例，当个体感到焦虑时，个体通过专注呼吸、身体感知或特定意象，抑制大脑默认模式网络的过度活跃，减少杂念与焦虑情绪的产生。神经影像学研究显示，长期坚持冥想训练的人群，其大脑前额叶皮层厚度增加，杏仁核活性降低，这使得他们在面对压力时能更快速地调节情绪，保持心里平静。大学生可利用课间、睡前等碎片化时间，进行10～15分钟的正念冥想练习，通过专注当下的身心感受，切断负面思维的循环，实现从生理放松到心理舒缓的自然过渡，这种低成本、易操作的自我调节方式，是维护心理健康的有效工具。

五、心理健康视角下的整合启示

从心理健康的视角审视，物质、精神、社会与健康这四大基础要素并非孤立存在，而是在心理层面构成了一个动态循环系统，彼此交织、相互影响，共同塑造着个体的心理状态与生活体验。

物质基础作为心理安全感的底层支撑，其稳定与否直接关乎心理压力的大小。当物质条件得到保障，生存焦虑随之减轻，个体便能将更多心理能量投入精神成长之中。就像贫困学生若能通过合理途径改善经济状况，如申请助学金、参与兼职工作，便能从为学费发愁的紧绷状态中解脱出来，有精力探索学术兴趣、追求个人爱好，实现精神世界的充实与拓展。这种从物质稳定到精神追求的转变，不仅提升了个体的心理满足感，更为持续的自我发展注入动力。

精神基础是心理韧性的核心源泉，清晰明确的价值观为人生指明方向。当个体拥有坚定的价值信念，在社会互动中便更具目的性与主动性。以投身公益事业的大学生为例，他们基于对社会责任感的深刻认同参与志愿服务，在与他人协作、帮助他人的过程中，不仅收获了真挚的人际关系，更从社会认可中获得强烈的满足感，进一步强化了自身的价值追求。这种从精神清晰到社会互动的良性循环，促进了个体在社会环境中的深度融入与积极发展。

社会基础构建起心理归属感的关系网络，强大的社会支持系统给予个体心理安全感。当个体在遭遇挫折时，家人的鼓励、朋友的陪伴、老师的指导能让其感受到被关爱与支持，从而更有勇气和信心面对困境。这种安全感会促使个体养成健康的生活方式，如规律作息、适度运动、合理饮食等。因为他们深知，保持良好的身心状态是对关心自己的人的负责，也是积极应对生活的基础。从社会支持到健康生活方式的养成，体现了社会环境对个体身心健康的正向引导。

健康基础作为心理稳态的生理基石，良好的健康状态为心理活动提供坚实保障。当身体机能处于良好状态，神经功能高效运作，个体的思维更加敏捷、情绪更加稳定。这使得人们在进行物质规划时更具理性，能合理安排收支、规划未来；在精神思考上更加深入，能从容应对价值观冲突、探索人生意义；在社会参与中更加积极，能以饱满的热情投入社交与团队协作。健康状态对其他三大基础要素的反哺，彰显了身心一体、协同发展的重要性。

这四大基础要素的动态循环启示我们，维护和促进心理健康需要采取全面、系统的视角。大学生在成长过程中，应注重平衡发展各要素，通过合理规划物质生活满足基本需求，塑造积极价值观丰富精神世界，用心经营人际关系构建社会支持网络，坚持健康生活方式维持身心良好状态。如此，方能在面对生活的种种挑战时，保持强大的心理韧性，实现全面的自我成长与发展。

知识链接

大学生夯实心理基础的行动指南

面对充满挑战与机遇的校园生活，大学生可从四大维度入手，通过具体行动构建稳固的心理根基，提升心理韧性。

1. 物质层面：建立理性消费秩序

开启消费记账习惯，借助手机 App 或手账本，详细记录每日收支情况。通过定期复盘账单，精准区分“生存必需”与“冲动消费”，逐步摆脱物质攀比带来的焦虑。尝试实践“30 天冷静期"法则——面对非必需品时，延迟30天再决定是否购买，有效减少不必要开支。当学会理性规划财务，不仅能缓解经济压力，更能获得对生活的掌控感。

2. 精神层面：构建意义追寻系统

制订"每月一书"计划，涉猎哲学、文学、社会学等跨学科领域，拓宽认知边界。搭配撰写"意义日记"，每日用3~5分钟记录触动心灵的瞬间、思考的困惑或成长的感悟。通过持续的阅读与反思，逐步明晰个人价值观，在知识的滋养中构建抵御虚无感的精神堡垒。还可尝试设立"人生罗盘"，定期梳理自己的核心追求，让行动与内心价值保持同频。

3. 社会层面：编织深度联结网络

主动突破社交舒适区，通过课堂小组合作、兴趣社团活动等场景，与3~5位志同道合的伙伴建立深厚友谊。选择一个真正热爱的社团或项目，投入持续时间与精力，在协作中培养归属感。每周预留固定时间进行深度交流，比如组织读书分享会或主题讨论，用真诚的情感互动替代浮于表面的社交，构建温暖有力的社会支持系统。

4. 健康层面：建立身心养护机制

设立"手机宵禁"制度，每晚22:00—23:00关闭娱乐类App，让大脑从信息轰炸中解脱。同时，从低门槛运动项目入手，如晨间瑜伽、夜跑或球类运动，培养一项可持续的运动习惯。将运动融入日常作息，例如选择楼梯替代电梯、参与校园运动打卡计划。通过规律作息与适度运动，调节神经递质分泌，为心理健康筑牢生理防线。

这些行动看似微小，却能通过持续实践，逐步完善生活的四大基础维度，帮助大学生在动态平衡中培育强大的心理韧性，从容应对成长路上的各种挑战。

第三节　生命的思考

心理故事会

轮椅上的生命赞歌：杏林子以笔为刃的传奇人生

杏林子，原名刘侠，1942年出生于陕西扶风，后随家人迁至台湾。12岁那年，她被确诊为类风湿性关节炎，这是一种至今医学难以根治的免疫系统疾病。随着病情的恶化，她全身关节逐渐僵硬变形，90%以上的关节功能丧失，连最简单的翻身、握笔都成了难以完成的挑战，最终在1977年因并发症导致腿部完全瘫痪，终生与轮椅相伴。

然而，命运的枷锁并未禁锢住她的灵魂。在被病痛囚禁的岁月里，杏林子用仅能活动的右手大拇指和食指，艰难地夹着笔在纸上书写。她曾在日记中写道："我的手虽然写不出工整的字，但我的心能写出最真挚的话。"凭借超乎常人的毅力，她在病榻上创作了40余部文学作品，总字数超过300万。从散文《杏林小记》对生命细微美好的捕捉，到纪实文学《生之歌》对残障群体生存状态的深刻洞察，再到入选中小学课本的名篇《生命　生命》，她用文字传递出对生命的敬畏与热爱，激励着无数读者。

除了文学创作，杏林子更将关怀投向与她有着相似命运的群体。1982年，她发起成立了"伊甸残障福利基金会"，以《圣经》中"伊甸园"的美好寓意，为残障人士搭建希望家园。在轮椅上，她四处奔走，为残障群体争取权益，推动无障碍设施建设，开展职业培训与心理辅导项目。她常说："生命的价值不在长度，而在宽度。"在基金会成立后的20余年间，累计帮助超过10万名残障人士重拾生活信心，融入社会。

2003年2月8日，因肺部感染引发并发症，杏林子在台北离世，终年61岁。尽管她的人生饱受病痛折磨，但她用残缺的身体书写出完整的生命诗篇，用有限的生命创造出无限的社会价值。她的故事不仅是个人与命运抗争的传奇，更成为一座精神丰碑，诠释了生命的坚忍、勇气与大爱，持续启迪着世人对生命意义的思考与追寻。

折翼的生命，也能绽放光彩

张强出生在一个宁静的小山村，本应和其他孩子一样在田野间奔跑嬉戏，然而，命运却和他开了个残酷的玩笑。一场意外让他失去了双腿，从此，他的世界被局限在小小的轮椅上。

起初，张强陷入了无尽的黑暗与绝望。他怨恨命运的不公，为何偏偏让自己遭受如此苦难。看着曾经的小伙伴们自由地奔跑玩耍，他只能暗自落泪。他觉得自己成了家庭的累赘，未来一片迷茫，生命似乎失去了意义。

但在父母的关爱与鼓励下，张强渐渐开始重新审视自己的生命。他意识到，虽然双腿无法行走，但他还有双手，还有头脑，他不能就这样放弃。

偶然的机会，他接触到了木雕。那些原本平凡的木头，在工匠的手中能变成栩栩如生的艺术品，这让他看到了生活的新希望。他开始跟着村里一位老木雕师傅学习木雕技艺。一开始，对常人来说简单的雕刻动作，对他却是巨大的挑战。他无数次因握不稳刻刀而划伤手指，因长时间保持坐姿而全身酸痛，但他从未想过放弃。他告诉自己："我虽然失去了双腿，但我不能失去对生活的追求，我要用双手创造属于自己的价值。"

经过无数个日夜的刻苦练习，张强终于掌握了木雕的技巧。他的作品越来越出色，细腻的纹理、生动的造型，让人很难相信出自一位残疾人之手。他的木雕开始在当地小有名气，许多人慕名而来购买他的作品。

通过木雕，张强不仅实现了经济上的独立，更找到了生命的意义。他不再是那个自怨自艾的少年，而是一个凭借自己努力与命运抗争的勇士。他说："生命给了我挫折，但也给了我发现自己的机会。以前我以为失去双腿就失去了一切，现在我明白，真正的生命意义在于不向困难低头，在于不断挖掘自己的潜力，在于用自己的方式去热爱生活，去创造价值。"如今，张强还会教村里的孩子们木雕，他希望把这份对生活的热爱和对梦想的执着传递下去，让更多人明白，无论生命有多少残缺，都能绽放出属于自己的光彩。

心理预热点

对生命的叩问绝非高悬于云端的哲学思辨，而是扎根于日常生活的心理建设实践。它如同心灵的指南针，在迷茫时指引方向，在困境中赋予力量。当个体主动开启这场意义探索之旅，实则是在构建抵御虚无主义侵蚀的精神壁垒——通过持续的自我洞察与价值重塑，逐步锻造出稳定且坚忍的心理内核。这种内在力量不仅能消解存在性焦虑，更能将人生的每一次起伏转化为成长的契机，使个体在接纳生命不确定性的同时，实现心理健康与生命价值的双向奔赴，最终达成心灵丰盈与生命意义的和谐统一。

心理知识屋

一、生命意义缺失引发的心理危机

在现代社会的高速运转中，当个体的精神世界陷入对生命本质的认知迷雾，或是在功利化的生活节奏里无暇触及存在的深层价值时，一种名为“存在性焦虑”的心理危机便悄然滋生。这种焦虑不同于普通的情绪波动，它直指人类对自我价值与生命终极意义的根本性困惑，表现为目标感的彻底消解、对日常行为价值的持续质疑，以及在“无意义循环”中反复挣扎的精神困境。

以大学生群体为例，许多人在经历高考的激烈竞争并顺利考入理想学府后，反而坠入意义缺失的深渊。曾经“考上大学”这一清晰目标带来的驱动力骤然消失，面对自由多元的校园生活，他们如同失去导航的航船，尽管维持着按时上课、参与社团等外在行为，内心却充斥着强烈的空虚与无力感。这种“空心”状态本质上是意义真空的具象化表现——当外在成就无法填补精神内核的空缺，个体极易陷入对“我为何而努力”“生活的本质是什么”的深度迷茫。

神经心理学研究证实，长期处于意义缺失状态会对大脑神经递质系统产生显著影响：血清素分泌紊乱导致情绪调节功能失衡，多巴胺奖赏机制失效削弱行为动力，进而使抑郁、焦虑等负面情绪的产生风险提升60%以上。这种心理状态的恶化还会进一步引发连锁反应，表现为社交回避倾向增强、自我效能感崩塌，甚至衍生出对生命本身的消极认知，形成恶性循环。

二、主动思考生命对心理健康的积极赋能

主动叩问生命的价值与意义，本质上是在心灵深处构筑一座抵御不确定性风暴的坚固堡垒。当个体开始这场意义追寻之旅，其心理状态将经历从认知革新到情绪重塑，最终实现行为赋能的螺旋式成长，这种转变将在三个维度上为心理健康注入持久动力。

（一）认知重构：打破思维桎梏，重塑价值坐标系

深度思考“我为何而活”“生命的终极追求是什么”等根本性命题，犹如为思维安装了重启键。它促使个体突破社会规训与功利化评价体系的桎梏，不再将成功简单等同于成绩排名、物质积累，而是基于自身兴趣、天赋与道德准则，构建独一无二的价值坐标系。例如，当学生跳出“绩点至上”的单一评价标准，转而探索学术研究的乐趣、人文知识的滋养，其认知边界将被拓宽，思维方式也从被动迎合转向主动探索，为心理健康奠定理性根基。

（二）情绪调节：重构挫折认知，锻造心理韧性铠甲

明确生命意义后，个体看待挫折的视角将发生本质转变。心理学中的“认知行为理论”指出，真正影响情绪的并非事件本身，而是我们对事件的诠释方式。当“成为更好的自己”或“为社会创造价值”成为核心目标，学业压力、人际矛盾等困境便不再是需要逃避的灾难，而是实现意义的必经之路。这种认知重构激活大脑前额叶皮层的理性调控功能，有效抑制杏仁核的过度应激反应，使个体在面对压力时能保持平和心态，负面情绪的持续时间与强度降低约40%。

（三）行为导向：锚定行动罗盘，消解选择焦虑内耗

清晰的生命认知如同黑暗中的灯塔，为日常行为赋予方向感与连贯性。当个体将“用专业

知识改善弱势群体境遇”确立为生命意义时，课堂学习、社会实践、技能培养等行为便不再是零散的任务清单，而是通往目标的阶梯。这种意义联结带来的内在驱动力，不仅能显著提升行动效率，更能在持续的正向反馈中增强自我效能感。研究显示，具有明确意义感的人群，其时间管理能力评分高出平均值35%，因选择迷茫导致的心理内耗减少近一半，实现从“被动应对”到“主动创造”的蜕变。

三、心理健康视角下生命思考的实践路径

在心理健康的培育过程中，生命思考并非抽象的哲学命题，而是可落地、可践行的成长路径。通过以下三种实践方式，大学生能够将对生命意义的探索转化为切实的心理建设行动，实现从认知觉醒到行为蜕变的跨越。

（一）基于自我探索的意义构建：向内洞察，锚定价值坐标

深度的自我探索是构建生命意义的基石。大学生可借助日记书写与正念冥想等工具，系统性地梳理内心世界：每日睡前15分钟的自由书写，聚焦“今天哪些瞬间让我感受到生命力”“此刻内心最强烈的渴望是什么”等问题；每周一次的正念冥想，专注呼吸与身体感知，在沉静中剥离外界干扰，触摸真实的自我需求。通过定期记录“生命价值清单”——列举如“与家人的温暖时刻”“突破自我的成就感”“对美的纯粹感动”等珍视之事，逐步提炼出个人核心价值观。这种向内求索的过程，本质上是在纷繁世界中为心灵找到锚点，帮助个体建立稳定且独特的意义体系，抵御外界评价带来的心理波动。

（二）结合社会联结的意义拓展：向外联结，融入更大叙事

人类作为社会性生物，生命意义的拓展离不开与他人、与社会的深度联结。参与支教、社区服务、公益项目等社会实践，不仅是对他人的帮助，更是将个人生命嵌入人类共同价值的契机。心理学研究表明，利他行为能够激活大脑的奖赏中枢，释放多巴胺与催产素，带来超越个体愉悦的“道德满足感”。当大学生在山区支教中见证孩子们的成长，或在环保行动中感受到自然与人类的共生关系时，个人的小目标便与社会进步的大图景产生共振。这种联结赋予生命更广阔的维度，使个体在服务他人的过程中，获得持久的意义感与归属感，有效缓解因自我中心视角导致的孤独与虚无。

（三）借助挫折经历的意义升华：向难而行，淬炼心理韧性

生活中的挫折是生命思考的催化剂。面对学业失利、人际冲突等困境时，可运用“认知重评”策略：暂停本能的负面情绪反应，转而追问“这次挫折暴露了哪些成长盲区”“它为我打开了哪些新的可能性”。例如，考研失败后反思自身知识体系的漏洞，将其转化为职业技能提升的契机；社交矛盾中觉察沟通模式的不足，推动自我人格的完善。这种将痛苦转化为成长养分的过程，实质是通过重新诠释挫折的意义，激活心理免疫系统。神经科学证实，反复经历并反思挫折，能够增强前额叶皮层对情绪的调控能力，使个体在未来面对压力时展现出更强的心理韧性，实现从“被困境定义”到“借困境重生”的蜕变。

知识链接

正确认识死亡:生命历程中的必然命题

认识生命的完整图景,就无法回避"死亡"这一终极命题——生命自诞生之初,便已开启倒计时,生与死如同硬币的两面,共同构成存在的完整维度。对于处于人生蓬勃发展期的大学生而言,青春的活力与未来的无限可能常常让他们将目光聚焦于生命的绚烂之处,鲜少深入思索死亡的本质。然而,作为生命旅程的必然归宿,对死亡的认知不仅关乎哲学思考,更深刻影响着个体的心理健康与生命态度。

一、多维视角下的死亡概念解构

1. 生物医学视角:生命体征的终结

在医学领域,死亡被定义为身体各系统功能的永久性、不可逆性终止。随着医学技术发展,死亡判定标准从传统的"呼吸心跳停止"拓展至"脑死亡"概念——当脑干功能完全丧失,即便依赖呼吸机维持心肺活动,也被视为临床死亡。这种定义强调生命的物质基础,将死亡视为生物体生理机能的彻底瓦解。

2. 社会学视角:社会角色的退场

从社会学层面看,死亡意味着个体从社会关系网络中的剥离。当一个人离世,其作为子女、伴侣、同事等社会角色随之消失,生前构建的社会联结断裂,留下的社会影响则以记忆、遗产等形式延续。这种定义凸显死亡的社会属性,提醒人们关注生命消逝对群体关系的冲击。

3. 心理学视角:意识世界的坍缩

在心理学范畴,死亡表征着个体心理活动的彻底终结。当意识、感知、记忆与情感不再存在,个体的主观体验与自我认知也随之湮灭。这种视角促使人们反思生命的精神内核——如果心理活动的终止意味着"我"的消失,那么活着时的精神追求与自我实现便具有了特殊意义。

这些不同维度的定义相互交织,揭示出死亡的复杂性:它既是冰冷的生理现象,也是充满人文温度的社会事件,更是叩击心灵的哲学命题。理解死亡的多维本质,是构建成熟生命观的重要一步。

二、死亡特点:必然性与偶然性交织的生命真相

死亡作为生命最本质的属性,以三重特性深刻影响着人类的认知与行为。

1. 不可抗拒性:超越人力掌控的终极法则

死亡的不可抗拒性体现在其超越一切个体意志的特性上。无论财富多寡、地位高低,当生命走到尽头时,现代医学技术的边界、人类对抗自然规律的努力都将显得苍白无力。从生物学视角看,细胞端粒缩短引发的衰老、器官功能的渐进性衰退,是无法逆转的生命进程;从哲学层面而言,这一特性打破了人类对"掌控感"的迷思,提醒我们正视生命的脆弱性。

2. 必然性:镌刻在生命基因中的终局设定

死亡的必然性是所有生命体无法逃脱的宿命。从单细胞生物到人类,从朝生暮死的蜉蝣到寿命数百年的巨杉,每个生命都遵循着诞生、成长、衰亡的循环。这种必然性构成了生态系统的平衡基础,也促使人类在有限的生命中追求永恒的价值。正如哲学家海德格尔所言,"向死而生"的认知反而能赋予生命紧迫感与意义感,激发人们在有限时光中实现自我超越。

3. 偶然性：不可预测的生命休止符

死亡的偶然性常以意外事件的形式显现——自然灾害、突发疾病、交通事故等随机因素，随时可能中断生命进程。这种不确定性加剧了人类对死亡的恐惧，同时也凸显生命的珍贵与脆弱。据世界卫生组织统计，全球每年约125万人死于道路交通事故，这些数字背后，是无数生命在意外中戛然而止的残酷现实。

这些特性交织形成的死亡图景，构成了人类集体潜意识中最深层的恐惧来源。从古埃及法老建造金字塔企图永生，到秦始皇派遣徐福东渡求仙，再到现代医学对延长寿命的不懈探索，人类始终在与死亡进行着跨越千年的博弈。正如卢梭所洞察的，对死亡的恐惧是生物趋利避害的本能，但这种恐惧并非需要彻底消除的负面情绪。适度的死亡焦虑反而能转化为珍惜当下、积极生活的动力，促使我们以更清醒的态度规划人生，在有限的生命旅程中书写独特的意义篇章。

三、对死亡的反思：以终为始，重塑生命的意义坐标

面对死亡这一终极命题，部分人陷入"既然终将走向终点，奋斗便失去意义"的虚无主义误区，甚至产生轻视生命的消极态度。这种认知偏差的根源，在于未能建立科学的人生价值体系，在社会比较与自我定位的迷茫中，将生命价值简化为功利性成就的衡量。事实上，正是死亡的必然性与不可逆转性，赋予生命以独特的珍贵性与紧迫性。

死亡的存在恰似高悬的明镜，照见生命的有限性，反而激发人们以更积极的姿态投入生活。正如哲学家叔本华所言："死亡的认识是赋予生命以光芒的明灯。"当我们意识到生命长度无法延展时，便更能专注于拓宽生命的宽度：通过社会实践深化对世界的认知，在帮助他人中实现自我价值；以清晰的人生规划为导向，在学业精进、技能提升中释放潜能；用每日的微小积累，将平凡的时光编织成有意义的生命叙事。这种认知转变不仅能有效预防因意义缺失导致的自毁倾向，更能让个体在把握当下的过程中，构建起抵御虚无的精神防线。

对于当代大学生而言，正确认识死亡是一场重要的精神成人礼。通过直面生死课题，他们得以跳出日常琐碎的局限，以更宏大的视角审视生命的本质。这种思考能显著降低对死亡的原始恐惧，将其转化为自我成长的动力——从害怕生命消逝，转变为主动探索如何让有限的生命绽放独特光彩。当年轻人学会将死亡意识融入生命规划，便能在每个平凡的日子里践行"向死而生"的智慧：以敬畏之心对待生命的脆弱，用创造精神丰盈生命的内涵，在对当下的珍视中实现生命质量的跃升。

生命犹如暗夜中的星火，既有绚烂夺目的璀璨，也面临随时熄灭的脆弱。它无法重来的特性，决定了每个瞬间都是不可复制的珍贵存在。唯有将对死亡的认知内化为珍惜生命的自觉，在有限的时光中积极创造价值、传递温暖、实现成长，方能真正领悟生命的意义，让短暂的人生旅程成为照亮自己与他人的永恒光芒。

课堂活动

濒临死亡的经验——生命意义探索

一、活动目的

1. 通过沉浸式情景模拟，引导学生直面死亡命题，突破对死亡的认知盲区。
2. 以终为始反向推演生命价值，激发对人生目标、人际关系与自我实现的深度思考。
3. 培养积极的生命态度，提升学生对当下生活的觉察力与珍惜意识。

二、操作流程设计

（一）情景创设与情绪铺垫

1. 播放舒缓而深沉的背景音乐，教师以平静的语调描述绝症确诊场景："现在，请想象您刚被医生告知确诊晚期绝症，所有治疗手段均已无效，生命进入倒计时……"

2. 发放定制信纸与信封，营造私密书写空间，提醒学生将此刻的真实感受具象化表达。

（二）深度自我探索环节

1. 临终感受书写

要求用自由书写法记录即时情绪：恐惧、遗憾、释怀等复杂情感，鼓励突破社会期待，直面内心最真实的声音。

2. 终极愿望清单

引导思考三类事项：未完成的人生目标（如旅行、学习新技能）、需修复的人际关系、想传递的人生感悟，清单内容需包含具体行动方案。

3. 人生悼词撰写

以第三人称视角，从他人评价角度总结一生：设想希望被记住的成就、品格特质、留下的精神遗产，字数控制在 300 字以内。

（三）小组共创与集体分享

1. 小组围谈：4～6 人一组，采用"圆桌发言制"，每位成员依次分享核心内容，他人仅倾听不打断。

2. 主题提炼：每组汇总 3 个共性关键词（如"遗憾""爱""成长"），并推选 1 名代表进行 5 分钟总结发言。

3. 教师引导：结合心理学"死亡觉醒理论"，解析濒死体验对重塑生命价值观的积极作用。

三、延伸思考与行动转化

1. 发放"生命价值卡"，将愿望清单中可实现事项转化为学期行动计划。

2. 推荐阅读《最好的告别》《西藏生死书》，深化对生命与死亡的哲学思考。

3. 建立"每日感恩记录"机制，将对生命的珍视转化为持续的日常实践。

第四节　追求幸福

心理故事会

故事一：绩点迷雾中的觉醒之路

凌晨 2 点的自习室里，林夏的笔尖在草稿纸上沙沙作响，电脑屏幕上闪烁的绩点排名表像悬在头顶的达摩克利斯之剑。作为经济学专业的"卷王"，她用近乎自虐的方式将生活压缩成三点一线：课堂、图书馆、宿舍。当她以 4.0 的满分绩点斩获国家奖学金时，却在庆功宴上突然感到一阵窒息——掌声与鲜花像潮水般涌来，可她的内心却如同干涸的沙漠，空无一物。

改变始于一次偶然的山区支教。在贵州某乡村小学，林夏负责教孩子们美术课。起初，她只是机械地完成教学任务，直到某天，一个扎羊角辫的女孩用蜡笔在纸上涂抹出歪歪扭扭的太阳,兴奋地举着画说:“老师,这是您教我画的,我要送给生病的奶奶!”那一刻,晨光穿透教室斑驳的窗棂,照在女孩纯真的笑脸上,林夏突然意识到:那些在绩点竞争中被她丢弃的情感联结与生命温度,才是幸福最本真的模样。

返校后,林夏开始重新书写生活的剧本。她加入校辩论队,在思维碰撞中感受智慧的火花;每周三下午雷打不动参加社区读书会,与陌生人分享彼此的故事;甚至鼓起勇气报名了话剧社,在舞台上体验另一种人生。当她不再将幸福押注在单一的成就指标上,那些曾经被忽略的微小瞬间——图书馆窗外的晚霞、辩论赛后队友的击掌、读书会里的笑声——都渐渐汇聚成温暖的溪流,润泽着她的心灵。

故事二:与焦虑和解的暂停时刻

程远的手机备忘录里密密麻麻排列着日程表:6:00 晨跑背单词,9:00—12:00 算法刷题,14:00—18:00 实验室项目,20:00—22:00 实习公司远程会议……这个计算机系的“时间管理大师”,用精确到分钟的规划将自己推向“优秀”的顶峰,却在某个普通的清晨轰然崩塌——连续 3 个月每天只睡 4 小时后,他在课堂上突然眼前发黑,晕倒在地。

住院的 7 天成为命运强行按下的“暂停键”。躺在病床上,程远被迫放下手机和电脑,开始关注点滴药液滴落的节奏,聆听窗外麻雀的啼鸣,甚至认真读完了一本积灰多年的散文集。在护士的建议下,他尝试“三件好事记录法”:第一天,他写下“阳光透过窗帘的样子很美”“邻床爷爷分享的养生秘诀”“妈妈煲的汤很香”。这些曾经被他视作“浪费时间”的细碎日常,此刻却像星星般点亮了灰暗的心情。

康复后,程远彻底改变了生活哲学。他在日程表中特意留出“空白时间”,用来练习水彩画、和室友打羽毛球,或是漫无目的地在校园里散步。某次夕阳下,他坐在操场边看学弟学妹们嬉笑打闹,突然顿悟:幸福从来不是永不停歇的奔跑,而是学会在快与慢的平衡中,听见内心的声音。

故事三:废墟上绽放的希望之花

聚光灯刺痛双眼,周然握着话筒的手微微颤抖。作为播音主持专业的佼佼者,她曾在无数舞台上光芒四射,却在省级“金话筒”决赛中遭遇滑铁卢——因过度紧张,她念错了关键稿件,最终止步初赛。走下舞台的那一刻,掌声变成了刺耳的嘲笑,她蜷缩在后台化妆间,将精心准备的稿件撕成碎片。

在心理老师的办公室里,周然对着纸巾盒哭红了双眼。老师没有安慰她,而是递给她一张白纸:“试着写下这次经历带给你的十个收获。”带着抵触情绪,她写下第一条:“原来再自信的人也会紧张。”随着笔尖滑动,更多感悟涌现在纸上:“发现了自己即兴表达的短板”“认识了其他优秀选手”“明白心态比技巧更重要”……

这次“失败教育”成为周然蜕变的起点。她主动联系评委复盘表现,报名参加即兴演讲训练营,甚至加入了校园广播台的“失误分享会”,与同学们坦诚交流挫折经历。半年后的市级演讲比赛中,当她以“在跌倒处起舞”为题完成演讲时,台下爆发的掌声不再让她恐惧——因为她终于懂得:幸福不是永远站在巅峰,而是在接纳不完美的过程中,持续生长为更好的自己。这些故事如同一面镜子,映照出幸福的多元模样,也印证着积极心理学的核心理念:真正的幸福,永远生长在自我觉察与主动实践的土壤之中。

心理预热点

幸福并非遥不可及的乌托邦幻象，而是贯穿人生旅程的动态体验，更是心理健康的核心表征。在快节奏的现代社会，大学生常陷入“绩点至上”“内卷竞争”的迷思，将幸福简单等同于外在成就。然而，真正的幸福源于对生命意义的追寻、积极情感的培育，以及心理弹性的构建。理解幸福的本质与实践路径，不仅关乎个体的生活质量，更是维护心理健康的关键所在。

心理知识屋

一、幸福认知的常见误区与本质澄清

在消费主义浪潮与社会比较文化的裹挟下，人们往往陷入“幸福等价交换”的认知迷思——将幸福粗暴地等同于物质财富的堆砌与社会地位的攀升，笃信“拥有越多越幸福”的生存哲学。这种功利化思维在大学校园尤为显著：学生们化身“绩点战士”，在奖学金争夺、竞赛比拼、名企实习的赛道上疲于奔命，当终于斩获目标荣誉时，却惊觉内心反而被更深的虚无感吞噬。诺贝尔经济学奖得主丹尼尔·卡尼曼（Daniel Kahneman）的研究印证了这一现象：物质财富对幸福感的提升遵循“边际效益递减”规律——当基本生活需求得到满足后，每增加一单位的物质积累，带来的幸福增量呈几何级数衰减，甚至可能因过度追求引发焦虑与自我异化。

幸福的本质绝非单一维度的成就彰显，而是由主观、心理与社会幸福感构成的三维立体结构。主观幸福感聚焦于即时情绪体验，如沉浸阅读时的愉悦、与挚友相处的欢畅；心理幸福感强调自我实现的深层满足，表现为突破认知边界的成就感、专业能力精进的充实感；社会幸福感则体现在个体与他人、与社会的良性互动中，无论是参与志愿活动带来的价值感，还是家庭关系里的情感滋养，都在持续建构幸福的基石。唯有当这三个维度达成动态平衡，个体才能摆脱“幸福跑步机”的循环，收获持久且丰盈的生命体验。

真正的幸福密码，深植于对生命意义的不懈追寻。当大学生跳出功利化的评价体系，开始叩问“我究竟为何而活”“什么能真正滋养我的灵魂”，便是开启幸福之门的钥匙。同时，积极情感的培育如同为心灵花园播撒种子，通过正念练习、感恩记录等日常实践，让乐观、满足、共情等正向情绪生根发芽。而心理弹性的构建，则赋予个体在面对学业压力、人际矛盾时的“复原力”，使其既能在顺境中享受幸福，也能在逆境中淬炼幸福。

这种对幸福本质的深度认知，不仅关乎个体生活质量的提升，更是筑牢心理健康防线的基石。当幸福不再被简化为单一维度的成功指标，而是转化为可感知、可实践的生命智慧，大学生便能在成长的道路上，收获持久丰盈的心灵滋养，书写属于自己的幸福诗篇。

二、积极心理学视角下的幸福构建策略

（一）培育积极情绪，拓宽思维边界

芭芭拉·弗雷德里克森（Barbara Fredrickson）提出的“拓展-建构理论”揭示：喜悦、感恩、自豪等积极情绪不仅能带来即时的愉悦体验，更能像棱镜般折射出认知的多重维度，帮助个体突

破思维定式，构建更具创造性的行动模式。例如，处于愉悦情绪中的人更易产生联想思维，在解决问题时展现出更高的灵活性；而感恩情绪则能增强人际联结，为幸福积累情感资本。

在实践层面，“三件好事记录法”为培育积极情绪提供了简单有效的路径：每晚睡前花 5 分钟记录当天发生的三件好事（如“朋友耐心倾听我的烦恼”“课堂发言获得老师认可”“发现校园角落新开的野花”），并写下事件引发积极感受的原因。这种刻意练习如同在大脑中铺设“幸福神经通路”，研究显示，持续两周的记录可使个体的积极情绪水平提升 25%以上。此外，每日 10 分钟的正念冥想，专注于呼吸与当下感受，能有效切断负面情绪的蔓延；投入绘画、音乐创作等艺术活动，则通过情感表达与审美体验，进一步滋养心灵，帮助个体挣脱消极情绪的枷锁，在日常生活中捕捉幸福的微光。

知识链接

芭芭拉·弗雷德里克森“拓展–建构理论”：解码积极情绪的深层力量

在积极心理学的理论体系中，芭芭拉·弗雷德里克森提出的“拓展–建构理论”（Broaden-and-Build Theory）被誉为揭示人类幸福本质的重要基石。该理论突破了传统心理学对负面情绪的单向关注，开创性地论证了积极情绪不仅具有即时的愉悦价值，更能通过独特的心理机制，塑造个体的长期发展潜力与心理韧性。

一、理论内核：从情绪体验到认知拓展

该理论的核心包含“拓展”与“建构”两大维度。

1. 思维与行动范畴的拓展：喜悦、兴趣、感恩等积极情绪能够瞬间拓宽个体的认知边界，打破常规的思维定式。神经科学研究证实，当个体处于积极情绪状态时，前额叶皮层的激活范围显著扩大，促使其对环境产生更开放的探索行为。例如，处于愉悦状态的人更倾向于尝试新的运动、学习陌生语言或参与社交活动；兴趣情绪则驱动个体主动探索未知领域，激发创新思维。这种行为拓展并非短暂的冲动，而是为个体创造了接触新信息、新关系的机会。

2. 持久个人资源的建构：通过持续的积极情绪体验，个体在与外界互动中不断积累经验，逐步构建起四大类个人资源。

（1）身体资源：如规律运动带来的健康体魄。

（2）智力资源：通过学习积累的知识与技能。

（3）社会资源：基于信任建立的支持性人际关系网络。

（4）心理资源：包括乐观态度、心理韧性等内在品质。

这些资源如同生命的“心理资本”，在遭遇压力与挫折时发挥缓冲作用，帮助个体更快恢复心理平衡。

二、动态循环：积极情绪的复利效应

“拓展—建构”过程呈现螺旋上升的动态特征：每一次积极情绪引发的行动拓展，都可能带来新的资源积累；而新资源的获得又进一步提升个体体验积极情绪的能力，形成正向循环。例如，通过参与志愿活动获得的成就感（积极情绪），不仅拓展了社交圈（行动拓展），还建立了新的社会支持网络（资源建构）；这些新关系又为个体带来更多温暖体验，持续强化积极情绪的产生。

三、实践启示：构建幸福生态系统

该理论为现代心理健康建设提供了清晰的实践路径：通过主动培育积极情绪，个体能够有意识地拓宽生命体验的广度与深度。具体可通过以下途径构建。

日常情绪干预：采用感恩日记、正念冥想等方式，系统性提升积极情绪的频率与强度。

创造积极体验：设计“拓展性活动清单”，定期尝试具有挑战性的新事物。

优化人际互动：通过真诚赞美、深度倾听等方式，在关系中持续创造积极情感流动。

弗雷德里克森的研究表明，当个体的积极情绪与消极情绪比例达到 3 : 1 时，便能进入良性发展状态。“拓展-建构理论”揭示，积极情绪不仅是幸福的结果，更是创造幸福的源动力，为我们理解人类心理成长与幸福构建提供了全新的视角。

（二）设定成长型目标，实现自我超越

心理学中的目标理论指出，目标类型深刻影响着个体的幸福感与内在动力。相较于以“超越他人”“获取认可”为导向的表现型目标，聚焦于个人成长与能力发展的成长型目标更能持续激发幸福感。例如，将“考取专业第一”的表现型目标转化为“系统掌握专业核心理论，形成独立学术见解”，或是把“获得高薪 offer”的功利性追求，转变为“在擅长领域深耕，创造可持续的社会价值”。这种目标重构将关注点从外部评价转向内在成长，即便未能完全实现预设目标，学习过程中的知识积累、思维迭代与能力突破，依然能带来真实且持久的成就感。

神经科学研究证实，当个体专注于成长型目标时，大脑前额叶皮层与多巴胺奖赏系统会协同激活，形成“努力—成长—愉悦”的正向反馈循环。这种机制不仅提升了心理韧性，更使个体在面对挑战时，将失败视为进步的阶梯而非终点，真正实现从“结果焦虑”到“过程享受”的心态转变。

（三）构建优质人际关系，汲取情感滋养

哈佛大学历时 75 年的成人发展研究揭示：良好的人际关系是幸福最稳定的预测因子。亲密的情感联结不仅能缓解孤独感、降低焦虑水平，更能在逆境中为个体提供心理缓冲，增强抗压能力。对于大学生而言，构建优质人际关系可从三方面着手。

（1）主动拓展社交圈：通过参与兴趣社团、学术研讨会、志愿活动等，结识志同道合的伙伴，在共同目标中建立深层联结。

（2）深化已有关系：定期组织老友聚会，主动与师长交流困惑，通过真诚的倾听与分享，巩固情感纽带。

（3）修炼沟通智慧：学习非暴力沟通技巧，在矛盾冲突中聚焦“理解需求”而非“争论对错”，以共情与包容化解隔阂。

当个体置身于充满信任与支持的关系网络中，人际关系便成为源源不断的幸福源泉——它既能在顺境中放大快乐，也能在低谷时托举希望，为心理健康构筑起坚实的社会支持系统。

三、幸福实践：从认知到行动的转化

幸福绝非守株待兔式的被动馈赠，而是需要以持续行动精心浇灌的生命之花。将抽象的幸福理念转化为可落地的日常实践，方能让幸福感真正扎根于生活的土壤。以下三大行动策略，为构建幸福人生提供了切实可行的路径。

(一)建立幸福仪式:用微小习惯重塑心灵节律

神经科学研究表明,重复的规律性行为能够重塑大脑神经回路,将积极思维转化为自动化的心理模式。通过设计专属的幸福仪式,可将幸福感知融入日常生活。

(1)晨间感恩冥想:每日清晨醒来,闭目静坐10分钟,专注呼吸的同时,在心中默念三件值得感恩之事,从温暖的阳光到家人的关怀,唤醒大脑的积极情绪网络。

(2)睡前成就回顾:临睡前记录当天完成的小成就,无论是攻克一道难题、读完一篇文章,还是坚持了一次运动,都能强化自我效能感,以满足感结束一天。这些看似微小的仪式,如同心灵的“每日充电”,帮助个体在快节奏生活中保持对幸福的敏锐感知。

(二)投身利他行为:在给予中收获深层幸福

心理学中的“利他主义悖论”揭示:当个体将关注点从自我转向他人时,反而能获得更持久的幸福感。志愿服务、学业互助、社区公益等利他行为,不仅能为他人带来改变,更能激活大脑的奖赏中枢,释放多巴胺与催产素,产生“助人高潮”的愉悦体验。例如,参与支教活动见证学生成长、帮助同学解决难题收获信任,这些经历赋予生命更广阔的意义,将个人幸福与群体福祉紧密相连,创造出超越个体愉悦的精神满足。

(三)平衡工作与休闲:挣脱“忙碌陷阱”的幸福法则

现代社会的“内卷文化”常将忙碌等同于价值,却忽视了张弛有度的生活节奏对幸福感的重要性。通过科学规划时间,在学业、工作与休闲之间建立动态平衡。

(1)设置“留白时间”:每天预留1~2小时专注兴趣爱好,无论是阅读、绘画、运动,还是单纯的放空冥想,都能缓解压力,滋养心灵。

(2)践行“番茄工作法”:将高强度学习/工作划分为25分钟专注时段+5分钟休息,既保证效率,又避免过度消耗。这种平衡的生活方式,能够防止倦怠与焦虑,让个体在投入与放松的循环中,持续体验充实与愉悦交织的幸福状态。

课堂活动

解码幸福密码

一、活动目标

1. 帮助学生识别幸福认知误区,理解幸福的多维本质。
2. 引导学生将幸福理念转化为可落地的日常行动。

二、活动准备

多媒体课件(含理论讲解、案例展示)。

定制学习材料包:幸福仪式打卡表、目标设定模板、人际关系沟通技巧卡片。

道具:便利贴、彩笔、计时器、轻音乐播放设备。

三、活动流程

(一)情境导入:打破幸福迷思

1. 情景短剧表演:学生志愿者演绎“追求高绩点却陷入空虚”的校园故事,引发共鸣。
2. 互动讨论:分组探讨“故事中主人公为何不幸福”,每组用便利贴记录观点并张贴展示。
3. 理论解析:教师结合课件讲解幸福认知误区与三维度理论,用对比图表直观呈现。

（二）策略实践：幸福构建工作坊

1. 积极情绪培育站

三件好事盲盒：每位学生抽取写有不同场景的卡片（如“图书馆学习”“食堂用餐”），限时3分钟写下该场景下的三件好事。

正念体验：播放舒缓音乐，带领学生进行5分钟呼吸正念练习，分享即时感受。

2. 成长型目标设计坊

目标转化练习：提供表现型目标案例（如“获得竞赛金奖”），学生用模板将其转化为成长型目标。

小组互评：交换目标设计方案，从可行性、成长性角度互相提出优化建议。

3. 人际关系模拟舱

情景模拟：设置人际冲突场景卡（如“室友作息冲突”“小组作业分歧”），分组进行角色扮演。

技巧应用：使用沟通技巧卡片（倾听四步法、非暴力沟通句式）解决模拟冲突，教师点评指导。

（三）行动转化：我的幸福计划（15分钟）

1. 幸福仪式设计：学生填写“21天幸福打卡表”，自主设计晨间/晚间幸福仪式。
2. 承诺宣言：在便利贴上写下本周将实施的一项幸福行动，贴至教室“幸福树”展板。
3. 教师总结：结合脑科学原理强调习惯养成机制，鼓励持续实践。

四、活动延伸

1. 建立班级幸福社群，每周分享实践成果。
2. 开展“21天幸福挑战”打卡活动，设置阶段性奖励。
3. 提供拓展阅读资源：《真实的幸福》《活出最乐观的自己》。

五、注意事项

1. 关注内向学生参与度，设置匿名分享环节。
2. 人际冲突模拟环节需提前说明安全边界。
3. 准备备用情景卡应对时间剩余情况。

心灵鸡汤

我很重要

毕淑敏

我们的生命，端坐于概率垒就的金字塔的顶端。面对大自然的鬼斧神工，我们还有权利和资格说我不重要吗？

对于我们的父母，我们永远是不可重复的孤本。无论他们有多少儿女，我们都是独特的一个。

假如我不存在了，他们就空留一份慈爱，在风中蛛丝般无法附丽地飘荡。

假如我生了病，他们的心就会皱缩成石块，无数次向上苍祈祷我的康复，甚至愿灾痛以十倍的烈度降临于他们自身，以换取我的平安。

我的每一滴成功，都如同经过放大镜，进入他们的瞳孔，摄入他们的心底。

假如我们先他们而去，他们的白发会从日出垂到日暮，他们的泪水会使太平洋为之涨潮。

面对这无法承载的亲情，我们还敢说我不重要吗？

我们的记忆，同自己的伴侣紧密地缠绕在一处，像两种混淆于一碟的颜色，已无法分开。你原先是黄，我原先是蓝，我们共同的颜色是绿，绿得生机勃勃，绿得苍翠欲滴。失去了妻子的男人，胸口就缺少了生死攸关的肋骨，心房裸露着，随着每一阵轻风滴血。失去了丈夫的女人，就是齐斩斩折断的琴弦，每一根都在雨夜长久地自鸣……

面对相濡以沫的同道，我们忍心说我不重要吗？

俯对我们的孩童，我们是至高至尊的唯一。我们是他们最初的宇宙，我们是深不可测的海洋。假如我们隐去，孩子就永失淳厚无双的血缘之爱，天倾西北，地陷东南，万劫不复。伤口流血了，没有母亲的手为他包扎。面临抉择，没有父亲的智慧为他谋略……

面对后代，我们有胆量说我不重要吗？

与朋友相处，多年的相知，使我们仅凭一个微蹙的眉尖、一次睫毛的抖动，就可以明了对方的心情。假如我不在了，就像计算机丢失了一份不曾复制的文件，他的记忆库里留下不可填补的黑洞。轮到我的地址时，她闭上眼睛……许久之后，她将一张没有地址只有姓名的贺卡填好，在无人的风口将它焚化。

面对这般友情，我们还好意思说我不重要吗？

我很重要。

我对于我的工作我的事业，是不可或缺的主宰。我的设想像珍珠一般散落在海滩上，等待着我把它用金线串起。我的意志向前延伸，直到地平线消失的远方……

没有人能替代我，就像我不能替代别人。

我很重要。

我对自己小声说。我还不习惯嘹亮地宣布这一主张，我们在不重要中生活得太久了。

我很重要。

我重复了一遍。声音放大了一点。我听到自己的心脏在这种呼唤中猛烈地跳动。

我很重要。

我终于大声地对世界这样宣布。片刻之后，我听到山岳和江海传来回声。

是的，我很重要。我们每一个人都应该有勇气这样说。我们的地位可能很卑微，我们的身份可能很渺小，但这丝毫不意味着我们不重要。

重要并不是伟大的同义词，它是心灵对生命的允诺。

人们常常从成就事业的角度，断定我们是否重要。但我要说，只要我们在时刻努力着，为光明在奋斗着，我们就是无比重要地生活着。

让我们昂起头，对着我们这颗美丽的星球上无数的生灵，响亮地宣布——

我很重要！

心理推荐

1. 电影推荐：光影中的成长与启迪

(1)《风雨哈佛路》

推荐理由：这部根据真实事件改编的影片，以震撼人心的叙事展现了女主角莉斯如何从贫民窟走向哈佛大学。在母亲病逝、家庭破碎的绝境中，莉斯以惊人的毅力完成高中学业，并凭借一篇自述论文获得全额奖学金。影片不仅是个人奋斗的赞歌，更深刻揭示了：生命的意义往往在突破困境的过程中显现。大学生能从中汲取直面挫折的勇气，思考如何在逆境中重塑人生价值，将苦难转化为成长的动力。

(2)《生之欲》

推荐理由：黑泽明执导的经典之作，以癌症晚期公务员渡边的生命倒计时为叙事主线。渡边在仅剩半年生命时，决定突破官僚体制的桎梏，为市民建造儿童公园。从绝望到觉醒，从麻木到热烈，他的转变深刻诠释了“向死而生”的生命哲学。影片不仅叩击着生命价值的命题，更提醒大学生：生命的意义不在于长度，而在于能否在有限时光里创造出真实的价值，留下温暖的印记。

(3)《大学》

推荐理由：这部纪实电影以清华园为舞台，聚焦四位不同身份的师生——初入校园的新生、面临毕业的博士生、探索学术边界的教师、守护校园的保安。通过四年跟拍，展现他们在学业、科研、职业选择中的迷茫与坚守。真实的校园故事让大学生看到同龄人如何在理想与现实的碰撞中寻找方向，思考如何在集体与个人、短期目标与长期追求之间，书写属于自己的生命意义。

2. 书籍推荐：文字间的智慧与感悟

(1)《每当我找到生命的意义，它就又变了》

推荐理由：英国哲学家巴吉尼精选 100 个哲学思想实验，从“电车难题”到“缸中之脑”，以通俗语言探讨生命意义、道德伦理等终极命题。书中没有标准答案，而是引导读者在思辨中打破思维定式，培养独立思考能力。对于处于价值观塑造期的大学生而言，这本书如同思想健身房，帮助他们在多元观点的碰撞中，逐步构建属于自己的生命意义认知体系。

(2)《活着》

推荐理由：余华笔下的福贵经历了家破人亡、时代动荡，却始终以最朴素的坚忍直面苦难。小说没有刻意渲染悲壮，而是以平静的笔触传递出：活着本身就是对生命最大的尊重。在物质丰裕却易陷入虚无的现代社会，这本书为大学生提供了一剂清醒剂——生命的意义或许就藏在对每一个当下的坚持中，在平凡日子里活出不平凡的韧性。

心理修炼

一、案例分析题

1. 案例 1

大学生小张成绩优异，但长期为“内卷”竞争焦虑，获得保研资格后反而陷入迷茫：“我不知道为什么而学，感觉一切都没有意义。”

请从“幸福认知误区”与“生命意义维度”角度分析小张的困境，并提出帮助小张重建生命意义感的具体建议。

2. 案例 2

纪录片《大学》中，博士生宋云天放弃高薪工作选择扎根基层，他说：“我想把个人理想和社会需要结合起来。”

思考:

(1)从"个人价值与社会价值的统一"角度,分析宋云天的生命意义选择。

(2)联系自身实际,谈谈你对"小我融入大我"的理解。

二、实践应用题

1. 情景模拟

假设你即将参与"临终体验工作坊",请完成以下任务:

(1)写下三条你最想在临终前完成的未竟之事,并说明背后的价值追求;

(2)设计一句能概括你人生核心意义的"生命宣言"。

2. 行动计划

运用"拓展-建构理论",制订一份为期21天的"积极情绪培育计划",要求包含:

(1)每日实践活动(如感恩日记、正念冥想等);

(2)预期构建的个人资源(如心理韧性、社交关系等)。

三、开放论述题

1. 有人认为"生命的意义在于追求快乐",也有人主张"生命的意义在于承担责任"。结合本章内容,谈谈你的观点。

2. 结合《风雨哈佛路》《活着》等影视作品或书籍,论述"苦难经历"对生命意义建构的双重影响。

四、思政结合题

1. 从"家国情怀"角度,分析大学生如何在实现个人价值的同时服务社会。

2. 结合党的二十大报告中"青年强,则国家强"的论述,谈谈新时代青年生命意义的内涵与实践路径。

参考文献

[1]彭聃龄,陈宝国.普通心理学[M].6版.北京:北京师范大学出版社,2023.
[2]彭聃龄.普通心理学[M].5版.北京:北京师范大学出版社,2019.
[3]姚本先,王道阳.大学生心理健康教育[M].3版.合肥:安徽大学出版社,2019.
[4]俞国良.大学生心理健康[M].北京:北京师范大学出版社,2018.
[5]陈秋燕.大学生心理健康教育[M].2版.北京:北京师范大学出版社,2023.
[6]王林军,金彩云.大学生心理健康教育:打开通往心理健康之路的大门[M].北京:中国科学技术出版社,2025.
[7]文书锋,侯瑞鹤,胡邓.大学生心理健康通识:数字教材版[M].4版.北京:中国人民大学出版社,2022.
[8]刘琦灵.大学生心理健康教育发展研究[M].成都:四川大学出版社,2024.
[9]李国,谢春林.大学生心理健康教育[M].北京:科学出版社, 2013.
[10]王贵林,陈洵 .心理学教程[M].广州:广东高等教育出版社,2005.
[11]秦爱君,崔玉环.心理素质教育指导教程[M].北京:教育科学出版社,2012.
[12]郭念锋.心理咨询师基础知识[M].北京:民族出版社,2005.
[13]叶奕乾.普通心理学[M].上海:华东师范大学出版社,2000.
[14]龚惠香.大学生心理素质训练[M].杭州:浙江大学出版社,2002.
[15]王雁.普通心理学[M].北京:人民教育出版社,2002.
[16]马雁平.大学生心理健康教育[M].长春:吉林出版社, 2011.
[17]牧之,张震.心理咨询手册[M].北京:新世界出版社, 2007.
[18] 戴维·迈尔斯. 社会心理学[M].张智勇,乐国安,侯玉波,等译.北京:人民邮电出版社,2007.
[19]秦爱君.成长心理素质教育指导教程[M].北京:教育科学出版社,2012.
[20]沈德立.基础心理学[M].北京:高等教育出版社,2002.
[21]方平.自助与成长:大学生心理健康教育[M].北京:教育科学出版社,2010.
[22]王琳.听心理学家讲故事[M].北京:当代世界出版社,2006.
[23] 理查德·格里格,菲利普·津巴多.心理学与生活[M].王垒,王甦,等译.北京:人民邮电出版社,2003.
[24]张双庆,何全旭.新编大学生心理健康教程.[M].北京:人民邮电出版社,2012.
[25]王剑,王和平. 大学生心理健康教育[M].长春:吉林大学出版社,2011.
[26]戴尔·卡耐基. 赢在影响力: 人际交往的学问[M].韩卉,译.北京:机械工业出版社, 2003.
[27]刘郁. 人际交往自测与咨询[M].杭州: 浙江人民出版社, 1999.
[28]李文辉. 心理健康教育[M].北京: 国家行政学院出版社, 2006.
[29]张梅. 心理训练[M]. 武汉: 华中科技大学出版社, 2005.
[30]刘金同,李莉. 大学生心理发展及素质培养[M].北京: 北京大学出版社, 2006.
[31]樊富珉. 大学生心理健康教育研究 [M].北京: 清华大学出版社, 2002.